Karl Gutzkow

Rückblicke auf mein Leben

Karl Gutzkow

Rückblicke auf mein Leben

ISBN/EAN: 9783742897947

Hergestellt in Europa, USA, Kanada, Australien, Japan

Cover: Foto ©ninafisch / pixelio.de

Manufactured and distributed by brebook publishing software
(www.brebook.com)

Karl Gutzkow

Rückblicke auf mein Leben

Inhaltsverzeichniß.

I.

II.

III.

IV.

V.

1829—1849.

Gutzkow, Rückblicke.

Montaigne hat gesagt: Mon métier c'est vivre.

Der scharfsinnige Franzose wird mit diesem Satze, der etwa das Leben selbst als die Kunst des Lebens bezeichnet, kaum etwas Andres verstanden haben, als was auch Terenz eine seiner dramatischen Personen sagen läßt: Homo sum, nil humani a me alienum puto — Ich bin ein Mensch und kann über meine Natur nicht hinaus!

Diese schriftstellerische Ehrlichkeit war weiland im Brauch, als man noch für die Männer allein, nicht für die Frauen Literatur schrieb. Einer damals glücklicheren Lage des Gedankens und der Empfindung verdanken wir die Bekenntnisse des Augustinus, die Bekenntnisse Rousseau's, die Denkwürdigkeiten Alfieri's und selbst die von Goethe übersetzten Plaudereien des Benvenuto Cellini. War auch der letztere ganz so eitel, wie nur ein Italiener eitel gewesen sein kann, und nimmt er bei seinen Prahlereien überall die Miene an, als wollte er sagen: Gott schuf die Welt und vorzugsweise dann den Erzähler, um die größte Offenbarung der Jahrhunderte, meinen (höchst mittelmäßigen) florentinischen Perseus, zu erschaffen, so fällt er doch zuweilen in solchem Grade aus der Rolle der Selbstbiographie neuesten Datums mit Choral und Glockengeläut, daß er Wendungen von sich braucht, die etwa auf ein: „Hier war ich wieder einmal Esel genug —!" „Hier passirte mir wieder die Dummheit —" hinauskommen dürften. Wer schriebe noch so über sich, außer wenn er das Privilegium des Humoristen hat!

Mit Glockengeläut und Choral kann der Verfasser dieses Buches von seinem Leben nicht sprechen. Er lügt sich nicht den Ruhm an, als wäre er mit einem feierlichen, durchdachten, in seiner letzten Lebensstunde bis auf den letzten Schlußparagraphen durchgeführten Programm auf die Welt gekommen und vollends auf die literarische. Nie hat er die Gewohnheit gehabt, vor sich auf den Knieen zu liegen und den Gott in seinem Busen als ein ihm persönlich Merkwürdiges, eine Offenbarung der Unbewußtheit anzubeten. Höchstens einmal in polemischem Zorn konnte er mit Emphase von seinem Wollen oder Wirken in der Literatur sprechen. Redliche Absichten, hohe Ziele hat es gewiß auch für ihn gegeben. Aber mit in den Kauf gingen Unüberlegtheiten, unbewußte Instincthandlungen, Zuckungen und Reflexbewegungen, wie wir deren nur im Traume zu machen pflegen. Und „das Leben ist ein Traum!" Wer fühlt es nicht in seinen sechziger Jahren! Und wie oft war es ein böser Traum! Böse, wie ein Alp drückend, und drückend durch unsere Schuld! Wenigstens unter Schriftstellern und Künstlern suche man doch nicht vollkommene Menschen! Selbst Goethe fühlte die Unmöglichkeit, immer von sich selbst mit Choral zu sprechen. Er schob in seiner Selbstbiographie der „Wahrheit", die sein Gewissen drückte, die „Dichtung" unter. Vollkommene Menschen können nur die einer gewerbsmäßigen Berufsart sein, die hohen politischen Streber des Tages, die Geheimen Oberregierungsräthe, die Besitzer einer Brust voll Orden, die Börsenmillionäre, kurz alle, die in der Welt nicht rechts, nicht links gesehen haben, sondern immer nur schnurstracks losgingen auf ein und dasselbe zu erreichende Ziel.

Wenn ich vor einem Jahre der Aufforderung folgte, die zunächst von dem Herausgeber der Zeitschrift „Die Gegenwart", Herrn Paul Lindau, ausging, daß auch ich ihm einen Beitrag zu einer zeitgenössischen Literatur-Selbstschau liefern sollte, und dann diesen Beitrag in einem Buche vervollständigte, ohne auch jetzt noch den Gegenstand ganz zu erschöpfen, so geschah und geschieht es vorzugsweise in Berücksichtigung des schönen Morgens, wo einst ein gewissenhafter Zeitungslenker zu einem Bücherbord hinauflangt, das sich ohne Zweifel über seinem Schreibtisch befinden und allerlei lexikographisches Material zum Nachschlagen und Citiren für seine vortreffliche Zeitung enthalten wird. Auf ein ihm als Neuestes begegnendes „Gestern starb" — wird er von einem Conversationslexikon den Buchstaben G. oder Gustav Kühne's „Männer der Zeit", freilich einen schon etwas veralteten Führer, hervorsuchen und daraus ein zeitgemäßes Excerpt für sein Feuilleton zusammenstellen. Aber wie trocken sind doch da die Büchertitel nebeneinandergestellt! Wie unwahr ist so Vieles, was sich, mit der unerschütterlichen Sicherheit eines Lehrers der Literaturgeschichte in höhern Töchterschulen, als ganz besonders charakterisirendes Kennzeichen ankündigt! Wie unvermittelt stehen die Notizen nebeneinander! Der wahre Mensch, der noch unverleumdete, das gesunde Fleisch, eben Montaigne's Métier oder Mestier, wie Rabelais' jüngerer Zeitgenosse noch schrieb, das zu dem todten Gerippe von Namen und Jahreszahlen gehörende Leben ist nicht einmal zwischen den Zeilen zu lesen. „Das junge Deutschland wollte nicht blos leben", hieß es z. B. in Gustav Kühne's „Europa", worin die Vorarbeiten zu jenen „Männern der Zeit" zu stehen pflegten, die den Zeitschriften als Nekrologquelle dienten, „sondern auch glänzend leben". Edler Kamerad, der du dich einst selbst zum „jungen Deutschland" rechnetest, wie ist doch die Wahrheit grade an dieser Stelle, wo deine Verurtheilung auf Genußsucht geht, eine andere, vollständig entgegengesetzte! Greifen wir doch gleich in's volle Leben hinein und geben ein Beispiel, wie ich diese „Rückblicke", wenn bei solchen Selbstbiographieen der Vorhang ganz zurückfallen dürfte, schreiben würde. Ich erzähle nur zur Probe: „Es war im Jahre 1837 und im wunderschönen Monat Mai. Grade wollte ich meinen Erstgebornen taufen lassen. Doch so hatten damals die vom Bundestage und von Preußen ausgegangenen Verbote meiner Schriften, sowol der erschienenen als der noch erscheinenden, die Verwerthung meiner Feder gehemmt, daß ich im Augenblick — nicht einmal die Mittel besaß, nach dem feierlichen Acte der Haustaufe die Gäste eine Stunde im traulichen Kreise festzuhalten. Der „Glänzendleber" Gustav Kühne's, der Quelle meines künftigen Nekrologs, stand 1837 in Frankfurt am Main des Morgens um 5 Uhr auf und dictirte bis 7 Uhr ein Buch, das sich bei so systematischer, vom Bundestagsgesandten Nagler in Frankfurt a. M. (siehe den Briefwechsel desselben mit seinem Secretär Kelchner) geleiteter Verfolgung als Uebersetzung aus dem Englischen des Bulwer ankündigen mußte. Um 8 Uhr mußte der

„Glänzendleber" in einer Druckerei erscheinen, die eine lediglich aus
seiner Tasche bezahlte, nicht den achtzigsten Theil der Kosten deckende
„Frankfurter Börsenzeitung" herstellen sollte und dabei nur Lehr=
jungen zu verwenden hatte, welche in jedem Worte drei Buchstaben=
fehler machten, sodaß der Redacteur zugleich ein wahrer Sklave im
Correctordienste war. Bis drei Uhr sollte täglich die sich aus den
schaudererregendsten Bürstenabzügen bis dahin einigermaßen gutenbergs=
würdig gestaltende Nummer fertig sein. Der Abend gehörte dem
Beiblatt „Telegraph", als welcher sich später, wo die Börsenzeitung
eingegangen war, in Gestalt eines selbstständigen belletristischen Blat=
tes erhalten hat, dies aber ebenfalls zwei Jahre lang nur durch die
Mittel erreichen konnte, die sich der Redacteur vom Munde abdarbte.
Kaum deckte der Absatz die Hälfte der materiellen Herstellungskosten.
Auf die besondere Versendung dieses ehemaligen Beiblattes zur
Börsenzeitung an die Buchhändler und auf die Hoffnung einiger
Einnahmen durch die Ostermesse bauend, bat der „Glänzendleber"
den Frankfurter Buchhändler Ph. Streng, der für 50% den Ver=
trieb übernommen hatte, um einen Vorschuß — zum „Glänzend=
leben" bei der Taufe. Nicht ohne Stirnrunzeln gab der geldliebende
Mann die erbetenen — 50 Gulden und gab dieselben in fünf Rollen
Sechskreuzerstücke. Der Empfänger, der seine Hülfe von der
altberühmten „Buchgasse" Frankfurts bis auf den „Wall" nach
Hause trug, kam sich wie Correggio vor, als dieser seinen Ehrensold
in Kupfermünze empfangen hatte und unter der Last des Sackes,
den ihn ein boshafter Käufer noch nach Hause zu tragen zwang, zu=
sammenbrach. Doch Kühne sagt von dieser eben geschilderten Zeit:
„Das „junge Deutschland" wollte nicht blos leben, sondern auch
„glänzend leben" —! und Kühne ist ein ehrenwerther Mann." Diese
vielleicht etwas zu „intim" ausgefallene Anekdote hat vielleicht das
Gute, daß sie sogleich von vornherein feststellt, ich sei im Wesentlichen
zuerst Journalist gewesen.

Meine Herkunft, mein Schulleben, mein erster Bildungsgang, alles
das findet sich in meinem Buche: „Aus der Knabenzeit" er=
zählt. Ueberarbeitet und fortgeführt bis zum achtzehnten Jahre, steht
es in meinen „Gesammelten Werken" (Costenoble'sche Ausgabe) Band I.
Dann gab ich Erinnerungen an meine berliner Universitätszeit von 1829—

1831 in einem Aufsatz: „Das Kastanienwäldchen in Ber=
lin" („Lebensbilder" [Stuttgart, Hallberger] Band II). Ursprüng=
lich Theolog und Philolog, wurde ich 1832 noch in Heidelberg
Jurist. Nicht aus gedankenlosem Umsatteln oder aus innerer Halt=
losigkeit, sondern mit dem von frühster Kindheit angestrebten Ziele:
Vervollkommne Dich nach Kräften! Die reifere Jünglingszeit machte
noch die besondere Devise daraus: Uebe dich soviel du kannst in
Führung der neuzeitlichen Waffen! Der Constitutionalismus, ein
im damaligen Preußen verpöntes Strebeziel der Politik, hatte im
Lande Baden seine festesten Wurzeln geschlagen. Schon ging der
eigentliche Drang des Gemüths über die Schranken der Schule und
der akademischen Disciplinen hinaus. Es war die Zeit und das noch
ungelichtete Chaos ihrer Forderungen, das mächtige Wehen und
Rauschen in den neuen Luftströmungen, die über die Menschheit hin=
wegzogen, es war das deutlich vernehmbare Läuten einer zur Zeit
noch unsichtbaren neuen Kirche des freien Geistes, das die Jüng=
lingsseele fast nur noch allein erfüllte. Wie sich eine sanguinisch=
cholerische Natur, die ich indessen nicht war, zum Allgemeinen auf=
schwingen, wie eine solche am Leben der Zeit, am Leben ihrer Nation
die heißeste Sehnsucht, sich als Bürger und Denker zu bewähren,
zu befriedigen vermochte, das ersah ich recht nach den früheren, an=
ders gestalteten Burschenschaftsschwärmereien, in den Juni= und Juli=
tagen des denkwürdigen Jahres 1830. Der vor Kurzem, im Anfang
des Jahres 1874, verstorbene St. Marc Girardin, damals
ein junger Professor vom Pariser Collège Louis le Grand, einer Vor=
stufe zur Sorbonne, war in Berlin durch einen Zufall mein Schüler
im Deutschlernen geworden. Der junge Gelehrte sollte die Schul=
einrichtungen des preußischen Staates studieren. Doch lebte der heiß=
blütige Franzose nur für sein ihm täglich geschicktes Journal des
Debats, dessen Mitarbeiter er bis in die Thiers'schen Tage von
Versailles geblieben ist. Ob damals Fürst Polignac bestimmt war,
gestürzt zu werden, ob die liberale Minorität der 221 wenn nicht
in der pariser Kammer, doch in der öffentlichen Meinung den Sieg
davon trug, ob es zur Auflösung der Kammer kommen würde, das
waren die täglichen Fragen, denen sich der französische Publicist hin=
gab und die im komischsten Gegensatze standen zu unserer Lectüre

des Kotzebue'schen „Bielouissêr" („Bielwisser"), den der ältere Schüler als Grundlage unserer Unterhaltungen in „Hôtel de Rome" dem Vorschlage des jüngern Lehrers, Schiller oder Goethe zu wählen, vorzog. Wunder nimmt es mich, daß das damals von mir in etwa 30 Stunden erlernte Deutsch nicht beim Friedensschluß von Frankfurt am Main verwerthet wurde! Denn früher, als Doctrinär, der heftigste Gegner von Thiers, hatte sich St. Marc Girardin in den neuesten Unglückstagen Frankreichs mit dem Präsidenten der Republik ausgesöhnt.

Die Juliordonnanzen Karls X. waren 1830 erschienen, die Kammern wurden aufgelöst, die 221 siegten durch eine Erhebung des französischen Volks, die vielleicht Louis Philippe von Orleans angebahnt, vorbereitet, bezahlt hat, vielleicht auch nicht; jedenfalls hatten die Bourbonen aufgehört zu regieren. Diese Katastrophe erschütterte den Continent. Nur in England und Berlin blieb alles ruhig. Hatte man doch in Preußen das beste aller politischen Systeme, die privilegirte Intelligenz, die Büreaukratie, die Traditionen der Vergangenheit, hatte vom Neuesten Hegel und seine Schule, am vorhaltendsten gegen die Demagogie jedenfalls die Vermehrung der Gensdarmen und das schnellste Unschädlichmachen jedes Menschenkindes, das sich, wenn auch nur gelegentlich und hätte es sich um die Gesundheit desselben gehandelt, in auffallender Weise auf dem Gebrauch des Wortes „Constitution" betreffen ließ. Grade in den ersten Tagen des August, als der Flügeltelegraph auf dem Kunstakademiegebäude in Berlin, in welchem ich geboren bin, unablässig „die Hände über'm Kopf zusammenschlug", wie die Berliner von den hölzernen, sich in der Luft verschränkenden Armen der ersten Vermittelungsform von Telegrammen zu sagen pflegten, da sie eine Schreckensnachricht nach der andern aus Paris zu verkündigen hatten, gewann der junge Student zwar bei einem feierlichen Actus eine goldene Medaille, 25 Ducaten an Werth, für die Lösung einer akademischen Preisaufgabe über die Schicksalsgottheiten der alten Welt, aber es war dies eine vergebliche Lockung zu einem Leben zurück, das sich auf die Vorbereitungen zum Examen allein begründen sollte. Die Examina an sich fürchtete der Gewinner eines akademischen Preises nicht; aber der bewegte Horizont der Zukunft ließ ihm den Athem nicht frei. Nur noch auf die anbrechende große Zeit war sein Sinnen gerichtet,

auf häusliches Arbeiten, Lesen, Excerpiren, Selbstversuchen im Schreiben, lyrisches und dramatisches Dichten. Unregelmäßiger wurden
die Collegia, die er „belegt" hatte, besucht. Bücher, Zeitschriften
ersetzten das ermattende Studium der Brotwissenschaften. Ging auch
das letztere immer noch auf eine Oberlehrerstelle, die in der That
im Jahre 1833 ambirt wurde (auf dem Actentische des Schulraths
Otto Schulz, gewöhnlich Lynkeus genannt, weil der treffliche
Grammatiker nur Ein Auge hatte, müssen sich lange die schriftlichen
Prüfungsarbeiten des Schulamtscandidaten G. umgetrieben haben),
so war doch schon von mir „Maha Guru, Geschichte eines Gottes"
(und sogar beim Schiller-Goethe-Verleger Cotta) erschienen, worauf
dann Examinandus seine Meldung zur mündlichen Prüfung
zurücknahm. Hatte ihn doch schon zum zweitenmale Wolfgang Menzel, damals der Dictator über Deutschlands schöne
Literatur (— die Geschichte seiner Bedeutung für meinen Bildungsgang findet sich in meinen „Gesammelten Werken" Band I, S. 243
erzählt —) von Berlin abberufen, um den stuttgarter Kritiker an
seinem Literaturblatt zu unterstützen. Menzel war für die Stadt
Bahlingen in Schwaben in die würtembergische Kammer gewählt.

Nicht als Kritiker habe ich angefangen, „dem Drange zu folgen",
sondern als Antikritiker. Noch Student gab ich ein „Forum der
Journalliteratur" heraus. Die Gerechtigkeit war demnach die erste
Muse, der ich diente. Noch eine zweite meiner besondern Musen
war der Enthusiasmus. Dabei hat sich hingegebener, treuer, bewun-
derungerfüllter wol selten ein junger schriftstellerischer Anfänger einem
ältern angeschlossen und untergeordnet, als ich mich damals Menzeln.
Ich war ganz jener junge Schüler des Ersten Theils vom „Faust", der
zu Mephisto (abwechselungsweise hatte dieser den Doctortalar ange-
zogen) gewallfahrtet kam in heiliger Scheu, auch Scheu vor Stutt-
garts classischem Boden. Jetzt haben wir in solchen Fällen erster
Entwickelung schriftstellerisch aufkeimender Triebe nur noch den
Schüler vom Zweiten Theil des „Faust". Man erinnere sich der
Stelle, wo der edle Jüngling auftritt und etwa mit der Widmung:
„Der Schüler dem Meister" sein Erstlingswerk darbietend, hinten-
nach so viel Beweise von Selbstüberhebung giebt, daß man solchen
Abfällen dankerpflichteter Gesinnung nur mit Goethe nachrufen möchte:
„Fahr' hin, Originalgenie, in deiner Pracht!"

Mein treues Dienen bei Wolfgang Menzel, das Lesen und Recensiren der ihm stoßweise in Stuttgart zugesandten Bücher, das Ansammeln all der Unpopularität, welche Menzel schon als Goetheverächter, dann aber als rücksichtsloser Verurtheiler der damaligen Modebelletristik in deutschen Landen und vorzugsweise jenseits der Elbe genoß, auch auf mein jugendliches Anfängerhaupt, kurz ein höchst mißlich und mir Decennien lang hinderlich gewesenes erstes literarisches Tirocinium hätte ich durch eigenen Trieb nicht gewaltsam unterbrochen. Bande des Gemüths und der Ueberzeugung fesselten mich an den dämonischen Polyhistor. Die Aufforderung, mich von Menzel zu befreien, kam von mancher Seite. Sie kam sogar vom alten Hegel, der mir eines Tages, als ich bei ihm ein Colleg testiren ließ und er Bekanntschaft mit meinem Journal verrieth, sagte: „Wie kann man sich einem solchen Mann anschließen?" Am lebhaftesten kam die Verlockung zum Abfall aus jenen Kreisen Leipzigs, in deren alte belletristische Hofrathsluft 1833 H e i n r i c h L a u b e angefangen hatte die Frische eines breslauer Studenten zu verbreiten. Die Geister waren damals in Gährung. Wer hörte noch auf Steffens, auf Friedrich von Raumer? Ihre Stimmen gehörten bezahlten Beamten an! Nein, man sprach selbst in gelehrten Kreisen von „Völkerfrühling". Jener „Ueberschuß an Stimmung", wie Frau von Stäel den Enthusiasmus nennt, suchte jede Gelegenheit, zum Explodiren und von je ist Leipzig eine Stadt gewesen, wo jener „Ueberschuß an Stimmung" die Gemüther entzündete und Erscheinungen hervorrief, die für Deutschland maßgebend wurden. Laube, der einige Artikel, einige noch unreife Bücher geschrieben hatte, bekam die „Zeitung für die elegante Welt" in die Hand. „Elegante Welt!" Unter den Friseuren, Tailleuren, Modistinnen von „Klein Paris", in den Spalten einer Zeitung, die später Modekupfer brachte, konnte die Burschenschaft allein nicht leben wollen. Wenigstens Heinrich Heine, Goethe, die Götter Griechenlands mußten noch neben der Turnerei beibehalten bleiben. Laube hatte zur Burschenschaft gehört und wurde dafür noch später vom Geist der Karlsbader Beschlüsse gemaßregelt; aber sein Wesen war nicht Menzelisch altdeutsch, sondern eher slavisch. Wohlgefallen fand er weniger am entblößten Halse mit aufgeschlagenem Hemdkragen, als an der polnischen Kurtka mit hängenden Schnüren, Troddeln.

Er schien sich schon früh zu rüsten, eine neue Nationaltracht zu er=
finden, geniale Mützen, Ueberwürfe, Schöpfungen, die lange in Leipzig
seinen Namen getragen haben und von General Havelock in Indien nur
nachgeahmt zu sein scheinen. Kurz, der Correspondenz, die sich zwischen
den beiden jungen Neuerern entsponnen hatte, sah der grimme
Hagen, der auf dem Gebiet der Kritik ein Alleinherrscher sein
wollte, von seinem Häuschen in Stuttgart düster zu, murrte nicht
wenig, schalt über die „Zeitung für die elegante Welt" und warnte
mich vor dem Versucher. An sich war die Gefahr nicht groß. Das Leipziger
Programm war unklar. In jeder Woche brachte die „Zeitung für
die elegante Welt" einen im Wesentlichen unreifen, im Stil gallo=
pirenden, manchmal in Carrière durchgehenden Artikel, der aber
bei alledem ein Thema des Tages mit Frische und Natürlichkeit be=
handelte. War ich von diesen Manifesten auch nur halb gewonnen,
konnte ich meinen Pedantismus, der unter anderm gründlichere
Kenntnisse verlangte, als der Leipziger Matador aufzuweisen hatte,
vor allem bei Streitfragen mein Verlangen nach überzeugenden Mo=
tiven nicht verleugnen, wobei ich die schneidige Art, wie das Unreife,
Unmotivirte, Willkürliche festgehalten, durchgeführt, ja sozusagen
commandirt wurde, abschreckend fand, so trat doch immer mehr
persönliche Berührung, ja Freundschaft zwischen den jungen Tages=
helden ein. Im Sommer und Herbst 1833 las ich Heinrich Laube's
Roman „Junges Europa" in Gegenwart des Autors auf den
Wellen des schönen Gardasee's, nahm zwar gründlichen Anstoß, daß
einer der Helden des Buches durchweg „Hyppolit" statt „Hippolyt"
gedruckt war, aber die Beziehung zu Wolfgang Menzel wurde
lockrer. Im Winter des Jahres 1833 schickte ich meinem Herrn
und Meister einen Ballen Bücher, die ich von ihm zur Beurtheilung
empfangen hatte, unerledigt zurück. Was war geschehen? Ich hatte
zu zwei Bänden „Novellen" (1832 bei Hoffmann und Campe er=
schienen) eine Vorrede geschrieben, worin ich scherzhaft den Gedanken
ausführte, daß jeder Schriftsteller, am Schreibtisch sitzend, an eine
bestimmte Persönlichkeit dächte. „Der junge Poet dichtet einige Jahre
hindurch nur für seine Geliebte oder er denkt nur an den Nelkenstock
seiner Mutter. Er besingt bis in sein dreißigstes Jahr die Wiese,
wo vor seinem Dörfchen die Wäsche getrocknet wird. Dann wagt

er sich weiter. Gesteht es nur alle, die Ihr je eine Gansfeder an=
gesetzt habt, Ihr Goethe, Schiller, Theodor Hell, Borromäus von
Miltitz, Ihr dachtet bei Euren unsterblichen Werken zunächst an
Euren Vater oder Onkel, an Eure Freunde oder Euren Pudel!
Fürst Pückler schreibt für einige Leute in Berlin, die der „Verstorbene"
durch seinen Geist nur ärgern will" u. s. f. Und in dieser
Auslassung, in deren Manier man den Einfluß des in damaliger
Zeit bewunderten Jules Janin erkennen wird, kam zuletzt vor:
„Wolfgang Menzel schreibt keine Zeile, ohne zu denken, was wol
Paulus in Heidelberg dazu sagen würde." Wehe mir! Schon bei
Uebersendung dieser „Novellen" bat ich meinen Freund und Meister
um Verzeihung für jene unbedachte Plauderei (welcher jedoch vielleicht
das Erkennen einer Schwäche desselben, Nachwirkung persönlicher
Verstimmung auf sein Urtheil, zum Grunde lag); doch erhielt ich
von ihm eine so heftige, kränkende briefliche Abstrafung, daß ich die
Verbindung lösen mußte. Als ich hierauf selbst ein „Literaturblatt"
(zum Phönix in Frankfurt am Main) herausgab, hatte ich an dem
Manne nur noch einen unversöhnlichen Feind. Um die Blöße, die
ich mir im Herbst 1834, in völiger Unklarheit über die Tragweite
des gedruckten Buchstabens, mit meinem Buche „Wally', die Zweif=
lerin" (Band IV meiner „Gesammelten Werke") gegeben, denuncirte
mich der Ergrimmte förmlich an die Bücherpolizei. Nicht äußere
Persönlichkeiten sind es, die ich hier im Allgemeinen zusammenfasse,
im nächsten Abschnitt ausführlicher erzählen werde, sondern dem Per=
sönlichen lagen Motive zu Grunde, die sich ja zu Wendepunkten,
Hebeln und Angeln der neueren deutschen Literaturgeschichte machten.

In meinem Schaffen, das ich in diesem für die Zeitschrift „Gegen=
wart" bestimmtgewesenen Fragment nur andeutend zu erklären versuchen
konnte, gab es einen Scheideweg, über welchen ich in den literarge=
schichtlichen Compendien, in den lobenden wie in den tadelnden, so
eingehend sich auch dieselben mit mir beschäftigen, nichts finde. Es
läßt sich zum Glück davon erzählen, ohne mit sich selbst besonders
schön zu thun. Gesetzt, wir wollten Laube, einen jungen Goethe
nennen, so wäre jedenfalls ein gewisser Gustav Schlesier
bei ihm sein Christian Merck gewesen, derselbe, der dem jungen
Dichter des „Werther" rieth, die „Windeln frisch auf die Zäun' zu

hängen, sie trockneten dann eher" — soll wol heißen: „Stücke, wie dein Clavigo, sind so schlecht, daß du gut thust, durch schnelles Drucken= lassen sie in Vergessenheit zu bringen und an Besseres denken zu können." Ich sagte eben: „Ein gewisser Gustav Schlesier". Nach seinem Buche: „Oberdeutsche Staaten und Stämme", nach seinen Arbeiten über Wilhelm von Humboldt ist der Mann in einem Grade verschollen, daß ich kaum weiß, ob der kühne Anläufer zu einem neuen Varnhagen von Ense oder gar zum zweiten Friedrich Gentz noch unter den Lebenden verweilt. Heinrich Laube besaß die Kunst, im Kreise seines nächsten persönlichen Wirkens enthusiastische Freunde zu gewinnen. Wer je mit ihm eine Cigarre geraucht oder an der Table d'hôte des Hôtel de Bavière in Leipzig seinen maßgebenden Aussprüchen gelauscht hatte, ging für ihn durch's Feuer. Es war der Zauber der Anlehnung an eine sichre Beherrschung des Lebens. Wer möchte sich nicht im Gedräng und unter den Stürmen des Ge= schicks mitzuhalten suchen am Saume eines Mantels, den er kräftig angezogen weiß. Gustav Schlesier, das Prototyp eines sächsischen Gelehrten, Magister durch und durch, vereinigte mit Pedanterie An= flüge von Eleganz. Leipzig bildet ja seine Leute. Im Schlafrock ganz nur Stubengelehrter und pedantisch wie nur Gottsched pedantisch gewesen sein kann, war Schlesier Abends, vielleicht am Thee= tisch einer jungen Witwe, die sich sein Freund später als Gattin gewann, Petitmaitre. Sogar ein vorschnell gekommenes Bäuch= lein des behäbigen jungen Mannes gab ihm das Ansehen eines Abbé der alten Schule. Sein Wissen war unbezweifelbar, doch keines= wegs so umfassend, daß damit die Sicherheit seiner Urtheilsabgabe hätte für entschuldigt gelten können. Ein aus Dresden Gekommener war er jedenfalls in Kunstanschauungen und unter guten Theater= eindrücken aufgewachsen.

Dieser scharfsinnige Kopf nun, der sich indessen ebenso oft von Anfang bis zu Ende zu irren vermochte, wie nur der Positivismus der Kritik heute etwas behaupten kann, was sie morgen, falls es der Ehrgeiz erlaubte, selbst zurücknehmen würde, sagte mir eines Tages, als ich in Leipzig war und sogar bei Laube selbst wohnte: „Uebrigens sind Sie in Ihrer Production auf dem Holzwege! Sie ahmen Voltaire und Diderot nach! Voltaire und Diderot haben sich

als ästhetische Muster überlebt; Sie brauchen ja nur an Wieland
zu denken. Ihr „Maha Guru" liest sich wie Zadig oder Candide.
Herzblut müssen Sie zeigen! Den Charakter der Gegenwart treffen!
Sich Ihre Brust aufreißen! Nur „modern", specifisch „modern"
muß der Schriftsteller von heute sein! Die deutsche Literatur darf
nur noch den Weg wandeln, den allen Literaturen Europas die
Baronin Dudevant, Georg Sand, vorgezeichnet hat!"

Sprach's — und sein Wort schmetterte mich nieder. Weder
Zadig noch Candide hatte ich gelesen. Doch kannte ich Wieland.
Auf der Schule war ich, wie ich Band I meiner Gesammelten
Werke S. 208 erzählt habe, zur förmlichen Verachtung des Ver=
fassers der „Abderiten" erzogen worden. Ich fand Wieland lang=
weilig. Aber Lucian von Samosata, Wielands und Vol=
taire's Vorbild, hatte ich mit Vorliebe gelesen, den griechischen
Spötter, der die Göttergespräche, die Begegnungen in der Unter=
welt geschrieben. „Herzblut — ?" Nun wohl! Mein mächtig mich
fortreißendes „Herzblut" kannte ich vollkommen, es wallte und wogte
bei jeder Gelegenheit, wo die Ideen der neuen Zeit im Spiele waren.
Hatte ich aber einen nur darstellenden Zweck, die Aufgabe einer
Erzählung, eine künstlerische Absicht, so dämmte ich die Wallungen
des Herzens zurück, legte seinem mächtigen Pulsschlage Mäßigung
auf und dachte nur an die vorsichtige Arbeit des Malers, Bildners,
Tonkünstlers, von denen der Erstere ebenfalls nicht mit dem raschen
Kohlenumriß, der Zweite nicht mit dem Bearbeiten und Kneten des
Thons, der Dritte mit dem Punktiren einer Symphonie am Clavier ihre
Schöpfungen für abgeschlossen erklären können. Nicht aus Kälte des
Gemüthes beschränkte ich mich. Es war die nachhaltige, von mir so
oft den Andern empfohlene Scheu vor den Gesetzen der Kunst. Haßte
ich doch allen Naturalismus, besonders den der Erzählungsliteratur
des Tages und den sich „genial" gebenden vollends, der immer nur
wüst herauskam. Dennoch muß ich gestehen, daß Gustav Schlesiers
Auslassung meine Vorrede zu Schleiermachers Briefen über die
Lucinde und die Wally veranlaßte. Sein Spott hatte mich aus
meinem Frieden gerissen. Und er hatte es leicht damit. Denn im eignen
Schaffen war ich das „zerstoßene Rohr" und der „verglimmende
Docht". Anerkennung war dem Mitarbeiter des auf dem damaligen

Parnaß verhaßten Wolfgang Menzel bei keiner einzigen Instanz zu
Theil geworden. Meine Arbeiten erster Periode, mein „Sadducäer
von Amsterdam", der, wie ich höre, von Manchen, die mich sonst nicht
mögen, meinen spätern Arbeiten vorgezogen wird, „Nero", „Maha
Guru" waren so gut wie nicht erschienen. Sogar Heinrich Laube,
der mir hätte die Stange halten sollen, verspottete mich in seinen
Reisenovellen als „Archivar des Königs", also wol als eine Art
Clavigo, dem nur der rechte, mir die matadorische Aufwiegelung
gebende Carlos fehlte. Aber wo war der größere Werth der
Leistungen dieser Matadore? Wenn selbst die Heine'schen Arbeiten,
die damals schwächer und schwächer wurden, mich nicht von Platen
oder den bessern schwäbischen Lyrikern abwendig machen konnten, so
mußte in mein Gemüth Erbitterung einziehen und meine Stellung
die eines Einsiedlers werden. Es entstanden unter den jungen
Schriftstellern jener Periode die gehässigen Fehden, die in den Litera-
turgeschichten meist nur mir allein zugeschrieben werden, während sie
doch nur die Folge des glücklicher situirten Uebermuths der Andern
waren. Allerdings trug mein unverwüstlicher Gerechtigkeitstrieb zuweilen die Schuld dieser ewig wechselnden Stellungen, die ich jedoch durch
keine Unterordnung unter Varnhagen von Ense oder den Fürsten Pückler
mir bestimmen lassen wollte. Die trüben Folgen der veränderten Richtung meiner Feder für meine Person, meine Freiheit, mein Lebens-
glück verbitterten nicht minder mein Gemüth. Die Sorge schlug
ihre Harpyenkrallen in die täglichen Berechnungen über Woaus und
Woein. Erst im Jahre 1839 heilte ich meinen Unmuth dadurch,
daß ich für die Bühne zu schreiben anfing, dieselbe Bühne, zu welcher mich längst eine wohlwollendere Förderung hätte ermuthigen
sollen. Selbst Karl Seydelmann, in Stuttgart mir nahe
befreundet, wußte auf zwei Acte eines Trauerspiels: „Marino
Falieri", die ich in's Morgenblatt hatte einrücken lassen, mir keine
andere Anregung zur Fortsetzung auszusprechen als die: „Nur ja
keinen schwachen Helden!" Der Held war allerdings achtzig Jahre
alt und mußte demnach drei Acte lang schwach sein, vollends war er
verliebt, bis der alte Löwe erwachte. Das kritische Wort einer
solchen Autorität ließ die Hände in den Schooß sinken; ich glaubte
mein Talent verurtheilt. Wie ich später die Bühne, wie sie ist,

habe kennen lernen, wußte ich, daß Seydelmann kalt blieb, weil die Rolle des achtzigjährigen Marino Falieri nicht an ihn, sondern an seinen Widerpart, den Schauspieler Maurer hätte kommen müssen. So sind die „Bühnenkünstler". Der Liebhaberspieler bleibt kalt bei der Lectüre eines Drama's, wo die Chance, nach jedem Act gerufen zu werden, auf den Charakterspieler fällt.

Meine Selbstschau würde nicht aufrichtig sein, wenn ich hier nicht die Erzählung der literarischen Entwickelung für's Erste unterbrechen und eingestehen wollte, daß es neben dem Geist der Zeit noch eine andere Sphäre gab, die parallel die volle Hälfte meines jugendlichen Ichs in Anspruch nahm. In dem dramatischen Scherz Wilhelmi's „Einer muß heirathen" sind die Brüder „Zorn" geschildert, die ihre Ehe und die Wahl einer Lebensgefährtin durch das Loos bestimmen lassen. Jacob Zorn jubelt, daß er zu seinen Büchern zurückkehren dürfe, zu seinen Studien, denen wir und unsre Nachkommen bis in's fünfte Glied die Kosten der Anschaffung des „Deutschen Wörterbuchs" verdanken. Roderich Benedix hat in seiner „Hochzeitsreise" einen deutschen Professor geschildert, wie dieser nicht mehr existirt, einen Gelehrten, dem sein Stiefelwichser mehr an's Herz gewachsen ist, als seine eben erheirathete junge Frau. Mit solcher Kühle hat sich der Erzähler zum Frauenthum nie verhalten können. Er schildert in diesen Blättern ein Dichterleben und gesteht es offen, daß ihn der Zauber des weiblichen Geschlechts früh unterjochte. Das Gefühl der Vereinsamung eines gegen den Strom Schwimmenden, der Druck welcher immer und immer auf dem verkannten Gemüth lastete, der Mangel an äußerm Glück kam diesem Zuge des Herzens und — der Sinne entgegen. Sage man doch nicht, daß sich die Seele selbst genügen könnte! Nicht einmal das physische Leben erwehrt sich krankhafter Stockungen ohne den Sonnenschein des Glücks. Wo aber das Glück finden? Ministern, Verlegern, dem Publikum gegenüber hatte ich kein Glück. Compensationen für das Glück muß es aber im Gemüth geben, Abrechnungen eines Minus hier gegen ein Plus dort, sonst erliegen wir. Frühe schon hatte ich gegen die Rabbinenweisheit der Entsagung und Selbstkasteiung geeifert, hatte in Heinrich Heine's Unterscheidung zwischen den beiden Lebensprincipien, dem Nazarenerthum und dem Hellenismus, einen seiner Lichtblicke gefunden, hatte das, was sich die Menschen ihre Tugend nennen und an sich und an Andern glorificiren, so oft nur für eine körperlich bedingte Empfindungslosigkeit und Stumpfheit der Nerven, nach späteren Erfahrungen für die Alleinbeschäftigung mit ihrem Ehrgeiz, die Narcissusgenüge an der Widerspiegelung ihres geliebten Ich erkannt. Das nagende Prickeln der Eitelkeit, die nur ihren Erfolgen, ihrem Namen, der Pflege des Schattens, den man in der Sonne wirft, lebt, hatte ich nie. Aber mir blieb das Bedürfniß, wenigstens in Andern auszuruhen. Früh schloß ich leidenschaftliche Freundschaften. Was sind aber studentische Freundschaften? Bald gehen die Lebensbahnen auseinander. Vollends war die damalige Zeit in einer Weise eine andere, als jetzt, daß sich kaum noch fassen, kaum schildern läßt, wie auf drei freigesinnte gleichgestimmte Akademiker wenigstens in Berlin 97 kamen, die nur am Gegebenen hafteten, die nur fromme August Neander'sche Pastoren werden wollten, die sich nur als Beamte, als Richter in dem Sinne zu sehen wünschten, wie der damalige Staat seine Beförderungen austheilte. Es waren meist Menschen von erkältender Wirkung. Auch bildet sich Kameradschaft, dieser dem jugendlichen Gemüth so wie der Biene die Blumenwelt unerläßliche Gewinn, da am wenigsten, wo sich literarische Anfängerschaft zeigt. Spricht sich diese nicht mit der aufdringlichen Eitelkeit junger Lyriker aus, wo dann wol eine gleichgestimmte Richtung zuweilen unter jungen Kameraden dem ständig aus der Rocktasche gezogenen Portefeuille bewundernd entgegenkommt, so wird eine sich auf Meinungen gründende literarische Entwicklung unter Schul= und Universitätskameraden fast immer alleinstehen. Ein Nachkomme Bürgers, selbst Bürger geheißen, ein Hauslehrer bei Professor F. W. Gubitz, war bis 1833 mein treuster Freund, bis ihn der Strudel des Theaterlebens ergriff und von seinen Studien und von mir selbst fortriß.

Frauen gegenüber fühlt dann freilich der Jüngling nicht Freundschaft, sondern sofort Liebe. In dem Spiegel eines Mädchenauges fängt sich ihm die ganze Welt. Und sie fängt sich ihm nur in harmonischer Schöne. Des Mondes blasses Licht, das Geflüster einer vertrauenden Seele beim Wandeln unter den sanftbewegten Wipfeln eines Baumganges, die Berathschlagungen über künftige, vielleicht

schon gemeinsam gewordene Lebensziele — in diese bestrickenden
Zauber, die nicht minder von Neander, Schleiermacher, Boeckh, Lach=
mann abzogen, war ich allzufrühe gerathen. Der erste Theil meiner
„Seraphine" (Gesammelte Werke Band III) ist selbsterlebt. Die
dort geschilderte Beklagenswerthe hieß Leopoldine Spohn. War ich
hier gefesselt wider Willen, verzweifelte ich wie unter einem mir zu=
fällig übergeworfenen Nessushemd, so schlug mein Herz desto freier
und leidenschaftlicher bald darauf für eine sechszehnjährige Brünette
von mehr kleinem als mittlerm Wuchse, mächtigen schwarzbewimperten
blauen Augen, blendend weißen Zähnen, keine Schönheit an sich, aber
anziehend in allem, was in und an ihr mit geistigem und leiblichem
Auge gesehen, mit dem Ohr gehört werden konnte. Am meisten
fesselte sie durch ihre Stimme, die so sonor, so tiefliegend war, daß
sie allem, was sie sprach, schon dadurch allein den Charakter be=
deutungsvoller Reife gab. In Berlin ist alles, was ehedem Garten
hieß, im nächsten Umkreise der alten Stadtmauer bis auf den letzten
Baum getilgt. Aber die Trauerweide, wo nach zweijährigem „Minne=
werben" das angebetete Mädchen zitternd die Worte sprach: „Ich
kann nicht mehr" — „mich beherrschen" erstickte an der Brust des
sich redlich zum Oberlehrerexamen Rüstenden und deshalb endlich
offen Heraustretenden, und rings die andern Bäume, in deren Schatten
bereits von einer künftigen Wohnung bei einem Oberlehrergehalt
von 600 Thalern geträumt wurde, sie stehen noch in der Königin=
Augusta=Straße zwischen Potsdamer= und Schellingsstraße. Vierzig
Jahre später ist die halb und halb mir verlobt Gewesene grade im
unmittelbaren Gegenüber dieser Bäume auf dem „Tempelhofer Ufer"
unvermählt gestorben. Warum erzähle ich diese Momente der Ver=
gangenheit? Weil dieser Bund Tage, Wochen, Monate der Verzweif=
lung heraufbeschwor, weil er eine Richtung meines Schaffens be=
dingte. Denn die innigste Liebe hatte hier die gehorsamste Tochter
nicht bewegen können, dem Gebote einer Mutter, die mich heute
in ihre Arme schloß, morgen mir mit dem Messer drohte und schrie:
„Er oder Ich!" entsagend Folge zu leisten. Der „ahnungsvolle
Engel" hatte sich bewahrt vor dem Schicksal, die Bahnen eines
irrewandelnden Kometen zu theilen. „Gottesleugner" nannten mich
damals die berliner Journale. Thüren eines Gefängnisses thaten

sich auf. Der schmale Weg, den ohnehin der Schriftsteller jener Zeit durchs Leben gehen mußte, wurde enger und enger. Mit dieser schlechtbestandenen Probe eines liebenden Herzens gingen mir unermeßliche Schätze des Lebens zu Grunde. Der Nibelungenhort, den ich im Frauenthum gefunden zu haben glaubte, versank mir wie unwiederbringlich. Keinen Muth, keine hochherzige Willenskraft hatte die Reinste ihres Geschlechts zu zeigen vermocht! Charlotte Birch — staune nicht, lieber Leser — die richtige Charlotte Birch-Pfeiffer, die mir damals innig befreundet war (erst da haßte sie mich, als ich für die Bühne schrieb und in ihr und dem verbündeten Intendanten Küstner die Usurpatoren der königlichen Bühne Berlins sehen und fühlen lernen mußte), hatte sie noch einmal im Auftrage des damals Dreiundzwanzigjährigen besucht, um den Versuch zu machen, einigen Heroismus zum „Handeln", wie eben Liebende „handeln", zu erwecken. Doch umsonst! Die Mutter zeigte auf's Messer und mir erstarb — der Glaube an die Bewährung des Frauenthums für jene Welt, der mein Leben gehörte. Sie können nicht theilnehmen, rief mein sich krümmender Schmerz, am großen Kampfe der Zeit! Und wenn auch damals Berlin den Tod der Stieglitz erlebte, wenn auch Rahel Varnhagen die unbefangene Lebensauffassung ihres damals zuerst entsiegelten Briefwechsels zu verbreiten begann, nichts half, um vorzugsweise die berliner Welt aus ihrer anmaßenden, kalten Selbstgenüge aufzurütteln. Goethe, Tieck, Steffens, Raumer, Chamisso, Hitzig beherrschten die öffentliche, der Zeit widerstrebende Meinung. Später erstanden allerdings Frauen, die bei einer inzwischen erschreckend gewordenen Zunahme an politischen Märtyrern sich für ihre Ehegatten einen muthigen Aufschwung zu geben verstanden — die mir befreundete Gattin des Darmstädters Wilhelm Schulz befreite den ihrigen aus der Feste Starkenburg im Odenwald; ich selbst fand die Hand eines Mädchens, das sich in der Zeit meines Unglücks bewährt hatte — aber die Abneigung, die in mir entstanden war, die Verhimmelungen der lyrischen Muse über den Werth der Frauen zu theilen und beim Schreiben speciell nur der Frauen zu gedenken, denen vorzugsweise zu huldigen, kurz auf Gedankenkreise einzugehen, an denen den Frauen nach Goethe am meisten gelegen sein müsse (die Huldigung,

2*

die statt „Mädchen" immer nur „Blume" sagte und das Leben wie nach
Bildern malte, sollte sich bald bis zum Schwindel steigern) blieb;
sie blieb in meinem „Basedow und seine Söhne" fast bis zum
Cynischen (Gesammelte Werke Band V und VI); blieb — — ohne
— daß darum bei mir das Suchen nach dem Schlüssel des Para-
dieses, den Gott, als er sein Eden schloß, zur Verwahrung in's
Frauenherz zurückgelegt zu haben scheint, an sich selbst aufhörte.
Mit der Feder sprach ich diese Sehnsucht nicht aus. Nur für Männer
wollte und konnte ich schreiben.

Den Gedankengängen des sich immer mehr zum Siege hin-
durchringenden neuen Geistes der Zeit gegenüber stand ich von Jahr
zu Jahr gefesteter Rede. Mein „Telegraph", jenes journalistische
Schmerzenskind, war in anständigere buchhändlerische Versorgung
gekommen. Ich zog aus dem Bereich des Bundestages, aus
dem Gehege der Frankfurter Späher und Zuträger, seiner
feigen, auf dem Frankfurter „Römer" geübten Censur (Frankfurter
Bürgermeister wie Thomas, von Meyer, von Günderode u. s. w.
trugen das ihnen von Nagler, Münch-Bellinghausen, Blittersdorf
auferlegte Joch mit Zuvorkommenheit) in die freiere Freistadt
Hamburg und fühlte die volle Kraft, in den Kölnischen Wirren
gegen den Görres'schen „Athanasius" zu schreiben, gegen Leo in
Halle im Hegelingenstreit, gegen die altständischen Prätensionen des
Fürsten von Solms-Lich, kurz mich in meiner Weise an den bedeutenderen Fragen der Zeit in längerer oder kürzerer Rede zu betheiligen.
Bei öffentlichen Festen, am Guttenbergstag in Mainz, bei Errichtung
des Schwanthaler'schen Goethe in Frankfurt am Main wurden mir
officielle Toaste übertragen. Die Bosheit von Männern wie Carové
in Frankfurt, Karl Buchner in Darmstadt, C. v. Wachsmann und
des Theodor Hell'schen Kreises in Dresden, die Alles, was von mir
ausging, methodisch herabsetzten, mich ständig umgeiferten, küm-
merte mich nicht mehr. Hätte ich dem geheimen Förderer und Berather der jüngern Literatur, Varnhagen von Ense, ebenso wie
Laube, Mundt, Kühne und die andern jungen Autoren zu huldigen
mich überwinden können, ich würde für die Geltendmachung meiner
Vota mich noch eines festern Untergrundes erfreut haben. Doch
verzichtete ich auf Protectionen, seitdem ich die demüthigenden Folgen

der Menzel'schen Kritik erlebt hatte. Selbst die Anerkennung derer,
die ich hochverehrte, suchte ich nicht mehr. Ich war zu sehr
überzeugt, daß ich nur für mich allein einzustehen hatte. Sah ich
dann wol, da ich zu reisen liebte, deutsche Städte, erinnerte mich, daß
so mancher berühmte Name in ihnen hauste, so mochte ich nicht bei
ihm anklopfen. Denn ich wußte, daß sich der Angesprochene zuvor
aus einem Wust von Mißtrauen und falscher Nachrede über mich,
aus Bildungsstandpunkten, die nicht die meinigen waren und deren
subjective Berechtigung ich doch anerkennen mußte, herauszulösen
hatte, ehe er mein offnes Wort, meine dargereichte Rechte zu würdigen
verstand. Solche Ueberdreistigkeit, die einige damals mit mir zugleich aufstrebenden jüngeren Schriftsteller später gezeigt haben, daß
sie sich überall an die ersten Namen der Zeit zu machen wußten,
wo dann Uhland und Meyer, Schelling und Meyer, Kaulbach und
Meyer bis in's Elysium Hand in Hand gehen sollen, ist mir bis
zum heutigen Tage fremd gewesen. Unter solchen Umständen mußte
mich die wie aus der Luft gekommene Aufforderung des Curators
der Universität Bonn, J. Ph. von Rehfues, überraschen, der
mich ermunterte, ich sollte meine gegenwärtige Carrière ganz unterbrechen, mich an einer Universität der Schweiz oder einer kleinen in
Teutschland, Gießen oder Marburg, als Privatdocent habilitiren,
er würde dafür sorgen, daß ich in kürzester Zeit Berufung an
eine preußische Universität erhielte. So sicher stand in der That
noch der nächste Anhalt für Rehfues, der Minister von Altenstein,
dem Hausminister Wittgenstein und seinen Polizeischergen gegenüber,
daß eine solche Wendung meines Lebens, bei wahrscheinlich voraus-
gesetzter „einiger Reue", gar nicht als undenkbar angenommen werden
konnte. Der mich schon lange geistig fördernde Verkehr mit diesem
durch Herzensgüte ausgezeichneten, vielverkannten Manne war die
Folge einer vor Jahren von mir geschriebenen Kritik über seinen
Scipio Cicala. Jener Aufforderung konnte ein schon für Weib und
Kind zu sorgen Verpflichteter nicht folgen.

Der Verleger des „Telegraphen" war Julius Campe geworden,
derselbe Buchhändler, der Heine, Börne, theilweise Anastasius Grün,
Raupach, Maltitz u. A. verlegte. Doch gab ich, gelegentlich bemerkt, nie meine Feder dazu her, gegen meine Ueberzeugung ein

Buch seines Verlags zu leben. Wie ich auch andrerseits dem, wie
der ältre deutsche Buchhandel weiß, wunderlich gearteten und eigen
zu behandelnden Manne nachzurühmen habe, daß er niemals die
Prätension gemacht, ein von ihm verlegtes Journal zur steten Anpreisung seiner Autoren benutzen zu wollen. Ich erwähne dies Verhältniß um deßwillen, weil sich im Kopfe des kürzlich verstorbenen
Hoffmann von Fallersleben eine Anekdote zusammengewirrt hat, die
in seinen, bei Rümpler in Hannover erschienenen Memoiren, diesem
traurigen Sammelsurium von Gelegenheitsgedichten, Tischtoasten und
ausgeschnittenen Zeitungslobhudeleien, in Bezug auf mein Verhältniß zu Julius Campe meinen Charakter nicht wenig verunglimpft.
Ich hatte, wie den ganzen Mann, so auch Hoffmanns „Unpolitische
Lieder" gut der Gesinnung nach, für Mittelgut als Dichterwaare
befunden. Einige Jahre später begegnete ich ihm im schönen Taunus-
gebirg, auf der Promenade des Bades Soden, wo ich meine Gattin
besuchte, die dort mit den Kindern verweilte. „Sieh den schönen ·
Strauß, den mir der Professor geschenkt hat!" rief meine Frau,
als sie mit dem Ueberall und Nirgends daherkam, der damals am
Rhein und Main seine Breslauer Quiescenz in einer kaum zu
schildernden bequemen Weise genoß. „Versöhnt Euch Beide!" setzte
sie bittend hinzu. Die Schwester der drei wackern Büchner, Georg,
Alexander, Louis Büchner, Luise Büchner, war mit Andern zugegen.
Ich bot dem Straußwinder die Hand. „Aber sagen Sie mir, wie
haben Sie denn das vor Campe durchbringen können, daß Sie seine
eigenen Verlagsartikel in dem von ihm bezahlten Blatt herunter-
rissen?" fragte mich Hoffmann von Fallersleben, als er mich ver-
traulich zur Seite gezogen. Eine Weile schwieg ich, stutzend über
die grobnaive Erinnerung an jene Kritik, die mir eine Ueberzeugungs-
sache gewesen, und machte dann die ausweichende Bemerkung: „Campe
hat am wenigsten etwas dagegen gehabt. Er gönnt ja seinen Autoren, daß sie zuweilen geduckt werden." Wer Julius Campe ge-
kannt und je gesehen hat, wie sich dieser Dyll Eulenspiegel der Leipziger Messe die Hände reiben und darüber freuen konnte, wenn er
sah, daß für die Bäume, daß sie nicht in den Himmel wüchsen,
wieder einmal gesorgt war und wär's durch ein Epigramm auf seinen
eignen Verlagsartikel gewesen, wird mein Wort harmlos deuten und

nehmen, wie es gefallen. Doch aus diesem Gespräch, das von einem
Knäuel von Kurgästen, in welches wir gerathen waren, unterbrochen
wurde, hat sich der Eitelste der Eiteln in späterer Zeit, wo sich der Mann
einbildete, ich hätte nicht in der Schillerstiftung für ihn gesorgt (die
Acten beweisen das Gegentheil) den Vers gemacht: G. gestand mir
einst mit — (ich citire aus dem Gedächtniß. Aber „schamlose
Frechheit" oder etwas Aehnliches versteht sich in solchen Fällen unter
deutschen Schriftstellern von selbst), er hätte mich im Auftrage
Campe's getadelt, nur damit dieser den Vortheil gewann, daß ich
weniger Honorar forderte! Lieber Leser, wie viel Selbstbeherrschung
muß doch ein Autor über sich gewinnen, um solcher, nur das Bös-
willigste voraussetzenden Schmähsucht gegenüber nichts zu thun, als
zu sagen: Legt's zum Uebrigen! Aus dem Duellanbieten (wozu ich
in ähnlichen Fällen zweimal in der That habe greifen müssen), aus
dem Gegenerklären, dem Berichtigen, Herumzanken in den Zeitungen,
käme ein solcher „Bestverleumdeter" nicht mehr heraus.

Die Zeit brach an, wo dem „Jungen Teutschland" die
Tonangabe in der Kritik (denn diese besaß es) entwunden wurde.
Es geschah dies durch die Stiftung der „Hallischen Jahrbücher".
Das Kurze, Desultorische, Subjective, Willkürliche hörte jetzt auf.
Lange Abhandlungen, die vom Ei anfingen, aber ebenso subjectiv,
ebenso willkürlich waren, traten an seine Stelle. Die junghegel'sche
Arbeit hat reiche Früchte getragen, vorzugsweise für die Universitäten,
die akademische Jugend und die Lehrer. Daß dabei Männer wie
R. E. Prutz ihren eignen Ursprung, die Schule ihrer Bildung
verleugneten und gegen die Kritiker, die bisher im Vordergrunde
gestanden hatten, mit Ausdrücken der Geringschätzung vorgingen, lag in
der Eigenheit jeder neuen Epoche, zumal in Teutschland, daß
die Kinder durch ihre Geburt die Mutter tödten. Schon hatten ja
auch die einzelnen Mitglieder jenes Bundes, der niemals bestand,
des „Jungen Teutschland" neue Phasen ihrer Entwickelung angetreten. Heinrich Heine kehrte von seinen mißlichen prosaischen
Ausflügen auf deutsche Literatur und Philosophie zum politischen
Tagesvers zurück; Heinrich Laube folgte meinem Vorausgang und
wandte sich mit Erfolg der Bühne zu; Gustav Kühne, derselbe, der
von seinen Gesinnungsgenossen sagte: „Sie wollten nicht blos leben,

sondern auch glänzend leben", hatte das richtige Theil ergriffen, er heirathete eine junge Dame, die ihm eine reiche Mitgift brachte; Theodor Mundt kam durch Louise Mühlbach in ein neues Stadium seiner gewandten, aber nie recht unmittelbaren und daher reizlos gebliebenen Feder; Ludolf Wienbarg konnte schon seit lange für verschollen gelten; denn dieser Aelteste unter uns allen war hinter den Hoffnungen, die sein erstes Auftreten hatte erwecken dürfen, weit zurückgeblieben. Als der Bedauernswerthe vor einigen Jahren starb, forderten mich vier unserer ersten Zeitungen auf, ihm einen Nekrolog zu schreiben. Allen stand das Bild vor Augen, das einst grade von ihm der Mann der „Männer der Zeit" entworfen. Am Strande der Nordsee stehe reckenhaft Ludolf Wienbarg mit im Sturm flattern= der Locke, Möven umkreisen ihn u. s. w. So oder ähnlich war seine Erscheinung stereotypirt. Jahre lang hieß es zu meinem Nach= theil: „Wie anders dagegen Ludolf Wienbarg —!" Nun wohl! Ich mußte die Aufforderung jener Zeitungen ablehnen. Was mir der Dahingegangene durch schnöde Undankbarkeit an persönlichem Leid zugefügt hatte, konnte in dem Nekrolog verschwiegen bleiben, nicht aber der traurigste Verfall im Streben und Leisten, ein geistiger Schwund, der ganz Hamburg zum Zeugen hatte. Gesagt mußte werden, ob Immermann bei gesunden Sinnen gewesen, als er in seinem von Putlitz veröffentlichten Tagebuche über die Wienbarg'schen Augen gesagt haben soll, „sie müßten viel geweint haben!" Ge= weint —! Die Kenner der betreffenden Augen werden mit Mühe die Bemerkung unterdrücken, daß hier ohne Zweifel eine Abbreviatur in Immermanns Tagebuch gestanden und diese nicht richtig gelesen ist. Hamburger Erinnerung sieht den „Nordlandsrecken", für welchen einst Freunde die Subscription für sechs Vorlesungen zu Stande gebracht hatten, im Kreise von 10 oder 12 Zuhörern auf der Hamburger Börsenhalle, sieht ihn eintreten statt um 12 um halb 1, mit allen Zeichen bedeutungsvoller Erinnerung an seine Kieler Docentenschaft sich räuspern, ein Glas Zuckerwasser leeren, ein Manuscript ent= falten, es langsam ablesen und sich nach — 15 Minuten schon wieder mit den Blättern, die ein plötzliches Leersein gezeigt hatten, entfernen! Vom Thurm der Katharinenkirche hatte es eben erst ³/₄ geschlagen! Ludmilla Assings treues Gedächtniß wird die Richtigkeit

dieser Scene, der sie beiwohnte, bestätigen. Näherte man sich aber
dann dem „Nordlandsrecken", so schlug er seine oben geschilderten
Augen auf, sprach mit lispelnder Stimme einzelne bedeutungsvolle
Worte und hätte glauben machen können, daß er der Mittelpunkt
der Literatur des Tages sei. Später gab ihm noch die Sache
seines engern Vaterlandes, Schleswig-Holstein, einigen Aufschwung,
doch verlief sich auch dieser, wie die Kenner nur zu gut wissen,
anders, als in den „Männern der Zeit" zu lesen sein wird. Nur
um zu zeigen, daß ich trotz der Empfindungen, deren ganzen Unmuth ich über die stereotype Willkürlichkeit in den Urtheilen und
Parallelen des Literaturgeschichtsgeschwätzes zurückdränge, doch für
etwas Poetisches auch in diesem mir von der löblichen Collegenschaft
damals Vorgezogenen nicht blind gewesen bin, erwähne ich, daß ich ein
Dritttheil des Stoffes, aus welchem ich später meinen „Klingsohr"
im „Zauberer von Rom" formte, von eben jenes Wienbargs Naturell entlehnt habe. Die Herkunft der beiden andern Dritttheile,
nicht minder typisch für norddeutsche Richtungen, bezeichne ich
gelegentlich.

Das Allgemeine der Zeit, die Signatur der neuen Ideen hatte
sich trotz der geschilderten journalistischen Thätigkeit in dem inzwischen
männlicher Gewordenen und leider zu früh in die Oeffentlichkeit
Gedrängten allmählich als ein einiges Ganzes ausgebildet. Stütze
und Halt fand ich schon lange nur in mir selbst. Daß sich eine Anzahl junger Männer, auch Frauen aus den Kreisen der immer mehr
sich entwickelnden weiblichen Literatur, um die von mir gehaltene
Fahne schaarte, vielversprechende Namen, Dingelstedt, Herwegh, Uffo
Horn; daß fast die ganze jüngere Literatur, wenn sie nicht zur Richtung der schwäbischen Lyrik gehörte, sich mit mir in Verbindung
setzte, durfte mir Schadloshaltung erscheinen für den Mangel an
Ermuthigung bei den Männern einer ältern Periode, Rehfues ausgenommen. Aber nicht Belletristen allein waren es, die meine
„Coterie", meine „Handlanger" genannt wurden (viele dieser Treuen
deckt schon lange das Grab); auch fachwissenschaftliche Namen, Männer
wie Detmold, Oppermann, jener zu früh verstorbene geistvolle Medi-
ciner Siebert in Würzburg und manche andere schlossen jene Freundschaft mit mir, die jedem vertrauensvollen Worte freudig Gehör

giebt und Gefälligkeiten zu üben für gebotene Pflicht hält. Aber
doch fühlte ich mehr und mehr, daß die Fortsetzung des großen neu=
zeitlichen Kampfes andere Waffen erforderte, als ich zu führen verstand.
Die politischen Aufgaben setzten immer mehr das reichere specielle
Wissen des Rechtskundigen voraus. Die Ausbeute, die mir ein ein=
jähriger juristischer Cursus in Heidelberg und München gegeben hatte,
war nur der Anfang einer Specialität, die selbst durch das Studium
der Schriften eines Zachariä, Weitzel, Say, Adam Smith, Mac
Culloch, Klüber nicht gleichen Schritt halten konnte mit der immer
mehr sich erweiternden Bresche=Legung in den damaligen Staat.
Wurden doch auch die Principien der eben genannten Namen schon
wieder durch die Umwälzungsmethode, die in dem Journal der
strebenden Privatdocenten, den „Hallischen Jahrbüchern", befolgt wurde,
über den Haufen geworfen. Die andere Incompetenz fühlte ich
auf dem speculativ=philosophischen Gebiete. Obschon ein Schüler
Hegels, hatte mir doch von je das abstracte Formeldenken wider=
standen. Die Leichtigkeit des Umspringens mit den logischen Kate=
gorieen, wie solche damals von den „Hallischen Jahrbüchern" geübt
wurde und wiederum jetzt von den jungen Adepten des Pessimismus,
erregte mir staunende Bewunderung; denn aber ich selbst konnte nur
denken mit concreten Unterlagen, in der Weise, wie die Engländer,
Lessing, Herder philosophirten. Den damals zu enthusiastischer Em=
pfehlung gelangten, jetzt bereits wieder vergessenen Ludwig Feuerbach
fing ich zu lesen an, gestehe aber, daß mir bei ihm der Satz: Der Mensch
ist das Maß aller Dinge! vor der Klippe, in's Triviale zu gerathen,
nicht immer sicher zu sein schien. Bei alledem mich bescheidend und den
feurigen Zungen, die jetzt die neuen Botschaften verkündeten, nicht
widersprechend, pflegte ich meine Lust am Einzelnen, meinen alten
Sinn für künstlerische Abrundung und Einheitlichkeit. Allerdings
konnte mir der damals immer mehr aufkommende Formenschiller in
unsrer „Goldschnittlyrik", die jetzt so vergessen und vergilbt die
Buchläden hütet, nur ein Uebermaß dessen erscheinen, worauf es
in der Literatur zumeist anzukommen schien. Die ästhetische Formen=
gebung beschäftigte mich indessen nicht wenig, ja in solchem Grade,
daß ich die Lust und selbst das Vermögen zu eigner Production
verloren haben würde, umsomehr, als die Lyrik, so edle Blüthen

sie trieb, die Entwicklung einer wahren Nationalliteratur mehr zu
hemmen, als zu fördern anfing und die Wegbahnerin des Manierirten
und der kleinen Detailistelei wurde, wenn mir nicht die Bühne,
die mir in Hamburg in ihrer ganzen unmittelbaren Wirkung auf
das Gemüth des Volkes entgegengetreten war, ein Heilmittel ge=
worden wäre für meist trübe und entsagende Stimmungen.

Wenn vom Schein der Esse anglüht, der Schmied am
Feuer steht und in die vom angezogenen Ventilator immer
neu verstärkte Gluth so lange das Eisen hält, bis es in den
rechten Grad des Schweißens gelangt, dann hurtig das halbflüssige
Metall auf den Ambos trägt und mit nerviger Faust darauf den
wuchtigen Hammer fallen läßt, so erinnert sich das Kinderauge mit
Wonne, wie sich ein Lauschen an der Schmiede durch den prächtigen
Anblick belohnt der ringsumsprühenden, die Esse erleuchtenden Funken.
Solche Funken sprüht der poetische junge Genius, wenn er das
Drama als erste Offenbarung seines Schaffens wählt. So Schiller
in den Räubern und Fiesko; so Goethe im Götz. Der ganze
Mensch, im Bedürfniß sich zum Erstenmale auszusprechen, giebt sich
in diesen Dramen kund, in solchen Erstlingen der dichterischen
Jugendkraft, diesen ersten Schlägen auf die Sprödigkeit der Stoffe.
Kleist, Immermann, Grabbe haben uns nicht in vollem Glanz
jenes titanische Schauspiel hinterlassen. Der Erste nicht, weil ihm
das Sonderthümliche seiner Stoffe sofort das Gesetz der Beschränkung,
sozusagen der Zuspitzung zum Epigramm auferlegte; der Zweite nicht,
weil er kalt und ironisch von Hause aus war; der Dritte, weil er
der Welt aus dem Urgrund seines Innern nichts besonders Edles,
Tiefes oder Hochgemuthes zu sagen wußte. Grabbe hat nur die
Grimasse der Genialität zu zeigen verstanden.

Den Reiz dieser schriftstellerischen Jungfräulichkeit konnten die
Dramen eines Autors nicht haben, der seinen innern Menschen, sein
Ich schon zehn Jahre lang, in Poesie und Prosa, ausgesprochen
hatte. Diese Funken des Weltenstürmers, diese bestrickenden Zauber
einer genialen Unreife, die immer und immer mit fesselnden Wen=
dungen vom Stoffe abzuirren dreht und sich doch wieder durch den
angebornen Künstlersinn zu ihm zurückfindet, diese fehlten meinen
Dramen. Das erste derselben „König Saul" gehörte noch ganz den

Einflüssen des Zeitalters der Ironie und Satire an, wie man wol
am besten die Zeit der Tieck'schen Suprematie bezeichnen würde.
Diese Zeit hat im Wesentlichen bis 1840 gedauert. Saul kämpfte
mit den Philistern. Mit Philistern! Da kann der Tieckianer nicht
widerstehen, zwei Fürsten „Flach" und „Oberflach" einzuführen, wie
nur in Tiecks ernsten Dramen das Pathos des nicht einmal recht
ernst gemeinten Ernstes allzuschnell aus der Rolle zu fallen pflegt.
Das zweite Drama „Richard Savage" machte schon glücklicher seinen
Weg. Es führte mich in die Bretterwelt ein, die Bretterwelt vor
und hinter den Lampen, vor und hinter den Coulissen. Doch erst
mit dem dritten Versuch „Werner oder Herz und Welt" gewann
ich mir die Gunst der Menge. Hier hatte ich den Stoff aus mir
selbst entlehnt, aus meinem eigenen Leben. Es war nicht das von
Gustav Schlesier gemeinte „Herzblut", nicht die Heinrich Heine'sche
Actualität, was ich wiedergab; es war etwas Besseres und ein
reiner Zufall, daß ich, der ich nie an die Leserinnen der Leihbibliothek, nie an die Voraussetzungen der gespannt sein wollenden Blasirtheit gedacht hatte, diesmal das traf, was die Hörer auf der Bühne
verlangen. Zu dem genialen Schauspieler Jean Baptiste Baison in
Hamburg hatte ich gesagt: „Kürzlich war ich in Berlin. Ich besuchte
den Vater eines Mädchens, das ich vor Jahren liebte. Ich wurde
gütig von ihm aufgenommen. Die Angebetete, die zu meiner Be-
glückung nichts hatte wagen wollen, die sich nicht hatte entschließen
können, sich für mich zu bekennen, hat dennoch alle Bewerbungen,
die sie reichlich empfing, abgelehnt. Ich gestehe Ihnen bei aller
Achtung vor meiner Gattin, daß ich vor dem Vater der ehemaligen
Geliebten, einer edlen idealen Mannesnatur, mit Erschütterung stand,
ja daß ich noch jetzt zuweilen über dies Verfehlthaben eines Zuges
meines Herzens vor Schmerz und Wehmuth" — doch ich will nicht
fortfahren in einem Tone, der vielleicht nur posthume Berechtigung
hat. Ich verweise auf jenes Schauspiel, das ich auf's eifrigste Zu-
reden des mir Freund Gewordenen in wenigen Tagen schrieb. Die
rigoristische Tugendkritik unsrer Zeit hat auch dies Drama, wie so
viele andere meiner Charaktere und Erfindungen, vom Standpunkt
der neu eingeführten poetischen Criminalgerichtsbarkeit, einem der un-
gerechtesten ästhetischen Standpunkte, die es nur geben kann (denn muß

er nicht z. B. aus dem „Vicar of Wakefield" eine einzige Erbärm=
lichkeit machen?), verworfen und damit die Nerven, welche Stricken
gleichen, als maßgebend für die Literatur des 19. Jahrhunderts be=
zeichnet, nicht die empfindsamen oder „kranken". Aber das Erzeug=
niß Eurer „Molluskenseele" zündete in Hamburg in solchem Grade,
daß es eine Reihe von gefüllten Vorstellungen rasch hintereinander
erlebte. Bei der fünften oder sechsten begegnete mir im gedrängt=
vollen Parterre Friedrich Hebbel, der eben bei der Direction
seine „Judith" eingereicht hatte. Auch er hat es der eben bezeichneten
Kritik nie recht machen können. Nur daß Hebbel damals auf dem
Gipfel der Verblendung über seinen Beruf stand. Mit Orsina zu
reden, möchte ich's bezeichnen: „In einem Tone — in einem Tone —"
der auch nur Friedrich Hebbeln eigen gewesen, wenn der gewiß
Geniale von der Cheopspyramide seines Selbstbewußtseins herab
verachtend und doch die Höflichkeit fast wie „Elias Krumm"
nicht aus den Augen verlierend, sprechen wollte — warf er mir
vorübergehend ein langgezogenes „Guten Abend!" entgegen. Es war
nach dem dritten Acte, wo die Darstellerin der Julie eben dreimal
gerufen worden war, dieselbe Dame, Christine Enghaus, die später —
Hebbels Gattin werden sollte und bei hereinbrechender Beeinträchtigung
ihrer Stellung am Burgtheater sich Jahre lang mit dieser ein=
zigen so frisch von ihr erfaßten Rolle in ihrem Werth geltend zu
machen wußte und gewiß dann zur Freude des Mannes, dem 1839
die blinde Vergötterung einiger Leute in Hamburg vorgeredet
hatte, er allein sei der „Messias" des deutschen Theaters und der
denn auch damals für mich nichts hatte, als sein hämisches „Guten
Abend!", das mir durch die Seele schnitt.

Man legt wol einen Stein auf eine leichte, mit Wiesenblumen
gefüllte Schaale. Die Blumen soll der Stein festhalten, soll die in
ein wenig Wasser getauchten Vergißmeinnicht glauben lassen, daß sie
noch am Bachesrande stünden und fortfahren könnten zu träumen
wie gewohnt. Aber das Schicksal wirft uns oft auch in den Früh=
ling unsrer Entwickelung Steine hinein, um diese zu hemmen. Dann
müssen die nicht erdrückten Keime sich mühsam unter ihnen hindurch
winden. Oft heben sie ihre Köpfchen erst wieder nach langem
Ringen und Prüfen, ob sie auch in ihrer Wurzel ungebrochen ge=

blieben sind. In Hamburg schuf mir mein endlich gekommenes
Glück, der Erfolg Richard Savages und Werners, eine wahre Meute
von Widersachern und hinterrücks mich Schmähenden. Das Stadttheater, ausgezeichnet geleitet von Friedrich Ludwig Schmidt,
einem Zögling der alten Schule, sollte durchaus Jedem, wenn derselbe auch nur eine Uebersetzung zu Stande gebracht hatte, gehören.
Und einige Leute lebten in Hamburg ganz nur von einem fabrik-
artig betriebenen Uebersetzen. Andere, wie Karl Töpfer, der
sich den Schein eines Originaldichters gegeben hatte, der er in den
seltensten Fällen war, sahen nicht minder mißmuthig auf jede neue
Concurrenz. Alle hatten sie die Presse, ja die Stimmung im Theater
selbst, im Parterre, in den Corridoren, den Büffets in der Hand.
Ein Nicolaus Bärmann, der niemals etwas Eigenes, außer plattdeutschem Gequatsch, zu Stande gebracht hatte, aber doch immer
etwas betrieb, was die Repertoire der Theater in Anspruch nehmen
sollte, war der Erfinder jener Kritiken, die man im Jargon des
Theaterlebens „lauwarme" zu nennen pflegt. Hatte dieser Mann der
Vorstellung neuer Stücke kaum bis zum Schlusse beigewohnt, so
rannte er abends halb 11 in die Druckerei des gelesensten Hamburger Blattes, der „Nachrichten", und ließ die Leser der über Nacht
gedruckten Nummer schon am frühen Morgen erfahren, ob die
Novität von gestern Abend gut oder schlecht gewesen sei, gut oder
schlecht aufgenommen wurde. Wie mußte mich dieser Mann, der
sich bei seinen Referaten selten an die Wahrheit hielt, hassen, als ich
ein unter seinem Namen gegebenes Drama „Frauenehre", worin
wiederum Christine Enghaus mit hinreißender Kraft und Natürlichkeit gespielt hatte, ein Drama, das er als „nach dem Spanischen
des Don Mendez Truxillo" von ihm selbstständig geschaffen angekündigt hatte, für eine wörtliche Uebersetzung eines Stücks erklärte,
das ich mir hatte aus Paris kommen lassen, der Marie Padille des
französischen Akademikers Ancelot! Diese aus so bösen Elementen
gemischte Hamburger Gesellschaft fing an, mir überall in den Weg
zu treten und sofort die neue Tragödie „Judith" zum Stein des
Anstoßes zu machen, über den ich fallen sollte. Der Verfasser, ein
Gerichtsschreiber aus Wesselburen, war die Losung eines Comité's,
das ihm die Mittel gewährt hatte, noch nachträglich zu studiren. Eben

von München gekommen, brachte er das Bewußtsein mit, daß er die Erwartungen, die man auf einen Genius, eben auf den Messias der Bühne, setzte, zu erfüllen vollkommen im Stande wäre. Der Anblick der Judith von Horace Vernet in München hatte ihm sein bekanntes, knapp epigrammatisch gehaltnes, all' jener oben bezeichneten Funken des ersten Schlags auf schweißendes Eisen entbehrendes Drama abgewonnen. Oder die sprühenden Funken müßten denn in der Großsprecherei des Holofernes liegen sollen. Karl Töpfer, taub und gewohnt, so nachdrücklich zu sprechen, als wenn alle Welt taub wäre, raunte mir zuerst wie mit Fracturschrift in's Ohr: „Das giebt den neuen Shakespeare!" Da hatte ich den Stoß, ertrug ihn aber ruhig; denn ein Messias der deutschen Bühne hieß ja auch ich in auswärtigen Kritiken. Hatte ich doch die Sprache der Neuzeit, das war mein unbestreitbarer Ruhm, die Sprache der neuen Ideen zum ersten Male in den Mund der Schauspieler gelegt. Was waren diese bisher von modernem prosaischen Dialog zu sprechen gewohnt gewesen? Blum, Raupach, Töpfer und die Weißenthurn. Die Schauspieler bekannten selbst, mit meinem Dialog geistig zu wachsen. Das Shakespearefieber grassirte allerdings, gehörte aber mehr der Buchästhetik an. Vollends ein „neuer Shakespeare" für die Bühne sein zu wollen, hatte ich keine Prätension, umsoweniger, als ich bei täglichem Besuch des Hamburger Theaters alle Versuche von Dichtern, mit dem Schwan von Avon zu wetteifern, scheitern sah. Auch die gepriesene „Judith" wurde ohne jeden Erfolg gegeben. Das Haus war erschreckend leer, Niemand von den Bewunderern, die nach vier Wochen Bewunderung in der fünften schon wieder neidisch auf den Erfolg ihrer Bewunderung geworden waren, rührte die Hand; selbst die Juden, denen doch der Stoff hätte sympathisch erscheinen sollen, fanden die Ausführung desselben zu unbiblisch, in „Judith", ihrem französischen Ursprunge gemäß, die moderne femme incomprise. Ich war nicht der Einzige, der das Werk in der Presse lobte; aber eine Kritik durch zwei volle Nummern meines Journals über die darauf folgende und gänzlich „abfallende", nirgends berücksichtigte „Genoveva" Hebbels war eine mit ihrem Wohlwollen so alleinstehende, daß sie mir in spätern Jahren öffentlich und mündlich des Verfassers Dank eintrug. Als dann Hebbel auf der Höhe

seines wohlbegründeten Rufes in Wien stand, als er wohlgemuth
diese „Genoveva" — horribile dictu! — in eine „Magellone"
umgedichtet hatte, etwa so, wie man einen verbotenen Operntext,
die „Hugenotten" in die „Ghibellinen von Pisa" umänderte,
und dann noch die Magellonenfabel selbst dem Burgtheater=
publikum zu Liebe mehrmals umwarf, sagte er mir beim Spazieren=
schlendern am Stephansplatz: „Lieber Freund, ich bin von manchen
Dingen zurückgekommen! Ich rede mit den Menschen menschlich und
gestehe alles zu, was man nur will! Nur Geld! Geld! Alles
Uebrige ist mir gleichgültig!" Alles Uebrige war ihm natürlich nicht
gleichgültig und die Devise „Geld! Geld!" galt ihm wie uns allen
nur für gewisse Augenblicke, wo man keins hat. Aber die Wand=
lungsfähigkeit selbst des Titanen, die Accommodation selbst des ge=
bornen Michel Angelo war doch constatirt und ich konnte darin eine
Genugthuung für jenes verurtheilende „Guten Abend!" finden, das
ich nicht etwa dem Mangel an Gemüth (Hebbel hätte Ursache haben
können, mir damals mehr als höflich, sogar dankbar zu sein),
nicht der eignen Ueberschätzung zuschreibe, sondern lediglich dem
Verranntsein in jene Principien, die auch Otto Ludwig ruinirt haben.
(Siehe seinen „Nachlaß" und die achtmalige Veränderung seiner
„Agnes Bernauer"!) Dem Messiaswahn, der leider im Publikum und
unter den jungen Nachwuchsköpfen nicht aussterben will, werden immer
wieder neue Opfer fallen. Die Pietätlosigkeit der Intendanten
gegen ältere Dramatiker hat ihre Ursache in dem Wahn, der Thea=
terdiener könnte alle Augenblicke in einem Postpacket das Erstlings=
drama des „neuen Messias" bringen.

Nathan klagt bei Lessing, daß doch der Mensch durch seinen
eignen Mund so oft das Zeugniß seines wahren Werthes sich nicht
zu geben wisse! Möglich, daß dieser elegische Gedanke, von Hebbel,
den ich im oben erzählten Fall dann dem Tempelherrn verglichen
haben möchte, auch auf mich angewendet werden könnte. Also für
heute — manum de tabula!

II.

Der Strom der Zeit geht nicht so schnell, wie sich aus Strudeln heraus, an Klippen vorüber die Erinnerung, die Darstellung entwindet! Träge, träge schleicht die Stunde! Auch jene Stunde, von welcher Shakespeare seinen Macbeth so wahr, so erquickend sagen läßt, „sie rinne auch durch den rauhsten Tag!" Ja die Stunde bringt Milde, Frieden, Balsam. Aber sie rinnt langsam und feierlich. Dem Unerwarteten, Plötzlichen geht jene lange unheimliche Stromfahrt voraus, die auf den amerikanischen Flüssen so ergreifend sein soll, wenn sich der Nachen des sich dem Tode weihenden Indianers auf glattem Spiegel dem Niagarafall nähert.

Im vorigen Abschnitt wurde die Zeit bis 1840 in gedrängtem Ueberblick gegeben. Möge jetzt auf wiederholter Fahrt zu demselben Ziele hin hier und da am Ufer Halt gemacht und manches für die Geschichte der Zeit nicht bedeutungslose Erinnerungszeichen aufgepflanzt werden.

Trübe Herbsttage waren im Jahre 1831 über Berlin gekommen. Todtenstille herrschte in den Straßen. Der „asiatische Gast", die Cholera, hatte zum erstenmal Europa berührt. Nichts hatte die Annäherung zurückhalten können. Keine Absperrung gegen Rußland und Polen, kein „Choleracordon" in der Provinz Posen, der, da er zugleich Cordon gegen die Pest der Revolution sein sollte, die soeben in Polen nach den mörderischen Schlachten von Ostrolenka und Praga von Paskiewitsch niedergeworfen war, dem dazu verwendeten Militär als Kriegsjahr angerechnet wurde; umsonst, die Geißel Gottes, wie sie auf den Kanzeln genannt wurde, war da und sogar in Berlin, in der Hauptstadt der Intelligenz, einer Stadt, wo Schinkel und Rauch und Humboldt lebten und das abstrakte Denken die Materie vergessen lehrte! Schleiermacher fand diesen Gegensatz zwischen Geist und Materie so fürchterlich, daß er darüber krank wurde, und Hegel erlag ihm unmittelbar.

Trüber Gedanken voll stand ich in einer von den Straßen Berlins, wo es empfindliche Gehörnerven jetzt vor dem Geräusch der Wagen nicht aushalten können. Damals wuchs in der Kochstraße ländlich ungestörtes Gras. Berlin zählte wenig über 200,000 Ein= wohner. Dennoch war die Zahl der täglichen Opfer, welche die Cholera fortraffte, schon auf 200 gestiegen. In jedem Viertel gab es Choleraspitäler. Diesen wurden die Kranken in langen mit Wachstuch überzogenen Körben überantwortet. Die Begräbnisse fan= den des Nachts statt. Man hatte sich auf eine Haltung eingerichtet, wie sie im Mittelalter stattgefunden haben mochte, wenn die Pest hereinbrach. Alle Träger und sonstige Bedienstete beim Transport= geschäft trugen grüne wachstuchene Ueberkleider. Alles, was man berührte, roch nach Chlor.

Wer Berlin verlassen konnte, entfernt esich. Auch für mich galt es damals, an der todtenstillen Friedrichs= und Kochstraßenecke Abschied zu nehmen. Dort wohnte der Gegenstand meiner Liebe; dort auch der Freund, der mir noch einige Schritte vom Hause Nr. 70 das Geleit gab. Das Segel sollte gelichtet, die hohe See des Wagens und Erprobens der jugendlichen Kraft befahren werden. Die Blüthe der Studentenzeit war schon lange verwelkt; jetzt vollends, wo alles „Mäßigkeit" predigte. Die Vorlesungen waren verödet, die Professoren einsylbig. Professor Hecker, der eine Geschichte der Medizin geschrieben, Monographieen über den „Englischen Schweiß", über die Flagellantenwahnkrankheit, war in Aller Munde. Was konnte nicht noch alles kommen an ähnlicher Ekstase! Schon hatte es Aufruhr um die Brunnen gegeben. Die Reichen vergifteten diese, hieß es, um die Armen zu vertilgen. Die Berufungen auf den Zorn des Himmels, die öffentlichen Vor= aussetzungen von der Kraft des Gebetes wurden unerträglich.

Bürger und ich, ein Kreis Commilitonen, schon von der Schule her verbunden, hatten ein „burschenschaftliches Kränzchen" errichtet, das

sich jeden Samstag an einem stillen lauschigen Platze in der Splitt=
gerbergasse, in der Nähe der Freimaurerloge „Zu den drei Welt=
kugeln“ versammelte. Ein versteckt liegender Garten, den ein Bret=
terzaun vom Cultus der eleusinischen Geheimnisse trennte, ein Wirths=
haussaal hatten uns Gelegenheit geboten, Gebrauch zu machen von
dem mehrerwähnten „Ueberschuß an Stimmung“. Dieser Ueber=
schuß, der dem delphischen Orakelspruch (und hoffentlich auch) der
Freimaurerei) Ne quid nimis! vollständig widerspricht, beherrschte die
jugendliche Seele. Wo soll diese hin mit ihrem Feuer, ihrem Be=
dürfniß zu lieben, zu bewundern, sogar zu trauern, sogar zu weinen?
Im Alter ist es unbegreiflich, woher die hochgespannte Feierlichkeit
genommen werden konnte, die den „Landesvater“, (wir substituirten
das „Vaterland“) den „Fürst von Thoren“, die Rundgesänge „Mein
Lebenslauf ist Lieb und Lust —“, „Bruder, Deine Schöne heißt?“
und Aehnliches mit so urkräftiger Stimme sang? Woher der pedantische
Ernst kam, der den ganzen Gang eines Commerses durchführte?
Die Art des Vor= und Nachtrinkens, dann einige Duelle, die zwar
nicht aus unserm eigenen freundschaft= und liebeumschlungenen Kreise
selbst hervorgingen, aber doch aus andern Sphären in die unsrigen
hereinragten und Diesen oder Jenen als „Losgehenden“ oder „Se=
kundanten“ oder „Unpartheiischen“ betrafen, alles das waren hoch=
wichtige Dinge, wie ein Vorspiel zu den Congressen von Wien und
Verona. Einzelne Charaktere, ein liebenswürdiger gescheuter Nord=
albingier, Meyer aus Ratzeburg (später Professor in Riga und
Hamburg), gaben diesen Umständlichkeiten eine phantastische Weihe,
die im Stande war, sie mit Schelling, Hegel, Barbarossa, Max
von Schenkendorf und dem Nibelungenhort in Verbindung zu bringen.
Unser Liederbuch war das bekannte Serig'sche von Leipzig. Jener
„Ueberschuß an Stimmung“ — oder soll ich sagen die Selbstaufstache=
lung zur Rührung —? ging bei einzelnen Versen des Liedes: „Wir
hatten gebauet ein stattliches Haus“ bis zu Tonschwingungen, wie
sie etwa bei den amerikanischen Shakers stattfinden mögen, wenn
diese im Begriff stehen, den Himmel offen zu sehen. Ein Glück,
daß der kräftige Boden der Gläser, wenn diese aufgestampft wurden,
als Ableitung des Furore dienen konnte. Schon bei den Worten:
„Und drin auf Gott vertrauet trotz Regen Sturm und Graus“ hob

3*

ſich die Stimme zu einem anabaptiſtiſchen Tremolo. Es galt das Loos
der Burſchenſchaft und ganz Teutſchlands. „Die Form iſt zerfallen,
der Geiſt lebt in uns fort — " Alle Schleuſen im Gemüth öffneten
ſich, die Jean Paul'ſche Idealwelt, die Firſternanſchauung ſeiner in
Regenbogenfarben getauchten Helden ſchien über uns gekommen.
Kein Blick wurde auf die Thür gerichtet, ob nicht etwa der Uni=
verſitätspedell kam und uns ſämmtlich unſre „Erkennungskarten"
abforderte. Ueberhaupt, wenn der Teutſche Choral ſingen kann
(„Lieb' Vaterland kannſt ruhig ſein —") und ſich ſelbſt in Rührung
verſetzt und dabei an ſeine Mutter denkt, iſt er der größten
Dinge fähig. In ſpätern Jahren begegnete ich dem Verfaſſer des
obencitirten Liedes, Auguſt von Binzer, einem gebornen Hol=
ſteiner, in Augsburg. Der Contraſt meiner jugendlichen Ueberſchuß=
Stimmung beim Singen ſeines Liedes mit dem Staunen über die
veränderte Haltung des Dichters, vielleicht auch des Zeitgeiſtes, ließ
ſich ihm ſelbſt nicht ausſprechen. Die Sphäre, die den ehemaligen
Kieler Demagogen umgab, fühlte ſich als die maaßgebendſte nach
jeder Richtung. Die Gemalin deſſelben, eine geiſtvolle Dame, die
anfangs unter dem Namen Beer, ſpäter als Ernſt Ritter,
talentvoll geſchriftſtellert hat, war im Beſitz der beſondern Freund=
ſchaft des öſterreichiſchen Dichters Chriſtian von Zedlitz gekommen,
und dieſer, ein Vertrauter des Fürſten Metternich, hatte den Kreis
der Familie, hatte alle Beziehungen des alten Burſchenſchafts= und
Wartburgshelden — auf den Fuß öſterreichiſcher und die wiener
Adelsſozietät über Alles erhebender Vorausſetzungen geſtellt!

Der Abſchied in der Kochſtraße wurde nicht wegen der Cholera
vollzogen. Er würde auch unter minder düſtern Umſtänden ſtattge=
funden haben. Der Drang der Oppoſition gegen den abſoluten
Beamtenſtaat hatte mir jeden Eindruck, den mir noch Berlin ge=
währte, verleidet. Schon hatte der Schriftſteller das Ei durchbro=
chen und führte die Feder gegen Dinge, gegen welche ſich damals,
ein Jahr nach der Julirevolution, im Zeitalter der Einkerkerungen,
Amtsentſetzungen, Verbannungen, überhaupt ſchreiben ließ. Die
ſtrengſten Cenſoren überwachten jeden gedruckten Buchſtaben; jede
Anzeige im „Intelligenzblatt" wurde geprüft, ob nicht etwa eine ver=
ſteckte politiſche Anſpielung dahinter enthalten war. Unbegreiflich und

nur zu erklären durch die mir zugewendete Gunst des so allgemein
gefürchteten Ministers von Kamptz (in meinen „Lebensbildern"
Band I S. 58 wurde der Anlaß dieser Beziehung erzählt) ge=
stattete man mir auf eine Eingabe, die ich an's Ministerium richtete,
ein Journal herauszugeben („Forum der Journalliteratur"), worin
mir freigestellt wurde, sogar über Religion und Politik zu schreiben.
Ein Kammergerichtsrath Bardua wurde dem Studenten als Censor
bestellt. Die Kosten dieses ersten Durchbrechens des Ei's gingen aus
meiner Tasche. Unter den Linden, im Hinterhofe des damaligen
ersten Restaurants Berlins, des „Traiteur" Jagor, betrat ich zum
erstenmale eine Druckerei, die sich mit mir beschäftigte. Sonst war
ich schon als Knabe in die schwarze Kunst eingeweiht. Ich hatte
den eigenthümlichen Duft einer Druckerei zuerst bei einem Ver=
wandten kennen lernen, der sich sogar um die Herstellung einer
neuerfundenen Walze, zum Anschwärzen der Lettern, Verdienste
erworben hat. Hier bei Conrad Feister, so hieß mein eigner Drucker,
sollten nun die Druckfehler mir selbst gelten! Und welch milde
Censur! Der Kammergerichtsrath strich nichts. Denn ich ver=
schmähte die Freiheit, über die Kabinette von Petersburg und
Wien zu schreiben. Mir schien denn doch, als würde die gewährte
Freiheit Brombeeren gleichen, die von zu viel Brennnesseln um=
geben sind. Mit echtem Philologenstolz ließ ich das Blatt, um es
den Engländern und Franzosen lesbarer zu machen, mit lateinischen
Lettern drucken. Im Wesentlichen war meine Aufgabe die, den
Mann meines Herzens, Wolfgang Menzel, gegen die Angriffe
seiner Gegner in Schutz zu nehmen. Es waren Ergüsse der reinsten
Hingebung an eine Auffassung der Literatur, die mir zur Allein=
herrschaft auf kritischem Gebiete berufen schien. Natürlich war ich
nur Romantiker. Die neuaufgekommenen diabolischen Schnörkel,
die Heinrich Heine an das Ende seiner Gedichte setzte, konnte
ich nicht leiden, noch weniger die Literatur der Wortwitze und
der Saphiriaden. Eine Einmischung in die Berliner Tages=
literatur, in die Fehden Saphirs mit seinen Gegnern, schien mir
unter aller Würde eines Schriftstellers, der „mit der Milch des
klassischen Alterthums" gesäugt war — weßhalb ich auch noch jetzt
nicht begreife, wie sich die jungen Gelehrten Wilhelm Wackernagel

und Karl Simrock damals in leichten Kaffee= und Theeblättchen, „Estafette", „Courier", gegen das einreißende „Judenthum in der Literatur" so erhitzen konnten. Freilich war mir der Name Literatur nicht die Pflege von Balladen und Romanzen, nicht die Pflege von Novellen und Theaterstücken. Der Geist, aus welchem mir alles neugeboren werden zu müssen schien, wollte mir überhaupt nicht mehr im raschelnden Herbstlaub unter den Linden Berlins begegnen. Das Journal erreichte die Höhe von 70 Abonnenten. Es schlief ein. In Stuttgart wollte ich bei Wolfgang Menzel meine schriftstellerische Lehrzeit fortsetzen. Mein damaliger Styl jeanpaulisirte.

Die erste Reise im Leben, die Reise eines Zwanzigjährigen, eine Reise vor fast fünfzig Jahren! Diese war denn auch abenteuerlich genug. Wie fliegt man jetzt dahin! Wie wenig Zeit gewinnt man, nachzudenken, Vorstellungsreihen auszuspinnen, aus Land und Leuten sich neue Erfahrungen zu sammeln! Die nächtliche Begrüßung Wittenbergs, der schnelle Lauf zu Luthers Standbild, das in geister= hafter Stille betrachtet wurde, drüben an der Kirche — eine Stall= laterne leuchtete — die Thür, wo die Thesen angeschlagen waren —! Dann Halle! Ueberall bot die einfache „Fahrpost" Gelegenheit zur Ansiedelung. Aber überall auch visirten die Gensdarmen die Pässe. Denn die polnische Revolution war gebändigt, „Warschau ruhig"; wer zu den Ausnahmen der am 1. November gegebenen Amnestie gehörte, ergriff die Flucht. Die Insurgenten wurden von den preußischen Be= hörden nicht ausgeliefert, doch auf bestimmte Straßen verwiesen, wo sie ihr Ziel, die Schweiz oder Frankreich, erreichen konnten. Die Einsprache Frankreichs, die unbefangene Objectivität Englands hatten den preußischen Staatsmännern denn doch zu Gemüth geführt, daß die Polenfrage unter dem allgemeinen Gesichtspunkt der europäischen Politik zu fassen war. Im Verlauf der Reise, auf weimarischem Gebiet, kamen über Sachsen her, in Post und Beiwägen, Schaaren von Flüchtlingen. Eine Epoche, die alles entbehrte, was ein Volk über seine wahren Interessen auf= klären konnte, hatte natürlich nur einen idealistischen Standpunkt für die Polen. Realpolitik trieb selbst Friedrich von Raumer nicht, der die Geschichte der Theilung Polens erzählte. Ein gewesener Finanz= minister, Biernazki, der sich in Naumburg mit uns verband, ließ sich mein leidliches Französisch zu Gute kommen, während einige

thüringische Pastoren nur erfüllt waren von gleichzeitigen speciell
deutschen Begebenheiten, halle'schen Angebereien, evangelischen Kirchen=
zeitungsverketzerungen, Röhrs, Bretschneiders kräftigen Einsprachen.
Erst die Nacht schnitt den Austausch der Meinungen ab. Weimar
war erreicht. Es lag im tiefen Schlummer. Ein heiliges Grauen
ergriff mich, als ich die Schieferdächer der stillen Stadt sah und
unter einem derselben mir den damals noch lebenden greisen G o e t h e
dachte. Erinnerungen an die klassische Zeit tauchten auf. Der
Mantel wurde enger angezogen. Geisterhauch, Geniusnähe weckte
Schauer. Wie haben sich nach dieser Richtung hin die Nerven
abgestumpft! Cultus des Genius! Carlyle mit seinem Zeitalter der
Heroenschaft! Lächerlich! Jetzt, wo sich jeder Bauernjunge photo=
graphiren läßt und im Budget der Familienväter die jährliche Wie=
derholung der Photographieen zur Familienphysiognomiebeliebäugelung
einen ansehnlichen Posten bildet! Narzissus, das ist der Heilige des
Tages! Alle Welt scheint in sich verliebt! Und noch enger wird die
Gemeinde des Cultus für den Genius loci! Ein mitgenommenes
Blatt vom Grabe eines großen Menschen, eine Rose, die in
Capri gebrochen, eine Muschel vom Strande der See auf den Shet=
landsinseln — immer weniger werden dieser geisterhaften ahnung=
weckenden Accorde der Windharfe im Gemüth, eines Instruments,
das wol auch unter den Bäumen eines Parkes Niemand mehr auf=
hängen mag.

Kaum hatte ich mir endlich zu Eisenach die Nachtruhe im
Rautenkranz gegönnt, hatte noch Abends zuvor die Wartburg zu
erlugen gesucht, hatte mir vorgenommen, die Stelle aufzusuchen, wo
1817 beim großen Wartburgfeste die Burschenschaften den „Codex
der Gensdarmerie" meines wohlwollenden Gönners von Kamptz, die
Schriften von Schmalz, das Lindner'sche „Manuscript aus Süd=
deutschland" und ähnliche Literatur verbrannten, als an meine Thür
gepocht wurde und ein baumlanger weimar'scher Husar eintrat, ganz
so gekleidet, wie sich später die Fliegenden Blätter der weimar'schen
Husaren bemächtigt haben. „Sie müssen sofort das Großherzogthum
verlassen!" hieß es. — „Warum? Hier ist mein Paß!" — „Sie
kommen aus Berlin! Sie schleppen die Cholera ein!" — „Desin=
ficiren Sie mich! Betrachten Sie mein Gepäck! Riechen Sie nichts?

Ich verbreite ja eine Atmosphäre von Chlor!" — „Hilft nichts!
Sie müssen fort! Augenblicklich! Sie müssen zurück nach Gotha!"
— „Was?" rief ich und sprang aus dem Bette. „Zurück? Nimmer=
mehr!" — „Oder vorwärts! Wie Sie wollen! Nur aus unserm
Lande hinaus!" Es blieb nichts Anderes übrig, als einen Einspänner
zu bestellen und mich sofort in's Kurhessische zu schlagen. Der
Kurstaat, damals noch nicht unfreundlich gegen Berlin, hatte eine nur
zehntägige Contumaz vorgeschrieben. Zwei Tage außerhalb Berlins
hatte ich erst aufzuweisen. Die übrigen acht mußte ich nun sehen,
wie und wo ich sie herausbrachte.

Herrliche Novembertage, bitterkalt zwar, aber erfrischend und kräftig
belebend! Eine köstliche Fahrt, so allein mit einem schnellgedungenen
Führer des Gefährts, der die Furcht Karl August's, Goethe's und
des Kanzlers Müller (das war's doch wol) vor dem Grauenge=
spenst des Tages, einer noch räthselhaften Furie, nicht theilte, son=
dern mich wohlgemuth mitten durch die rothen Felsgesteine um
Marksuhl, die Tannengründe, Erlenwälder, die malerisch gelegenen
Dörfer, die Abdachungen des Thüringerwaldes nach Vacha und
Hünefeld brachte! Wenig erinnerte ringsum an die schon vorge=
schrittene Jahreszeit. Der Hemmschuh war in ständiger Bewegung.
Denn zu unsern Füßen lagen Thalsenkungen mit rauschenden Mühl=
wässern, noch üppig grünen Wiesen, einsam gelegenen Wirthschafts=
höfen. Lange noch war die damals so prosaische Dachperspective der
Wartburg in Sicht. Ich sah die vermummten Reiter dahersprengen,
die in diesen Bergen Luthern gefangen nahmen. Ich sah Bonifazius
die Wodanseiche fällen. Einem berliner Kinde, das bis dahin nur
hinter Treptow oder am Spandauer Bock im Walde gelegen oder
im damals noch verwilderten Thiergarten einsam auf giftiger
Sumpfflora geträumt hatte, ging hier das Herz auf. All die Wunden,
die ihm schon geschlagen, all der Druck einer schon seit sechs
Jahren auf sich selbst gestellten Existenz, all die Leiden eines
Geistes, dem nirgends wohlthuende Anknüpfung geboten wurde, am
wenigsten im Familienkreise, wo die Verblendung in Religions= und
politischen Sachen täglich Scenen hervorgerufen hatte — alles
war vergessen. An Busch und Baum, an Fels und Strom
lehnte sich der jugendliche Muth mit seinem schon errungenen Besitz.

Im Reiz des Neuen breitete sich auch das Herz aus mit seinen schon schweren Lasten. Alles bekam gleichsam sein spezifisches Gewicht, den wahren Gehalt, abgewogen gegen eine Welt, die man noch bisher nicht kannte. Und auch diese Erfahrung aus dem Geheimniß des Ortes machte sich, daß so Vieles, was mir früher schreckhaft, vielleicht auch rathsam erschien, in Luft und Nebel zerging. Oder wem wäre nicht schon ein Vorsatz, den er in seinen vier Pfählen gefaßt hatte, in Nichts vergangen, wenn er an einem inzwischen veränderten Orte des Aufenthaltes an dessen Ausführung gehen wollte! Die wahre Welt und ihre Größe erdrücken die Welt der vier Wände.

In unsern Tagen mag die corrective Wirkung der Außenwelt auf etwa noch vorhandenen jugendlichen Idealismus noch stärker sein. Denn man fliegt von imposanter Realität zu Realität. Für mich gab es damals eine Kette kleiner Abenteuer. Die nächtliche Rast in einem Dorfe brachte im Wirthshause unter mir einen Tumult der zechenden Bauern und Knechte, der sich bis zum blutigen Kampfe steigerte. Ich eilte hinunter. Messer blinkten. Junge Dirnen, bild= schön, schlankgewachsen, vom Tanz, vom Bescheidgeben beim Trinken erhitzt, warfen sich leidenschaftlich zwischen die athletischen Gestalten, rissen diese auseinander oder nahmen selbst Parthei. Kaulbach und Piloty hätten Studien machen können. Es war lange nach Mitternacht, als endlich der hinter Wolken hervortretende Mond mit seinem sanften Licht das Bild des Schreckens zerstreute und alles beruhigt zu haben schien. Am Morgen strömte leider ein un= ermeßlicher Regen. Aber wir brachen auf. Gegen Mittag wurde (in dem Orte Raßdorf) ein Bauerhaus mit Scheune erreicht, in welches die Contumazverpflichteten gesperrt wurden. Tabaksrauch, Bier= und Punschgeruch wallte mir entgegen. Die Tenne sogleich beim Eintritt war mit Streu belegt für die Handwerksbursche, die Treiber „verdächtigen" Vieh's, das in entlegnerer Absperrung stand. Ein Seitenbau war ein geräumiges Haus. Da zankten schon oben wieder unter sich die Polen; andere saßen in dem einzigen größern Raume des Hauses und spielten Karten. Kosciuszco=Lieder wurden gesungen, Skrynezki=Märsche gepfiffen, „Noch ist Polen nicht verloren" — erscholl überall. Die Teutschen schwärmten mit den Kämpfern von Ostrolenka und die gebräunten ausdrucksvollen Charakterköpfe

fesselten in der That; theils durch die einschmeichelnde Weiche ihrer
Rede im geradebrechten Deutsch, theils durch die Vorstellung von ihrem
Muth, ihrer Entschlossenheit, die man beibehielt trotz eines fast
weiblichen Niederschlags ihrer Augen. Zum Glück eroberte ich eine
Kammer, die mir allein zu bleiben gestattete. Virtuose im Ein=
siedlerleben, ja Gourmand darin fand ich in diesen acht Tagen eine
wahre Wohlthat. Die Worte einer sinnigen Dichterin, es sei ihr
nur wohl,

> „Wo mich Niemand kennt,
> Wo mich Niemand nennt"

hab' ich ihr im Leben unzähligemal nachgesprochen.

Noch existirte damals nicht bei mir die Cigarre für einen sorg=
loseren Blick auf das Stundenglas Saturns. Die Lockung des
nicotinischen Krauts war an den Primaner zu früh ergangen. Der
Rest blieb damals — Schweigen. Vierzig Jahre konnten den
Schauder der Nachwirkung nicht überwinden. Doch die Feder war
zur Hand und manches in rascher Auswahl aus meiner schon an=
sehnlichen Bibliothek mitgenommene Buch lag im Felleisen. Da gab
es einige Theile Shakespeare, gab es Grabbe's eben erschienenes
Drama „Napoleon" und Karl Rosenkranz' „Geschichte der deutschen
Dichtung im Mittelalter", Bücher, wie ich sie mir zu kaufen pflegte,
weil sie die Neuheiten des Tages waren. Ueber das letztere Buch
wurde eine Rezension geschrieben und das schöne Werk, das einer
unserer gelehrten Germanisten mit dem Stand der altdeutschen
Philologie des Tages in Einklang bringen und neu herausgeben
sollte, mit der Wärme des Danks für den Genuß, der mir zu Theil
geworden, empfohlen. Ein Hörer von der Hagens und Karl Lach=
manns stand ich dem Gegenstand in erster Frische der Beschäftigung
damit nahe. Der große Britte war mir wie Goethe und Jean
Paul das, was vielen jungen Leuten jetzt nur Jokay oder Hack=
länder ist. Ich las ihn meistentheils laut zum Schrecken der Mutter,
die in der stillen Kronenstraße Berlins einen Auflauf befürchtete,
mindestens den Schein, als fände in dem Zimmer eines grünen
Hauses ein ständiger Wortwechsel, Zank, zuweilen Schlägerei statt.
Selbst die heiligen Sonntagsvormittage, während mich in der nahen
Dreifaltigkeitskirche die Vorträge Schleiermachers hätten anziehen

sollen — ich hatte schon lange die Neigung dafür verloren — waren
den Kämpfen der rothen und weißen Rose gewidmet. Ich war ein
halber Schauspieler, obgleich ich selbst auf Schleiermachers Kanzel
gestanden und im Talar einmal eine Predigt gehalten habe. Die
wilden Drohungen Shylocks, die Renommagen Percys, die Bravaden
Faulconbridge's brachte ich in einer Weise zu Gehör, die mir in
solchem Grade mustergültig erschien, daß ich zuweilen über die Mög=
lichkeit angefangen hatte nachzudenken, ob ich nicht Schauspieler wer=
den sollte. Nur die Aussicht auf die Demüthigung, daß ich auch
das würde spielen müssen, was unter meiner Würde und Bildung
stand, und daß ich überhaupt, ich, ein Musensohn, Sklave der Menge
werden sollte, das brachte mich von dem Gedanken ab, der meinen
Freund Bürger überwunden und ihn zum Opernsänger gemacht
hatte. Von Grabbe kaufte ich schon als Primaner jedes neuer=
schienene Werk, ohne davon die volle Befriedigung zu haben. Im
„Napoleon" empörte mich der französische Standpunkt. Vergötterung
diesem Tyrannen! Gleichstellung mit Männern wie Cromwell, Karl
dem Großen, Hannibal! Monologe mit ständiger Armverschränkung
wie Wallenstein! Eine Titanenmaske —! Es war mir zuviel.
Ich hielt Napoleon und halte ihn noch für das Produkt der Um=
stände. Diese tragische Glorie, die damals bei Heinrich Heine auf=
gekommen war, die dann von Franz von Gaudy, Zedlitz u. A. er=
weitert wurde, ja das förmliche Androhen eines Wiedererwachens
der „alten Garde" — das, was daran erhaben sein sollte, erschüt=
terte mich nicht. Mir war Napoleon nur der Corse, der Tyrann,
der Teutschland mit Füßen getreten. Alle großen Phrasen, womit
seine Gestalt, sein grüner Leibrock, seine weißen Lederhosen, sein Drei=
master, die hohen Stulpstiefel umgeben zu werden anfingen, trennten
den, der dergleichen aussprach, von meiner Mitempfindung. Grabbe
hatte sogar die Begeisterung der jungen Freiwilligen von 1813 mit
Spott eingeführt! Er machte einen Berliner, der Mir und Mich ver=
wechselt, zum Träger der deutschen Erhebung, während seine Franzosen
immer les braves, die Löwen heißen, die alten Invaliden von
Marengo und Wagram, beinahe höhere Wesen. Den übrigen In=
halt des auch ohne alle Wirkung vorübergegangenen Buches, das
Renommistische darin, die Narrheit, in einem Drama eine

Schlacht vorzuführen, wo General Lobau hier commandirt: „Schießt!" und Blücher drüben antwortet: „Gleichfalls!" — dergleichen be= wundert noch der jugendliche Sinn und nimmt das Triviale für genial. Doch konnte mir auch schon damals der Mangel an einem wohlthuenden Gesammteindruck des Stückes, das Ergebniß einer einfach nur in Dialog übersetzten Handlungs= und Begeben= heiten=Anhäufung und eines völligen Mangels an individueller, aus dem Willen entwickelter Intriguenführung nicht entgehen.

„Bald wird die Freiheitsstunde schlagen!" sang ich mit dem damals noch nicht allgemein gestatteten Masaniello in der „Stummen von Portici", der Oper, die dem Könige der Niederlande Belgien gekostet hatte; denn mit ihrer Aufführung im Theater hatte ein Jahr zuvor der Aufstand in Brüssel begonnen. Endlich schlug sie auch für mich. Der Thurn= und Taxis'sche Wagen führte mich in das damals in den Nachwirkungen der Julirevolution noch nicht be= ruhigte Kurhessen. Ich sah das alte kaiserliche Gelnhausen, das durch den neulateinischen Dichter Lotichius mir bekannte Schlüchtern, Hanau, wo der regierende Kurfürst mit Gräfin Reichenbach hauste, schmollend mit Kassel, wo ihm die Stände seinen Sohn als Mit= regenten abgerungen hatten; ich hoffte bald Frankfurt am Main zu berühren. Das Terrain ringsum war neuerdings revolutionsberühmt. Jeder Blick auf die Zeitungen brachte die Kunde von neuen Zusam= menrottungen, Verhaftungen, bald auf Grund der mit auffallen= den Demonstrationen eingeholten Polen, bald auf Anlaß der zer= störten neuen Zollstätten. Langsam hatte sich der preußische Zoll= verein auszudehnen begonnen. Seine immer weitergreifenden Pul= sationen schienen den Feindlichgesinnten ein wachsender Krebs im Or= ganismus Teutschlands. Andere begrüßten ihn mit Jubel als Boten der deutschen Einigung auch in höheren Dingen. Die einzelnen Staaten wurden nur nach und nach gewonnen. Die Zollschranken, die neuen Steueransätze, die Verfolgungen des Schmuggels regten die Unbotmäßigkeit des niedern Volkes immer mehr auf. Dunkle Mächte, und nicht blos demokratische, kirchliche und politische, schürten. Frank= furt, das von je durch Oesterreich beeinflußt wurde, entschloß sich erst da zu dem in Handel und Wandel einigen Teutschland hinzuzutreten, als man kaum von Dorf zu Dorf in seiner

Umgebung ohne Untersuchung spazieren gehen konnte. Die Geschäfte zogen sich darüber in solchem Grade von Frankfurt nach dem nahegelegenen Offenbach, daß darüber ohne Zweifel jener gewiß in der Frankfurter Schnurgasse entstandene Zornesausruf: „Krieg' die Kränk, Offenbach!" zum geflügelten Worte wurde.

Im strömenden Regen, bei nächtlichem Dunkel angelangt vor einer dieser erst vor Kurzem zerstörten Zollstätten, an der Mainkur, einer Krümmung des Maines (cornu Moeni, Mainhorn) schon dicht bei dem ersehnten Frankfurt, wurde der Wagenzug, Hauptpost und mehre Beichaisen, von Zollvisitatoren und Polizeimännern angehalten. Jeder mußte seinen Paß zeigen. „Sie können nicht nach Frankfurt!" rief man mich auch hier bei der Zurückstellung des meinigen an, während der Pinsel eines Honthorst Stoff zu einem Nachtgemälde gehabt hätte. Rings nächtliches Dunkel, die Laternen, das Gewirr der Wagen, der Regen, die Polizeimänner, die Polen in ihren Pelzen und viereckigen Mützen, die zerstörten Zollstätten, alles das gab einen originellen Effekt. „Sie müssen zwanzig Täg' hawwe von Berlin. Sie hawwe ner erschust zehn." — „Aber Darmstadt? Kann ich denn nicht über Offenbach?" — „Wie Sie wolle! Aber all eins! Die Darmstädter verlange aach zwanzig Täg'!" — Was war zu thun? Ich mußte aussteigen, mein Gepäck einfordern und fernere zehn Tage aus dem Buche meines Lebens streichen. Irgendwo waren sie herauszubringen, zu vergrübeln, zu verträumen. Sie zu verbillardspielen oder zu verrauchen gehörte nicht zu meinen Passionen.

Die sämmtlichen Wagen mit ihren, nicht aus Berlin, meistens von Leipzig kommenden Passagieren rollten davon. Ich blieb in dunkler Nacht allein. Von dem entzückenden Rundblick, den man gerade von diesem Punkte aus auf die Höhe des alten Ortes Bergen genießen kann, auf die Contouren des Taunus, auf den geheimnißvollen, sagenreichen Odenwald, auf das im Osten gelegene Freigericht, konnte mir keine Ahnung kommen. Ich sah nur strömenden Regen, mein Felleisen, meinen defekten Regenschirm, einige mitleidige Seelen, die mir Rathschläge ertheilten, wie sich wol Stuttgart erreichen ließe, wie Frankfurt, Hessen, Bayern umgangen werden könnten. Alle Staaten hatten sich gegen mich verschworen. Endlich folgte ich dem alten Spruche, daß sich der Weiser immer zurückzieht.

Kehre in dein vorurtheilsloses damals ganz preußisch empfindendes Kurhessen zurück! Ich dankte dem Manne im grauen Zollwächter= mantel, der mich auf die mit den Beichaisen zurückkehrenden Postillone verwies. Um Mitternacht trafen diese auch ein und führten mich in einer der durchnäßten, durch Lederklappen an den Seiten nur wenig geschützten Karreten nach Hanau.

Schon aus jener Zeit ist mir der Ort eine freundliche werthe Erinnerung geblieben. Das regnerische Wetter schlug in Frost um. Es wurde bitterkalt und sonnenhell. Da konnte sich die als Kolonie glaubensverwandter Holländer, Wallonen und Franzosen berühmte Stadt in der ihr eigenthümlichen Sauberkeit zeigen, mit ihrer wun= derlich geformten französischen Kirche, deren Dach höher ist als ihr Unterbau, mit ihrem imposanten Markte, dem stattlichen Rath= hause, dem so gefälligen Renaissancebau des Gymnasiums, schließlich mit ihren den Reichthum des Kurhauses verbürgenden Umgebungen an Schlössern, Parks und wohlgepflegten Gartenanlagen. Damals stand wol noch im nahen Philippsruhe die Allee von Orangen= bäumen im schützenden Gewächshause, die später der Vater des Letzten der altehrwürdigen Dynastie Philipps des Großmüthigen an den Pächter der Spielbank zu Homburg entweder verkauft oder am grünen Tisch als Einsatz verspielt hat. Sie schmücken jetzt die Anlagen am Kurhause von Homburg.

Die erste Wirthshausrechnung belehrte mich, daß meine Kasse eine achtmalige Wiederholung derselben nicht ertragen würde. Ich nahm daher eine Privatwohnung und fand diese unterm Dach bei einem Schuster, der zugleich Briefträger war. Auch hatte der viel= seitige Mann eine Gemalin, die ihn in der ersten seiner Funktionen unterstützte, sich dafür aber zum Lohn einem stillen Laster ergeben hatte und in Folge der durch Alkohol gesteigerten Ekstase auf Pietismus verfallen war durch natürliche Verwandtschaft. Denn ist einmal der Geist in gehobener Stimmung, wohin soll ihn anders, wenn ihm die Unterlagen fehlen, die Ekstase führen als in die Region der Kanzel! Kennt der Inspirirte doch nichts anderes, als das Evangelium, über das sich mit angefeuerter Zunge reden läßt. In unsern Tagen haben die illustrirten Volksblätter und die Lehren der Sozialdemokraten schon ein erweitertes Terrain eröffnet, wo, „wenn der Muth in der

Bruſt ſeine Spannkraft übt", dem Redebedürfniß das Material der
Phraſe reicher zu Gebote ſteht. Damals begannen zuerſt die Rufe:
Nieder mit den Geldſäcken! Die Gedanken der Volksmaſſen, die um
Hanau und Frankfurt herum die Neigung zu Rottirungen (Krawallen)
nur zu oft und bis auf den heutigen Tag verrathen haben (die Er-
mordung Lichnowſki's und Auerswalds gab ein Beiſpiel, wie weit
darin gegangen werden kann) gingen im Weſentlichen auf Rothſchild's
Keller. Doch war dieſer Trieb auf Theilung nur beim Proletariat
vorhanden; allgemeiner noch lautete die Volksparole: „Fürſten zum
Land hinaus!"

Einſprechend in dem Laden des freundlichen gefälligen Buchhändlers Friedrich König, eroberte ich die ſchon von der Polizei
verfolgte Neuigkeit des Tages, Börne's Briefe aus Paris. Zugleich
erhielt ich von dem geſinnungsvollen unerſchrockenen Manne die Er-
munterung, als junger Schriftſteller das Handwerk im Orte zu begrüßen, den Kammerſekretär Heinrich König, den Gymnaſial-
lehrer Zehner und den in der Nähe hauſenden ehemaligen
Miniſter Grafen Benzel-Sternau, alle drei, wie mir bekannt,
Nachahmer Jean Paul's.

Vorläufig feſſelte mich das wilde Buch, das angeblich in Paris
bei Brunet, in Wahrheit bei Julius Campe in Hamburg erſchienen
war. Auch die Offizin, die es gedruckt hatte, die Altenburger Hofbuchdruckerei, war Jedermann bekannt. Selten wol hat ein Buch
ſoviel Spektakel in Deutſchland gemacht, wie die erſten Bände von
Börne's „Briefen aus Paris". Selbſt die Freimüthigſten ſtutzten.
Sätze, wie: „Man kann einen Fürſten verjagen, wenn uns ſeine
Naſe ſtört", eine Polemik im Style Rocheforts von heute,
waren nicht Jedermanns Sache. Zahlloſe Schriftſteller, Raumer,
Wilibald Alexis, Friedrich Förſter, ſämmtliche Recenſenten der
Brockhaus'ſchen Blätter fielen über die Luſtfeuerwerkerei des im
Pariſer Aſyl geſchützten, von den Rückſichten auf deutſche Cenſur
befreiten ehemaligen Frankfurter Polizeiaktuars wie über greifbare,
thatſächlich feſtzuhaltende Sätze her. Nur der einzige Wolfgang
Menzel war noch unbefangen genug, das Buch als einen
Stimmungsausdruck zu bezeichnen, den man ſubjectiv und in ſeinen
Ueberſchwänglichkeiten mit ſelbſtverſtändlichem grano ſalis zu faſſen

hatte. Was verfolgt ihr den Humor! Der Johanniswurm glüht in milden Nächten wie ein Brillant, so lange er über den dunklen Büschen schwebt und im Fluge ist; hascht ihr ihn aber, habt ihn in der Hand und wollt den Brillanten definiren, so ist er ein graues armes Insekt. Mir ging alles in dem Buche natürlich zu, Wahrheit und Uebertreibung. Nur die Philisterei konnte den Sonnenstrahl zergliedern wollen, alles Gesagte exakt nehmen, mathematisch abgemessen, keinen Zoll zu viel, keinen zu wenig. Börne's Leben habe ich später selbst beschrieben. Es war mir eigen mit ihm gegangen. Schon als Primaner abonnirte ich mich auf die erste, höchst elegant gedruckte Ausgabe seiner „Gesammelten Schriften". Ich schwelgte in seiner Denkrede auf Jean Paul, seinen witzigen kleinen Humoresken, „der Narr im Weißen Schwan", „die Postschnecke" und den übrigen Cabinetsstücken einer wol in den Stoffen, nicht in der Form veralteten Satyre. Da erfuhr ich, daß Börne ein Jude sei und eigentlich Baruch heiße. Man wagt heutiges Tages viel, wenn ich gestehe, daß ich über diese Entdeckung unglücklich war. Heute macht man leichter die Revolutionen der Bildung durch. Die Juden nahmen vor einem halben Jahrhundert nur noch vereinzelt am Culturkampf der Deutschen Theil. Erscheinungen wie des Theologen Neander, der Juristen Hitzig und Gans, des Musikers Mendelssohn standen so vereinzelt, daß sich jene Selbstverständlichkeit des Gleichmuths, ob Jemand einer Frage der Zeit, der Aufklärung, des Staates, der Kirche gegenüber Christ oder Jude sei, erst durch die Unausweichlichkeit der vollendeten Thatsache gebildet hat. „Christlichgermanischen" Judenhaß brachte schon die Burschenschaft mit sich. Auf der Schule hatte ich Juden als Verräther und Angeber kennen gelernt. Ein buckliges Ungethüm aus Polen, rachsüchtig wie Shylock, wurde von Allen gefürchtet. Erst dem Studenten traten liebenswerthere gemüthvolle Juden entgegen, der wunderlichste darunter ein Königsberger, durch und durch selbst christlichgermanisch, jener Joel Jacoby, der sich später katholisch taufen ließ, Maria Joseph Jacoby. Im Geist des Jarcke=Philipps'= schen „Politischen Wochenblatts" schrieb er dies und das und wurde zuletzt von Manteuffels Preßmandarinen zum Kanzleirath und Zeitungs= lector beim berliner Polizeipräsidium ernannt. Immer mehr ergab ich mich dem Bedächtigerwerden im Kundgeben ungeprüfter Instincte und Vorurtheile. Die Dressur meiner christlich-germanischen Gefühle ging sogar bis zum aufrichtigen Mitempfinden des als literarische Mode zehn Jahre später aufgekommenen sogenannten „Judenschmerzes", der „Ahasverustrauer", wo ich für diese sentimental gewordene Humanitätsfrage redlich das Meinige gethan und für die Sache der Emanzipation mit Wärme gestritten habe.

Heinrich König, der sich damals durch seinen Roman: „Die hohe Braut" noch nicht die allgemeinere Beachtung gewonnen hatte, litt in jener Zeit, als ich ihn besuchte, unter den Folgen eines grauenhaften Mißverständnisses, das seine Person betraf. Seine Frau war ihm mit Tod abgegangen. Leichenbefund hatte auf Erwürgung im Schlaf gelautet! Die Ehe war in der That keine glückliche und König hatte böse Feinde, namentlich in katholischen Kreisen. Waren auch die letzteren in Hanau selbst nicht mächtig, so stand doch Hanau in enger Verbindung mit Fulda, von wo aus König, ein Katholik, schon seit längerer Zeit im Stande der Excommunication lebte. Natürlich löste sich die Anschuldigung in Nichts auf. Die verdächtigen Suggillationen am Halse, die dem Arzte von einem Strick gekommen schienen, waren nach genauerer Untersuchung die Folge von Umschlägen, die mit einem ätzenden Wasser angefeuchtet gewesen. Die entsetzliche Anklage hatte auch wol dem freisinnigen Deputirten gelten sollen. König hatte zwar nicht studirt, stand aber auf der Höhe der Tagesfragen und war überall heimisch, soviel auch nur der jugendlich Strebende, der ihn besuchte, bei einem gemüthlichen Nachtmahl, wozu er mich einlud, auf's Tapet brachte. Ein „Rosenkranz für Katholiken", den er eben herausgegeben und durch einen „Christbaum des Lebens" ergänzt hatte, trug den jeanpaulisirenden Charakter, ohne etwa, was die Titel glauben machen konnten, besondere Gefühlsweichheit zu signalisiren. Im Gegentheil, die starken hervorstehenden trotzigen Backenknochen seines Antlitzes verriethen zähe Widerstandskraft. Der wackre Mann hat diese in seinen Kämpfen gegen die Anmuthungen der katholischen Kirche gezeigt ebenso wie in den kurhessischen Landtags- und Verfassungswirren. Weicher und mehr den Blumen und Sternen zugewandt erschien der gleichfalls zum Mahle entbotene Professor Zehner, der indessen bald darauf meiner inspirirten Schusterin nachzuahmen anfing, darüber seine Stelle verlor und nach schönen Anfängen einer auf Kenntniß des Orients sich stützenden Muse als Redacteur eines Lokalblättchens in der Gegend um Würzburg her in trauriger Weise verkommen ist. Graf Benzel-Sternau wohnte auf dem Lande.

Endlich brach der zwanzigste Tag und mit lachendem Sonnenschein an. Es war ein Sonntag. Ein leichter Frost hatte die Chausseegräben mit dünnen Eisdecken überzogen. Die Sträucher und Zweige zahlloser Obstbäume schimmerten in der Sonne vom Reif, der sie bezog. In Frankfurt merkte man kaum, daß der Winter schon erschienen war. Die Kirchen entleerten sich grade, während ich meiner Kasse zutraute, die für mich klassische Stätte des „Weißen Schwanen" für einen Tag als Wohnung zu wählen. Mußte es doch am folgenden Tage weiter gehen und wie lockten nicht die Namen: Die Bergstraße und Heidelberg! Sauber gekehrt und sogar hier und dort mit Sand bestreut waren Frankfurts damals noch durch geschlossene Thore eingefriedigten Gassen. Die Kirchen hatten sich durch quer über die Nachbarstraßen gezogene Ketten Ruhe verschafft. An der ominösen Constablerwache auf der Zeil gab es schon jene Fensterblenden von Gefängnissen, die zwei Jahre später erstürmt werden sollten. Die Volkshaufen, die jedoch in friedlicher Absicht zugegen waren und vor dem ungeschickt gelegenen Gefängniß auf und nieder zogen, gehörten den umliegenden Dörfern an und waren Eingepfarrte der Stadt, die Sonntags zur Kirche kamen. Zum Besichtigen der Stadt, zum Aufsuchen etwa der Stelle, wo sich in Goethe's „Märchen" die Stadtmauer zum Durchlaß des „Götterknaben" geöffnet hatte — (solchen Bildern der Erinnerung jagte ich sofort nach) — war meine Zeit zu gemessen. Doch umschritt ich die Stadt, betrachtete mir das damals für Besuch verschlossene Goethehaus und erfreute mich den Abend am „Politischen Zinngießer" im Theater. Im Rahmhof nahm die Thurn- und Taxis'sche Post die Passagiere nach Stuttgart nummernweise auf. Mir fiel ein Coupéplatz zu. So konnte ich desto besser jene Bergstraße überblicken, von welcher Kaiser Joseph gesagt haben soll: „Hier bin ich ja in Italien!" Heidelberg wurde in der Nacht begrüßt, noch ehe die Straßenlaternen und — die Lämpchen etwaiger wirklich Studirender über dem Strom er-

loſchen waren. Noch ſang ſich mancher einſame Bruder Studio
taumelnd nach Hauſe. Auch hier in dieſem magiſchen Bilde war
ich heimiſch in meiner Art. Der Epheu, der die Trümmer des
ehrwürdigen Schloſſes umrankt, ein Wintergrün von ſtaunenswerthem
Alter, konnte erſt in ſpätern Jahren betrachtet werden; aber
der geiſtige Epheu, der ſich für mich um dieſe Schattenbilder im
nächtlichen Dunkel rankte, um die romantiſche Literaturzeit der Görres,
Arnim, Clemens Brentano, die einſt hier „Tröſteinſamkeit", die
„Zeitſchrift für Einſiedler", „des Knaben Wunderhorn" und andere
Erquickungen des deutſchen Gemüths in trübſter Zeit (1808) heraus=
gegeben hatten, den ſah ich ſchon aus dem Poſtwagen überall. Aus dieſen
verhallenden, ſich allerdings ſchon etwas dem Brüllen nähernden
Chören des „Faulen Pelz", des „Prinz Max" vernahm ich den
Silberklang der deutſchen Lyrik, die beſtrickenden Rhythmen, wie „Zu
Straßburg auf der Schanz", „Im Mayen, im Mayen iſt's lieblich
und ſchön", Weiſen, deren Naivetät dann Heinrich Heine, ſpäter
Richard Wagner (beide zugleich mit dem Sagenſchatz der Deutſchen) zu
ihren Gunſten auszubeuten verſtanden haben. Am zweiundzwanzigſten
Tage nach der Abreiſe von Berlin war ich endlich in Stuttgart angelangt.

Wieder ſchien golden, doch jetzt im Untergehen die Sonne. Sie
beleuchtete die große Muſchel, die Stuttgarts reizende Lage bildet.
Die übliche Vergleichung mit einem „Keſſel" paßt für dieſe ſanft aufſtei=
genden Höhen nicht. Es ziehen ſich längliche Furchen, Thaleinſchnitte
und Senkungen in die abſchüſſig gehenden Berggelände, in denen im
November noch mancher Holzpflock mit verbranntem Papier vom
letzten Weinleſefeuerwerk von einem der Landesſitten Kundigern hätte
bemerkt werden können. Noch duftete die Stadt nach Wein= und
Aepfelmoſt. Die Stiftskirche, das Schloß, die kleinen Häuſer,
manche von dieſen noch mit Kolben türkiſchen Korns umzogen, es
gab ein Bild provinzieller Abgeſchloſſenheit und Einfachheit, das
aus dem ſich jetzt ſo großſtädtiſch fühlenden Halteſtationspunkte
zwiſchen Wien und Paris kaum noch herauszufinden iſt. Dazu
allerwege klaſſiſche Erinnerung. Schiller iſt uns hier gegenwärtiger
als in Weimar. Lieben wir doch mehr den in tyrannos ſich
erhebenden jungen Adler, den Flüchtling nach Mannheim, als den
ſpätern Hofrath. Das Cotta'ſche Geſchäft war wie ein Mauſoleum

des Dichters. Und Goethe, der ebenfalls Cotta gehörte, lebte ja noch. Kurz, ich betrat Stuttgart, wie man in eine Kirche tritt. Im „Wald= horn", nicht im „König von England" abzusteigen, entsprach schon der romantischen Stimmung meines Gemüths und meiner Kasse.

Wolfgang Menzel, ein geborner Schlesier, hieß den schon lange erwarteten blassen, magern, blonden berliner Ankömmling will= kommen. Ihn selbst hatte die Natur mit breiten Schultern, kräf= tiger Brust, dunklem Haar ausgestattet. Sein Kopf hätte einem katholischen Geistlichen gehören können. Um den Mund, dessen Zähne vernachlässigt waren, spielte ein satyrisches Lächeln, das sich bei manchem seiner Einfälle in's Sardonische verlieren konnte, während seine kurzsichtigen Augen, so oft die Brille, die solche regelmäßig bedeckte, abgenommen wurde, Trotz, strengen Ernst, ja zuweilen etwas Verklärtes oder Feierliches bekommen konnten. Sein Temperament schien das heftigste zu sein; der einmal ausgesprochene Wille un= beugsam. Selten mögen in einem Charakter soviel Widersprüche gepaart gewesen sein, wie in diesem vielseitigen Schriftsteller, diesem damals den Ton angebenden Kritiker. Sogar bis zum Faunischen konnte sich der Ausdruck seiner Mienen steigern, wenn ihm die Erinnerung an Thümmel's „Wilhelmine" kam oder sonst eine ero= tische Schrift des abgewichenen Jahrhunderts, über die er mit eben= soviel Interesse sprechen konnte, wie dann wieder über Jakob Böhme's oder Jung Stilling's Schriften. Feierlichen Ernstes zog er historische Parallelen zwischen Charakteren der Geschichte oder Zuständen von Sonst und Jetzt. Der Mann, der so Vieles tadelte, hatte ohne Zweifel an seinem Schädel den „Verehrungssinn". Ihm war das Gegentheil des nil admirari Bedürfniß. Düster blickte er in die Zu= kunft, gläubig starrte er vor dem Räthselhaften, Unentschleierten. Bald bemerkte ich neben stereotypen Stichblättern seiner Satyre ebenso viele Namen und Verhältnisse, wo bei ihm die Kritik sich entwaffnet gab. Letzteres war leider vorläufig mir selbst gegenüber der Fall. Ich war ihm eine Anomalie seiner berliner Erfahrungen und als solche bis auf Weiteres in meiner Art auf dem vollkommen richtigen Wege.

Nützlicher, als das unermüdete Abdrucken meiner Berichter= stattungen über einen Ballen Biographieen und einen andern, der aus theologischen Werken bestand, wäre mir mancher Tadel, wenigstens

mancher Fingerzeig für die Schulung meiner Feder gewesen. Die
Regeln, welche Menzel gab, waren nur allgemeine. „Ich schreibe wie ich
denke", sagte er. „Sehen Sie meine Manuscripte an! Nichts wird
da ausgestrichen, nichts wird noch hinzugesetzt." Menzel hatte
„Streckverse" herausgegeben, wie Jean Paul ungereimte Gedichte
genannt hat. Jeder Gedanke darin ist von einem Bilde begleitet.
Dennoch sagte er: „Bilder müssen mir zufällig unter die Feder
kommen während des Schreibens. Die gesuchten, die erzwungenen,
erkennt der Leser auf den ersten Blick." Die Richtung, die einzu-
schlagen nicht grade empfohlen, aber gutgeheißen wurde, konnte hier
nur — die der Satyre sein. Mit allzusichtlichem Wohlgefallen, mit un-
verkennbarer Befriedigung verweilte der nun fast täglich von mir
Besuchte oder auf Spaziergängen Begleitete bei Voltaire, Diderot,
dem Verfasser der Memoiren des Freiherrn von S—a, Woltmann,
bei Knigge, vor allem bei einem schlesischen Landsmann Schummel,
dessen „Spitzbart" ihm eine „köstliche Satyre gegen den Philanthro-
pinismus Basedow's" erschien. Und das alles kam von einem
Gegner des Rationalismus —! Ebenso hatten einst Tieck und die Romantiker die Tendenzen der Humanität, der Menschenveredlung, der
religiösen Aufklärung verspottet —! Aus den vernunftgemäßen Entwicklungen der neuern Philosophie, Theologie, Pädagogik die all-
mälige tiefere Begründung abzuwarten, diese jedenfalls als eine
Zwischenstufe zu einem vorurtheilsfreiern Erkennen zu betrachten,
das dauerte dem eigenthümlichen Geschmack des literarischen Ama-
teurs zu lange. Frischweg setzte er sich sofort auf die beiden
schroffsten Gegensätze, Ironie und Satyre auf der einen, Mystik
auf der andern Seite. Entweder entschied er sich für Voltaire oder
für Görres. Auch Görres war in dieser Art einst Jakobiner
und hatte sogar dem Buchhändler Friedrich Perthes in Hamburg 1811
ein Manuscript zum Druck übergeben: „Fall der Religion". Es
enthielt Dinge, die den frommen Verleger bestimmten, es nicht erscheinen zu lassen.

Die Jugend hat in geistigen Dingen einen wahren Straußen-
magen. Sie verdaut alles durcheinander. Noch stellte der Neuling
keine Prüfung an über die Fülle von Eindrücken, die ihm zu Theil
wurden. Menzel's Urtheile über die Personen wurden hingenommen,

als verstünden sie sich von selbst. Ließ sich aber auch etwas einwenden
gegen die Schilderung des lyrischen Kreises, der sich um Uhland,
unmittelbarer um Gustav Schwab, gebildet hatte und sich in
eine wechselseitige Anpreisung verlor, die zuletzt vom deutschen Parnaß
fast ausschließlich Besitz nehmen wollte und genommen hat? Der
Schwerpunkt des „Morgenblattes" wurden Gedichte. Gustav Schwab
redigirte diesen Theil des damals ersten deutschen belletristischen
Blattes und verbesserte die Arbeiten der jungen Tübinger Studenten
und Stiftler wie ein zweiter berliner Rammler. Gustav Schwab,
der Sänger des schönen Studentenliedes: „Bemooster Bursche zieh'
ich aus", Professor am Stuttgarter Gymnasium, war eine Erscheinung von ansehnlicher Leibesfülle, mit einem ständigen starken Blut-
andrang zum immer gerötheten Kopf. Die Zuvorkommenheit seines
Benehmens ging fast zu weit und mußte peinlich wirken. Wer
hält nicht übergroße Höflichkeit für den Ausdruck eines nur geheuchelten
Wohlwollens? Im vollen Gange war damals die eigenthümliche
Verbindung dieses Kreises mit Justinus Kerner in Weinsberg,
mit dem „Rickele" (Kerner's Frau) und den Gespenstern des
Zwischenreichs. Als sich zu Nicolaus Lenau und Anastasius Grün
gar noch ein Graf von Würtemberg in den Kreis der Lyriker begeben hatte, da scheute man sich nicht, jeden Kaffeebesuch innerhalb
dieser Sphäre zum Anlaß von Schilderungen zu machen, die für
die Chronik der Literatur des deutschen Volkes maßgebend sein sollten.

Nicolaus Lenau, Freiherr von Nimbsch-Strehlenau,
eine kleine schwächtige, eindruckslose Gestalt, war von Wien nach
Stuttgart gekommen, theils um überhaupt nach Amerika auszuwan-
dern, theils um einen Band Gedichte beim „alten Cotta" (dem
Schiller-Goethe-Cotta, der noch lebte) anzubringen. Mit jenem süddeutschen Respekt vor allem, was adlig ist, einer Deferenz, die Norddeutschland nicht kennt, wurde der Dichter nur als der „Herr Baron"
oder auch als der Magyare gefeiert. Die Maßlosigkeit der Bewunderung der Muse des später so unglücklichen Dichters empfand
Niemand so mißmuthig als Menzel. Die Gedichte, die später
Lenau's Ruf begründeten, waren noch nicht erschienen und bereits thronte er bei einem Hofrath Reinbeck, der einige unverheirathete Töchter hatte, dicht neben Schiller und Goethe. Der alte

Cotta sagte anfangs: Quod non! und wollte die Sammlung nicht
verlegen, doch erschien sie im nächsten Jahre und erwarb dem Sänger
verdiente Anerkennung. Sein persönliches Auftreten war bescheiden,
nicht diese Vergötterung voraussetzend. Später begegnete ich ihm oft;
zuerst bei Menzel in Gegenwart einer unheimlichen Persönlichkeit, die den
Athem beklomm, jenes Hofrath L i n d n e r, der sich Kotzebue's soge=
nannte russische „Spionen=Berichte" anzueignen verstanden und als
„Manuscript aus Süddeutschland" herausgegeben hatte, eine Ent=
hüllung, worüber bekanntlich Karl Ludwig Sand den Entschluß
faßte, Kotzebue zu ermorden.

Die politische Gährung der damaligen Zeit wogte um den
thätigen und einflußreichen Redacteur des „Literaturblattes" zum
Morgenblatt noch schaumwerfender und erregter als die literarische.
Würtembergs constitutionelles Leben sollte, wie die Patrioten hofften,
hinter dem des benachbarten Baden nicht zurückstehen. War doch König
Wilhelm ehrgeizig genug, einen Mittelweg zwischen Absolutismus und
Constitutionalismus wandeln zu wollen, zumal wenn er damit das ihm
schon damals verhaßte Preußen, welchem P a u l P f i z e r die „Hege=
monie" zuzuerkennen gewagt hatte, ärgern konnte. Noch immer wollte
dieser Jahre lang falsch beurtheilte, niemals und in keiner Frage hoch=
sinnig denkende Fürst, König Wilhelm, auf seine Weise regieren,
nach außen hin sich den Nimbus erhalten, der einst die Burschen=
schaften bestimmt hatte, ihm für die deutsche Kaiserkrone Expectanz
zu geben, nach innen absolutistisch, ganz nach den Launen der
Cabinetspolitik. Der König führte eine Doppelregierung, eine osten=
sible, die sein Premier Maucler vertrat, und eine private, die
später in die Sphäre der Enthüllungen gerieth, in den niedern
Strich der Theateranekdoten. Auch Menzel behauptete, eines Abends
zu dem hohen Herrn berufen worden zu sein und mit ihm über
eine Stellung an der Hofzeitung unterhandelt zu haben, für welche
er jedoch, nachdem sich zu schroffe Differenzen herausgestellt hatten,
jenen E r n s t M ü n c h empfohlen haben wollte, den bekannten Schwei=
zer, dessen spätre Haltung der Empfehlung seines ehemaligen Freun=
des wenig Ehre machte. Der Herausgeber der Werke Ulrich's von
Hutten, der Biograph Franz Sickingen's war bei meiner Ankunft
soeben von Lüttich, wohin ihn seine Kenntniß des Vlämischen

empfohlen hatte, eingetroffen, sank aber bald mit seiner Feder zum
Hetzhund herab, der in Maucler's Diensten die Männer anfiel, mit
welchen er früher selbst gegangen war. Mit dem Zerfall des Gewissens
kam die verlotterte oberflächliche Arbeit des Schriftstellers. Ernst Münch
wurde immer mehr ein unzuverlässiger Compilator auf dem gelehrten
Gebiet und ist, zehn Jahre nach seiner Erhöhung zum Geheimen Hofrath
unter Ordensverleihungen und bei alledem von seinen Gönnern auf=
gegeben, in einem Asyl auf der Schweizergrenze gestorben.

Schott, Tafel, Röbinger waren die hervorragendsten
Namen der würtembergischen Opposition, die sich im „Hochwächter“,
dem spätern „Beobachter“, ein eignes Organ gründete. Auch
diesen Männern begegnete ich oft, obschon sich Menzel den Namen
und den Richtungen derselben gegenüber nicht mit voller Bereit=
willigkeit zum Anschluß verhielt. Nur der liebenswürdige Procurator
Schott schien ihm in wahrer Freundschaft verbunden. Gehörte
doch diese ideale Natur, dieser jugendliche Schwärmer im Kreise
schon erwachsener Kinder, die dem Pinsel Jean Paul's für einen
seiner Romane hätten sitzen können, zu den Charakteren, die dem
immer geharnischten und abwehrenden Cotta'schen Kritiker eine un=
bedingte Entwaffnung abgewannen. Eine andere Persönlichkeit von
gleicher Wirkung, doch von anderer Charaktermischung, war der
Kunst= (nachherige Buch=) händler T. G. Liesching. Und wieder
ein Dritter mit unbedingter Bewunderung Hingenommener war
Karl Seydelmann, der Schauspieler. Der Letztere, Menzel's
schlesischer Landsmann, gewann ihm nach hervorragenden Rollen, die
dieser gespielt hatte, sogar Verse ab. Vorzugsweise Seydelmann zu
Liebe wurde ein festes Abonnement am Theater aufrechterhalten,
jedes neue Stück ohne vorgefaßte Abneigung, unbefangen im Ge=
schmack und mit bester Laune genossen; ja das Interesse des Schau=
spielers, das Darstellbare, scenisch Wirksame wurde von Menzel
gegen allen Einspruch der Aesthetik frischweg entschuldigt. Meine
Natur sträubte sich gegen das Uebermaß der Lust an den „Schleich=
händlern“, am „Fest der Handwerker“ und den Berliniaden. Daß
schon damals Ferdinand Raimund überschätzt wurde, wollte
mir unter seinen Geistern, rosenfarbenen Feen, alten Köhlerweibern
und Gamsjägern wohl einleuchten.

Den später mit einer so auffallenden pietistischen Richtung hervorgetretenen Liesching sah ich fast täglich. Früher Kaufmann, hatte derselbe fallirt und sich in die Schweiz geflüchtet. Als ihn der Zufall einen großen Treffer in der Lotterie gewinnen ließ, war er anständig genug, seine Creditoren bis auf Heller und Pfennig zu bezahlen. Mit dem Rest begann er, von Basel zurückgekehrt, in Stuttgart einen Kunsthandel, wozu ihn eine seltene Bildung befähigte. Noch stehen mir die scharfen Züge des eigenthümlichen Mannes, seine dunkeln Augenbrauen, sein kahler Schädel, die Runzeln, ja Säcke unter den Augen im Gedächtniß. Daß jedoch aus diesem ewig nur zum Sarkasmus verzogenen sokratischen oder, wenn man will, Silenkopfe ein nur dem Pietismus und der exclusivsten christlichen Andacht gewidmetes Buchverlagswirken hätte hervorgehen können, mußte wenigstens Derjenige bezweifeln, der ebenso gut von ihm als Buchhändler hätte profezeien mögen, er würde das bekannte Geschäft von Scheible, mit Curiositäten allerlei Art, haben begründen können. Denn Spott, Cynismus, Voltairianismus beherrschten durch und durch diesen täglichen Gast des Menzel'schen Hauses. Fast möchte man glauben, daß ihm sein Bilderhandel den Beweis geliefert hatte, daß sich die nachhaltige Kauflust, auch von Büchern, nur im pietistisch angekränkelten Kreise, bei den Reichen und Hochgestellten findet.

An dem edlen Schott, dem werkthätigen Schwärmer für die Erhebung Griechenlands, war das Bezwingende seine sittliche Hoheit, die unerschütterliche Ueberzeugungstreue und liebenswürdige Hausväterlichkeit im Kreise trefflicher und bildschöner Kinder. Der wackere Kämpe für die Neugriechen, der muthige Führer der Opposition in den ständischen Wirren, Mitkämpfer Uhland's, ein zugleich gesuchter Rechtsanwalt, „schwärmte" damals — für die Jacotot-Hamilton'sche Sprachenerlernungsmethode. Seine Kinder, einige Freunde und Bekannte, zu denen sich auch der Erzähler gesellte, hatte er zu einem Cursus im Französischlernen vereinigt. Ihm, der einst hatte Diplomat werden sollen, war die Sprache (freilich mit süddeutschem Accent) geläufig. Wir übersetzten die französische Vorlage: „Jn der Anfang war die Wort und die Wort war bei Gott und Gott war die Wort" u. s. w. mit allen gallischen Abweichungen

vom Germanischen, allen scheinbaren deutschen Sprachfehlern, die auf
das richtige Französisch führen sollten, kurz nach einer Methode,
durch welche sich die Kenntniß fremder Sprachen, so verhieß der ge-
duldige Lehrer, eher einpräge und befestige, als nach dem alten
System. Ob die blondgelockten Damen, von denen eine in späteren
Jahren einen meiner berliner Freunde, Franz Kottenkamp, einen
anderen den spätern Märzminister Römer heirathete, Französisch auf
diese Art bis zur Conversation erlernt haben, mag dahingestellt bleiben.
Auch Wilhelm Schulz, der ehemalige hessische Lieutenant, und
seine Frau, die ihn später aus Festungshaft befreien sollte, nahmen
an dem Unterricht Theil. Der „alte Cotta" hatte Schulz berufen,
um den „Hesperus", dessen vorzugsweises Thema die Statistik war,
vor drohendem Untergange zu retten. Die Nationalökonomie, freilich noch nach Mac Culloch, Malthus, dem Franzosen Say, wurde
schon damals die Wissenschaft des Tages. Sie hatte noch eine
Nebenbestimmung. Sie sollte, wie später in Bayern unter dem
Fürsten Wallerstein, die Neigung für Politik unterdrücken und diese
in's Unschädliche ablenken.

Die mit äußerster Anstrengung in Italien, Oesterreich und
Teutschland niedergehaltene weitere Ausbreitung der Ideen, welche
durch die Julirevolution wieder einmal ihre Reise um die Welt
antreten zu wollen schienen, drohten da und dort wie die Flammen
aus dem verschütteten Tempel Jerusalems wieder hervorzubrechen.
Verschwörungen wurden selbst im Militär entdeckt. „Landgraf, werde
hart!" war die von Wien nach allen Seiten hin vertheilte Parole.
Mancher sah das, was erst siebzehn Jahre später kam, schon damals unmittelbar vor den Thoren. Menzel war in diesem Sinne
politischer Visionär. Zeichen und Gesichte, Traumgebilde naher und
wol gar nächster Zukunft schwebten ihm immer vor. Wie man
dann von nichts träumt, wovon man nicht in seinem Innern unbewußte Einlagen hat, so sah auch unser geschichtskundiger Prophet
nichts als Repristinationen. Immer das schon Dagewesene sollte
wiederkommen. Die drohende Haltung des Landvolks (Cholera und
Zollverein griffen in die untersten Schichten) führte sich ihm sofort
auf die Wiederholung des Bauernkrieges zurück. Und wenn er
jeden Dreispitz, der zum Markte von der Tübinger Steig herunter-

kam, für eine Natur hielt ganz gleichgeartet wie die, welche vor
dreihundert Jahren den Bundschuh aufgerichtet hatten, wer konnte ihm
widersprechen wollen, wenn es auch die Erhebung der galizischen Bauern
gegen den Adel, die Gräuelthaten Szelas, die Tage der pariser Com-
mune noch nicht gab! Nur war es komisch, wenn zuweilen schon wirklich
die Guillotine in Würtemberg einrückte und ihm ein ehemaliger Haupt-
mann Friedrich Seybold gradezu ein unbeugsamer Republikaner
erschien, dem es nichts verschlagen würde, den Neckar mit Blut zu
färben! Die Männer des „Hochwächters“, Rudolf Lohbauer, einen
Maler, der sein Literaturblatt mit sinnigen Vignetten geschmückt hatte,
Nödinger, Walz, Tafel, alle sah Menzel als Wiederholungen gewisser Gestalten der französischen Revolution an; der Eine war ihm
Danton, der Andere Robespierre. Diese waren Jacobiner, Jene
Girondisten. Alle diese halb spielenden, halb ernsten Gedanken gipfel-
ten in dem Schlußbilde einer Schrift, mit welcher sein in diesen
Dingen ihm gleichgestimmter Freund Liesching als Buchhändler de-
bütirte: „Geist der Geschichte“. Das Ende der Tage würde ein allge-
meines Morden der Menschen untereinander sein. In diesem Kreise gab
es in der That Swedenborgianer, Verwandte des Schott'schen Hauses,
Tafel und Hofacker in Tübingen. Sie hatten zur Verbreitung der
Swedenborgischen Schriften eine Druckerei „Zum Guttenberg“ errichtet. Schon die Geisternähe Weinsbergs verhinderte, über solche
Unternehmungen zu lachen. Ganz aufgeklärte Männer waren hier in
den apokalyptischen Bildern des alten schwäbischen Johann Albrecht
Bengel befangen.

Gesellige Anknüpfungen fanden sich nur vorübergehend. Seydelmann's Häuslichkeit war eine unglückliche. Nie konnte der zu früh
Verheirathete gut sagen für die Stimmungen seiner Frau. Er hatte
Ursache, die einst Schöngewesene, auch damals noch Stattliche, zu schonen,
zu ehren und sein Pflichtgefühl kam ihm aus dem Gemüth. Und
doch blieb die Sehnsucht nach beglückender jugendlicher Frauenliebe,
nach Hingebung und nach andern weiblichen Lauten, als die Ehe zumeist
zu Gehör bringt. In Seydelmann's Ehe gab es ein ewiges krankhaftes
Klagen der Frau über die Sorgen der Gegenwart und der Zukunft.
Da sah man denn Seydelmann trübe und seufzend und sich nur
in seinem Rollenstudium erkräftigend. Letzteres ging schon auf sei-

nen Mephisto im Faust. Kapellmeister Lindpaintner arbeitete an
den musikalischen Beigaben des ersten Versuchs einer Darstellung
des großen Gedichts auf der Bühne. Sonst beherrschte Raupach allein
das stuttgarter Theater. Ein Graf Leutrum, der eben damals Intendant geworden war, hatte bei einer Rundreise durch Deutschland
den Geniestreich gemacht, sich mit Raupach in Berlin dahin zu vereinigen, daß Stuttgart alle Stücke, die Raupach schreiben würde, ab-
nehmen und geben würde. So kamen sämmtliche „Hohenstaufen"
wieder nach Schwaben. Die stuttgarter Hofbühne war vollständig
berlinisirt. Was Raupach nicht brachte, kam von Blum oder Angely.
Man gab „Die Schleichhändler", „Kritik und Antikritik", „Laßt die
Todten ruhen" u. s. w., „Isidor und Olga", „Rafaele", „König
Enzio" u. s. w. Seydelmann's Talent litt unter dieser Monotonie.
Er lernte des Wortes zu sehr bedürfen, um wirken zu können.
Auch die Wirren damals hinter der Scene trugen zu Seydelmann's
Verstimmung bei. Er glaubte sich eben eine Stütze aus Prag
geholt zu haben in dem jungen Bonvivant Heinrich Moritz, einem
gebornen Leipziger, hatte aber einen Meister in der Kunst der In-
trigue gefunden, der ihn in einer Sphäre, wo die Protektionen walten, bald aus dem Sattel hob.

Arglos blickte ich in diese ganze Welt hinein. Die unheimlichen
Strudel derselben sollte ich erst später kennen lernen. Nur Eines
sah ich dem klugen Seydelmann ab, ein Talent, das mir zum erstenmal im Leben vorgekommen. Wie verbirgt ein gescheuter Kopf die
Lücken seiner Bildung? Nie, ich beachtete es bald, erschien Seydelmann seinem Landsmann Menzel, der ihn bewunderte, im Gespräch
unebenbürtig. Das war einem solchen Polyhistor gegenüber nicht
wenig! Seine Rollen hatte Seydelmann gründlich studirt, die klassischen waren ihm nach allen damaligen Vorarbeiten Böttiger's, Schink's
und Andrer geläufig; darüber zu sprechen, konnte ihn nie gering
erscheinen lassen. Wo aber Seydelmann's Wissen aufhörte, da gestand er diese Grenzen nicht etwa ein, sondern hatte ein eigenthüm-
liches bedeutsames Schweigen, ein feines Lächeln umspielte seinen Mund.
Man durfte bei ihm ein vollkommnes Einverständniß mit der Meinung des eben über die Doppelsterne oder über die Keilschriften
sich Ergehenden voraussetzen. Oft standen bedeutende Capacitäten

im hitzigen Gefecht. Seydelmann hörte ruhig zu. Er schwieg.
Doch so, als hätte er den Ausschlag geben können.

Im März 1832 kam die Kunde, Goethe ist todt. Die Auf=
regung darüber war groß und in Stuttgart, in der Nähe des
Cotta'schen Hauses, um so größer, als es hieß, nun würde vom
„Faust" der zweite Theil erscheinen. Immermann veranstaltete für
die düsseldorfer Bühne eine Erinnerungsfeier, die auf mancher an=
dern Bühne wiederholt wurde. Jede gab einen Tribut der Huldigung.
Dem bekannten Gegner Goethe's war ein Anlaß zur Aufregung ge=
boten. Alles blickte auf ihn und so erfuhr ich denn auch gelegent=
lich den Ursprung seines Hasses auf Goethe. Ich erzählte denselben
vor einiger Zeit in einer Plauderei, die das Thema behandelte,
warum ich nicht ebenfalls unter die Lyriker gegangen sei. Ich
wiederhole sie hier.*)

„Als Zwanzigjähriger, schwärmend für Tieck und Novalis,
wobei ein lebhafter kritischer Zerstörungssinn nicht ausgeschlossen
war, kam ich zu Wolfgang Menzel und sollte ihn im Bücher=
recensiren unterstützen, da sich der Patriot in die würtembergische
Kammer wählen lassen wollte. Frisch von der Universität kom=
mend, brachte ich leidliche Kenntnisse und ein Chaos unklarer
Stimmungen mit. Und eben aus diesen letztern heraus wollte sich
zuweilen Lyrisches entwickeln und umsomehr, als damals die Lite=
ratur durchweg auf Lyrik stand. Im Schwabenlande lyrisirte
Alles. Nicht blos die Gymnasiasten und tübinger Stiftler, selbst
Oberamtmänner und Obersteuerrevisionsräthe wanderten durch die
Wiesen und sammelten Blumen und wanden diese zu poetischen
Sträußlein. Goethe starb. Da suchte Jeder, der nur ein wenig
Zeit hatte, ihn möglichst zu ersetzen. Dann mußte damals so=
viel geheuchelt und gelogen werden der mangelnden politischen Frei=
heit wegen, daß die meisten der Gebildeten, sogar die Hofräthe
und Polizeidirektoren, zwei Welten hatten, in denen sie lebten, eine
ostensible und officielle bürgerliche, und drehte man diese um, so hatte
man zu seinem hellen Erstaunen einen heimlichen Dichter, einen
„finnigen Lyriker". Die Conversation in Stuttgart bestand 1831

---

*) „Teutsche Dichterhalle".

nur aus Liedervorlesungen beim Thee, wenn Damen zugegen waren
— beim Wein und vielleicht sogar unter freiem Himmel, wenn die
Männer allein waren. Die ästhetischen Honneurs in Stuttgart
machten zwei Familien, die Hofrath Reinbeck'sche (eine aus Norddeutschland eingewanderte, welche berlinische Theegesellschaften alten
Styls gab) und die Gustav Schwab'sche, eine urschwäbische. Damals
gieng Lenau, „der Herr Baron aus Ungarn", aus einer dieser Gesellschaften in die andere. Jede wetteiferte, wer ihn mit größerem
Lob, mit exaltirterer Bewunderung überhäufen konnte. Erst galt
der Enthusiasmus, wie sich gebührte, seinem Talent, dann seiner
poetischen Heimath, zuletzt (last no least) dem „Baron". Man
wollte einen andern „Herrn Baron", den Baron von Cotta, veranlassen, die gesammelten Gedichte des ungarischen „Herrn Barons"
zu drucken. Ein alter feiner Herr, dieser erste klassische Cotta!
Später, als ich Metternich kennen gelernt, fand ich Aehnlichkeit zwischen Beiden. Sie waren auch intime Freunde und sagten
sich das täglich und leider allzulange in der „Allgemeinen Zeitung". Dieser alte Herr, auch Begründer der Dampfschifffahrt auf
dem Bodensee, betrieb den Buchhandel sozusagen staatsmännisch.
Vollkommen wissend, daß die von ihm gedruckten Dichter à peu près
zu deutschen Klassikern gestempelt waren, verhielt er sich vorsichtig in der Annahme von Gedichtsammlungen und benahm sich
auch in Folge dessen spröde gegen den Reinbeck-Schwab'schen Enthusiasmus, der wieder einen Neuling traf, wo ihm schon Karl
Grüneisen, ja Gustav Schwab selbst nicht recht „eingeschlagen" waren;
er schlug die Lenau'sche Sammlung für's Erste ab. Das alles beobachtete Wolfgang Menzel's scharfe Satyre, seine aufhorchende
Spürkraft, seine immer zu den ergötzlichsten Glossen bereitwillige
Ironie. Das Treiben dieser schwäbisch-lyrischen Uhland-Epigonen
war ihm zuwider. Fand doch sein polemischer Eifer fast überall
in Schwaben Cliquenwesen, Gevatter- und Muhmen- und Ver-
wandtschaftskuppelei. Bei alledem kam auch mir der Trieb, den
ich schon lange hegte, dem Wort zuweilen die schöne Fessel des
Reims anzulegen. Aber die Umstände waren zu ungünstig! Einmal
war Gustav Schwab die unumgängliche Instanz für jedes zu veröffent-
lichende Gedicht. Fast für die gesammte Lyrik der Zeit, falls diese

durch die drei Kanäle, Morgenblatt, Cotta's Verlag oder den Weid=
mann'schen Musenalmanach, an die Oeffentlichkeit treten wollte, überall
war Gustav Schwab die entscheidende Instanz. Er hatte die Weise des
alten Ramler, der die ihm eingesandten Gedichte feilte und um=
arbeitete. Gewiß ist diese Leidenschaft den Gedichten Lenau's aus dessen
erster Periode zu Gute gekommen. Dem Schwab'schen Kreise mich nun
besonders zu nähern, verbot mir eben die Rücksicht auf Menzel."

„Dann aber hatte ich aber doch eines Tages den Muth, Menzeln
ein Heft „Gedichte" zu überreichen mit der Frage, ob ich sie wol
bei Schwab unter's Joch der Prüfung schicken könnte, um sie in's
Morgenblatt zu bringen. Sehr spät gab er sie mir wie etwas bei
einem Besuch Vergessenes zurück mit den hingemurmelten Worten:
„Gott, das bringt ja nichts ein!" Und dieser Ausspruch hatte viel,
wenn nicht alles, für sich. Denn mein Chef=Redacteur zahlte mir
monatlich 30 Gulden Gehalt und — hört! hört! — ich lebte von
diesen 30 Gulden — jede Mittagsmahlzeit kostete 24 Kreuzer.
Durch „Gedichte" konnten Supplemente zu den Fl. 30 nicht er=
rungen werden. Sich ganz auf die Literatur stellen wollen, alle Be=
ziehungen zur Möglichkeit einer künftigen Anstellung abbrechen und
sich dann an Gustav Schwab anschließen, um ab und zu eine Tasse
Thee und ein Gedicht in's Morgenblatt, alle Jahre zwei in den
Musenalmanach zu bringen, das ließ sich nicht vereinigen. Und
so resignirte ich mich damals auf Lyrik als Specialität, obschon es
mir in dem an Menzel übergebenen Hefte um Ein Gedicht leid that.
Ich hatte — mein Vorbild war natürlich Walther von der Vogel=
weide — als „Wanderer" im Minneliederton an eine schöne Winzerin
die naive Frage gerichtet: „Holde Maid, entschuldige, daß ich Dich in
Deiner Arbeit unterbreche; kannst Du mir nicht den Weg sagen, den
richtigen, der zu Deinem purpurrothen Munde führt?" Die Winzerin
stand etwas höher postirt, als der Wanderer unten im Chaussee=
graben. Je trotziger desto schöner erwiderte die Maid: „Das will
ich Dir wol sagen, Du Narr! Da mußt du rechts den Weg nehmen,
erst den Berg ersteigen, an der Kapelle drüben vorübergehn und
bis an den dunkeln Wald, wo Du vielleicht den Kukuk um den
weitern Weg befragen kannst." Hierauf zweites Ritornell. Erwi=
derung des Wanderers, enthaltend die Bitte um den richtigen Weg=

weiser zu ihren Purpurlippen. Wiederum erfolgt die Antwort, aber diesmal schon mit beschränkterem Rayon in der malerischen Umgegend. Der Frager brauchte nicht mehr den Berg zu besteigen, auch nicht den Kuckuck im Walde zu befragen; er wurde schon auf die Antwort der Distel, die tief unten im Thale blühte, unterhalb der Kapelle verwiesen. Das neckische Spiel ging dann eine Zeitlang so fort, bis die Wege immer näher und näher lagen und der wegunkundige Wanderer zuletzt das reizende Mädchen mit den Purpurlippen in seinen Armen hielt. Mit diesem — nicht wahr, wunderschönen — Liebe bin ich mit meiner Laufbahn als „Lyriker von Profession" stecken geblieben."

„Uebrigens bin ich weit entfernt, etwa bei dieser Gelegenheit Wolfgang Menzel beschuldigen zu wollen, als hätte er den Erwerb zur Richtschnur für die Wahl der poetischen Beschäftigung empfohlen. Im Gegentheil, einst fand ich ihn schmerzlichbewegt durch den Besuch seiner Mutter, die aus Schlesien gekommen war, um ihren damals vielbesprochenen Sohn, der vor längern Jahren aus deutschen Landen der Burschenschaft wegen entflohen war, wiederzusehen. Die einfache Frau kam mit einem inzwischen erheiratheten zweiten Manne, einem Landwirth, der einen schwunghaften Viehhandel betrieb, nach Stuttgart. „Wieviel hat Dir dein Buch: „Die deutsche Literatur" eingetragen?" fragte mich mein Stiefvater, erzählte Menzel. „Hundert Carolins!" sagte ich. — „Wieviel ist das?" — „Sechshundert Thaler!" — „Hahaha!" lachte der Schlesier. „Das ist was Rechtes! Da verdiene ich an jedem Viehmarkt, wo ich kaufe und verkaufe, an 100 Ochsen mehr!"

„Den Ursprung seiner bekannten Opposition gegen Goethe erzählte Menzel folgendermaßen: „Ich studirte in Jena. Wir Studenten hatten die Gewohnheit, öfters in größerer Zahl nach Weimar zu fahren und einer Theatervorstellung beizuwohnen. Bei den „Räubern" hatten wir sogar das Privileg, im Chor vom Parterre aus mitzusingen. Nie hatte ich bei dieser Gelegenheit der alten Excellenz Goethe ansichtig werden können. Da trifft es sich eines Abends, als wir wieder nach Weimar gekommen waren, daß wir im Theater Streit bekamen. Während die Worte noch hin- und herflogen und das Publikum parteilos zuhörte, streckte sich eine hagere, lange Ge-

stalt aus einer untern Prosceniumsloge, im schwarzen Frack mit
Ordensstern, weißem, scharfmarkirtem Kopf, und rief mit einer
widerwärtighäßlich schnarrenden Stimme: „Ruhe!" Das war Goethe,
Goethe in Person, Goethe als Staatsminister. Er machte im Thea=
ter den Polizeimeister, und das in einer so verächtlichthuenden, so
von oben herabsehenden, impertinenten Art gegen uns, daß ich von
Stund' an den Mann hassen mußte und an seinen Schriften kein
Gefallen mehr hatte. Als Ergänzung dieser Erzählung mag die
Erinnerung dienen an eine bekannte Stelle in Novalis' Fragmenten,
die gegen Goethe's „Wilhelm Meister" gerichtet ist. Diese hat wol
des Weitern auf den leidenschaftlichen Romantiker für seine Polemik
eingewirkt."

    Es giebt im Menschen eine doppelte Entwicklung, eine nach
der Seite des Berufes hin, die andre nach seiner Welt= und Lebens=
auffassung überhaupt. Dies Nebeneinander wird uns aber nicht
bewußt, wenigstens nicht in der Jugend. Was da nun einem
Künstler, einem Dichter gewonnen wird, einem Kritiker, das
ist zugleich dem Menschen, dem Charakter gewonnen. Oft währt
es lange, lange, bis man sich als Charakter aus den Interessen
seines Berufes herausfindet. „Literaten" hat man in verächtlicher
Weise diese Individualitäten genannt, an denen sich eben nichts, als
die Schreibfeder verkörpert zu haben scheint. Ein solches Ver=
kommen im Handwerk war dem Erzähler fremd. War ihm auch
die Produktion nun schon Existenzfrage geworden, so ergriff sie
doch innerlich seinen ganzen Menschen. Sie war wie die An=
wendung angeborner Organe. Diese Organe waren kämpfende, an=
greifende, abwehrende. Immer galt es die Sache. Sinnen dagegen
über die Form, ein Bild, ein Gleichniß, wie die Lyriker pflegten, sich
immer nur ein Segment von jenem Globus abschneiden, den Titanen=
kräfte zu wälzen glaubten, und diesen nur ausputzen zum Reiz der
Formenschöne, das wurde nicht genährt durch die Richtung, in welche
ich gerathen war. An mir selbst fühlte ich den Prozeß einer
werdenden neuen Literatur sich vollziehen. Den Trieb dieser Uhland=
Schwab'schen Sänger, Balladenstoffe aufzustöbern oder sich interessant
genug vorzukommen, jede sich abgelauschte Stimmung in Reime zu
bringen, dem Feilen der Worte nachzuhängen, der Wahl, ob hier

Gold= oder Silberglanz besser am Orte wäre und dabei nebenbei und ganz praktisch Obersteuerprokurator oder Professor oder Consistorialrath zu bleiben — diesen glücklichen Ego= und Dualismus wagte ich mir nicht zu gönnen. Ich gönnte ihn mir nicht dem Rauschen der Zeit gegenüber, den von überall her vernommenen Mahnungen an den, der die Feder führte, daß er das Nothwendige sagen sollte, daß er die Aufgaben, die mir an die Sterne geschrieben schienen (nicht an die Flügeldecken der Mücken und Käfer des Justinus Kerner'schen Kreises), rasch aus= sprechen und zu lösen helfen suche. Im Kreise dieser schwäbischen Dichter herrschte in erster Reihe das Wort, das Bild, das Adjektiv. Ich sah ein Einzelnes im Schriftwesen einer Nation über die Gebühr hervortreten. Die gesammte Literatur sollte auf den Vers gestellt werden und wurde es später in der That. Denn entfessele nur Einer den Dilettantismus und dieser macht sich bald seine Altäre und Tempel! Alle, die dasselbe treiben, was der Dilettant treibt, sind seine Ausschließlichen, seine Klassiker. Der Dilettant kann zeigen, daß er schwäbeln und schwäbisch lesen, schwäbisch vorlesen kann — es lebe die Dorfgeschichte vom Schwarzwald! Der Dilettant kann zeigen, daß er plattdeutsch reden und mit plattdeutschem Vorlesen seine Eitelkeit befriedigen kann — es lebe alles, was plattdeutsch! Ueberall, wo man über den Schweif des Pferdes mitaufhocken kann, geht die Mode vorwärts im Galopp.

Was mich von schöngeistiger Literatur in Stuttgart umgab, geberdete sich anspruchsvoll und kam erst zur Besinnung durch die Eckermann'schen Gespräche mit Goethe. Da hatte der Alte sogar auf Uhland's Sagen= und Balladenpoesie, wenn nicht sogar auf Uhland's Naturstimmungsgedichte, diese „Welt in ewigen Sonntagsstaate", wie ich sie gelegentlich genannt hatte, als die „geflickten Lappen eines Bettlermantels" angespielt und damit das Entlehnen unwahrer Stimmungen von alten Klöstern, Burgen, Hirten, die es nie gegeben hat, Schäferinnen, die schon zu Geßner's Zeit antiquirt waren, Priestern, die man jetzt in ganz andrer, fast sulphurischer Beleuchtung sieht, und ähnliche Widersprüche angedeutet. Außerhalb des Menzel'schen Kreises wurzellos geblieben, gedachte ich in die Heimath zurückzukehren und dort, wenn auch unter mir verhaßten Verhältnissen, doch die Laufbahn als Gymnasiallehrer anzutreten.

„Der alte Cotta" hatte mir allerdings in zutraulichster Weise die Aufforderung zur Theilnahme an seinen Blättern ausgesprochen. Hermann Hauff leitete statt seines kurz zuvor verstorbenen Bruders Wilhelm das Morgenblatt. Der wohlwollende Mann nahm, was ich ihm anbot, Skizzen aus dem bürgerlichen Kleinleben Berlins, novellistische Versuche. Eine jeanpaulisirende Arbeit, „Briefe eines Narren an eine Närrin", zeigte ich Menzel. Ich wollte durch diesen Briefwechsel eine Art Novelle hindurchschimmern lassen, die Aufklärung, worüber leide Theile in's Irrenhaus geriethen. Menzel sagte mir, die wenigen Blätter in der Hand wiegend: „Beinahe geht es mir hier, wie mit Wilhelm Hauff, um den die Schwaben jetzt soviel Trauerns anstellen, während die Herren Lyriker bei seinen Lebzeiten von dem frischen Burschen nichts wissen wollten! An den Wilhelm Waiblinger — da haben sie alles gewandt, Empfehlungen, Stipendien, Reisevorschüsse! Da sollte durchaus ein Goethe herauskommen, zum mindesten zum zweitenmal Platen! Warum? Weil er Elegieen aus Sorrent, Episteln aus Capri in's Morgenblatt schickte, Sachen, die sich in ihrer Weise schulmäßig anließen! Wilhelm Hauff brachte mir eines Tages seinen „Mann im Monde". Es war ein Machwerk ganz à la Clauren und zwar im vollen Ernste so gemeint. Schämen Sie sich denn nicht? sagte ich ihm. Wollen Sie denn auch dem berliner Postrath nachahmen? Können Sie denn nicht höher fliegen? Nach einer Weile milderte ich meinen Ton und fuhr fort: Kehren Sie den Spieß um, tragen Sie das Clauren'sche Colorit noch viel stärker auf, lassen Sie dann das Buch unter Clauren's Namen erscheinen und Jeder wird sagen: Sie haben eine köstliche Satyre auf Clauren geschrieben. Richtig, Hauff befolgte den Rath und begründete seinen Ruf mit dem „Mann im Monde". Machen Sie es ähnlich! Der kleine Aufsatz giebt ein Buch, wenn Sie alles mit hereinziehen, was in diesem Augenblick die Menschen beschäftigt, Politik, Literatur, Kunst — ich will nicht sagen, daß es eine Satyre auf Jean Paul werden soll, bewahre; aber besser verwerthen können Sie den guten Titel, als durch ein paar Nummern im Morgenblatt." Zur Satyre auf Jean Paul, den Liebling meines Herzens, den Weisen, den Propheten, war in mir nichts gerüstet. Aber „Briefe" waren damals Mode geworden. „Briefe eines

Verstorbenen" — „Briefe eines Lebenden" (von Friedrich Förster) —
da konnten wol auch Narrenbriefe willkommen sein. Ich ging auf den
Vorschlag ein. Das Ganze wurde durch Ergänzungen zu einem größern
Umfange gebracht und verdankte der Empfehlung Menzel's einen
Verleger, Hoffmann und Campe in Hamburg, leider in einem Augen=
blick, wo der Börne'schen Briefe wegen in Preußen dieser hamburger
Verlag verboten wurde, der jetzige und der künftige. Die Axt war
damit an die Wurzel meiner ersten schriftstellerischen Entwicklung
gelegt. Denn wie die Zustände waren, in Oesterreich nahm man
solche Verbote leicht und wußte sie zu umgehen, in Preußen
aber herrschte die strengste Aufsicht und die Loyalität kam den Macht=
sprüchen der Polizei auf halbem Wege entgegen.

Nach einer Reise über Nürnberg und Leipzig, die wiederum
im „Morgenblatt" beschrieben wurde, kehrte ich auf den sich
gleich gebliebenen monotonen Schauplatz des „patriarchalischen Des=
potismus", Berlin, zurück. Die einzige Frage, die grade das
große Publikum auf geistigem Gebiete dort beschäftigte, war die, ob
Hegel's Nachfolger, Professor Gabler, seiner Berufung gewachsen sein
würde. Hegel hatte diesen empfohlen und ganz im Styl seiner
Kategorieen. Das Sein war schon wieder in demselben Augenblick
das Nichtsein. „Er hat mich am besten verstanden und doch wieder
misverstanden —!" Also hatte der Spruch des verstorbenen Be=
griffs=Bosko gelautet. Gabler war ein ehemaliger Schulamts=Kollege
aus seiner bayreuth=nürnberger Zeit. Auch Schleiermacher zu ersetzen
war eine schwierige Aufgabe, die das damalige Berlin mehr beschäftigte,
als wenn es sich heute oder morgen um einen Ersatz für Bismarck
handelte. Noch immer reizten die „Briefe eines Verstorbenen" die
Neugier des Publikums, ohne diese zu befriedigen. Denn man hatte
geglaubt, vom Fürsten Pückler, dem Verfasser, Pikanteres erwarten zu
dürfen, als Schilderungen des englischen Volkslebens. Diese Briefe
wurden gelesen, um zwischen den Zeilen etwas zu suchen, Anspielungen,
Indiscretionen. Immer mehr wurde die Neugier und die Skandal=
sucht das einzige Reizmittel zum Lesen. Selbst die Briefe aus der
klassischen Zeit wirkten vorzugsweise nach dieser Richtung hin. Varn=
hagen begann den Reigen mit seinen Enthüllungen. Seltsam war
auch der Effekt, den jedes Hereinragen einer Fürstlichkeit in die

Sphäre der Kunſt oder Literatur machte. Daß Fürſt Radziwill componirte, daß Herzog Karl von Mecklenburg = Strelitz Komödie ſpielte oder wol gar, wie man glaubte, unter dem Namen Karl Weishaupt Luſtſpiele ſchrieb, wurde mit einem Behagen empfunden und herumgetragen, als ob man damit etwas ganz Beſonderes wüßte und beinahe ſelbſt zum Kreiſe der Exkluſiven gehörte.

Meine Verbindung mit Menzel, einem Manne, der alle Welt durch ſeine Kritiken verletzt hatte, meine politiſch und religiös freiſinnige Stimmung hielt mich ab, in die Kreiſe einzutreten, durch welche man damals allein in Berlin in literariſchen Dingen zur Förderung gelangen konnte. Soll ich die Sphäre, auf welche es hiebei vorzugs= weiſe angekommen wäre, näher bezeichnen, ſo müßte ich eine neuere Phaſe der — jüdiſchen Culturentwicklung ſchildern, die überhaupt noch ihres vorurtheilsfreien Hiſtorikers entbehrt. Das berliner Judenthum, in ſeiner hohen Bedeutung für deutſche Bildung überhaupt und im Be= ſondern für Kunſt und Literatur, beruht auf den Anfängen, welche Moſes Mendelsſohn und deſſen Kreis, Bendavid, Marcus Herz u. A. gelegt haben, im Weſentlichen alſo auf einer hoher Ehren würdigen, die Signatur unſrer beſten geiſtigen Epoche tragenden Richtung. Auch die Nachkommen, die neuern Anſichtungen an dieſen alten Nathan= Kern, die Einwanderungen beſonders von Königsberg her, traten zum Leben der Zeit in eine engere Beziehung; die Einen, indem ſie dabei ihren Zuſammenhang mit der Synagoge nicht unterbrachen; die An= dern, die, wenn ſie convertirten, doch dem Judenthum immer noch nahe genug blieben. Der romantiſche Exceß der Tochter des ehr= würdigen Mendelsſohn, der Frau Veit, ihre Flucht nach Paris mit Friedrich Schlegel, ihr ſpäterer Uebertritt zum Katholizismus, dergleichen ſtand in dieſer Sphäre bald nicht mehr vereinzelt da. Die ſtarkgeiſtige Richtung der Rahel Lewin, einer Henriette Herz wurde tonangebend, ſo lange das achtzehnte Jahrhundert in ſeinen leichten Auffaſſungen der Moral im Verenden lag. Erſt durch die Schlacht von Jena waren endlich Voltaire, Leſſing, ſelbſt Goethe überwunden. Nun kam die Zeit der Einkehr, Umkehr, Reue, Buße. Auch bei den berliner Juden überwog conſervative Richtung. Die im koloſſalen Anwuchs begriffenen Geldmittel der Bankiers ſchufen einen tonangebenden, ſich immer mehr vervornehmenden eleganten Ghetto. Der ungebildetere

Theil, dem der Titel „Commerzienrath" ein „Ziel auf's Innigste
zu wünschen" wurde, war hyperloyal; der gebildetere, der meistens
convertirte, blieb und wurde in seinem Fühlen und Denken nazarenisch.
Die Getauften gingen in die Beamtencarrière über, oder Christen, die
schon höhere Aemter bekleideten, heiratheten Jüdinnen, die sich dann
taufen ließen. Da wurde denn überall stark „gechristelt". Vor allem
wurde die Kunst ein Gebiet, wo die Engherzigkeit des Staats, der noch
die Anstellung von Juden ablehnte, der Bewährung der Talente nicht ent-
gegentreten konnte. Die Namen der Beer (Meyerbeer, Michael Beer),
Mendelssohn, Bendemann traten mit großen Erfolgen in den Vordergrund, während die Angehörigen derselben, Brüder, Schwäger, Verwandte aller Art die Wirkungen des Reichthums verbreiteten, Titel
und Orden gewannen. Das literarisch-jüdische Berlin, das gegenwärtig, in Ablauf unsres Jahrhunderts, durch den Massenzustrom
ungebildeter Elemente aus den verwahrlosesten Provinzen, z. B. Posen,
in den Geschmacksanforderungen der Hauptstadt so gesunken ist, war
ehemals die exklusivste Gesellschaft, sowol die klassischen Erinnerungen,
wie die ständig fortarbeitende Gährung der Zeit hütend und be-
wahrend. Eine Reihe von Namen ließe sich nennen, die aus dieser
Gesellschaft hervorgegangen. Und nicht für alle würde das besondere
Kennzeichen passen, das wir auf geistigen Hochmuth und vornehmthuende Absonderung würden anzugeben haben. Den Juden
ist Verehrung angeboren. Setzen sie diesen nicht für Andre,
den Cultus des Genius, in Thätigkeit, so verwenden sie ihn für
ihre eigne Person. Aber die Frivolität war in diesem Kreise
nur Importartikel. Saphir durfte nicht genannt werden, kaum
Heine. Ganz ebenso gestimmte Kreise fanden sich auch in Hamburg.

Hitzig, Moritz Veit, Eduard Gans, Varnhagen von Ense (Jude
durch seine Frau) Luise Hensel — in die Kreise, die diese Namen bildeten,
Eingang zu finden, wäre ein Leichtes gewesen. Ich hätte nur nöthig
gehabt, mich Einem oder dem Andern bewundernd anzuschließen. Eine
Anerkennung der Gedichte von Heinrich Stieglitz (Jude) oder einer Posse
von Ludwig Robert (Jude) hätte mir Stellung verschafft. Einmal klopfte
ich an die Thür des Criminaldirektors Hitzig, bei dem sich alles, was
Schöngeist hieß, versammelte und in dessen Stammbaum sich auch
zuletzt die Namen Franz Kugler und Paul Heyse verzweigt haben,

ohne ihn jedoch daheim zu finden. In heißer Sommerzeit mochte ich die weite Strecke bis fast zum Hallischen Thore nicht zum zweiten= mal machen. Nur eine Visitenkarte, die zu meiner Ueberraschung Karl von Holtei bei mir abgegeben hatte (die gleiche schlesische Landsmannschaft mit Wolfgang Menzel hatte ihn wol zu einem auf= merksamen Leser des stuttgarter Literaturblattes gemacht), bestimmte mich, den Dichter der gefeierten „Leonore", des „alten Feldherrn" aufzusuchen und mir den Eindruck zu geben, der mir für den bun= ten, vom Dichter bald darauf entrollten Lebenslauf desselben in seinen „Vierzig Jahren" zur Vergleichung lehrreich wurde. Holtei war damals schlank und jugendlich. Als Vorleser im „Englischen Hause" erlebte er in seiner Kunst der Reproduktion Triumphe. Ich lernte Hamlet in seiner äußern Wirkung früher durch ihn, als durch die Bühne kennen.

Die Welt außerhalb Preußens war nicht so still, wie der berliner „Lustgarten" mit seinen Pappeln und dem „alten Dessauer". In Frank= reich versuchte die Herzogin von Berry einen Aufstand in der Vendée. Sie verlor darüber die Freiheit; man schloß sie im Schloß zu Blaye ein. Die Republikaner suchten durch den Juniaufstand in Paris die Juli= revolution, wie sie nach ihrer Meinung hätte ausfallen sollen, zu be= richtigen. Das gab blutige Scenen und Strafgerichte. In England donnerte O'Connell für die Rechte Irlands, die damals noch keinen Ver= dacht erweckten, als würden sie nur begehrt zu Gunsten der katholischen Kirche. In Italien wagten die Carbonari das Abenteuerlichste an In= surrektionen. In Portugal drohte vollständiger Bürgerkrieg. Und darin lag das Traurige, alle Niederlagen des revolutionären Geistes dienten für Teutschland nur dazu, die Einhelligkeit am Bundestage zur Unter= drückung der erhofften Preßfreiheit und der Erweiterung ständischer Befugnisse zu befördern. Metternich hielt über jeden der kleinen Staaten, selbst über Preußen, die eiserne Hand. Ueberall fehlte die Neigung, etwas Anderes zu wollen als Oesterreich. Aber auch überall ein förmliches Ruere in servitium! Jede Begegnung mit einem Offizier, mit einem Beamten, ja mit einem alten Schul= und Uni= versitätsfreunde hinterließ schmerzliche Stimmungen. Die Welt, in der ich die Eltern und die endlich sich zum Jawort überwindende Geliebte wiederfand, alles gehörte dem banalen System an, das

mich überall verfolgte und nur ab und zu einmal von einem Besucher
des Stehely'schen Kaffeehauses geheimnißvoll abgelehnt und belächelt
wurde. Dabei saß die Polizei, das wußte man ja, gemüthlich
wie Andre ihre „Baisers" verzehrend, ihren Curaçao schlürfend,
dicht neben den Besuchern Stehely's und die Spionage, auch die frei=
willige, tauschte Conversation mit uns aus. Meine Bewunderung
erregten einige französische Sprachmeister, die vom Signor Stoppani,
dem Geschäftsführer bei Stehely, laut den neuesten Temps begehr=
ten und sich unbekümmert in medias res ihrer heimischen Interessen
warfen. Einige Gäste griffen manchmal die lauten Aeußerungen
des Antheils derselben auf. Auf die Länge schienen mir im Sommer
1832 bei Stehely zwei Namen unverfänglich zu sein, zum
engern Anschluß geeignete Nicht=Verräther und Nicht=Spione. Der
Eine war Doktor S o b e r n h e i m, der Andre ein Doktor K o t t e n =
k a m p. Jener ein Mediziner, dieser Philologe. Beide saßen
täglich um dieselbe Zeit an derselben Stelle des benannten Kaffee=
hauses und schlürften ihren Mokka, damals ohne Cigarre. Jener
las den Temps oder das Journal des Débats (der „National" war
verboten), Dieser die Times. Beide betrieben, ohne sich zu kennen,
dieselbe Spezialität. Sie waren Concurrenten ohne es zu wissen!
Sie verfaßten Dissertationen für medizinische Doktoranden. Sobern=
heim war ein Enthusiast für den berühmten Peter Frank, dessen
Werke er herausgegeben hat. Mit Gewandtheit schrieb er Latein,
handhabte auch mit Geschick den Gradus ad Parnassum. Dieser,
ein geborner Friese, Landsmann seines Lehrers, des Historikers
Schlosser in Heidelberg, hatte seltne Kenntnisse in der Geschichte und
sprach ein vortreffliches Englisch, das er sich in England selbst ange=
eignet hatte. Mit diesen beiden eigenthümlichen Menschen, von denen
Sobernheim ab und zu auch den Schöngeist machte, war ein Aus=
tausch von Ansichten in jenem Geiste Süddeutschlands möglich, dem
entrückt zu sein ich nach allen Richtungen hin peinlich zu fühlen be=
gann. Was Berlin an literarischer Chronik in seinem „Gesellschaf=
ter", im „Freimüthigen", im „Conversationsblatt" bot, was Leipzig
an jedem Samstag herüberschickte in seinem „Kometen", „Planeten",
der „Zeitung für die elegante Welt", Altenburg in seinem „Eremiten",
Dresden in seiner „Abendzeitung", das lag zwar offen und frei auf,

brachte aber nur Cenjurgemäßes, überwiegend Berichte über die
Theater, denen mich zuzuwenden mir jede Neigung fehlte. Mein
Sinnen galt nur dem Kampf für die Ideen der Zeit und diesem lebte
in Berlin noch so gut wie Niemand.

In den berliner Blättern, in denen zumeist Goethe=Vergötterung
getrieben wurde, literarische Gesellschaften die Produkte ihrer ge=
meinschaftlichen Abendessen, Dilettantenwaare, ablagerten, die Bilder
der Kunstausstellungen langathmig besprochen wurden, Reisebriefe,
nicht endende Novellen von Wilibald Alexis, Daniel Leßmann, von
Nummer zu Nummer sich hinschlichen, fielen mir zuweilen Ar=
tifel auf, die mit Theodor Mundt unterzeichnet waren. Die
Ueberschriften berührten in der Regel Themata, die sich den modernen
Gedankengängen näherten. Sie vermieden den Charakter der land=
läufigen Belletristik. Ich besuchte diesen jungen Autor, von dem ich
wußte, daß er ein Jahr früher als ich vom „Joachimsthal'schen
Gymnasium" abgegangen war. Er wohnte in der Münzstraße, dem
jetzigen Viktoriatheater gegenüber, einer damals grabesstillen, jetzt zum
Wohnen vor Lärm unerträglichen Gegend. Ich fand eine angenehme
Persönlichkeit, frisches Colorit der Wangen, langes dunkles Haar,
braune Augen voll Ruhe, während im Ton der Rede und im Benehmen
eine Befangenheit lag, die fast auf eine kühle Art zu empfinden hinaus=
fam. Ein eigenthümlich meckerndes Lachen, das jeden seiner aus=
gesprochenen Sätze begleitete, störte mich. Der Gegenstände des gemein=
schaftlichen Gedankenaustausches gab es genug, Politik ausgenommen,
worin der junge, sich zum Privatdocenten vorbereitende Mann ganz
dem „innern Gensd'armen" folgte, mit welchem nach einem witzigen
Ausspruche Glaßbrenner's jeder damalige Preuße zur Welt gekom=
men sein sollte. Ein engerer Bund war mit dem jungen Doktrinär
nicht zu schließen. Die ihm eröffnete Aussicht einer Anlehnung an
Varnhagen von Ense erschien ihm wie der Eintritt in die Vorhallen
des Elysiums.

König Wilhelm von Würtemberg hatte bis auf's Aeußerste ge=
zögert, die Stände seines Königreichs zu berufen. Jahre hindurch
hatte er lavirt, um den Augenblick hinauszuschieben, wo auch in Stutt=
gart, wie schon in Carlsruhe, die Stimmungen der Zeit zu einem
nicht mehr zu hindernden gesetzlichen Ausdruck gelangen konnten. Sein

Ernst Münch arbeitete in der Hofzeitung mit dem ihm eignen Cynis=
mus gegen die Richtungen und Gedanken der Zeit. Es half jedoch
nichts, endlich im Winter 1833 mußte sich der König entschließen,
die Stände um sich zu versammeln.

Auch Wolfgang Menzel wurde für einen der Männer gehalten,
auf welche die Opposition rechnen zu können glaubte. Hausbesitz hatte
ihn für Schwaben nationalisirt. Er wünschte die Aufgabe der Re=
daktion des „Literaturblattes" theilweise auf meine Schultern zu
legen, und ich verließ Berlin gerne, so sehr mich die endlich erfolgte
Erklärung in dem früher geschilderten Verhältnisse hätte zum Bleiben
überreden sollen. Um jedoch von dieser längern Entfernung mehr Ge=
winn zu ziehen, als mir Stuttgart gewährt haben würde, faßte ich das
schöne Heidelberg in's Auge und ließ mich, obschon auf Grund meiner
Preisschrift in Jena bereits Doktor geworden, doch noch einmal als
Quasi=Student einer Universität einschreiben. Ich wählte die juristische
Fakultät und hörte auch bei Zachariä, Roßhirt, Morstadt.
Letzterer, ein Bruder der berühmten Schauspielerin Haizinger, war eines
der Originale der heidelberger Universität, wie denn auch damals
die Universitäten mehr eigenthümlich hervortretende Persönlichkeiten
aufwiesen als jetzt. Die Zeit war noch nicht angebrochen, wo das
ewige Hin= und Herversetzen der Professoren, das Berufen und Be=
rufenwerden fast an die Sphäre der Schauspieler erinnert. Es muß
wol am Uebergang so vieler Professoren in Civilämter, an andre
gutdotirte Unterrichtsanstalten, Real= und polytechnische Schulen,
an Oesterreichs gesteigerter Beziehung zum Gesammtleben der deut=
schen Wissenschaft liegen, daß die Nachfrage auf dem akademischen
Markte mit dem Angebot in keinem Verhältniß steht. Die damaligen
Zierden der Carolo-Rupertina waren auf ihren Lehrstühlen alt und
grau geworden und fast alle mit Haus und Hof im Orte ein=
gebürgert.

Morstadt war ein komisches Original. Man sagte von ihm,
er liebte das Glas. Sein Vortrag über Völkerrecht (nach Klüber)
bot ihm unablässig Gelegenheit, den Bann des Servilismus zu
durchbrechen, der bei den Professoren für ihre Vorträge vorausgesetzt
wurde. Denn Denuncianten gab es ja genug und unter den Collegen
selbst. Mit markigen Zügen wußte Morstadt bei alledem die Nichts=

würdigkeiten im Gebahren der Cabinette, die Umtriebe der Diplomatie, den wahren Ursprung so vieler folgenreich gewesenen großen Staats= aktionen, auch zugleich manche der erlaubten Schlauheiten im Verkehr der gegeneinander arbeitenden Potenzen darzustellen. Eine gewöhn= liche Steigerung seines Vortrags (manchmal stieg dieser bis zu ver= einzelt herausgeschleuderten Empfindungs= und Urtheilsinterjektionen) war die: „Das, meine Herren, diese Eigenheit mancher Cabinette, ist nun geradezu wieder haar" — sträubend ließ er weg — „nie= der" — trächtig ließ er weg, „spitz" — bubenhaft ließ er weg und endete dann ganz gemüthlich mit: „interessant". Die Worte der Kennzeichnung wurden immer nur angedeutet, leise gemurmelt oder hinter den Zähnen behalten. Von den Jesuiten konnte er sich etwa so ausdrücken: „Aber die Gesellschaft Jesu, diese" — jetzt folgte eine Pause, ein grimmiges Mienenspiel, ein Ausdruck förmlicher Wuth, auch wol ein leises „canailleuse" — oder „gottverfluchte" oder sonst eine Vorbereitung auf die allerschärffte Charakterzeichnung und endlich ganz harmlos: — „einflußreiche religiöse Genossenschaft". Zuweilen platzte das zurückbehaltene Wort auch heraus wie in dem ofterzählten: Diese „ohnsinnige" (Morstadt schwäbelte, wie seine berühmte Schwester), „grondverkehrte", „domme, wollt' ich sagen nicht zu beweisende Ansicht" wird von dem Verfasser — vertreten, ich will ihn nur mit seinem Anfangsbuchstaben nennen: Mittermaier. Als ich sein Colleg belegte, hielt mir Morstadt sofort, als ich eben auf sein Herein! in sein Zimmer getreten war, einen Folianten entgegen und zeigte auf ein Titelkupfer. „Das ist er!" sagte er, als sollte ich wissen, womit er sich eben beschäftigt hatte. Es bedurfte einiger Zeit, bis ich mich orientirte. Bald sah ich, daß es sich um das Concil von Trient handelte und das Bild den Verfasser der Geschichte desselben, Paul Sarpi, vorstellte. Sein Lachen und sein Redenwollen schien anzudeuten, als wollte er sagen: Das ist das berühmte Buch und dessen Verfasser, den bekanntlich der Haß der römischen Inqui= sition zweimal hat umbringen lassen wollen! Er sagte das nicht, sondern schrieb mir nur die Nummer zum Auditorium auf und sprach da= bei langsam in Intervallen: „Cognosco — stylum — (Sie haben No. 4) — curiae Romanae! Am 28sten fange ich an." Glücklicher= weise war ich geschichtsbeschlagen genug, um zu wissen, daß er jenen

lateinischen Wortwitz (Stylus, Dolch oder Schreibweise) des frei=
müthigen Gegners der päpstlichen Anmaßungen meinte, als dieser
unter den Dolchstichen der gedungenen Mörder, glücklicherweise nicht
zum Tod getroffen, zusammenbrach.

Roßhirt las Institutionen und hatte eine elegante, welt=
männische Manier, die für junge Juristen aus Norddeutschland
sympathisch sein mußte. Die märkischen Junker konnten auf
keinen geeigneteren Criminalrechtslehrer stoßen. Roßhirt, in seinen
letzten Lebensjahren ultramontan, sagte den Juristen schon durch
seine äußere Erscheinung: Seid liebenswürdig, zeigt Tournüre,
elegante Formen, denkt immer daran, wenn Ihr einmal heirathet,
daß Eure Frau in die Lage kommen kann, die Honneurs einer
Ministerin zu machen! Ich fand den Mann, der außer den Honores
des Justinian auch die Opes des Galen zu lieben und zu besitzen
schien, besonders zuvorkommend gegen mich und hörte auch seinem
Vortrage mit reichlichem Gewinne zu.

Zachariä, der „berühmte" Verfasser der „Vierzig Bücher vom
Staat", war das absolute Gegentheil des weltmännischen Roßhirt,
ein Cyniker und berüchtigt seines Geizes wegen. Seinem Vortrag
über „Naturrecht" konnte ich nicht mit besonderer Anregung folgen.
Ein geborner Sachse, früher zur Universität Wittenberg gehörig,
knüpfte er an gewisse Stellen seiner Erläuterung der „Vierzig Bücher
vom Staat" elegische Reminiscenzen an die schönen Ufer der Elbe
an. Gewiß hätte er auch besser in die Leipziger Welt der Krug und
Pölitz gepaßt. Große und freimüthige Ideen konnten nicht von einem
Manne kommen, der mit den Bauern um den Zins seiner Aecker
stritt und seine Reisen nach Mannheim nur mit einem Geldsack zur
Seite zu machen pflegte, der für seinen Bankier bestimmt war. Es
kam vor, daß der lange dürre Mann zum Jubel der Studenten
von seinem Sohne erzählte, „der ihm ein Heidengeld kostete".

Ein Empfehlungsbrief Menzel's an Friedrich Creuzer,
den „berühmten Symboliker", zeigte mir in seiner gänzlichen Er=
folglosigkeit die vertrocknete Natur einer Geheimen Hofrathsseele von
damals. Menzel hatte doch bei Creuzer's Streit mit J. H. Voß
für die Symbolik Partei genommen, hatte eine besondere Brochüre:
„Voß und Creuzer" erscheinen lassen und was geschah? Mit der

Miene völliger Stupidität guckte der mit einer großen rothen auf=
gethürmten Perrücke ausgestattete Professor den Neuling an und wußte
ihn weder jetzt noch später unterzubringen. Als bald darauf „Bettina's
Briefwechsel mit einem Kinde" die Geschichte der Stiftsdame von
Günderode erzählte, die sich aus Verzweiflung, von diesem Manne
da im Schlafrock und der rothen Perrücke verlassen zu sein, in den
Rhein stürzte und den Tod gab, habe ich den Zauber nicht begreifen
können, den ein solcher Adept der romantischen Schule einst auf
ein weibliches Wesen hatte hervorbringen können. Man klärte mich
über den kühlen Empfang in dem alten Eckhause, dem Geologen
von Leonhard und der Peterskirche gegenüber, auf. Ich hatte
nicht wissen können, daß ich in einem französischen Lustspiel beschäftigt
war. Dieser alte Herr mit seinem rothen Titus war immer noch
so romantischer Complexion, daß er sich eben mit einem bildschönen
Mädchen vom Lande, das seine Enkelin hätte sein können, verheirathet
hatte. Da war sein Haus für junge Männer vorläufig nicht
geöffnet.

Reichlichen Ersatz für die Professorenwelt, in welcher der Bewohner
eines Zimmers in der Mittelbadgasse zu 7 Gulden monatlich keinen
Eindruck hatte hervorbringen können, bot die herrliche Umgebung
der Musenstadt, die in den Herbsttagen von 1832 und im Früh=
jahr des folgenden Jahres, ja selbst bei Wintersturm, Frost und
Schneewehen, im Wanderschritt reichlich genossen wurde. Fast täg=
lich wurde zeitweise der Wolfsbrunnen besucht, bald der obere, bald
der untere Weg zum Hin oder Zurück gewählt; in anderer Periode
kam der Philosophenweg an die Reihe und wenn ihm recht die
Arbeiten im stillen Stübchen gedeihen sollten, so lockte den Ein=
siedler die beruhigendere Ebene auf die Wege nach Wieblingen oder
Schwetzingen. Studentenverkehr zu suchen, konnte mir nicht mehr
beikommen. Norddeutsche Corpsburschle, Adlige mit rüden Manieren,
Gestalten, frech, wie man sie jetzt nicht mehr kennt, überwogen. Auch
mußte ich mich damals in den einsamen Spaziergängen, auf moosbe=
wachsenen Steinen, unter herbstlichgelben, ihr Laub festhaltenden Zwerg=
eichen ausruhen, um dem Schmerz Linderung zu geben über die von
Berlin ausbleibenden Briefe. Es war die Veranstaltung jener Mutter,
die ihr Kind nie einem Manne zu geben geschworen hatte, der nicht

seinen Wohnsitz in Berlin aufschlug. Und meine Oberlehrerträume hatte ich doch aufgegeben — — —

„Denken Sie sich die Schwierigkeit meiner Stellung", sagte mir eines Abends Menzel, als ich zu seinem Weihnachtsbaum 1832 von Heidelberg nach Stuttgart gekommen war und seine Kinder, von den Weihnachtsfreuden übermannt, zur Ruhe gegangen waren und seine für einen Holbein zum Modell passende kernfrische Gattin den Abendtisch ordnen ließ, „ich trete unter fatalen Umständen jetzt in die Kammer. Sie wissen, wie wenig Sympathie die Schwaben überhaupt für Fremde haben! Auch ist mein Verhältniß zur Opposition, zum Kreise des „Hochwächters", nur ein loses! Tafel, der in England die Parlamentsreden studirte, wie sie im schwäbischen Dialekt nach=zuahmen, ist mir lächerlich. Aber ich muß doch mit ihnen allen, mit Pfizer, Schott und den Andern gehen. Da ist eine kleine Schrift erschienen: „Divination auf den würtembergischen Landtag", worin auf meinen Eintritt in die Kammer ein solcher Werth gelegt wird, als wenn ich wunder welche großen Dinge leisten würde. Man räth hin und her auf den Verfasser. Jetzt sagen alle, es müßte wol Wangenheim sein, der das Ding geschrieben hat. Allerdings stehe ich mit Wangenheim auf gutem Fuß."

Der ehemalige Minister von Wangenheim hatte als späterer Bundestagsgesandter seinen Abschied genommen. Der freisinnige Staatsmann hatte die von ihm in Frankfurt gegebenen Vota nicht mehr mit den Anschauungen Preußens und Oesterreichs in Ueber=einstimmung bringen können. Seitdem außerhalb Würtembergs lebend, nahm er doch den regsten Antheil an dem politischen Leben seiner Heimath, ja er war sogar, obschon bei Hofe misliebig, in die bevorstehende Kammer gewählt worden. In jener „Divination" sah man den Versuch des neuen Abgeordneten, sich eine eigne Parthei zu bilden.

Nach längerm Schweigen und Anhören von einzelnen Stellen jener Brochüre sagte ich mit Ruhe: „Wie schade, daß das Ding nicht von einem Bedeutendern kommt! Der Verfasser dieser „Divination" bin ich." Ich erzählte dem Erstaunten, daß mir in einer heidelberger Abendstunde der Gedanke gekommen, auf die neue, für Deutschlands Hoffnungen so bedeutungsvolle Kammerperiode hin=

zuweisen und ihm bei dieser Gelegenheit ein politisches Piedestal zu
geben. Buchhändler König in Hanau hätte die wenigen Bogen be=
reitwillig gedruckt und sogar mit 33 Gulden honorirt. Hoffentlich,
schloß ich, würde mein Lob dem Gepriesenen, der sich erstaunt vom
Stuhle erhoben hatte, nicht schaden. „Ja, nun erst recht!" mußte
freilich die Antwort lauten. „Nun wird man vollends glauben, ich
hätte mir die Empfehlung bei Ihnen bestellt." Ich gelobte
zu schweigen, er selbst schwieg und die Sache gerieth in Ver=
gessenheit.

Die Bücher, die ich, nach Heidelberg wieder zurückgekehrt,
erledigte, wurden nicht etwa nur durchblättert, sondern wirklich ge=
lesen. Denn sie dienten mir zu eigner Förderung, da sie größtentheils
dem wissenschaftlichen Gebiet angehörten. Zur Erholung diente ab
und zu eine Gedichtsammlung oder ein Roman, H. Königs „Hohe
Braut" oder „Scipio Cicala" von einem damals ungenannten Ver=
fasser, dessen sich erst später enthüllende einflußreiche Stellung
mich also nicht hatte bestimmen können, das auf so gründ=
lichen italienischen Studien und einer so warmen idealen Lebens=
auffassung beruhende Werk zu loben. Inzwischen steigerte sich die
Erhitzung der Gemüther in den politischen Bestrebungen. Die
würtembergische Kammer leistete, was die Patrioten von ihr er=
wartet hatten. Sie wurde dafür aufgelöst. Kurz nach Ablauf
des Winters brach in Frankfurt (in den ersten Apriltagen 1833) ein
förmlicher Aufstandsversuch von Studenten und Landbewohnern aus.
Die Zornschaalen des Bundestags, die „Protokolle", ergossen sich
über die Nation mit Repressivmaßregeln aller Art. Oester=
reich errichtete in Mainz ein eignes Büreau zur Ueberwachung
des Geistes der Rhein= und Maingegenden. Als ich mich zur
Fortsetzung meiner juristischen Studien und zum Mitgenuß
der von König Ludwig I. entfalteten Kunstherrlichkeit nach
München begab, mußte ich dort erst den Beweis führen, daß
ich am Tage des Frankfurter Attentats irgendwo anders gewesen
sei als in Frankfurt. Es dauerte lange, bis die Im=
matrikulation erfolgte. Auf den deutschen Thronen gab es keinen
eifrigeren Verfolger der neuen Freiheits= und Einheitsbestrebungen
als denselben Fürsten, der seine Residenz, die reizende Stadt an

der Isar, so künstlerisch auszuschmücken begonnen hatte. „Abbitte
vor dem Bilde des Königs —!" Man fühlte sich wie in
die Zeiten jener Kaiseranbetung zurückversetzt bei den ersten Christen=
verfolgungen. Soviel Fürstendünkel, soviel förmlich persönlicher
Haß des Souveräns gegen die Vertreter der neuzeitlichen Forde=
rungen, und doch ermöglichte dieser Monarch die beglückende
Wanderung durch die damals noch nicht so wie jetzt verblichenen
Fresken der Arkaden, in die Bonifaziuskapelle, in die Glypto=,
die Pinakothek! Mich ergriff Trauer, wie sich soviel hoch=
herziger Medizäersinn mit einer so leidenschaftlichen Verblendung
über die ersten Aufgaben des Staates verbinden konnte. Denn
König Ludwig faßte die Erlebnisse des Hambacher Festes, die
geringen Vergehen des Bürgermeisters Behr, des Doktor Eisenmann
wie etwas ihm zum persönlichen Tort Gewagtes und Geplantes
auf. „Ist das so ein Säbel, wie Ihr Frankfurter dem Doktor
Wirth einen für Hambach geschenkt habt?" fragte er auf der
Frankfurter Messe einen Spielwaarenhändler vor dessen Bude.
Vollends machten die Gedichte des Königs das Urtheil stutzig. Waren
diese auch barock in der Form, so war doch ihr Inhalt meist
hochgemuth und immer dem Schönen und der Kunst schwärmerisch
zugewandt. Das psychologische Problem blieb ungelöst. Daß die
Musik nicht veredle, stand mir schon lange fest. Die Aus=
übung derselben, wenn diese gelingen soll, erfordert Anstrengungen,
die eine Menge anderer geistiger und selbst der einfachsten Seelen=
thätigkeiten vollständig in Ruhestand versetzen. Werden dann jene
Anstrengungen gar belohnt, so steht der Virtuose, der Künstler, der
theoretische Tonverständige gleichsam als ein geschlossener, fertiger
Mensch da und selten, daß man noch erfreut wird durch die
Entdeckung, dies Automat habe auch Leben, Bildung, Empfindung,
Herzensgüte. In der Regel hat man nur Anmaßung und Ge=
müthsleere. Spontini's Herrschsucht in Berlin, die Unmöglichkeit,
die dieser das Gastrecht misbrauchende Maestro für sein Ohr in
Anspruch nahm, sich an Klänge, die nicht von ihm gekommen,
zu gewöhnen, war allbekannt. Spätere Beispiele der Incongruenz
zwischen dem musikalischen Wissen oder Können und den Gesetzen
der Selbstbeschränkung hat die Epoche der Zukunftsmusik in Fülle

gebracht. Aus alledem ergab sich mir, daß Nero, der Citharöde, der Schauspieler und Sänger zugleich, ein schlagendes Beispiel für die ungleiche Vertheilung der Gaben des Genius in demselben Menschen war. Auch bei Nero traf in grauenhafter Weise das Wort des Ovidius nicht zu: Emollit mores didicisse fideliter artes.

„Ironieen des Satan" nannte ich schon lange Gegensätze dieser Art und hatte bereits in Stuttgart den Plan, unter gleichem Titel ein Buch zu schreiben. Nur Hauff's „Memoiren des Satan", die viel Glück gemacht hatten, verhinderten mich an der Ausführung. Ich wollte den (damals auch sonst stark abgenutzten) Teufel darstellen in Consequenzen seines Wirkens, die in die Welt der guten Geister hineinragen, und ebenso die Engel in solchen Handlungen, die nur dem Teufel zu Gute kommen konnten. Der Dämon der Erde sollte entweder lachend zusehen, wie die Menschheit da anbetet, wo doch nur die Teufelskralle im Spiele war, oder ihn sollte es selbst über= raschen, daß die Kugel, der er den Stoß gegeben, auf ein Feld rollte, wo seine Macht aufhörte. Eine satanische Ironie erschien mir z. B. jener Billaud Varennes, jener Gottesleugner der französischen Schreckenszeit, der dem Beil der Guillotine entrann, glücklich nach Amerika entkam, dort unter die Wilden gerieth und von diesen, er, der Atheist — als Gott verehrt wurde! Durch die Kunst, Vögel aus= zustopfen, war er ihnen als zweiter Schöpfer erschienen. Eine Ironie des Teufels wurde mir auch die Pflege der Kunst ohne charakterveredelnde Weihe, der Uebergang des frommen Sinnes in die Gewalt herrsch= süchtiger Heuchelei. Die mildeste Form, wie sich Nero erklären ließ, war die, daß sein Handeln, sein Brennen und Morden für Eruptionen eines bewußtlosen Traumwandelns genommen wird, während sein Geist nur wach war, wenn er dichtete, sang oder die Andromeda (doch wol sprechend?) spielte. Konnte er sich bei seinem öffentlichen Auftreten in Rom, bei seinen Gastspielreisen nach Griechenland als Künstler selbst genügen (und seine letzten Worte waren: „Welch ein Künstler geht mit mir zu Grunde!"), so hatte er in jedem Augenblick der Kunstweihe doch die Aufforderung, dem Edelsten nachzuleben, nachzu= fühlen, dem ahnungsvollen Klange der Töne, dem Schmerzensschrei der betrogenen Liebe, die Aufforderung, dem Edelmuth der Heroen und Götter seinen ganzen Menschen zu weihen —! Und doch trat er die Menschheit, nachdem diese applaudirt hatte, mit Füßen! Das ist der Virtuose! Das ist das schaudervolle Zerrbild des Künstlers — die Ironie des Satan! Auch der Dichter, der ein Trauerspiel schreibt und dabei selbst keine Thräne vergießt, erschien mir eine Ironie Satans. Unwahrheit im Können und Fühlen beschäftigte mich sogar in Traumgestalten.

Wenn ich von einer Scene, wo ein sich schon entwickelnder „Nero" von lyrischen Gedichten eine Vorlesung hält, von Blumen und Nachtigallen schwärmt, und der im Purpur auf dem Katheder stehende Herrscher gleichzeitig wie mit theaterüblichem à part Todes= urtheile gegen die Mitglieder der pisonischen Verschwörung ausspricht, das kritische Urtheil einer Zuhörerin meines ihr auseinandergesetzten Planes anführe, so geschieht es nicht, um meinen „Ironieen des Satan" oder meinem „Nero" eine Empfehlung zuzuwenden, sondern um der Person willen, die mich mit ihrem „Herrlich! Einzig!" u. s. w. zur Ausführung des Planes ermunterte. Es war dies keine Geringere, als Frau Charlotte Birch=Pfeiffer. Wieder eine „Ironie des Satan!" Denn Sophie Schröder hätte dem Lobe meines Vortrages gewiß größere Weihe gegeben. Das Lob der Verfasserin von „Hinko der Freiknecht" erschreckte mich mehr, als es mich Wunder nahm. Indessen gehört die genannte Frau, die sich erst später in ihrem vollen Talente entwickelte, zu den wohl= thuendsten Erinnerungen meines münchener Jugendlebens. Während eines vollen schönen Frühlings und noch einen Theil des Sommers hindurch, vom April bis zum August, bildete sich theils durch zufällige Umstände, theils durch eigne Neigung und Wahl ein Kreis ästhetischer Zusammengehörigkeiten, zu denen auch sie gehörte. Maler, Schrift= steller, Schauspieler, Jeder in seiner Weise, trugen aktiv oder passiv zur Belebung dieses Kreises und zur Förderung meiner innerhalb desselben gewonnenen Weltkenntniß bei. Die Pandekten, die bei Professor Puchta gehört werden sollten, verleideten sich mir immer mehr. Theils war die Lokalität, das alte Jesuitengebäude, eine höchst unfreundliche und die dortige Begegnung mit den vielen Langröcken peinlich; theils drückte die Hitze des Sommers; aber zumeist schreckte die Langweiligkeit im Vortrag des berühmten Juristen vom Besuch seiner Vorträge ab. Ich habe nie begreifen können, weßhalb auf

die Erwerbung dieses Mannes für einen Lehrstuhl in Berlin
später soviel Gewicht gelegt wurde. Ein Pandektenlehrer, der
sich nicht durch die so ausnehmend anziehende Begründung des
römischen Rechts auf Vorkommnisse des täglichen Lebens angeregt
fühlt, seinen Vortrag mit einer Art ad oculos-Demonstration
der Rechtssätze zu halten, ihren logischen Grundbegriffen so zu
sagen plastisches Relief zu geben, kann unmöglich fesseln. Um von
Langröcken zu reden — ich besuchte auch einen Vortrag von Josef
Görres. Ich wollte den „Alten vom Berge" (dem Berge der
Jakobiner) doch auch einmal gesehen haben. Als Student hatte ich
für ihn geschwärmt. Aber schon war der ehemalige Herold des
„Rheinischen Mercur" in die Kutte einer Clique gekrochen, die sich
im nahen Neuberghausen zu versammeln pflegte und dort die spätere
Abel'sche Epoche der bayrischen Regierung anbahnte. Das rothe
Haar des langen hageren Mannes rief mir seinen früheren Studien=
genossen Creuzer zurück. Mein Gefühl für Görres war schon da=
mals, als wenn mir Einer gesagt hätte: Da steht der Kölner
Dom; du darfst ihn mit Interesse durchwandeln; aber was darin
vorgeht, betrifft dich nicht und noch weniger billigst du, daß man
dem Ganzen einen Ausbau giebt!

Die Conversation Münchens bewegte sich nicht blos im gast=
freien Hause der jungen Frau Birch=Pfeiffer, sondern überall um die
Vorkommnisse des Theaters. Damals war demselben gerade in
Karl Theodor von Küstner ein neuer Intendant „gewonnen".
Um die Bühne, um die münchener Schönheiten, die König Ludwig
malen ließ, um andere weibliche Existenzen, die mit den Prinzen
zusammen genannt wurden, gab es eine fortlaufende Chronik, wie sie
München noch jetzt zu lieben scheint. Da war ein Streit zwischen
den Coulissen vorgekommen, ein bekannter reicher Hagestolz hatte sich
mit einem blutjungen Bürgermädchen (in der Riegelhaube) verlobt,
eine baronisirte Schauspielerin war für ihr drittes Kind mit einem
Landgut beschenkt worden — kurz, München hatte vollauf seine
Chronik und brauchte die der ganzen Welt nicht. Den Rest
der Theilnahme absorbirte damals allerlei Spuk, den der aus
Berlin an die Isar übergesiedelte M. G. Saphir anstellte. Eine
Zeitlang war sogar König Ludwig mit dem unberechenbaren Kritiker,

der heute lobte, was er morgen tadelte, Arm in Arm gegangen.
Ja, der hohe Gönner hatte ihn mit dem Titel eines Intendanz=
rathes überrascht, ohne jedoch, wie die Weise des sparsamen und
vielleicht geizigen Monarchen war, das Mindeste von Zusicherung
einer Pension, geschweige eines Wirkungskreises seinem Geschenk
beizufügen. Darüber wurde der Friede zwischen beiden gestört
und der im Stillen geführte Streit artete wahrscheinlich in solchem
Grade aus, daß dem zuletzt überschuldeten „Humoristen" nichts
übrig blieb, als München zu verlassen. Saphir's stündliche Begleiter
waren Leopold Feldmann, ein junger Kaufmann, der in
Griechenland gewesen und artige kleine Lustspiele zu schreiben anfing,
und Eduard Jerrmann, jener norddeutsche Sonderling, der sich in
den Kopf gesetzt hatte, französischer Schauspieler und gradezu ein
Ersatz für Talma zu werden. Wenn man die Empfindlichkeit kennt,
welche die Franzosen nicht nur für ihre Aussprache, sondern in noch
höherem Grade für die klassische Stätte ihres Repertoirs, ihr
Théâtre français und das im „Erbe Molière's" gesprochene
Französisch haben, so mußte man mit Staunen einen Mann
betrachten, der wirklich zwölfmal hinter derselben Lampenrampe
gestanden hatte, die durch Talma geweiht war. Der Gewinn, der
ihm von diesem Wagniß, von dieser Anstrengung, die z. B. zur
correkten Hervorbringung des Buchstabens R den Tag über Kalbs=
knöchel im Munde trug (ein Mittel, das ihm empfohlen worden war),
zu Theil wurde, war — gleich Null. Zwölf mühselig einstudirte
Rollen waren abgeschnurrt wie die Walzen eines Leierkastens; der
Rest war — ein deutscher Schauspieler, der nirgends Engagement
finden konnte, nirgends in's Ensemble paßte und erst durch die
gewaltige Leistung seines in Paris geschulten Brustkastens, Franz
und Karl Moor an einem Abend zugleich zu spielen, sich erfolgreich
Gastspiele erwarb. Von diesen Effekthaschereien abgesehen, war
Jerrmann ein Kopf voll schlagenden jüdischen Witzes, praktischer
Kenntniß vieler in der Welt und im Menschenleben geltenden Regeln
und Verhältnisse, zuweilen die Mäßigung und Klugheit selbst,
dann freilich wieder aufbrausend und unumgänglich bis zum Exceß.
Nicht ganz die Schule des Mißgeschicks ist es gewesen, die ihn
später zu einem tüchtigen Regisseur in Mannheim und einem ver=

wendbaren, immer zuverläſſigen Mitgliede des Burg= und Berliner
Hoftheaters machte. Der Friede, der allmälig über ihn kam, kam aus
ihm ſelbſt. Etwas vom Geiſte Nathan's, den er ſpielte, bezwang ihn.
Ich habe ſelten eine ſolche Umwandlung geſehen, damals der nächt=
liche Spieler und Bankhalter von München, und der ſpätere ruhig
ergebene Familienvater in der Oranienſtraße zu Berlin.

Eine Jerrmann geiſtesverwandte Natur war ſein Landsmann
und Standesgenoſſe August Lewald. Ebenfalls Schauſpieler,
ebenfalls Regiſſeur, ebenfalls aus Paris gekommen, ganz erfüllt vom
dortigen Theater= und Literaturweſen, bildete der weltgewandte
Mann, deſſen Umgangsformen gefälliger waren als die Jerrmann'ſchen,
einen Mittelpunkt für einige Studenten, Muſiker, Schauſpieler,
Maler, unter welche auch ich eintrat und nicht zu meinem Nach=
theil. Fanny Lewald's Oheim kannte Menſchen und Dinge. Nach
Paris war er 1815 als Dolmetſcher der ruſſiſchen Truppen, die durch
ſeine Vaterſtadt Königsberg zogen, mitgegangen. Zum Handel zurück=
zukehren, behagte ihm nicht nach dem Pariſer Leben. Er wurde
Schauſpieler, und da ihm Talent fehlte, um Erfolge zu erringen,
machte er ſich bei verſchiedenen Theatern eine Stellung als Sekretär.
Als ſolcher hatte er Erfahrungen geſammelt, die er als Schrift=
ſteller benutzte. Sein Wanderleben hatte ihn nach Hamburg geführt,
wo ihm die Verbindung mit Julius Campe's Verlagsbuchhandlung
und ſein Enthuſiasmus für Heinrich Heine, der damals noch in
Hamburg lebte, einträglicher wurde, als ſeine Thätigkeit am Stadt=
theater. Er folgte Heine nach Paris. Sein Naturell mußte ihn zu
dieſem, nicht zu Börne ziehen. Goethe hat ſolche Naturen wie Lewald in
dem Figurenreichthum ſeines „Wilhelm Meiſter" angedeutet. Es iſt die
Vielgeſchäftigkeit des Einen, die Geheimnißſucht des Andern. Schon
regten ſich in München, genährt durch Lewald's katholiſche Gattin, Sym=
pathieen für Weihrauch und Meßgewänder. „Eine Kloſterzelle" — ſo
hieß die Erzählung, die gerade unter ſeiner Feder war, als ich eines
Mittags bei ihm eintrat und mir von ſeiner Seite eine dauernde An=
hänglichkeit bis zum Jahre 1848 gewann, wo ſein Katholiſch= und
Ultramontanwerden Lockerung herbeiführte. Im Weſentlichen ſpeku=
lirte er nur. Was ihn heute in Enthuſiasmus verſetzte, war morgen
„Schund". Nur Eines blieb ſich immer gleich, die wühlende Frage

der Selbsterhaltung. Konnte Jemand zu diesem Betriebe mitver=
braucht werden, so war Lewald's Beziehung zu ihm magnetisch, warm,
überzeugt. Scheiterte aber der angelegte Plan, so brachte seine
ständige Devise: Alles ist eitel! Ernüchterungen hervor, wo die
anfängliche Bewunderung und Freundschaft bald in die Brüche
geriethen. Diese Eigenthümlichkeit wurde indeß von Jedermann bald
erkannt und es erzürnte ihn auch nicht, wenn man ihn deßhalb
aufzog, was in unserem Kreise oft genug geschah. Vorzugsweise
gehörten außer mir zu Lewald's ständiger Staffage zwei junge
Studenten der Rechte, Karl Löning von Mannheim und
von Kardorff aus Mecklenburg, der zu früh verstorbene
Violinvirtuose Riefstahl aus Stralsund und ein origineller
Kurhesse, der viele Jahre in Italien und dort im Hause eines
Napoleoniden Erzieher gewesen, Lottich; er nannte sich auch nach
seinem humanistischen Urgroßvater Lottichius. Im Englischen Garten
oder am Ufer der „renken"=reichen Seen des Hochgebirges oder
auf den schmalen Wegen durch die Wiesenblumen und eingezäunten
Rinderheerden der Jachenau, die wir durchwanderten, wurde gescherzt
und gelacht, gehänselt und die Schönheit des Lebens genossen.

Charlotte Birch=Pfeiffer hatte mehr vom münchnerischen Wesen,
als vom schwäbischen, obschon sie in Stuttgart geboren war. Auf
Schönheit konnte sie zu keiner Zeit Ansprüche gemacht haben. Doch
imponirte ihre majestätische Figur. Immerhin konnte sie sich aufge=
fordert fühlen, sich frühe an heroische Rollen in Stücken zu wagen,
die jetzt vergessen sind. Das edlere Repertoir, eine Iphigenie, eine
Medea, bezwang sie nicht. Singende süddeutsche Sprechweise, das
Verschleifen der End= und Anfangsvocale der Worte vertrugen sich
nicht mit Schiller und Goethe. Dennoch stand sie viele Jahre neben
Eßlair und Vespermann als beliebtes Mitglied auf der münchner Bühne
und genoß, da sie mit sechszehn Jahren angefangen hatte, bereits eine
Pension. Ihr Gatte, Dr. Birch, war ein Däne. Er wollte irgendwo
bei einer dänischen Gesandtschaft attachirt gewesen sein. Seine Frau
behauptete, er hätte um ihretwillen seine Carrière als Diplomat ver=
scherzt, und hielt sich in Folge dessen für verpflichtet, die Sorge um ihren
Hausstand allein zu tragen. Ihre Existenz war auf einen behaglichen
Fuß eingerichtet. Nicht nur, daß sie Kinder hatte, die ihr leider fast alle

starben, auch eine Schwester war im Hause, eine treue Seele, die am Vormittage für den immer reichen Tisch zu sorgen hatte, am Nachmittage Jahr ein Jahr aus für die Schwester Romane las. Dieser theilte sie die Stoffe mit, die ihr spannend und dramatisch vorkamen. Inzwischen las ihr Gatte die Memoiren von Richelieu, Sülly, Kardinal Retz u. s. w., wodurch für die somit um Stoff niemals Verlegene Stücke von historischer Grundlage möglich wurden. Diese Materialien selbst zu sammeln, selbst erst zehn Romane zu lesen, bis einer davon brauchbar erschien, dazu war die unruhige, aufgeregte, immer in einer Art des Hegel'schen Außer=sich=Seins lebende Frau, die zugleich der Gesellschaft, ab und zu auch noch der praktischen Bühne angehörte, nicht fähig. Ich habe viel berühmte Schriftstellerinnen, besonders in ihren Anfängen, kennen gelernt, trocken und phantasielos moralisirende, naive und poetische, aber Luise Mühlbach und Charlotte Birch=Pfeiffer übertrafen alle an Combination und schneller Gestaltung. Nur daß jene, ehe sie an die Historie und Biographie gekommen war, zu sehr auf Unmöglichkeiten, die in's Häßliche ausarteten, ihre Erfindungen baute, diese dagegen sogleich mit gesunder Logik und natürlicher Empfindung auf Situationen zusteuerte, von denen sie aus ihrer Theatererfahrung wußte, daß sie damit das Herz des Publikums, den Applaus und Hervorruf der Schauspieler, für sich haben würde.

Als ich die merkwürdige Frau kennen lernte, war grade ihr großer Erfolg „Pfefferrösel", das sie einem Georg Döring'schen Roman nachgebildet hatte. Für die Bühnenwelt ist das spätere „Lorle" das alte Pfefferrösel, nur in den schwäbelnden Modeton übersetzt. „Hinko" nach Storch's „Freiknecht" sollte folgen. In acht Nächten (denn nur in diesen behauptete sie die nöthige Ruhe und Sammlung zu finden) hatte sie grade „Hinko" zu Stande gebracht, als mich ihr Gatte zu ihr führte. Sie erklärte, Höheres anzustreben. Ein einzelner Akt aus einem Stoff, der Karl den Großen betraf, erschien ihrem Gatten würdig, sich Tasso anzureihen. Ich lächelte dem, muß aber doch leidlich liebenswerth geblieben sein; denn die Frau schüttete mir ihr Herz aus. Von ihren Klagen erwähne ich nur, daß der Ehrgeiz der damals 33jährigen unsäglich unter den fortwährenden Angriffen Saphir's litt. Dieser tadelte sie ebenso sehr als Darstellerin wie als Schriftstellerin und machte sich zum Ueberfluß auch noch den Spaß, den Dr. Birch, oder wie er den vortrefflichen, nur etwas langweiligen Mann nannte, den „Dr. Harmlos“, in das Gehege seiner oft cynischen Witze zu ziehen. Alles in Allem fand ich in meiner neuen Freundin eine „Unglückliche“, die sich nicht an ihrem Platze zu befinden behauptete. Sie würde weder als darstellender und schreibender Genius nach Gebühr geschätzt, noch befände sie sich überhaupt in der Lage, die Fülle von Lebens= und Schaffenskraft, von Liebe und Freundschaft, die in ihr lebten, aus= zuströmen. Wie jedoch maßlose Naturen dieser Art zu sein pflegen, der kleinste Erfolg, irgend eine glückliche Bekanntschaft mit dem höheren Adel, einem Taufskirchen, einem Arco, irgend eine Begegnung und Plauderei mit König Ludwig selbst machten alles wieder gut.

Inzwischen war „Nero“, von Lewald als vollständig bühnen= unmöglich verurtheilt und in den Hintergrund getreten. Aber Billaud Varennes, der sich den Indianern zum Gott gemacht hatte durch seine Kunst, Vögel zu fangen, abzurichten und zuletzt auszustopfen, ver= wandelte sich mir in den Dalai Lama von Tibet, dessen Würde als Gott mich zu dem Roman: „Maha Guru, Geschichte eines Gottes“, veranlaßte. Damals gab es chinesische und arabische Romane genug, die aus dem Englischen übersetzt wurden. Karl Spindler hatte noch nicht das Lesebedürfniß allein in Beschlag genommen. Noch gab es eine gebildete Gemeinde, die das Neueste von Tieck und Steffens gelesen zu haben für unumgänglich hielt. Noch zwinkerte der berliner vornehme Judenkreis verächtlich mit den Augen, wenn von einer Literatur die Rede war, die nur auf Leihbibliotheken berechnet schien. Den Muth, eine Arbeit dieser Art, die den Unterhaltungs= zweck ganz ausschloß, zu beginnen, und den andern vom jungen Georg von Cotta gezeigten Muth, einen solchen Roman zu verlegen, würde man in Autoren= und Verlegerkreisen jetzt nicht mehr häufig antreffen.

Die Lust am Theater hätte Eßlair’s Heldengestalt, Vespermann’s feine Charakteristik nähren sollen. Doch schien mir der Nimbus dieser Sphäre in München noch trüber, als in Stuttgart. Wer in unserem Kreise etwas vom Theater wußte (und im Birch’schen Hause war die Chronik desselben die Tagesordnung), hatte nur Intriguen, Schwindel, Hintertreppen= und Schürzenwirthschaft zu erzählen. Bald hatte sich ein Darsteller eine Rolle erschlichen,

die ihm nicht gebührte; bald wurde wieder ein anderer wegen
Schulden verhaftet. Die Schauspielerinnen und Sängerinnen
nannte man selten ohne ihre Protektoren. Die Namen der
Prinzen, des Königs liefen mit den Boudoirgeheimnissen der
Theaterschönen parallel. Der Säbel des Militärs war in die
Strickknäuel verwickelt und von Ehemännern, denen Ueberraschungen
bereitet wurden, lief eine lustige Anekdote nach der andern um. Es war
hergebracht, daß Jeder, der dem Intendanten von Poißl gegenüber
etwas hatte durchsetzen wollen, sich nur zu einem Repräsentanten des
hohen Adels zu begeben brauchte, um Fürsprache zu gewinnen. Der
König besuchte diese und jene neue Erscheinung der Bühne, während er
seines schweren Gehörs wegen an den Vorstellungen selbst kein Interesse
nahm. Nirgends existirt wol ein Hof, den die Gemüthlichkeit des
Publikums so herabzuziehen versteht und so in Anspruch zu nehmen
wagt für seine eigenen Lebensbedürfnisse, wie der münchener.
Andererseits aber auch hat kein Hof soviel Neigung, sich seiner
exklusiven Stellung zu begeben. Eine Schauspielerin, die durch die
fast täglichen Besuche des Königs in den Ruf gekommen war, als
müßte sie Schätze gesammelt haben, versicherte mich: „Ich schwöre
Ihnen, nichts habe ich von ihm, als einmal einen alten Auerhahn
aus dem Wildpretamt und ein andermal eine große Rolle Papier.
Ich hielt diese für die Verschreibung eines Landguts. Was war es?
Sein lithographirtes Portrait!" Vollends abschreckend war die endliche
Ankunft des neuberufenen, durch einen Orden geadelten Küstner. Der
Musendienst hat seltsame Priester. Wie sich dieser ehemalige sächsische
Advokat, der ein Deutsch wie ein Chaisenträger Dresdens sprach, so
lange Jahre in den Hallen Thaliens und Melpomene's, sogar wie ein
Mann der Weisheit, hat umtreiben können, ist unbegreiflich. Oder
man müßte etwa sagen, es wurde möglich, weil die Intelligenz
und die persönliche Würde der damals üblichen Hoftheaterintendanten
noch tiefer stand.

Eine aus Prag eingewanderte burleske Persönlichkeit, der
Professor Julius Max Schottky, wurde der unfreiwillige Lustig=
macher unseres Kreises, der sich jeden Nachmittag im Café Tamboſi
zu versammeln und in der Regel ein Vorhaben zu planen pflegte,
einen Ausflug über Land, den Besuch eines Künstlerateliers, einen

Gang durch die Galerieen, die Besichtigung einer der vielen vom
König unternommenen Neubauten, ein Zusammentreffen im Theater
oder nach dem Theater an irgend einem gemüthlichen Orte. Martial's
latitare in tabernis fand in Münchens damals urwüchsigen, nur von
spärlichen Oellampen erleuchteten Lokalen behagliche Anwendung. Noch
waren da die berühmtesten Künstler und Gelehrte glücklich daran,
daß die heutige Selbstemancipation des vierten Standes nicht mit
ausgebreiteten Ellenbogen die Tische für sich allein behauptete.
Schottky's unfreiwillige Komik begleitete uns unter anderem bei
einem ereignißreichen Ausfluge in's Gebirge.

Wir hatten mehrere Wildparks, die München umgeben, und
gegen Mittag den weiten Spiegel des Starnberger Sees hinter uns.
Nur eine Dame war unsre Begleiterin, Frau Lewald, aber sie
genügte, den ewig verliebten Schottky zu electrisiren. Schottky war
unerschöpflich in Anekdoten, die sich Lewald dann zu weiterer Aus-
arbeitung erbat. Antheil am Honorar wurde gewährt. Immerfort war Schottky's Schreibtafel in Bewegung, um jedes nur
einigermaßen leserlich gesetzte Wort, das einem von uns ent-
fallen war, aufzuzeichnen. Er versicherte uns, sich die Kosten dieser
Vergnügungsreise an unseren Einfällen bezahlt machen zu wollen;
eine öffentliche Darstellung derselben läge in seinen ernstesten Vor-
sätzen. Allerdings correspondirte er für einige Blätter in Städten,
die nahe am Fuße der Karpathen lagen. Hinter Starnberg nahm
jedoch des komischen Mannes Befinden eine üble Wendung. Er
hatte so viel durcheinander geredet, daß wir seinetwegen in einem
Dorfe halten mußten. Er erholte sich allmälig von einer halben
Ohnmacht und wir wagten die Fahrt fortzusetzen. In der Nacht
kamen wir im Bade Sulz am Peißenberge an und ehe wir uns
dessen versahen, war unser Professor verschwunden. Der Kellner
brachte uns eine Gute Nacht von ihm und meldete, er hätte
sich schon in's Bett gelegt. Der nächste Morgen zog einen feuchten
Regenflor über die Gegend, die Ebene und das Gebirge waren
eingehüllt in undurchsichtige Schleier und nur einige Blicke blieben
frei in die romantisch-wilde Hinterwand des Herrenhauses. Das war
ein unwillkommenes Hinderniß unserer Reise. Allein selbst wenn
die Sonne gelacht haben würde, hätten wir doch bleiben müssen;

denn unſer guter Julius Max hatte ſich von ſeiner Kolik oder was es war, noch nicht erholt. Wir klopften an ſeine Thür: er gab keine Antwort. Wir riefen: Alles blieb ſtill. Eine Magd eilte herbei und bedeutete uns, der Herr drinnen ſei vor neun Uhr nicht zu ſprechen. Alſo hatte er dem weiblichen Geſchlecht doch ſchon Audienz gegeben. Wir harrten bis neun. Da ſtürmten wir rückſichtslos ſein Zimmer. O wehe! Schottky lag wirklich noch im Bett! Aber er lag ſchon geſtiefelt und geſpornt, in ſeinem grünen Oberrock, mit deſſen langem Kragen, den er à l'anglaise bis an's Ohr aufzukrempen liebte, die friſcheſten hochgeſteiften Vatermörder zier= ten ſeine blaſſen Wangen. Er war auf Damenviſite eingerichtet, ſpähte aber dabei, als Frau Lewald von Kamillenthee ſprach, ängſtlich, ob wir uns nicht im Zimmer theils dem Orte näherten, wo noch die Hülfsmittel ſeiner Toilette lagen, theils den Papierſchnitzeln ringsum, die einen hohen Werth für ihn hatten. Seine grellen Augen verfolgten jede unſerer Bewegungen. Sie zuckten förmlich, wenn wir etwas anfaßten, zumal einen mächtigen Bogen voll kleiner Papiere, der auf einem Stuhle vor ihm lag. Das waren die Bauſteine ſeiner künftigen Werke. Alles, was er bei ſeinen Wanderungen durch das Gebirge aufgeleſen hatte, war hier mit flüchtigen Buchſtaben ver= zeichnet; Volkslieder, Localſagen, naive Antworten idylliſcher Milch= mädchen, Erinnerungen aus den Sennerhütten, Inſchriften über Kapellen und Wohnhäuſern. Ich verwickelte mich mit ihm in ein Geſpräch über ſeine Studien und bin gewiß, zu ſeiner Geneſung beigetragen zu haben, da ich ihn auf das böhmiſche Mittelalter und die Königinhofer Handſchrift brachte, über welche beide er geſchrieben und letztre anerkannt hatte.

Gegen Mittag theilten ſich die Nebel, der Himmel blaute da und dort, man ſah nur noch in der Ferne die Gebirge förmlich rauchen. Die Sonne theilte das üppige Grün um uns her in helle und dunkle Partieen. Schottky trat plötzlich lachend unter uns. Er hatte ſich erholt und forderte uns ſogar auf, mit ihm den Peißen= berg zu beſteigen, an deſſen Fuße das Bad lag, deſſen Logier= haus uns beherbergte. Freund Rießſtahl, der ausgezeichnete Geiger und Freund Robert Schumann's, nahm mit mir die Auf= forderung an, und unſer rüſtiger Fußtritt einigte ſich bald mit den

Sonnenstrahlen, um das feuchte Gras des Berges zu trocknen. Schottky ergriff einen jungen Eichstamm und ging mit munterster Laune voran. Wer hätte glauben sollen, daß er noch vor einer Stunde der Hülfe des Arztes zu benöthigen schien! Der Peißenberg, der Rigi des bairischen Hochgebirges, streckt sich in einer beträchtlichen Höhe; wir bedurften Schottky's munterer Unterhaltung, um das Steigen nicht beschwerlich zu finden. Endlich hatten wir den Gipfel erreicht, die einsame Kirche, das Schul= und Pfarrhaus. Wir kehrten beim Pfarrer, Schottky's „altem Freunde", ein. Unser Professor war in seinem Element. Fünf Frauen, die des auf Cölibat angewiesenen Geistlichen Küche bedienten, lachten durcheinander und der Schulmeister war entzückt, als Schottky, der alte Kunde, sich wieder sehen ließ und natürlich zuerst den Pfarrer fragte: „Was machen Ihre Bücher?" den Schulmeister: „Was macht Ihr in Freisingen studirender Sohn?" Er kannte Jedes Steckenpferd. Schottky wurde übermüthig. Der obere Gipfel des Berges wird von einem Steinwall eingerandet, der vor dem jähen Absturz des Berges Schutz gewährt. Eine steile grüne Ebene legt sich dicht an unter dem Steinwall und langt mehrere hundert Fuß in die Tiefe. Jetzt rief der Freund des Sagenkreises Siegfried's und des Przemislav einen Buben in der Nähe an, ob er für sechs Kreuzer den Weg in die Tiefe wagen und vom Hollunder drüben einen Zweig heraufbringen wolle. Er war ganz der König des Peißenberges und der Junge ein Ritter oder Knappe. Für sechs Kreuzer hatte er die Romantik wohlfeil. Der Junge brachte den Zweig. Der König steckte ihn auf seinen Hut und schwur, ihn Madame Lewald zu weihen. Nachdem wir den Berg hinuntergestiegen, war Schottky den Abend über Brillantfeuer. Nur eine seiner charakteristischen Thorheiten vermochte er nicht zu lassen. Sowie wir das Badehaus erreicht hatten, schlich er erst auf sein Zimmer, riegelte wie immer zu, zog die Fenstervorhänge zusammen, so daß auch keine Spalte übrig blieb, seine Geheimnisse belauschen zu können. Was that er? Darüber ist während seines Lebens Dunkel geblieben. Wieviel Reisen er gemeinschaftlich mit andern gemacht hat, alle seine Begleiter wissen, er ließ sich überall auf seine Person ein Zimmer geben, entfernte sich zuweilen plötzlich aus der Gesellschaft und riegelte sich ein, um etwas zu thun, was nie entdeckt worden ist. Wahrscheinlich ordnete er seine Perrücke.

Es war ein duftiger, sonniger Frühmorgen, als wir Sulz verließen und der Richtung des Gebirges zufuhren. Die weißen Schneehäupter reckten sich kühn in die blaue Gebirgsluft. Lange Schwärme von Männern, Weibern, Kindern zogen murmelnd, den Priester mit der Fahne an der Spitze, über die Feldwege dahin. Es war der Vorabend zur Himmelfahrt, die Gemeinden wallfahrteten nach heiligen Orten, viele nach Ammergau, der berühmten Heiligen= fabrik. Schottky war reich an Anekdoten und so aufgeheitert, daß es in Murnau um so auffallender erschien, ihn plötzlich wieder verstimmt zu sehen. In der Herberge, wo wir abstiegen und vom Fuhrwerk Abschied nehmen mußten — es galt jetzt zu Fuß zu wandern — hatte sich eine Frau angeboten, uns unsere Bärte zu rasiren. Schottky fühlte das Bedürfniß eines glatten Kinns und der weibliche Figaro fing an, ihn einzuseifen. Wir fanden diese Frau zu drollig, um nicht über das Bild: Schottky unter den Händen einer Barbière! unsre Glossen zu machen. Schottky verbat sich unsere Anwesenheit. Er wollte das Komische der Situation nicht urgirt, nicht vergegenständlicht sehen. Unsere Bemerkungen zwangen ihn zum Lachen und er scheute das scharfe Messer. Nichtsdestoweniger gerieth die Barbière in Ver= wirrung, übersah einen kleinen Hügel auf Schottky's Oberlippe, ein unvorsichtiger Schnitt, und das Unglück war geschehen. Schwamm herbei! Schottky verblutet sich! riefen wir. In der That stürzte er leichenblaß auf das Stück Spiegel, das ohne Rahmen am Fenster hing. Das Blut war bald gestillt, nicht so schnell sein Zorn. Es ist abscheulich, mir so mitzuspielen —! Auf seine Wuth nicht eingehend, fragte ich ihn, ob Murnau nicht berühmt sei durch einen Kaiser, der hier gewohnt habe? — Allerdings, schrie er, das Haus drüben, das Sie sehen, hat Ludwig der Bayer bewohnt! Aber wie das blutet! Es ist empörend! Erst da beruhigte er sich, als wir den schneeigen, von der Sonne beleuchteten Eingang des Gebirges nach Partenkirchen, einen bezaubernden Anblick, vor uns hatten und wir ihn mit unverstellter Theilnahme nach einigen Sagen aus der Geschichte von Partenkirchen fragten und dann Nixen und weiße Frauen und verzauberte Prinzessinnen das Ihrige thaten,

Friede in sein Gemüth zu gießen. Als wir ihn fragten, ob sich wol auch die berühmten Mägde der Wlasta geschnürt haben mochten, fing er an behaglich zu meckern und alles war gut.

Die Gebirgswonne übermannte uns Alle. Für Julius Max kam noch die überraschende Begegnung mit einem königlichen Gestüt hinzu. Welche Gelegenheit zu einem Artikel in einem bayrischen Provinzblatt: Das königliche Gestüt bei Murnau?! Er ließ sich Milch geben. Wir versicherten ihn, er hätte Stutenmilch getrunken, und so gut war er aufgelegt, uns diesen Scherz nicht übel zu nehmen, ja uns zu versichern, ein Kalmück würde ihn um sein Labsal beneidet haben. Wie viel Pferde stehen hier, mein Freund? — fragte er einen Bereiter. Der Mann nannte einige Hundert. Schottky rasch mit der Schreibtafel heraus. Wie viel Stuten darunter? — fuhr er fort. Sind Sie verheirathet? ließ er einfallen. — Die Stuten? lachte der Bereiter. — Nein, nein, mein wohlgeborner Freund, das ist drollig; ich meine Sie, Sie, wie heißen Sie doch? — Kaspar Müchler. — Der Tausend? Doch nicht verwandt mit dem Kriegsrath Müchler in Berlin? Aber Sie haben Kinder, guter Freund? — Drei, einen Buben und zwei Mädchen. — Zwei Mädchen; das ist allerliebst, ja grüßen Sie doch die kleinen Damen von mir. Ich bin der Professor Schottky aus München. Doch nun noch Eins. Wie viel Bereiter sind hier? Wie viel Beschäler? Wie groß ist der Consum an Stroh? An Heu? Aha! Die Wiesen ringsum —!.. Die letzten Fragen folgten nach längeren Pausen. Wir hatten schon einen beträchtlichen Vorsprung gewonnen, als Schottky noch immer mit dem Stallknecht sprach, der ohne Zweifel darauf rechnete, dieser vornehme Mann würde ihm in München Fürsprache leisten für eine Aufbesserung seines Gehalts. In dieser Art verbreitete Schottky auf seinen Wanderungen Himmel voll Glück, die ihm nichts kosteten. Am Kochelsee würde doch kein Kind gewesen sein, dem er nicht, kam es uns grade in den Weg, eine herrliche Weihnacht, keine Dirne, der er nicht für die Erntezeit die schmucksten Tänzer versprochen hätte. Alle seine Gaben streute er in reichem Maße aus; es waren nur Worte, die er gab, aber die bezauberndsten. Beim Besteigen des Kochelberges fand sich für Schottky eine lange Inschrift am Wege, die ihn so beschäftigte,

wie nur Lepsius von einer Inschrift an den Pyramiden gefesselt
sein konnte. Bis auf den Gipfel des Berges schrieb er die In=
schrift in's Reine, die sich auf die Wegbesserung bezog. Er ruhte
oben aus, aber die Bank, auf die er sich setzte, brach unter den
Hoffnungen, die er darauf für seine Zukunft zu entwickeln begann,
zusammen. Noch soeben citirte er ein Buch über die Inschriften
des deutschen Mittelalters, das er noch nicht geschrieben hatte, und
konnte auf ein Haar jählings in die Tiefe gestürzt sein. Entsetzt
raffte er sich auf; vollends lag der düstere melancholische Wallersee vor
uns. Auch dieser bildete eine Parthie seiner Collectaneen unter der
Rubrik „Unglücksfälle". Wir wurden ernster gestimmt. Schottky
erzählte uns, wie viel münchner Maler schon in jenen dunkeln
Wellen ihr Grab gefunden hätten. Einer dieser Unglücklichen
hatte noch im jüngsten Winter seinen Vorlesungen über Benutzung
altdeutscher Dichtung für die Kunstwelt auf der Kaussinger Straße
in München beigewohnt und war ihm das Honorar schuldig
geblieben. So schlug der Ernst wieder in's Komische zurück.
Schottky trällerte, als wir dann über den See selbst fuhren, er wollte
den finstern Mächten trotzen, aber plötzlich fuhr er zornig auf. Er
hatte, als wir den Kahn verließen, einen jungen Bauer, der mit
zwei Kindern vor seiner Hofthür stand, angerufen: Eure Kinder
das? Hübsche Kinder? Wie alt? Wie lange verheirathet? Was
macht Eure Frau? Kommt die Großmutter noch zuweilen herauf?
Grüßt Sie doch, Alle, Eure Frau, Eure Schwägerin, Eure Groß=
mutter! Mein Freund, mein würdigster Freund —! — — immer
dieselbe Apostrophe, so daß von unserer Seite die Parodie nicht
ausbleiben konnte. Nun aber brach das Gewitter los. Diese Gebirgs=
menschen kenne ich! rief er wuthschäumend. Ich weiß, wie man
diese einfachen Leute behandeln muß; es ist nicht zum ersten Male,
daß ich in's Gebirge komme! Ich studiere die Sitten dieser Leute,
ich sammle Volkslieder und charakteristische Züge! Da muß man
sich auf die Stufe dieser Menschen stellen und von ihren Angelegen=
heiten sprechen, wie von den unsrigen! — Würden Sie denn da
nicht besser thun — fragte einer von uns — wenn Sie sich in
jedem Bauernhause für einen verschollenen Vetter aus Amerika
ausgäben? — O, Sie sind auch Einer — trumpfte er dann mich

ab, weil ich lachte — ich weiß es, daß Sie Alle hinter meinem Rücken Kabalen schmieden. Zum Teufel mit Euern leichtfertigen Schnurren! Mit diesen Worten schoß der Erzürnte wie eine Rakete voraus. Erst an dem Hause, wo wir ein Nachtlager nehmen wollten, holten wir ihn wieder ein. Doch war für heute kein Auskommen mehr mit ihm. Wenn er auf eine Weile beruhigt schien und sich in die freundlichen Bewillkommnungen mischte, die wir im Hause des reichen Bauern gaben und empfingen, so trat sogleich wieder ein neues Mißverständniß ein. Schottky trennte sich nicht von seiner Schreib= tafel. Er notirte den Namen des Bauern und die Namen aller seiner Kinder. Auch am folgenden Morgen ließ er sich in seinen Forschungen nicht stören. Es war Himmelfahrtstag. Der Him= mel kleidete sich in das schönste Festblau. Ueber die Berge hin= weg entschwanden die letzten Nachzügler der nächtlichen Gewitter= schauer. Die Natur athmete in duftiger Erquickung. Die Be= wohner des langen Thals mußten von einem Gehöft zum andern wandern, ehe sie die Kirche und das daran stoßende Haus des Herrn Walter Werner erreichten. Die Glocken hatten erst Einmal gerufen und die zuströmende Menge versammelte sich einstweilen in der Wohnung ihres Oberältesten, in dessen Betten wir geschlafen hatten. Dies Ansammeln war eine Erscheinung, die Schottky elektrisirte. Er spitzte den Bleistift und fragte, wie alt Kathi's ältester Bruder sei? Wie viel Kühe Heidegger auf der Alm habe? Wer nun wohl der Reichste in der Jachenau sei? Ob sie Vertrauen zu ihrem Könige hätten? Ob sie gerne Soldat würden? Wer von ihnen schon die meisten Auerhähne geschossen hätte? Kurz alle diese Dinge schrieb er sich genau auf. Man wird sie in des Verstorbenen Nachlaß ge= funden haben; denn es war seine Absicht, dem deutschen Volke mit diesen Mittheilungen aufzuwarten. Doch täuschte sich Schottky und die werden es bezeugen, die später Dorfgeschichtliches erforscht haben, diese Menschen ließen sich ungern ausfragen. Sie sahen sich einander mit großen Augen, verdächtigen Mienen an, sonderbare Handbewegungen nach der Seite hin, wo sie ihre Messer tragen, folgten. Einige flüsterten sich zu, das müsse wol ein Spion aus München sein, der sie für ihre versteckten kleinen Jagdfrevel belangen, oder ein öster= reichischer Werber, der sie gegen ihren König einnehmen wollte.

Die jüngern Leute standen auf und traten dem erschrockenen Professor näher, die ältern unterließen seine Fragen zu beantworten, wir mußten schleunigst unter die Aufgeregten treten. Aber sie wollten sich nicht zufrieden geben und verlangten das Papier zurück, das Schottky beschrieben hatte. Da hatte der Küster den glücklichen Einfall, zum drittenmal zu läuten, die Gedanken bekamen eine andere Richtung, Schottky fand Gelegenheit, sich zurückzuziehen, und die von drübenher brausenden Orgeltöne milderten den Tumult, der mit einer gefährlichen Attake auf Schottky's Wohlbefinden hätte endigen können.

Als sich dies Gewitter und unser Beileid über den Mann, der mit dem Volke umzugehen wisse, verzogen hatte, übergab sich der gerettete Schottky der muntersten Ausgelassenheit. Er klatschte in die Hände, hüpfte, sang, erbot sich, einen Theil unseres Gepäcks zu tragen, und war so liebenswürdig wie immer, wenn er bei guter Laune war. Als wir unsern Weg fortsetzten, machte er ihn vor Beweglichkeit zweimal; in jedes Haus rief er den Frauen Grüße von ihren Männern zu, von ihren Männern, die ihn vor einer halben Stunde hatten durchprügeln wollen. Es war ihm genug, wenn ihm die Frauen dafür ein Glas Milch gaben und ihm sagten, in welchem Jahre das von ihnen bewohnte Haus gebaut war; er hätte den Zweck seiner Reise zu verfehlen geglaubt, würde er auch nur eine gewöhnliche Notiz unbenutzt am Wege haben liegen lassen. Alle fünfhundert Schritte lag an dem anmuthigen Wiesenpfade eine Kapelle mit einigen vom Tüncher herrührenden Bildern, die aber Schottky, ein „Kenner der Malerei", nicht unberücksichtigt lassen konnte. „Ich sammle", sagte er, „Materialien zu einem Werke: Ueber die Kirchenmalerei der Gebirge". Keine Inschrift an einem Giebeldache blieb unaufgenommen, keinen Reim traf er an, dem er nicht eine poetische Seite abgewonnen hätte. Was sich durch eine Bleifeder wiedergeben ließ, mußte in sein Portefeuille.

Ein wundervoller Tag! Um die Eiszacken der Benedictenwand, um die Firnen der Tyroler Alpen, die den Horizont wie mit einer Schneetonsur umrandeten, glühte der Mittagsstrahl der Sonne. Rings zahllose Blumenfelder von Vergißmeinnicht und Stiefmütterchen. Die Rinderheerden in behaglicher Ruhe, gehütet von einem sorgfältig zu vermeidenden Stier, der bei jedem Oeffnen eines Thors der Abpferchungen die Ankömmlinge unwirsch begrüßte. Wir lenkten in das Stromgebiet der grünen Isar ein, eine Gegend allerdings der Verwüstung. Zahllose Steinhaufen, von stürzenden Stromwellen weißgewaschen und des nächsten Frühjahrs harrend, wo die Gebirgs= höhen auf's neue schmelzende Schneeströme in die Tiefe senden, be= zeichnen das Bett des Stromes, der München zueilt. Aber die pit= toreske Umgebung blieb. Doch plötzlich stellte sich ein kalter Zugwind ein. Wie durch Zauber verschwand hinter drohenden Regenwolken die Sonne. Die Landbewohner mit ihren langschößigen, zeisiggrünen Oberröcken eilten uns aus den Kirchen entgegen. Die Schenke, in die wir uns flüchteten, füllte sich mit jungen athletischen Gebirgssöhnen. Sie hätten wohl gewünscht, der Papst hätte ihnen für die heu= tige Himmelfahrt Tanzindulgenz verliehen. Jetzt — nach einem himmlischen Morgen — strömte der Regen, Blitze zuckten, der Donner rollte, furchtbar hallte sein Echo in den Bergen wieder. Schottky! Schottky —! riefen wir. Umsonst, nur Blitz und Donner ant= worteten. Wo ist Schottky geblieben? Wie strömt der Regen! Die Isar wird austreten! Schottky kann in die Strömung gerathen und nach München gelangen, er weiß nicht wie! Da fällt etwas von der Brücke! Schottky! Ach nein, es ist ein Stück vom heiligen Nepomuk, der die Brücke schützen soll und bei sol= chem Unwetter sich selbst nicht behaupten kann! Der Wirth bringt uns das bestellte Lammsviertel. Verzweiflungsvoll setzen wir uns an den Tisch; wir liebten Schottky, waren aber hungrig. Es stand fest, er hatte sich bei seinem Notizenaufnehmen verspätet und hockte irgendwo, der Aermste, vielleicht unter einem Felsen!

Will man uns der Felonie beschuldigen, so versichere ich hoch und theuer, daß wir mehr als vier Stunden auf den Nachzügler gewartet haben. Es dunkelte, die Gebirgsstadt Tölz mußte das abendliche Ziel unserer Reise werden. Nichts blieb übrig, als eine Personalbeschreibung des Vermißten zurückzulassen und den Wirth aufzufordern, ihn, sobald er ankäme, aufzupacken und in den Gol= denen Adler zu Tölz abzuliefern. Diese hochgelegene Gebirgsstadt war erreicht, das Theater, das die Freuden des Festtages durch Aufführung der „Stummen vom Berge Porticia, Text von Castelli, Musik von Ritter Seyfried", verherrlichte, wurde von uns, zu vielem

Gaudium, besucht, aber Schottky erschien nicht. Der Morgen brach an, die einzige Speditionsverbindung des Gebirges mit der Ebene, der „Tölzer Bott", fuhr entweder jetzt oder erst in drei Tagen; wer konnte den letzten Fall abwarten? Wir saßen im Wagen, Schottky fehlte. In München verstrich eine lange Zeit, ehe von unserem Verluste etwas sichtbar wurde. Dreimal wurde beim Hofrath Thiersch ohne Schottky getanzt; der Setzer des „Deutschen Horizonts" wartete verzweifelnd auf die Fortsetzung von „Manfred's Reisebriefen", einem von Schottky angefangenen Artikel, in welchem alle Personen seiner Bekanntschaft aufgeführt waren; fünfzig griechische Soldaten waren wieder frisch angeworben; Advokaten hatten wieder vor dem Bilde des Königs Abbitte thun müssen; König Ludwig sah ich an einem schönen Tage, im grünen Frack mit schwarzem Sammetkragen, in grauen Beinkleidern, wie die Majestät im „Englischen Garten" sich die Compositionen einiger ihrer Lieder vorsingen ließ und den Münchener Bürgertöchtern Artigkeiten über ihre Riegelhäubchen sagte — keine Beruhigung kam über Schottky. Erst nach vierzehn Tagen brachten die Erkundschaftungen heraus: Er hatte sich bei dem Gewitter zu einem Pfarrer geflüchtet, der ihn festgehalten und in dem Entschlusse bestärkt hatte, einen Blick „in's Tyrol" zu werfen. Dorthin verreiste er und plötzlich sollte er — gestorben sein. Die Nachricht ging durch alle Blätter. Doch bestätigte sie sich nicht. Noch öfter wurde der unheimliche Mann vom südlichen Frankreich und vom Genfersee aus genannt. Leider — als ein gefürchteter Berauber der Bibliotheken und Kupferstichsammlungen! Man warnte vor ihm und es ist nicht unmöglich, daß er im Gefängniß gestorben ist.

Meine Arbeit über jenen Erdgebornen, der sich Gott schelten zu dürfen gelehrt wurde, war beendigt. Cotta, ein Jahr zuvor gestorben, hatte sein berühmtes Verlagsgeschäft seinem Sohne Georg und dessen Schwager von Reischach, einem württembergischen Offizier, hinterlassen. Beide traten ihre Thätigkeit mit Eifer, ja mit einer Hingebung an jede nur irgend berechtigte Voraussetzung ihrer Hülfe an, die musterhaft zu nennen war. Sie übernahmen sofort den Verlag. Ich konnte einem wohlhabenden Leipziger Freunde Heinrich Laube's, welcher letztere mich zu einer Schnellreise durch Salzburg, Tyrol, Oberitalien, Oesterreich abholen wollte, mit Ruhe

7*

sagen: Ich will der Dritte in Ihrem Bunde sein! Aber ich habe
kein Geld! Wollen Sie mir's leihen, so gebe ich es Ihnen
in zwei bis drei Monaten wieder! Die blanken Dukaten, die so=
fort auf den Tisch gezählt wurden, stammten von der Leipziger
Messe. Der vortreffliche Hebräer hatte sie von jenen walachisch=
moldauisch=polnischen Juden verdient, die zu jeder Ostermesse die
Brühl in Leipzig beleben und denen er als privilegirter Agent und
Dolmetscher seit Jahren diente. Wir hatten den Lepidus unseres
Triumvirats, einen komischen Kauz, den wir den Starosten nannten,
eine gute, praktische, im Nothfall auch courageuse Seele, die sich
nebenbei auch unsern Uebermuth gefallen ließ. Beide brachten über=
dies von Leipzig jene rosenfarbene Stimmung mit, ein eignes Flui=
dum ständiger Angeregtheit, durch und durch optimistisch, immer in
Ekstase, ob durch die letzte Gastrolle einer Schröder=Devrient oder ein
Concert von Clara Wieck im letzten Gewandhausconcert oder das neu=
entstandene colossale Geschäft des „Pfennigmagazins." Ich nenne nur
die damaligen Unterlagen dieser ständigen Leipziger Exaltation, deren
treibende Wärme durch zehn Jahre einen einfachen Theatercassirer,
Robert Blum, zum gefeiertsten Volksmann Deutschlands gemacht hat,
und zwanzig Jahre später Richard Wagner auf den Schild auch Saxonia's
gehoben haben würde, wenn diesem nicht leider eine andere Leipziger Strö=
mung dieses Enthusiasmus, die Wagner das „Judenthum in der Musik"
genannt hat, die Mendelssohn=Schwärmerei, zuvorgekommen wäre.

Die Abschiede wurden auf baldiges Wiederbegegnen genommen.
Der schwerste von Frau Charlotte. Doch auch diese stellte ein nahes
Wiedersehen in Leipzig und Berlin in Aussicht. Die jungen Freunde
gaben das Geleit bis zum Posthof. Beglückende Eilwagenfahrt!
Zur Rechten die bayrischen Hochalpen, von denen wir uns nur ent=
fernten, um desto größere Natureindrücke zu gewinnen. Der finstere
geheimnißvolle Untersberg schnitt sich aus einem blauen Theile des
ungleich colorirten Horizontes majestätisch heraus. Weiterhin lagerten
Regenwolken auf den Berchtesgadener Felsenhäuptern. Nur des Waz=
mann's riesiges Doppelhaupt enthüllte sich aus den sonnenhellen
Nebelschleiern. Von Salzburg aus wurde Mark Sittich's Vexier=
garten von Hellbrunn besucht, wo der Starost nicht wenig unter
den Wasserstrahlen des humoristischen Fürstbischofs zu leiden hatte

und unablässig, bedenklich für seinen Beruf auf der Leipziger Messe, getauft wurde. Selbst als er sich niedersetzte, schossen durch den Druck des Vexiersessels, die Zumuthungen, wider Willen ein kaltes Bad zu nehmen, von allen Seiten hervor. Uns zu Gefallen hatte das letzte Regenwetter sogar im Park eine besondere Merkwürdigkeit, einen „Bergsturz", improvisirt.

Dann ging es auf Innsbruck zu. Riesenhafte Felsen thürmten sich aufeinander und doch waren diese bewohnt, und in Hütten nicht nur, sondern in Dörfern, Schlössern, Klöstern. Wo nur durch eine Spalte hindurch der Blick der Sonne am längsten verweilte, da hatte sich der Mensch ein Obdach erwählt, ob auch schwindelnd hoch und kaum zugänglich. Die Bergwässer rauschten, Cascaden fielen wie Schleier von den Wänden, abendlich dampften die Wiesen von Nebeln und in den Thälern lagen endlose Linnenstreifen zur Bleiche aus, die im aufgehenden Mondenglanz das Auge beirrten, als sei schon der Inn erreicht. Dieser kam denn auch nach der Nachtfahrt, die in einem ländlichen Wirthshause zum erstenmale die Bekanntschaft mit Gemsbraten verschafft hatte, und brachte ein Thal voll Fruchtbarkeit und, wo man nur hinblickte, pittoreskem Reiz. Die gemalten oder gemeißelten Madonnen an den Häusern waren von Reblaub bedeckt, die reifen Trauben winkten verlockend. Glückliches, schönes Land, warum hast du deine Männer so in die Zucht der Weiber und Pfaffen gegeben — —! Doch censurgeknechtete Schriftsteller, wie wir waren, warfen wir mit politischen Beobachtungen und historischen Erinnerungen grade nicht zu viel um uns. Nur auf Salzburgs Veste, wo ein Regiment Polen stand, konnte Laube seinen Lieblingshelden Kosciusko nicht verleugnen. Er hatte ihm sein erstes dramatisches Debüt widmen wollen. Ob er wol sein Stück als Hofburgtheaterdirector angenommen hätte? Jetzt in Tyrol war Andreas Hofer die Losung, obschon auch dieser Name, so loyal der Sandwirth gehandelt hatte, in jenen Metternichstagen als ein Heros der Selbsthülfe des Volkes Jeden, der ihn zu oft im Munde führte, verdächtig machte.

Der Brenner wurde zurückgelegt, die wilde Eisak tobte zur Seite. Endlich athmeten wir südliche Luft! Brixen, Botzen —! „Kennst du das Land — ?" Der Starost war für diese Seelen-

schwingungen durchaus nicht unempfindlich. Wenn er sein richtiges
Schlafquantum im Wagen, ob auch mit Intervallen, herausgebracht hatte,
war er Schwärmer und zu allem fähig; an so mancher buchhänd=
lerischen Entreprise Leipzigs soll er — Tausende verloren haben.
Aktionär des „Pfennigmagazins" sah er alles als Illustration für
eine der nächsten Nummern jenes Blattes an oder als Staffage für
eine Oper, die in Italien spielt. „Von Romeo's Rächerhänden —"
eine Erinnerung an die Schröder = Devrient und die Fühlung war
bei ihm gegeben für alles Große und Erhabene. Natürlich begleitete uns
immerfort der seit einem Jahre erst seliggewordene Goethe. Wir folgten
seinem Beispiel und schwenkten von Roveredo an den Gardasee, wo
wir nach einer Fahrt im eignen Nachen sogar die Lokalität jenes Aben=
teuers aufsuchten, das uns Goethe von seiner Reise erzählt, seine Arreti=
rung. Mit den Bleidächern von Venedig (sonst gehörte der Gardasee der
alten San Marco = Republik) war allerdings nicht zu spaßen. Der
Anblick des noch in nächtlichem Dunkel ruhenden See's vom Balkon
des Albergo war schon in Riva bezaubernd. „Die linde, stille
Nacht", schrieb ich damals, „lockte auf den Balkon! Welche er=
habene Schönheit! Der Spiegel des See's, magisch nur erleuchtet
vom Flimmern der dichtgesäeten Sterne, das durch das leichte, auf
ihnen lagernde Nebelgekräusel hindurchbrach! Da und dort einige
Umrisse in der Ferne, die Spitzen des jenseitigen Ufers, dessen
Wasserfälle wir besuchten; unter uns das gleichförmige Rauschen der
an den Hafen anschlagenden Fluth; die Stille des kleinen Ortes, alles
bringt mächtig auf die Seele, sodaß der Leipziger Autor ausrufen
mußte: „Ist es denn möglich, daß Professor Wachsmuth der Censor
meines Blattes ist!" — „Ach!" fiel ich ein, „auch die Schulden, die
ich habe, sind mir jetzt vollständig Mythe!" Der Starost hörte
nichts. Er schlief. Wir waren in der Stimmung, an allem zu
zweifeln. „Wir zweifelten am Fürstenthum Liechtenstein, wir zweifelten
an den Bärenmützen der sächsischen Garde, wir zweifelten an den
Dresdener Portechaisen, am Ruhm des Professors Gubitz, am dritten
August sogar, obschon heute schon der zwölfte war, und noch an vielen
anderen größeren Dingen, deren Dasein nur zu erwiesen ist."*)

---

*) Der 3. August Geburtstag Friedrich Wilhelm's III.

Die Fahrt auf dem alten Benacus im gemietheten Nachen mit vier Ruderern brachte die Eindrücke langsamer, aber nachhaltiger, als die jetzige Dampferfahrt. Schon um zwei Uhr in der Nacht brachen wir auf am zweiten Tage, während noch auf dem Monte Calvo das Mondlicht den Schnee beleuchtete. Allmälig erst traten die Cypressen, Oelbäume, die Limonengärten (unter Glashäusern), die Weinberge hervor, aus denen heraus alte Thürme ragen, Erinnerungen an wildere Zeiten, als die unsrigen. In Malcesini stiegen wir aus und rasselten staubbedeckt mit einem Veturin nach Verona. Vicenza, Padua wurden besucht. Ueberall hatten wir Oesterreich um uns, das ungarische, slavische, weniger das deutsche Oesterreich. Die Belebung der Lombardei war damals größer als gegenwärtig, wo endlich Italien seinen Willen erreicht hat und von den gewaltigen Grenadiergestalten in grauen Mänteln, die am Eingang in die Arena Verona's oder auf dem Marcusplatz Wache hielten, befreit ist. Am schwarzen Brett der Universität von Padua lasen wir die Namen von 300 Studenten, die wegen politischer Umtriebe relegirt waren. „Wo ist der Löwe des San Marco?" schrieb ich damals über die Ankunft in Venedig. „Wo sind die offenen Rachen, in welche hinein- man die Bürger und aus der Stadt hinausverleumden konnte? Wo sind die drei Säulen, die das Andenken alter herrlicher Siege über die Ungläubigen feiern?" Alles das stand nun vor unsern Augen und eine so gründliche Durchforschung der alten Meerbeherrscherin folgte, daß ich mir die spätere Trägheit erklären kann, die mich, so oft ich Venedig wiedersah, nichts Anderes mehr in dieser so heruntergekommenen Stadt anzusehen drängte, als die neuesten Zeitungen in den Café's am St. Marco. Der unter dem Damoklesschwert der Wachsmuth'schen Censur seufzende Redakteur der „Zeitung für die elegante Welt" wurde plötzlich unpäßlich und hütete unser dunkles Zimmer im Albergo Europa. In Triest trennten wir uns ganz, um uns erst in Wien wiederzufinden. Unsere Stimmung gegeneinander blieb ungestört. Jeder hatte für seine Eigenheit einen Ableiter auf den Starosten. Der Redakteur der „Zeitung für die elegante Welt" bekam plötzlich Eile. Sein Stellvertreter, Gustav Schlesier, hatte Anwandlungen, schon früher den Friedrich Gentz herauszukehren, ehe ihn Varnhagen weckte und vielleicht

Metternich anſtellte. Publiziſtiſche Regungen konnten ein Blatt belle=
triſtiſcher Tendenz wie eine Seifenblaſe un's Leben bringen. Es waren
Berichte aus Böhmen aufgenommen worden, die nach Laube's Mei=
nung unſere Reiſeroute hemmen konnten.   In jener Zeit war
alles möglich, ein politiſcher Prozeß, wenn ein Naturforſcher auf
den Flügeln eines Schmetterlings Farben gefunden hatte, die zu den
verbotenen gehörten.

Die Ueberfahrt nach Trieſt erfolgte zu Schiff und währte eine
volle Nacht.   Das Meer war trämneriſch ruhig.   Die Wellen um=
ſpielten den Dampfer, als wüßten ſie nur von Friede und Liebe zu
erzählen.   Man konnte auf dem Verdeck ſich ſtrecken und den Schlaf
abwarten. Nur dem Staroſten wollte die Fahrt nicht bekommen; ein
leichter Zephyr hatte ihm die Mütze genommen. Jetzt konnte er einen
Ankömmling von Konſtantinopel vorſtellen; denn ein Gewinde von
langen Tüchern gleich einem Turban mußte den Raub erſetzen.
Von Trieſt ſollte es meinerſeits zunächſt nur nach Graz gehen.
Mein Herz ſchlug der Freude entgegen, Emil Bürger, den Sänger
gewordenen alten Commilitonen, der dort an ein anſehnliches
Theater gekommen war, wiederzuſehen.   Sein Baryton mußte dem=
nach an Kraft gewonnen haben.   Im Theoretiſchen ſuchte er gleich
anfangs unter den gewöhnlichen Anfängern ſeinen Meiſter.

Das maleriſche Graz war nach mancherlei Wirthshausaben=
teuern, in Laibach nach einem Zuſammentreffen mit Seiltänzern,
Kunſtreitern, italieniſchen Sängerinnen, endlich erreicht. Eine italie=
niſche Sängerin und ihre Mutter hatten meine bons offices ange=
nommen, ihnen eine paſſende Unterkunft, ob im „Ochſen“ oder der
„Gans“ oder dem „Roß“ von Graz zu verſchaffen.   Es war
Abend geworden und die höchſte Zeit, meinen Freund im Theater auf=
zuſuchen, noch ehe der Vorhang aufgezogen war.   Man gab aber
ſchon „Johann von Paris“, dem eine Leopoldſtadtiade folgen ſollte,
was ich ohne Anſchlagzettel erkannt haben würde; denn unmög=
lich konnten zum Hoſe von Navarra die alten Hexen, Zigeuner,
Kinder, Bürger in langſchößigen Fracks gehören, die hinter den
Couliſſen um die Lampen herumlungerten und vor Ungeduld zu
vergehen ſchienen, bis die Oper Boyeldieu's zu Ende war.   Soviel
erſah ich ſchon hinter der Scene, auf welche ich mich ohne

viel Anmeldens gewagt hatte, daß der Seneschall mein Bürger nicht
war. Zum erstenmale im Leben sah ich ein solches Treiben hinter
den Coulissen und muß gestehen, es mißfiel mir in hohem Grade.
Johann von Paris war der berühmte Wild. Alles drängte sich,
den Sänger, der nur klein, aber breitschultrig von Gestalt war,
zu hören. Für seine Stimmlage, die weit eher dem Baryton nahe
kam, als dem hohen A des Tenors, paßte Johann von Paris
nicht besonders. Der Director, mit einem Stock bewaffnet, schaffte
Ruhe und sorgte für ein Spalier, um die schwitzenden Sänger bei
ihren Abgängen durchzulassen. In solchen nassen Tricots pflegt man in
der Schwimmschule aus dem Wasser zu kommen, dachte ich bei mir,
und auch ebenso sich zu sammeln nach einem Salto mortale vom
Sprungbrett! Jeder Abtretende ließ gleichsam seinen Geist noch
einige Sekunden auf der Scene hinter sich zurück und trat völlig
bewußtlos in die Coulissen. Es währte einen längeren Moment, bis
der Sänger, der entweder applaudirt wurde oder nicht oder nicht
genug, sich sammelte und die Menschen erkannte, die ihn anredeten.
Daraus, daß es auch lange dauerte, bis meine Erkundigung verstanden wurde, erkannte ich schon, daß meines Bürger's Stellung
im Repertoir keine hervorragende war. Zuletzt ergab es sich, der
Aermste lag krank im Lazareth.

Als ich am folgenden Morgen meinen Weg nach dem Kranken-
hause richtete, das ich endlich in einer stillen, noch mit Gärten
untermischten Gegend fand, hatte ich eben geklingelt und erwartete die Oeffnung der Thür. Da wurde diese von selbst
geöffnet und es tritt mir eine bleiche Gestalt mit einem Bündel
unterm Arm entgegen und betrachtet mich groß mit hohlen,
tiefliegenden Augen. Bürger! rief ich der traurigen Gestalt entgegen. Dieser war es, eben als geheilt entlassen. Ich fand den
lieben Freund im vollständigen Bruch mit seinem neugewählten Beruf. Die Bühne hatte für ihn den Reiz verloren. Seine Stimme
konnte ihm keine größern Erfolge bringen. Sie war zu schwach. So sah
er nur die Möglichkeit, sich durch untergeordnete Rollen zu behaupten,
worunter sein Ehrgeiz litt. Nachdem ich den noch Schwankenden
und Taumelnden in seine Wohnung geleitet hatte, feierten wir
glückliche Stunden. Burgunder ist die Erquickung aller Genesenden.

Die Rebe der Côte d'or läßt neues Blut durch die Adern rollen.
Sie war aufzutreiben in dem schönen Graz und so lösten sich die
Zungen. Abenteuerlich war die Welt, die sich schon in so kurzer Zeit
dem Flüchtling der gelehrten Musen von Dresden aus, wo ihn
die sächsischen Seelenfänger zuerst in „reisende Gesellschaften" auf=
nahmen, geöffnet hatte. Die bedeutendste seiner Rollen war
jener gleißnerische Daniel Capuzzi in der Lieblingsoper des Tages
„Zampa" gewesen. Ich hatte diesen Tartüffe der Abruzzen meister=
haft darstellen sehen von einem Schauspieler und Sänger List in
Stuttgart. Mehrere Tage gingen hin im Austausch alles seither
Erlebten und künftig Bezweckten. Der Freund war entschlossen,
nach Deutschland zurückzukehren, wieder die Universität Halle zu be=
suchen und noch einmal die Rechte zu studiren. Er hat es redlich
ausgeführt und ist als Richter und eifriger Musikbeförderer engeren
Kreises in einer Stadt am westlichen Fuße des Harzes gestorben.

In Wien fand ich die schon vorausgeeilten Gefährten im
vollen Strudel des phäakischen Lebens. Der Starost philosophirte
nur noch über Backhänel, der literarische Collège schwelgte in den
Walzern des älteren Strauß, den er, ein Wort Napoleon's über den
„Rheinischen Merkur" wiederholend, den „vierten Alliirten" der
heiligen Allianz genannt hatte. Rußland, Oesterreich, Preußen standen
freilich nicht mehr auf dem naiven Standpunkte Wiens, das damals
über Backhäneln und Strauß'schen Walzern die Weltgeschichte ver=
gessen zu haben schien. Doch gab es mürrische Kopfhänger, die
sich freisinnig äußerten, auch hier und genug fanden wir deren im
„Stern", einem Wirthshause, wo sich die Literatenschaft Wiens ver=
sammelte. Aber man konnte nicht immer unterscheiden, was persön=
liche Verstimmung war, ob Gefühl der Zurücksetzung, der Nicht=
anerkennung, oder ob die Ueberzeugung aus dem Herzen kam.
Einen durchaus malcontenten Eindruck machte Grillparzer. Mit
jenem mißmuthigen Lächeln, das sich unter Metternich's Herrschaft
über die Mienen aller denkenden Oesterreicher lagerte, gab sich der
leider auch in seinen Schöpfungen allzusehr vom Grübelsinn beherrschte
Dichter den jungen Ankömmlingen als ein angeschmiedeter Prome=
theus zu erkennen. Grillparzer war soeben Archivdirector geworden
und schon als solcher nicht ohne „ämtliche" Reizungen seines a priori

gern schwarzsehenden Gemüths. Die Leitung des Burgtheaters lag in den Händen eines Selbstproducirenden, des Verfassers von „Hans Sachs" und „Garrick in Bristol", Deinhardstein. Das heitere Element mußte in seinem System liegen. Denn unter dem Namen eines Doctor Römer befleißigte er sich auch, Uebersetzungen aus dem Französischen zu liefern, worin ihm einen, wie es schien, förmlich privilegirten Beistand leisteten Kurländer und später Koch. „Garrick in Bristol" bot dem berühmten Ludwig Löwe Gelegenheit, eine wirksame Verkleidungsrolle durchzuführen. Es mag Wenigen bekannt sein, daß sich dies vergessene „Originalluftspiel" auf Motive stützt, denen man in den drastischen Lustspielscenen des Engländers Foote begegnet.

Stolz und sicher trugen wir unsere Häupter und achteten der „Spitzeln" nicht, vor denen man uns als in jedem Kreise, selbst unter den Mitgliedern des „Sterns" befindlich, gewarnt hatte. Wir wußten es schon, je zuvorkommender, zuthunlicher eine in Oesterreich gemachte Bekanntschaft war, desto mehr hatte man Ursache auf der Hut zu sein. In Prag galt es die Vorsicht noch zu verdoppeln. Woraus sich allein erklären läßt, daß über den Censursklaven Wachsmuth's plötzlich bleiche Furcht und Entsetzen kam. Eben noch hatte derselbe an der Table d'hôte, wieder im „Stern", zu den Töchtern des reichen Buchhändlers Vieweg in Braunschweig, von denen die Eine verbindlichst gesagt: „Ach ja, Sie arbeiten ja für Papa!" mit stolzer Ablehnung geantwortet: „Entschuldigen Sie, mein Fräulein, arbeiten? Wir arbeiten für Niemand —!" da überfiel ihn plötzlich Panique. Die Vorüberreise am Spielberg bei Brünn, die Wiener Plaudereien über Munkatsch, die Erinnerung an unsere Besichtigung der Bleidächer von Venedig trat vor seine ahnungsvolle Seele in solchem Grade mächtig, daß er plötzlich andere Luft zu athmen begehrte, als österreichische, und nur immer rief: „Fort! fort! Hinaus aus dem Land! Es wird mir zu schwül! Ich ahne, ich ahne etwas!" Unsere Conversation war freilich seit Wochen eine einzige Censurwidrigkeit. Der Starost war ein personificirtes „Noch ist Polen nicht verloren". Nun mußte auch noch Schlesier „Berichte aus böhmischen Bädern" aufgenommen und Professor Wachsmuth, in die fünf Bände seiner „Europäischen Sittengeschichte" vertieft, einige pikante Stellen darin übersehen haben, genug, wir bestiegen, immer aber unter humoristischen Eindrücken, den ersten besten „Zeiselwagen", der uns keineswegs couriermäßig nach Teplitz beför= derte. Dort aber nahmen wir Extrapost und jagten bei Nacht und Nebel über die Nollendorfer Höhe, im Sturmwinde der hier voll= zogenen Gefangennahme des Generals Vandamme gedenkend, zu welcher denn glücklicherweise — wir waren auf der Grenze — mit uns kein Seitenstück gegeben wurde. Es war in der That eine andere Welt, als wir früh Morgens bei den Chaisenträgern Dresdens in der Nähe der Brühl'schen Terrasse, der Madonna del Sisto, der langen rothen Grenadiere mit den Bärenmützen vor dem Schlosse und der Tieck'schen Vorlesungen angekommen waren.

Die so malerisch gelegene, damals ebenso in geistiger, wie in jeder andern Hinsicht in sich abgeschlossene Stadt, noch nicht erweitert, noch nicht durch Bebauung der nächsten Gärten und Felder ihres eigenthümlich concentrirten Charakters entkleidet, auch noch standhafter im Behaupten ihres specifisch sächsischen Charakters, fesselte nach allen Richtungen hin. Der Starost sah schon auf der Terrasse einen oder den anderen seiner Kunden aus Odessa und Brody, die ihm die bewußten Dukaten eintrugen — die Michaelismesse war im An= zuge. Der Theateranschlagzettel brachte den Zaubernamen jener Zeit — Schröder=Devrient. Die Sixtinische Madonna und so manches andere berühmte Bild im alten Hof=Stallgebäude sah uns zu seinen Füßen voll Andacht und diesmal ohne alle „schlechten Witze". Der Verfasser des „jungen Europa" (dessen Lektüre ich endlich beendigt hatte, ohne begriffen zu haben, was das Ganze hatte sagen sollen) klopfte vielleicht, ich weiß es nicht mehr, bei Hofrath Tieck an und wurde zu einer Vorlesung zugelassen, die ihm Beruf zum spä= teren Burgtheaterdirector gab. Wir widerstanden die Complimente, die ich hätte machen müssen. Auch führte ich keinen Frack bei mir. Eine andere Persönlichkeit genossen wir gemeinschaftlich, jenen Eduard Vehse, der sich später als Geschichtsschreiber der großen und kleinen Hofscandale so viele Verbote und — neue Auflagen seiner Bücher erworben hat. Damals hatte der eigenthümliche Mann von einer selten vorkommenden sanguinisch=melancholischen Complexion die Stellung eines königlichen Archivars. Er arbeitete gründlichst an

einem Atlas synchronistischer Tafeln, dessen Druckherstellung sein
Vermögen absorbirte. Merkwürdig, er besaß eine ständige Exal=
tation und darauf folgend wieder eine Abspannung, wie mir diese
nur auf sächsischem Gebiet oder bei Opiumessern vorgekommen.
Rührigkeit, Beweglichkeit, praktischer Muth, Phantasterei zuvor
und plötzliche Blasirtheit und Ernüchterung. Die synchronistischen Ta=
feln waren nach Behse die ausschließliche Forderung der Zeit. Sie
waren das, was für Richard Wagner später die Kunstwerke der Zu=
kunft waren, dem Grafen Beust die Dreikönigsverfassung, dem treff=
lichen Professor Reclam die Leichenverbrennung. Alle Drei stehen
sie unter dem Einfluß sächsischer Culturbedingungen.

Behse war eine schmächtige Gestalt, sein Kopf von schwarzem Haar
bedeckt, sein Auge hatte etwas irrend Unbestimmtes, das seine spätern
gewaltigen Wandlungen erklärbar macht. Mit Feuer und Begeiste=
rung dem Geschichtsleben hingegeben, freisinnig, hielt er damals Rül=
hière (Geschichte Polens und der Thronbesteigung Katharina's II.) für
den größten Historiker, der je gelebt. Ein Citat, eine Vergleichung
aus Rülhière hatte er zu jeder Zeit bei der Hand, wie aus dem
Tacitus. Außerdem beschäftigte ihn sein Geschichtsatlas. Diesem
zu Liebe begründete er mit seinem Schwager eine eigene Buchhand=
lung. Als letzte schlechte Geschäfte machte, gerieth der Freisinnige,
der Republikaner — in die pietistische Sektirerei des Pastors
Stephan! Die Anstellung am Archiv wurde aufgegeben. Er wanderte
mit den verblendeten Anhängern des geistlichen Groß=Kophta nach
Amerika aus. Als an Ort und Stelle der Heiligenschein des Verführers
schmolz, kehrten die Betrogenen zurück, Behse mit einer Beschä=
mung, die den späteren Umgang mit ihm peinlich machte. Selten
ist mir der Gegensatz einer frischen lebensmuthigen Jugend mit
einem grämlichen Alter so auffallend gewesen, wie in den verschie=
denen Stadien, wo ich diesem mit Wissensstoff überladenen Manne
begegnete. Schon früh war er Wittwer geworden. In Folge dessen
brachte er auch noch aus Amerika eine komische Neigung mit, die
Chance verwerthen zu wollen, wenn eine Frau seine zweite Ge=
malin würde.

Berlin wurde meinerseits durch einen Umweg durch die Lausitz,
durch das Sandmeer des Spreewaldes, über Frankfurt an der Oder

erreicht. Wie man sich in den Prairieen unter den hohen Gras=
halmen, in der Wüste unter den Sandwellen verirren kann, so kann
man das, glaub' ich, im märkisch=lausitzer Spreewald unter den
Tannen. Daß sich der Postwagen in den Wegen, die nur Wagen=
spuren im Sande erschienen, zurechtfand, nahm mich wunder. In
einem Städtchen, das endlich in freundlicherer Gegend, ja schon den
Grüneberger Weingeländen nahe auftauchte, Forste, wohnte mir ein
Bruder. Auf dem Schützenhause, hinter dem gerippten Glase mit
Dünnbier, auf der Kegelbahn konnte man glauben, hier noch am An=
fang des vorigen Jahrhunderts zu stehen, in jener Zeit, wo ein Kron=
prinz von Preußen nicht länger in der Mark Brandenburg aus=
halten zu können erklärte und durchgehen wollte. Jetzt mag sich
dies kleine Tuchmacherstädtchen, wie überall die Provinz, weit be=
wußter und mit der Zeit zusammenhängender fühlen gelernt haben.

Ich war denn wieder im „Bann von Mekka's Thoren!" Die
lange Frankfurter Linden=Allee, das „Schlößchen", die „Neue
Welt", die vom Postwagen aus zuerst begrüßt wurden, gaben
mir den Vorschmack der Erinnerungen voll Schmerz und Herbig=
keit, an die ich wieder anzuknüpfen hatte. An jedes Haus knüpfte
sich mir ein Gedanke der Erinnerung meist trüber Art. Wie die
Dinge lagen und die Personen unverändert standen, war an eine
Erhebung aus dem aschgrauen Einerlei in Berlin nicht zu denken.
Berlin gehörte dem Militär, den Beamten, den Geistlichen. Es ist
kaum zu begreifen, wie aus diesem steifen, zugeknöpften, monotonen,
ganz den Sonntagspredigten der Geistlichen hingegebenen damaligen
Berlin das jetzige anarchische, wilde, zuchtlose, das mit 25 Theatern
gesegnete Berlin hat entstehen können. Die Frage kann den Cultur=
historiker beschäftigen. Doch müßte seine Arbeit, wenn sie richtig
ausfallen soll, auf die Entdeckung zurückkommen, daß jenes pedan=
tische, engherzige, penible, philisterhafte Berlin von damals nicht nur
mitten in seiner jetzigen Frivolität und demokratischen Wildheit annoch
lebt, sondern daß es sogar, nur in anderer Form und unter anderer
Maske, den Ton angiebt.

Der Entschluß, mich ganz auf meine Feder zu stellen, war
nach dieser Reise gefaßt. Mein Schreiben war an sich nur Thaten=
drang, nur verhaltene Rede zum Volk. Ganz Europa war

in Bewegung, nur Deutschland schnarchte. Da die Glocke des Aufruhrs, der Sturm die Schläfer nicht wecken konnte, was blieb übrig, als die Sprache der Literatur zu wählen? Den Formen, die dem Leben gegeben werden sollten, mußte der bildende Geist vorangehen. Wo lagen die Ringe in den Felsen eingemauert, die unsere Ketten festhielten? Die Schule, die Universität, die Kirche hießen diese starren Felsen — selbst Wissenschaft und Kunst hatten sich aufgethürmt, um den freien Geist an seiner Bewegung zu hindern. Zertrümmern läßt sich nichts, was wie von Granit geworden, zerstampfen mit Simsonsstärke kein Damm, kein Wall — was war der unglückliche Versuch jener Handvoll Menschen, der in Frankfurt einige Todte, Verwundete und zwanzig=, ja dreißigjährige Gefangenschaften in Mainz eingebracht hatte? Was hatte er genutzt? Die Lehre Mazzini's: Kleine Emeuten, auch wenn sie unterliegen, beweisen den Muth, der immer noch vorhanden sei, für eine Sache der Ueberzeugung einzustehen! wurzelt nicht im deutschen Gemüth. Da mußte sich die Einsicht sagen: Es ist das All, der Aether, die uns umgebende Luft, die dem aufgehenden Saatkorn mit milder Anfächelung die Kraft geben muß, daß es sich hält, streckt, wächst; dieser Sphäre allein mußt du deine Kraft widmen! Es geschah dies nicht auf dem belletristischen Gebiet allein, auch auf dem politischen. Regelmäßig schrieb ich Berichte an die neuentstandene „Stuttgarter Allgemeine Zeitung", an den badischen „Freisinnigen", der in Freiburg erschien, an die „Augsburger Allgemeine Zeitung". Doch was war aus Berlin zu melden? Der Monarch behandelte den Staat wie eine Ausstellung, wo man überall die Warnungstafel liest: Nichts anfassen! Reformen — ein schreckenerregendes Wort für einen Charakter, dem die Gewohnheit so lieb geworden war, daß er sich selbst von Hardenberg nicht trennen konnte, trotzdem daß die Schwächen dieses Ministers nicht blos in seinem Privatcharakter lagen. Außer meinen alten Begegnungen Sobernheim und Kottenkamp fand ich Niemand, dem die Zeitbewegung ähnliche Impulse gab wie mir. Selbst ein so harmloses, dem Charadenscherz und der Theaterchronik gewidmetes Blatt, wie der „Don Quixote" meines Schulfreundes Glaßbrenner, wurde verboten. Joel Jacoby war noch nicht römisch=katholisch getauft. Man konnte ihn bei Stehely nicht vermeiden. Noch war die alttestamentarische.

Stimmung in ihm vorwaltend. Er schrieb im Styl Lammenais' „Klagen eines Juden, Blätter für die höchsten Interessen". Glaß= brenner sagte witzig: „Die Juden verstehen sich auf die höchsten Interessen".

Die Neujahrs= und Carnevalszeit 1834 brachte ich in Leipzig zu. Nicht auf den Maskenbällen des Hôtel de Pologne, sondern in einem warmen Stübchen am Markt bei knirschendem Frost in den Straßen. Im Theater hätten die paar Leute, die es besuchten, zu= sammenrücken mögen, um sich einander zu erwärmen. Niemand hätte ahnen können, daß sich das seit 1811 beste Weinjahr so rauh, so, wie Shakespeare sagt, mit den „vollen Pausbacken des Boreas" ankündi= gen würde. Ein idealischer Liebhaberspieler mit langem schwarzem Haar war damals Ludwig Dessoir. Seine Gattin, die sich von ihm trennte, Therese, besaß lange Jahre hindurch das Herz der Leipziger und wetteiferte in Popularität mit Fräulein Günther, späterer Günther=Bachmann. Lebhafte, anregende Charaktere gab es täglich an der Gasttafel des bayrischen Hofes, Advokaten, Guts= besitzer, Beamte. Natürlich trug alles das specifisch sächsische Ge= präge bis zu den Stimmungen der Revanche gegen den großen Nachbarstaat, der zwar unmittelbar nahe lag, aber mit einer Haupt= stadt, die für nichts in Deutschland maßgebend war. Seit Schleier= macher und Hegel gestorben, ging das Interesse für Theologie auf Halle, für Philosophie auf München, Tübingen, Heidelberg über. Die Leipziger Theaterereignisse erhitzten oft die Köpfe der Streiten= den und Heinrich Laube ertheilte seine Sprüche unbedingter Unfehlbar= keit. Ich freute mich über jeden Studirten oder Fachgenossen, der es wagte, dem ewig Maßgeblichen ein „Wie so?" oder „Das seh' ich gar nicht ein!" zu erwiedern. Einem jungen Autor ge= deiht es nicht, sogleich beim Beginn seiner Entwicklung sein eigenes Journal zu haben. Seine Feder muß sich auf fremdem Terrain schulen. Ein Redakteur gereifterer Einsicht muß ihm zuweilen sagen können: „Das ist geschmacklos, das ist vollständig unklar, das ist unmotivirt!"

Glücklich zu preisen ist dann freilich derjenige Sohn der dich= tenden Muse, der mit den ersten Kundgebungen seiner Feder Haus zu halten versteht. Und noch glücklicher der, der sofort in eine

Bahn geräth, die jede Unreife der Erfahrung, jede Jugendlichkeit des Geschmacks und des Urtheils so lange verbirgt, bis die Jahre dem Geiste die größere Reife gegeben haben. Die Novelle, der Roman, die Beschreibung und vollends die Erörterung, das politische Raisonnement, alles das, was ein damals plötzlich hereinbrechender Cultus der Prosa (im Gegensatz gegen die schwäbische Schule und förmlich von Theodor Mundt als Evangelium der neuen Literatur angekündigt) in seinen Kreis zu ziehen anfing, es konnte nur unvollkommen ausfallen. Wenn sich ein junger Privatdocent in einer Monographie seines Fachs bewährt, wird er sich in einem umfassenden Lehrbuch nur Blößen geben. Wer lebensklug ist, lernt bei Zeiten die Kunst, seine Unwissenheit, seine Unreife zu verbergen, wie ich schon bei meiner Begegnung mit Seydelmann schilderte. Der lyrische Dichter ist dem Publikum tabula rasa. Ein lyrisches Gedicht kann nur das sein wollen, was es ist. Bringt es den Eindruck des Mondscheins, wie sich dieser auf einem stillen Wasser spiegelt, so wird davon Niemand, weder Müller oder Schulze, noch Alexander von Humboldt oder Schelling eine andere Anschauung haben, als diese Allen gemeinsame Feierstunde der Natur. Jahre lang kann ein lyrischer Dichter so im Incognito seiner sonstigen vielleicht schwachen und zu einem befriedigenden Buche in Prosa nicht im Mindesten ausreichenden Geistesgaben hinleben. Seine Unreife ist vielleicht sogar noch das Reizende, das an ihm gefällt. Ihm reiht sich der Dramatiker an. Auch dieser wählt einen Stoff, der sich selbst in Exposition setzt. Der Stoff bringt seine natürlichen fünf Akte mit sich, die Situationen müssen die gewählten sein, wenig andere. Geschickt, geistreich, genial mag die Gliederung des Stoffes noch lange nicht genannt werden können; aber die Uebertreibungen unreifer Anschauung, selbst offenbare Puerilitäten, die noch mit unterlaufen, fallen dem Autor nicht so zur Last, wie beim frühen Gebrauch der erörternden Prosa. Auch Shakespeare hat Plattitüden! Wie lange die Dramatiker von etwas Schwung den Glauben an ihren Genius aufrecht erhalten können, der doch kaum mehr in sich hatte, als den gerade gewählten Stoff, zeigte sogar Hebbel, als dieser einmal eine Novelle schrieb, „Meister Schnock", schauerlichen Andenkens.

Eine Anerkennung für meinen „Maha Guru", der für Jeden langweilig sein mußte, dem nicht sein Bildungsstandpunkt das aufgewendete Material von Interesse machte, hatte ich nicht gesucht. Als Wolfgang Menzel das Buch besprach, wählte er unter den Vignetten, die auf den einzelnen Nummern seines Blattes abzuwechseln pflegten, einen Lorbeerkranz und ließ zweimal meinen Namen hineinsetzen. Das konnte mir bei dem Ansehen des Morgenblattes genügen. Ich blätterte täglich in den Journalen, die auf einem Tisch in der Grimma'schen Gasse lagen. Die Reclam'sche Buchhandlung hielt dort ein Leseinstitut. Um drei Uhr Nachmittags saßen nicht mehr als drei Personen beisammen, meine Wenigkeit, der berühmte Professor Krug und ein Prinz von Holstein-Augustenburg, der sich wegen einer Mesalliance vom Hofleben zurückgezogen hatte. Ich blieb beim Lesen stumm; Professor Krug, der in seinem Aeußeren Zachariä ähnelte, glossirte jede auffallende Zeitungsnotiz mit Bemerkungen, die ihm von Seiner Durchlaucht bewundernde Zustimmung eintrugen. Aber der wohlwollende, korpulente, fast rothhaarig blonde Prinz drückte mit unabläffigem Mienenspiel aus, daß er über die Anwesenheit eines ihm nicht bekannten, ihm nicht vorgestellten Dritten nicht hinauskommen konnte. Das Ensemble, das wir drei einsamen Museumsleser abgaben, wurde durch die Neugier des Prinzen wahrhaft komisch.

Nach Berlin gegen Ostern zurückgekehrt, ersah ich trotz der beiden Lorbeerkränze, daß ich in meinem „Maha Guru" die Töne nicht gepfiffen hatte, wonach die Welt zu tanzen liebt. Clauren, Spindler, van der Velde waren bei der Masse, Tieck, Bulwer bei den Anspruchsvolleren zu tief eingedrungen. Die wärmste Empfänglichkeit kam mir von den Mitgliedern des alten Münchener Kreises. Ja einer darunter, jener Student der Rechte, Löning, eine ideale Natur, mochte, obschon durch umfassende Bildung ausgezeichnet, seine Studien nicht fortsetzen und verfolgte den Plan, Buchhändler zu werden, zu welchem Behufe ihm der Anschluß an den Erzähler so zum Bedürfniß wurde, daß er um meinetwillen nach Berlin kam und mich überredete, mit ihm für die Sommerzeit nach dem erfrischenden, wasserreichen, nicht mit dem Sand und Staube kämpfenden Hamburg zu gehen.

Schöne Sommermonate, in einem Häuschen an der Alster,

das später der Brand verzehrte, wurden dort mit gemeinschaftlichem
Zusammenwohnen, Studien, Arbeiten, Träumereien, Genuß der Natur
und des Lebens zugebracht. Selbst die Beziehungen zu dem nur von
Heine und Börne erfüllten Buchhändler Julius Campe traten zurück
gegen den Reiz, den die glückliche Lage der Stadt, die malerischen
Ufer der Elbe, die Fruchtbarkeit des Bodens, die Fülle und Ueppig=
keit des materiellen Lebens gewährten. Neue Charaktere, wenn auch
wenige von der Bedeutung eines Gabriel Riesser, traten uns
da und dort entgegen. Der berühmte Vorkämpfer für die Eman=
zipation der Juden hatte das Haar eines Negers. Zwar blond,
aber so kurz gelockt, daß man es für Wolle hätte halten können.
Riesser's Art sich zu geben war die spezifisch Hamburgische. Alles
kam naiv, kindlich, fast schämig heraus und doch konnte er plötz=
lich Schneide zeigen. Ist diese Hamburger Art eine Folge des
gleichsam erst aus dem Plattdeutschen übersetzten Hochdeutsch? Auch
das Plattdeutschsprechen läßt so sonderbar niedlich erscheinen und
in der That nicht männlich.

Ein Empfehlungsbrief führte mich in das Haus des alten
Salomon Heine, der mich zu einem sonntäglichen Familien=
diner einlud. Da hatte ich denn die ganze Verwandtschaft Heinrich
Heine's beisammen. Die Begegnung war nur flüchtig; nur seine
Schwester, eine verheirathete Frau Embden, wurde und blieb
mir noch in späteren Jahren gewogen. Die Versammlung fand
in jenem kleinen, aber innerlich comfortabel eingerichteten Hause
am Jungfernstiege statt, das nicht mehr existirt. Schon brannten
die Lampen; in Hamburg bleibt man nach dem Fünf=Uhr=Diner
beisammen bis zur Theestunde. Der alte lebhafte Herr, der das
Theater mit Leidenschaft, das schöne Geschlecht ebenso, doch mit
Maß liebte, gönnte mir den Ehrenplatz an seiner Seite und trug
mir, wahrscheinlich zum Leidwesen der nächsten Hörer, seine von
diesen wol schon unzähligemal gehörte Selbstbiographie vor. Der
reiche Mann war aus Pyrmont gebürtig, war mit einigen Schil=
lingen in der Tasche in Hamburg eingewandert und konnte nur mit
den gewöhnlichen Geschäften angefangen haben, die man noch jetzt die
Hamburger Juden auf dem Neuensteinweg betreiben sieht. Bald
aber hatte die Continentalsperre seine Erfindungsgabe angespornt,

8*

jene Zeit, wo Napoleon die Engländer durch den Einfuhrtarif des
Continents schlagen wollte und die Insel Helgoland der Stützpunkt
des Schmuggels wurde, den seine eigenen Beamten leiteten. Der
Schmuggel machte in dem großen Netz, das der Tyrann über den
Continent gespannt sehen wollte, so viel Löcher, daß Handel und
Wandel blühten und sich die vielen, später in die Höhe gekommenen
Commerzienräthe die erste Grundlage ihrer Millionärschaft zurecht=
legten. Die Kriegslieferungen thaten dann das Uebrige. Bei Salo=
mon Heine waren noch die russischen, dänischen, schwedischen Anleihen
der Restaurationszeit hinzugekommen. „Ueber Literatur kann ich nicht
sprechen", pflegte er zu sagen, „ich kenne keine anderen Aufsätze, als
die, welche vom Conditor kommen." Ueber den Neffen in Paris,
dessen noch lebende und in Hamburg wohnende Mutter, die nicht
anwesend war, wich der Chef der Familie einer Erklärung aus.
Was er über den Dichter sprach, hielt sich im Ton des bekannten
Dictums aus seinem Munde: „Hätte mein Neffe etwas gelernt,
brauchte er nicht zu schreiben Bücher". Das sprechendste Bei=
spiel für die Richtigkeit dieser Aeußerung war in der Person des
Doctors Juris und späteren Handelsgerichtspräsidenten Halle zu=
gegen, der Stolz der Familie, der Schwiegersohn des Wirthes,
ein schöner stattlicher Mann, mit funkelnden Augen, krausem, dunkelm
Haar, kräftigem Backenbart. Sein Gespräch offenbarte Geist und
eine weit über sein Fach hinausgehende Belesenheit. Keine der
Fragen, die in den dreißiger Jahren die Welt bewegten, keine der
engern, die nur die Literatur berührten, war ihm fremd. Seine
Rede war wohllautend und trug jenes schöne Gepräge, wo sich
Wohlwollen mit vornehmer Haltung verbindet. Das triumphirende
Gefühl sämmtlicher Tischgenossen über den Besitz eines so ausgezeich=
neten Mannes verrieth sich nicht in seiner eigenen Haltung, die nur würdig
und maßvoll, nicht eitel war. Und wer hätte da die tragische Verände=
rung ahnen sollen, die mit diesem Manne vorging! Als ich zwanzig
Jahre später in den Laubgängen der sogenannten „Bürgerwiese" zu
Dresden, über die mich mein täglicher Ausgang führte, täglich einem
langsam schleichenden, asthmatisch aufgetriebenen, korpulenten Herrn
mit grauem Haar und Bart begegnete und zuletzt in Gesellschaften
die Bekanntschaft des inzwischen so auffallend Verwandelten er=

neuerte, erfuhr ich, der ehemalige „Präses Halle" von Hamburg hatte in Dresden eine prachtvolle Wohnung bezogen, gab Gesell= schaften von einem Glanz, wie man dergleichen von einem inzwischen durch den Tod seines Schwiegervaters zum Millionär Gewordenen erwarten konnte, galt aber als ein vom Schlage getroffener, zu schonender und nicht nach den üblichen Lebensbedingungen zu be= urtheilender Mann. Immer noch erlaubte ihm sein umflorter Geist manche Aeußerung, die in treffender Weise Vergangenheit oder Gegenwart berührte. Nur fiel mir, ehe ich ganz seinen Zustand kannte, die übermäßige Gereiztheit auf, als ich den reichen Mann um ein Geschenk für die neubegründete Schillerstiftung bat. Ich hatte dabei auf seinen eigenen Verwandten Heinrich Heine hinge= wiesen, der ja auch in seiner „Matratzengruft", ich fügte ausdrück= lich hinzu, ohne den Beistand seiner reichen Verwandten, schwerlich vom Ertrage seiner Schriften würde haben leben können. Noch ehe ich diesen Satz vollendet hatte, unterbrach mich der Kranke ohne jede Veranlassung mit den Zeichen des äußersten Unwillens. Als wenn eine Anklage bestünde des Inhalts, daß die reichen Verwandten nichts für Heinrich Heine gethan, ihn dauernd so gering geschätzt hätten, wie dies in den Zeiten der Confiscation seiner Bücher aller= dings geschehen war, redete er sich theils in eine excessive Bewunderung seines Verwandten hinein, die ihm wenigstens vor Jahren vollständig fremd gewesen, theils in die durch den Reichthum und die Liebe seiner Verwandten verbürgte unbedingte Widerlegung einer Möglichkeit, die ich ihm doch nur beispielsweise ausgesprochen hatte. Kurz dies maßlose, fast übermüthige Selbstgefühl des Mannes hinderte nicht, daß derselbe gleichzeitig in die trübe Vorstellung versunken war, mit seinem Reichthum könnte es zu Ende gehen, ja er sei schon nahe daran, nichts mehr zu haben. In der That traf man ihn in den= selben Anlagen um Dresden zuweilen im Begriff, Vorübergehende, einem Bettler gleich, um einige Schillinge anzusprechen.

Im Hochsommer verließ ich mit dem Freunde Hamburg, um Wolfgang Menzel, der auf's Neue in die Kammer gewählt war, die wiederum von ihm gewünschte Hülfe zu leisten. Auf der dem Rheine zu gerichteten Reise konnte endlich die seit lange verscho= bene Wiederbegegnung mit Frau Charlotte Birch stattfinden. Nach=

dem die Freundin den Winter und das Frühjahr über da und dort
gastirt hatte, ruhte sie in den Taunusbädern aus. Vor den Verfüh=
rungen des grünen Tisches war die leidenschaftliche Frau nicht sicher.
Selbst in Schwalbach, wo sie die Stahlquelle trank, in dem Bade
der bleichsüchtigen jungen Damen, war das schnurrende Rad im
Gange und manche Einnahme, die ihr von Ungarn oder Böhmen her
zukam, manche goldene Honorarsendung wurde von ihr dem Dämon
des Spiels geopfert. „Nahen Sie sich mir nicht!" rief sie mir in
ihrer schon im gewöhnlichen Leben immer stark auftragenden und
süddeutschen Dialektweise entgegen. „Um Gottes willen nicht! Ich
schwimme ja in Blut!" Bald erfuhr ich, der ich erstaunt zurück=
fuhr, daß sie unpäßlich war und in diesem Augenblick von einem
Gürtel — von Blutegeln umgeben, die sich ohne Zweifel an
ihrem üppigen Leibe wohl sein ließen. Ich wartete ihre Ge=
nesung ab. Diese stellte sich bald ein. Wir verbrachten manche
Stunde in jener Stimmung, wo uns ein starker Wille gewonnen
zu haben glaubt, wir auch aus Gründen des Gemüths durchaus
keinen Einspruch thun und doch sind wir meilenweit von einander
geschieden. Wenigstens mein Urtheil über ihr Schaffen war ein
durchaus getheiltes. Daß ich die Reserve einer Aesthetik der höchsten
Anforderungen nicht aufgab, ließ ich mit einer mir entweder ange=
borenen Milde oder aus Schwäche für die Freundin nicht ahnen.
Lebte sie doch auch zu sehr in der vollsten Vergegenwärtigung der
Bühne, wie sie ist. Diese kam ihr als Siegerin entgegen. Den
Anforderungen, welche die gang und gäbe Darstellungskunst macht,
glaubte sie als Dichterin vollauf zu genügen Die laufende Chronik
der Bühnen that alles, sie in diesem Glauben zu bestärken. In stiller
Abendstunde bis gegen Mitternacht las sie mir ihren hier in Schwal=
bach entstandenen „Johannes Guttenberg" vor. Das vierhundertjäh=
rige Jubiläum der Erfindung der Buchdruckerkunst stand bevor, die
Enthüllung der Thorwaldsen'schen Statue in Mainz; da lieferte sie
den Bühnen ein Festspiel, das sich lange Jahre erhalten hat und wol
noch auf den kleineren Bühnen bisweilen auftaucht. Daß ich nicht zu
allem schwieg, was sie mir aus einem Manuscript in Folio vorlas,
ließ sich erwarten. Guten Rath zu prüfen und anzunehmen war
sie unter Umständen schon in München bereit. Die schwalbacher

Gegenleiſtung, das Verſprechen der bons offices für den gordiſchen romantiſchen Knoten in Berlin, wurde von mir bereits erwähnt. „Johannes Guttenberg“ ſollte vom „Königsſtädter Theater“ aus ſeine Rundreiſe durch die deutſchen Gauen antreten.

Herrlich war der Sommer und der Herbſt, bezaubernd der Genuß des zum erſtenmale geſehenen Rheins, des Rheinthals von Mainz bis Bingen, der goldnen Moguntia ſelbſt, dieſer traulichen Winkelſtadt, die ſich mit ihren alten Domherrenhöfen und ihren mitten in der Stadt verſteckten Adelsſitzen nur mit dem ebenſo er= innerungsreichen winkligen Würzburg vergleichen läßt. Nach einigem Verweilen in Mannheim bei den Angehörigen des hier wohnenden Freundes Löning, dem Wiederſehen Heidelbergs, erfolgte in Stutt= gart die ſchon erzählte Trennung von Menzel. Dem Leidweſen, das mich denn doch darüber befiel, gab die eigene Erkrankung Mehrung. Bald nach einem Weinleſetag voll Jubel und Lärm, zugebracht mit meinen einfachen Wirthsleuten, hütete ich das Zimmer. Doch gab es von außen Anregung und Unterhaltung. Auguſt Lewald war von München nach Stuttgart übergeſiedelt, der neugewonnene Liebhaber am Hoftheater Heinrich Moritz verrieth ſeltene Bildung, unge= wöhnlich viel Beleſenheit und den Ehrgeiz, ſich in dieſem ſeinem volleren Werthe auch denen zu zeigen, die ihn zu würdigen vermochten. Der Dritte war wieder Seydelmann, damals noch ſeinem Clienten, dem jüngeren Moritz, vertrauensvoll verbunden. Moritz ver= ſuchte, was Seydelmann nicht gelang, eine Häuslichkeit zu eröff= nen; er führte damals ein Experiment durch, das, wie Jedermann vorausſah, ſcheitern mußte. Eine ſchon ältere adlige Dame aus Böhmen, unſchön, ſeltſam eckig und abſpringend in ihrem Weſen, aber von dem gutmüthigſten Charakter, wie es ſchien, hatte ſich mit dem anziehenden jungen Schauſpieler verbunden. Dieſer Eheverſuch gab der Welt nicht wenig Unterhaltungsſtoff. Es hatte etwas Rüh= rendes, die hochgeborene Frau mit dem beſten Willen in der Küche und mit dem Beſtreben, alles wohlthuend und beglückend zu treffen, ſich abmühen zu ſehen. Und der Gatte wieder ſeufzte: „Ja, wenn man es nur nicht ſähe! Wenn ſie's nur in der Stille thun oder ganz unterlaſſen wollte!“ Ein Mittagsmahl, zu welchem ſie ein= geladen hatten, wo die Hausherrin in ängſtlichſter Sorge, der Haus=

herr mit schärfster Kritik auf jede Schüssel sah, war so peinlich, daß
selbst Lewald's und Seydelmann's Humor die Stimmung nicht in
Fluß bringen konnte. Ein Compott aus getrockneten Datteln, das
die Gräfin selbst zubereitet hatte und worauf sie sich nicht wenig
zu Gute gethan, schlug zuletzt dem Faß der Zurückhaltung beim
Manne den Boden aus. Alle seine Erfahrungen in Leipzig, Dresden,
Berlin hatten ihn noch auf kein Compott von Datteln geführt, dem
man seiner Uebersüßigkeit wegen in der That nicht mit besondrem
Appetit zusprechen konnte.

Trauliche Abendstunden gab es, wenn diese drei damals freund=
schaftlich Verbundenen den Kranken besuchten, nicht nur die Karten mit=
brachten, sondern auch die Bestandtheile eines Abendimbisses. Es war
Winter geworden. Die Lampe brannte, draußen tobte der Sturm.
Da stiegen drei Männer in meine behaglich erwärmte Klause und
entledigten sich ihrer unter den damals noch üblichen falten=
reichen Mänteln verborgenen Fourage. Seydelmann brachte Wein,
Moritz irgend etwas, das auf eine Rarität, einen Capaun, einen
Fasan hinauskam, Lewald warf eine resolute Wurst auf den Tisch.
Brot, Tischtuch und Messer fanden sich beim Wirth. Geraucht
wurde nur versuchsweise von Moritz. Die Cigarre und der Ehr=
geiz gingen noch nicht bequem nebeneinander wie jetzt. Die mit Ruhe
gerauchte Cigarre bei strebenden, reizbaren Naturen ist erst eine
Errungenschaft unserer Tage.

Die Verbindung mit Leipzig wurde von mir noch immer unter=
halten. Wie ein junger Name, der, zwar halb und halb nur träu=
merisch, aber doch auf der Unterlage seiner Studien, seines gewissen=
haften Postenstehens im geistigen Feldzuge der Zeit, seinen Weg in
der Literatur verfolgt, schon frühe eine Stellung gewinnen kann,
zeigte sich bei einem Besuche, den mir eben jener Liesching machte,
der sich jetzt plötzlich in schon vorgerückten Jahren als Verlags=
buchhändler bewähren wollte. In runder Summe bot er mir
100 Carolins für ein Gemälde unserer Zeit, etwa Bilder des Jahr=
hunderts, wie ich diese Idee drei Jahre später als „Säkularbilder"
ausgeführt habe. Doch mußte ich jetzt nur an den Freund in
Mannheim denken, der bei seiner Hoffnung, eine Buchhandlung zu
eröffnen, auf die Erfüllung der bibliopolischen Pläne rechnete, die

wir unter den alten Eichen von Harvestehude am Strande der
blauen Alster geträumt hatten.

Wieder war ich an meinen Nero gegangen, hatte auch einzelne
Scenen desselben im Morgenblatt erscheinen lassen, als mir der An=
trag wurde, eine „Frühlingszeitung", „Phönix" genannt, die in
Frankfurt am Main erscheinen sollte, durch meine Mitarbeit zu
unterstützen Ich schlug die Form dafür vor, daß man mir wöchent=
lich eine Nummer für mich allein einräumte, die ich als „Literatur=
blatt" zur Berichterstattung über die literarischen neuen Erscheinungen
wählen würde. Der Vorschlag wurde angenommen. Nach den Weih=
nachtstagen, die im Seydelmann'schen Kreise gefeiert wurden, ging
ich nach Frankfurt am Main. Der „Frühling", den jene Zeitung
hatte verkündigen wollen, ging auf die Zeit, die Literatur, war aber
ein viel zu emphatischer Ausdruck im Munde eines Mannes, der
in sonderbarster Weise zwar beständig Licht und Aufklärung im
Munde führte, Eduard Dullers, selbst aber in seinen Hervor=
bringungen, Romanen und Dramen, sich nur in der Sphäre seines
Freundes Moritz von Schwind (sie waren beide Wiener) be=
wegte, im Mittelalter, im Dämmerlicht der alten Sage, unter den
Trümmern alter Abteien und Klöster. Nach dem „Frühling" sehnte
sich jedoch alle Welt. Das verflossene Jahr hatte wieder die blutigen
Aufstände von Lyon und Paris gebracht. In Deutschland dauerten
die Untersuchungen und Einkerkerungen fort. Die gedrückten Stim=
mungen waren irgend einem neuen, einem unbekannten Gotte zuge=
wandt. Einer der Hoffmann und Campe'schen Verlagsartikel hatte
geradezu einen „Völkerfrühling" sozusagen in den Sprachgebrauch
gebracht. Der belletristische Theil des „Phönix", der zwar mit
dem „Armen Konrad", einer Erzählung aus dem Bauernkriege, be=
gann, sich jedoch überwiegend nur bei Nixen, Meerweibern und
Klausnern aufhielt, konnte ruhig sein vor den immer mehr zur
Strenge aufgeforderten Censoren und dem Bundestag. Drohender
wurde der Blaustift für mein samstagliches Literaturblatt gespitzt.

Seit vierzig Jahren haben sich in Folge der Eisenbahnen und
unserer Einheitsbestrebungen die Eigenarten der Städte verwischt.
Wie sind sie sich alle so ähnlich und gleich geworden! Dies Frank=
furt am Main, das Jedem, der sich etwa einmal zu sagen erlaubte:

Wer wird wol einmal diesen Bissen verschlucken', Oesterreich oder
Preußen? entrüstet antwortete: Der Bissen wird Euch im Halse
stecken bleiben! Frankfurt verschlucken wollen heißt einen europäischen
Krieg veranlassen —! wie verrieth es Selbstgefühl im Guten und
im Schlimmen, in Vorzügen und in verrotteten alten Fehlern! Damals hatte die altberühmte Stadt noch Wallgräben und Thürme,
Thoresschluß und die strengste Controle über jeden Fremdling. Wer
sich nach acht Tagen nicht empfahl, war dem „Rath" unbequem, verdächtig. Willfährigkeit, Jemand die Ansiedlung zu erleichtern oder
wol gar einen Gewerbsbetrieb zu errichten, scheiterte an zahlreichen
gesetzlichen Bestimmungen. Dreierlei Herren regierten die Stadt,
Schöffen, eine Art Pairs, Senatoren, die studirt haben mußten,
und Männer „des Raths", die aus dem Bürgerstande gewählt
wurden. Zwei Bürgermeister herrschten und nur auf ein Jahr,
wie im alten Rom. Sie herrschten mit allem Glanz. Beim An-
tritt ihres Regiments durften Freudenschüsse erschallen und alle Welt
bewunderte die Kutsche, in welcher sie ihre erste „Römer"fahrt
machten. Einer der Schöffen hatte zuweilen eine Curialstimme
am Bundestage und der Emsigsten Einer war dann, wenn wieder
die Ehre auf Frankfurt fiel, der sogenannte Bibel=Meyer — er
hatte die Bibel übersetzt, ein geistvoller, aber schroffer Parteimann.
Galt es auf der Eschenheimer Gasse eine neue Maßregel nach
den Auffassungen Oesterreichs durchzusetzen, so war die Frankfurter
Stimme sofort gewonnen. Oesterreich für immer! war Frankfurts
Devise, schon seiner damaligen 9000 Katholiken und der Me-
talliques wegen. Wer über die Zukunft seines Sohnes in Verlegenheit war, brachte ihn im österreichischen Militär unter. Bei
alledem empfand man das Verlegen österreichischer Truppen in
die theure Vaterstadt als ein schweres, nicht genug zu beklagen-
des Unglück. Mit dem April=Attentat von 1833 waren Be-
drohungen der Gefängnisse verbunden gewesen; die von der Stadt
selbst mit schweren Kosten gestellte Militärmacht hatte Metternich
für keine hinreichende Bürgschaft für die Ruhe Frankfurts, dieser
für Süddeutschland so maßgebenden Stadt, erklärt. So war
denn nicht zu helfen, das Schmerzlichste geschah trotz der österreichischen
Sympathieen. „Ei, ei, wo kommst Du denn her?" rief ich eines

Tages einem Vetter von mir entgegen, einem ehrsamen Buchdrucker=
gehülfen, den in Frankfurt wiederzufinden gleich in den ersten Tagen
nach meiner Ankunft mich überraschen mußte. „Recte aus dem
Loch!" antwortete er. „Habe drei Tage sitzen müssen!" — „Nicht
übel! Und warum?" — Der lecke berliner Bursche hatte im
Abenddunkel, als eine österreichische Runde vorüberschritt (die Sol=
daten trugen ihren Proviantsack über der Armatur), zu seinem
Nachbar gesagt: „Da kommen die österreichischen Kostbeutel!" Die
Enge der sogenannten Schnurgasse, die Schallweite Frankfurter und
Berliner Straßen hatte er nicht bedacht. Er wurde mit ein paar
Handgriffen in die Mitte des Pikets geschleudert.

Nichts Behaglicheres von einem städtischen Leben kann man
sich denken, als das Ensemble eines damals in Frankfurt alles,
was zu des Lebens Anmuth, Bequemlichkeit und höherer Würde
gehörte, in nächster Nähe beisammen hatte. Da lag das Theater
mit mehr als mittelmäßigen, zuweilen trefflichen Leistungen. Un=
mittelbar daneben die Post, ringsum lagen Gasthöfe, die für
die Kunst der Hôtelhaltung als Akademie galten; Kaffeehäuser,
gemüthlich eingerichtet, noch nicht durch die Fremden aus den
nahegelegenen Bädern verfranzösirt. Ein Lesezimmer ersten Ranges
lag auf dem Roßmarkt. Eine Gasse voll Buchhandlungen, die
Buchgasse, war im Nu zu erreichen (sie legte den Grund zu
Deutschlands Einheit, denn hier begann, was sich später in
Leipzig für die Communicationswege des geistigen Verkehrs fort=
setzte); dazu die Senckenberg'sche Stiftung, eine Art Akademie für
die Naturwissenschaften, sogar mit einer Sternwarte und Anatomie.
Nicht zu vergessen das Städel'sche Museum, eine lehrreiche Gemälde=
gallerie mit vielem Schönen und Werthvollen älterer und neuerer
Kunst. Und unmittelbar nahe sorgsam gepflegte Promenaden, die sich
um die Stadt zogen und sich immer mehr vervollkommneten, mit
der Zeit Staffagen immer zahlreicherer Neubauten. An Concerten,
geistigen Genüssen dabei kein Mangel. Was nur an berühmten
Namen auftauchte, holte sich, wenigstens hielten die Frankfurter auf
diesen Glauben, das Diplom seines ob wirklichen oder nur ge=
machten Werthes erst von einer Frankfurter Beweisführung für sein
Talent. Der Cäcilienverein, der Liederkranz, beide waren von Diri=

genten ersten Ranges geleitet. Ein geschlossener Verein, die Mu=
seumsgesellschaft, bot einen Mittelpunkt für geistige Geselligkeit.
Nur die einzige Stadtbibliothek lag außerhalb dieses schönen, eng=
zusammengedrängten behaglichen Ensemble's. Diese an's äußerste
Ende der Stadt zu verpflanzen, war ein unglücklicher Gedanke.
Sie hätte in dem Rundkreise um den Roßplatz gerade in der Mitte
liegen sollen.

Christ und Jude waren damals gesellschaftlich noch mannichfach ge=
trennt. Zu jener eben gerühmten Lesegesellschaft wurde kein Jude zuge=
lassen. Man hatte die Ansicht: Wo erst Einer dieses Stammes Platz
gegriffen, da folgen bald die andern und zuletzt sind Wir es, die
gehen müssen! Doch gab es Gelegenheiten genug, wo ein Jeder so=
viel galt, als sein Name, seine Bildung, sein Geist vertreten
konnte. Immer mehr an Macht gewann die Börse. Börsenspiel
wurde eine Kunst, die sich auf Erkenntniß der politischen Zustände
gründete, eine Erkenntniß, die nicht überall anzutreffen war. Der
Bundestag mochte diese vielen herumwandelnden verkörperten Baro=
meter kaum wünschen, that sich aber gütlich an den Folgen des
immer mehr steigenden Wohlstandes, an den Gastereien, die unter
den großen Häusern einen förmlichen Wettstreit erzeugten. Auch
eine aristokratische Gesellschaft gab es, obschon dieser die eigentlich
fesselnden Bindeglieder, geistreiche und schöne Frauen, fehlten. Nur
von einigen Gefallsüchtigen wußte die Chronik grade dieser Sphäre zu
erzählen. Ab und zu fuhren die umwohnenden Souveräne die statt=
liche „Zeil" herauf. Denn bei Rothschild gab es immer zu handeln
und zu markten. Stammgast in Frankfurt war der Herzog von
Nassau, der sich im Gasthof zum „Römischen Kaiser" sogar mehr
als erster Weinhändler Deutschlands, denn als Fürst zu fühlen schien.

Ein so kleines und doch bedeutsames Terrain erschien wie ein
Glashaus, wo das von oben hereinfallende Licht jeder Physiognomie
eine schärfere Zeichnung giebt. Immer streiften hier Menschen aus
den verschiedensten Gegenden oder Thätigkeitsgebieten dicht aneinander.
Der Beobachter konnte in diesem Verkehr nur lernen. Das Ent=
gegenkommen, das ich fand, war von allen Seiten das wohl=
wollendste. Hatte ich doch die Gunst der Stadt rasch gewonnen durch
einen Vortrag in der erwähnten Museumsgesellschaft. Weit entfernt

zu glauben, daß hier eine ernste Abhandlung am Platze gewesen wäre, hatte ich dem Publikum der „Museumsabende", welchem Musik über alles zu gehen und hinter dieser jeder Vortrag über Goethe oder Schiller, über Posa oder Hamlet langweilig vorzukommen schien, eine „Naturgeschichte der deutschen Kameele" vorgelesen. War es die Rückkehr des Doctor Rüppell aus Abyssinien oder worin sonst die Anregung gelegen hatte, meine Schilderung des deutschen Philisters, des „Kameels", fand eine solche Zustimmung bei Männern so=wohl wie Frauen und erregte ein solches Ausschütten der Lachlust, einen solchen Sturm von Beifall, daß ich meine Stellung in Frank=furt, den Bundestag und die mit diesem kokettirende Sphäre des Adels und der großen Bankiers ausgenommen, für mehr als leidlich begründet halten konnte.

Wer kennt nicht und wer hat sie nicht selbst gesungen die er=hebende Melodie des Liedes: „Mein Herz ist am Rheine?" Wer hörte nicht tief ergriffen und durchschauert Uhland's Lied von den drei Gesellen und ihren Liebchen? Der Meister dieser Lieder und so manches anderen, Wilhelm Speyer, widmete mir eine Theilnahme, die für mich, ich darf es gestehen, eine erziehende wurde. Denn der Mann kannte das Leben, kannte Hoch und Niedrig, verband mit seinem künstlerischen Wollen und Vollbringen die regelmäßige Thätigkeit eines mit aller Welt verkehrenden Ge=schäftslebens, das eines beeidigten Börsenmaklers. Das ihm be=sonders geschenkte Vertrauen des Rothschild'schen Hauses erleichterte ihm die schwierige Verbindung zweier Richtungen, zweier Seelen gleichsam, die in Folge eines Bankerotts seiner Eltern in ihm leben mußten. Zum Genuß des Lebens erzogen, glücklicherweise zum edleren Genusse desselben, aufgewachsen in jenem seinen Eltern ge=hörenden offenbacher Andrée'schen Hause, wo einst „Lilli" ihre „Menagerie" aufgeschlagen und Goethe'n darunter als Gezähmtesten am Gängelbande geführt hatte, früh verheirathet mit einer Adligen, stand er durch den großen Finanzsturm von 1825, der über die Welt fuhr, plötzlich mittellos und erhob sich erst allmälig und mit Anstrengung zu einer Stellung, die ihn erhielt. Seine Beziehungen zu Abt Vogler in Darmstadt, Spohr, Meyerbeer, Seydelmann, welchem letzteren Speyer ein fleißiger Correspondent war, noch ehe der

immer mehr Aufsehen erregende Schauspieler im Frühjahr 1834
ein in der damaligen Theaterwelt epochemachendes Gastspiel, erst in
Frankfurt, dann in Berlin, eröffnete, versetzte ihn in ständige Ver=
bindung mit dem Meisten, was auf musikalischem oder theatralischem
Gebiete den Ton angab. Ein Schatz von Lebenseindrücken wurde
mir in traulichen Stunden eröffnet. Gern theilte ich den einzigen
Genuß, den sich der rastlos thätige Mann gewährte, ihn, wenn die
Jahreszeit milder geworden, an die Stätte seiner Geburt zu beglei=
ten. Nur ein Blick auf die Platanenallee in jenem Offenbacher
Garten, unter welcher sich einst der Knabe im Spiel getummelt hatte,
ein Blick auf die hohen Ulmen, welche die Wiesen des Parks über=
wölbten, genügte, ihm für Wochen wieder die Beschwerden der da=
mals im Freien abgehaltenen und aller Ungunst des Wetters aus=
gesetzten Börse ertragen zu helfen.

Eigenthümlich anregend war auch der Umgang mit dem als
Ultramontaner gestorbenen Arzt August Clemens. Zwar gehörte
derselbe nicht zu den Autoritäten Frankfurts, wie in seinem Fache,
dem musikalischen, Wilhelm Speyer. Aber den Spott, den man zu=
weilen auf den Theaterarzt Clemens, der sich nicht wenig darauf
zu gute that, die Geheimnisse der Theaterdamen zu wissen, ja die
Geringschätzung, die man auf seine Kenntnisse als Arzt überhaupt
fallen ließ, hatte der bewegliche, rührige, wohlwollende Mann im
Grunde nicht verdient. Mir wenigstens wurde der Umgang auch mit
ihm zur Anregung. Noch hatte sich in jener Zeit keine ausgespro=
chene römisch=katholische Richtung des jüdischen Convertiten bemächtigt.
Nur ein Vorplänkeln war es, daß er allerdings mit Vorliebe von
Pfeilschifter sprach, dem bekannten von Metternich besoldeten Publi=
zisten, der längere Zeit von Frankfurt, später von Aschaffenburg
aus für die praktische Anwendung der Haller'schen Staatstheorie
wirkte. Oft wollte Clemens, der bei Pfeilschifter Arzt gewesen,
voraus wissen, was in jenen würzburg=aschaffenburger Kreisen ge=
plant wurde. Doch schien sein eignes Glaubensbekenntniß damals nur
auf Voltaire und La Maittrie begründet. Die Moral des Epikur
ging ihm über alles. Nächstdem Goethe, dem er einen bis in's
Komische ausartenden Cultus widmete.

Ein andrer Charakter, den ich meinem alten Oberpräsidenten

von Harder in den „Rittern vom Geist“ zum Grunde gelegt habe,
war der Direktor des Senckenberg'schen Stifts Dr. Cretzschmar.
Leider ist es dem misanthropischen Hasse des Dr. Rüppell, als dieser aus Abyssinien zurückkehrte und nicht Jeder von seinem Stuhl
aufstand, um ihm Platz zu machen, gelungen, an Cretzschmar, der
sein Gegner wurde, Fehle aufzufinden, die, wie bei Baco von Ve-
rulam, das Andenken des sonst so merkwürdigen Mannes verdunkeln.
In den Zeiten, wo sich der geniale Mann, den ich nicht vollständig
zu beurtheilen vermag, weil mir die Kenntniß seiner Beziehung zum
Freimaurerwesen fehlt, frei und bestbeleumundet bewegte, konnte
man an ihm ein Verbundensein alles Tiefen im Menschenleben mit
Freimuth in politischen und religiösen Dingen wahrnehmen. Es ist
kaum zu fassen, was alles in diese auch äußerlich imposante, be-
häbig corpulente Gestalt hinein- oder aus ihr herausging: die Verwaltung des Senckenberg'schen Stiftes, die ärztliche Praxis, die viel-
gesuchte Geburtshülfe, leidenschaftliche Thierliebhaberei und Vogel-
dressur, Gourmandise, die bei keiner Einladung zum Diner absagen
mochte, Stuhlmeisterthum in der Loge, Studien nach dieser Richtung
hin, Studien auch naturwissenschaftlichen Inhalts, wo sich dann der
Rationalismus mit einer Art Mystik, einer Neigung für die Nachtseiten der Natur verband. Man wurde theilweise bei diesem liebenswürdigen Manne an Erscheinungen des achtzehnten Jahrhunderts,
theilweise auch an die Welt erinnert, in welcher sich später der
Buddhist Arthur Schopenhauer bewegte, der ja ebenfalls die
Tischfreuden liebte, wenn auch mit größerm Schmerz über unser Dasein.

Ich sah Schopenhauer täglich, nur daß kein persönlicher
Umgang, wie bei den vorgenannten, zur Bildung meines Urtheils,
zur Schulung meiner Menschenkenntniß beitrug. Ich faßte Schopenhauer nach dem Eindruck, den mir als Studenten sein Name auf
dem Verzeichniß der berliner Vorlesungen gemacht hatte. Da war
er ein ständig genannter Privatdocent, der nicht las. Wir glaubten,
er hätte keine Zuhörer. Folglich war er uns unbedeutend. Privatdocent bleiben, wie der unglückliche Beneke in Berlin Jahre lang
geblieben, thut dem Studenten an sich nichts, wenn derselbe nur Zuhörer hat — ich hörte Beneke selbst mit großem Gewinn. Daß
Schopenhauer Fahnenflüchtling war, ganz in Frankfurt am Main

lebte und eigentlich in Berlin für verschollen hätte gelten müssen, das erfuhr ich erst, als ich den Mann mit dem Stierkopf und seinem großen weißen Pudel um die Thore Frankfurts rennen und seine Mittagsmahlzeiten auslaufen sah. Er besuchte dasselbe Lesezimmer wie ich, stocherte sich da die Zähne, führte mit seinem draußen auf dem Roßplatz zurückgebliebenen Pudel mimoplastische Unter= haltungen durch's geschlossene Fenster, blätterte ein wenig in den Times, holte sich dann eine Prise vom Sekretär, kurz, mir er= schien das alles wie die Weise eines Ausgedienten. Im Sommer trug sich der „Schote", wie man ihn nannte*), nach dem damaligen Geschmack alter Engländer. Diese Vorliebe für die brittische Nation hatte er in Göttingen angenommen. Von ihrer Literatur er= streckte sie sich auch auf die Tracht. Die Beinkleider waren im Sommer von gelbem Nanking, das Oberkleid ein schwarzer Frack, eine hochgehende, an der obern Oeffnung gezackte Weste, weiße Hals= binde und ein Quäkerhut — den Abschluß gab der oben geschil= derte Kopf auf breitem Nacken. Ein Backenbart war anfangs grau, allmälig weiß. Der Mann schien mir auch da noch der Ver= gangenheit anzugehören, wenn ich ihn die Stiegen meines Wohn= hauses heraufstürmen, zanken, lärmen hörte mit meinem spätern Schwiegervater, der die Krone Schweden=Norwegen als General= consul vertrat. Concurrenzarbeiten hatte Schopenhauer geliefert für Preise, die der hohe Norden, Christiania, für philosophische Fragen ausgesetzt hatte. Der Glückliche hatte einen dieser Preise einmal ganz, ein andermal im Accessit gewonnen. Da galt es nun die Langsamkeit des Eintreffens der Medaillen zu rügen und ähnliche immer leidenschaftlich und nicht im mindesten mit buddhaistischem Quietismus vorgetragene Beschwerden. So gegenwärtig mir der Einfluß war, den eine Preisaufgabe auf Rousseau ausgeübt hatte, so konnte mir es doch als keine besonders spontane Entwicklung eines Denkers erscheinen, daß man sich zur Beantwortung von zu= fällig aufgestellten Fragen einer entlegenen Akademie entschloß. Außer= dem wurde die allerdings imponirende Selbstgenüge des Mannes fast erdrückt durch die Fülle von Anekdoten, die über seine Wunderlich=

---

*) Volksausdruck für das Gegentheil von Gescheut.

keit, ja über die Herzlosigkeit, daß er mit seiner eigenen Mutter im Prozesse lebte, umliefen. Bei alledem glaube ich mir das Zeugniß geben zu dürfen, daß ich der Erste gewesen bin, der nach dem Erscheinen seiner überraschenden „Parerga und Paralipomena" das größere Publikum auf ihn aufmerksam machte. Es geschah in einem Artikel in meinen weitverbreiteten „Unterhaltungen am häuslichen Herd", Jahrgang 1852. Für mein Theil selbst über-rascht von dem, was mir da gleichsam unter der Erde verborgen gelegen hatte, nannte ich ihn einen „Selbstdenker" und wies auf sein Buch als auf eine Fundgrube anregender Gedanken hin.

Im Gebiet der eigenen literarischen Thätigkeit suchte ich in meinem „Literaturblatt" ästhetische alte und neue Gesichtspunkte festzuhalten. Bei Menzel war ich nur an Bücher gebunden gewesen, deren Werth im Allgemeinen zu tariren war. Jetzt war Raum gegeben zu Principienfragen, wo denn die Ausdrücke: „neue Zeit", „junge Literatur" oft genug wiederkehrten. Die damals er-schienenen Gespräche Goethe's mit Eckermann gaben Anlaß, schon eine Trennung von den Lyrikern, diesen mattherzigen Fortsetzern alter Töne, ja sogar auf Kosten Uhland's, auszusprechen. Letzterer hatte eben ein Gedicht veröffentlicht, in welchem ihn seine Verehrung vor Goethe soweit fortriß, daß er sagte: „Als ich auf der Platt-form des Straßburger Münsters den Namen Goethe eingeschrieben fand, schien mir der majestätische Bau in seinen Grundvesten zu zittern!" Dieser etwas übertriebene Ausdruck einer Freude, die der Dichter von sich selbst auf den todten Stein übertragen wissen wollte, stand in traurigem Gegensatz zu dem Ton der Geringschätzung, in welchem sich Goethe über Uhland und, wie es schien, die schwä-bischen Sänger überhaupt aussprach. Goethe anerkannte die Balladen, Früchte der Uhland'schen mittelalterlichen Studien, erklärte aber den übrigen Inhalt der Uhland'schen Poesie für in solchem Grade dürftig, daß er sie bald aus der Hand gelegt hätte. Schlimmeres noch brachte bald darauf der Zelter'sche Briefwechsel. „Von den modernsten deutschen Dichtern kommt mir Wunderliches zu. Gedichte von Gustav Pfizer wurden mir dieser Tage zugeschickt; ich las hier und da in dem halbaufgeschnittenen Bändchen. Der Dichter scheint mir ein wirk-liches Talent zu haben und auch ein guter Mensch zu sein. Aber

es war mir im Lesen gleich so armselig zu Muth und ich legte
das Büchlein eilig weg, da man sich beim Eindringen der Cholera
vor allen deprimirenden Unpotenzen strengstens hüten soll. Das
Werklein ist an Uhland dedicirt, und aus der Region, worin dieser
waltet, möchte wol nichts Aufregendes, Tüchtiges, das Menschen=
geschick Bezwingendes hervorgehen. So will ich auch diese Pro=
duction nicht schelten, aber nicht wieder hineinsehen. Wundersam ist
es, wie sich diese Herrlein einen gewissen sittig = religiös = poetischen
Bettlermantel so geschickt umzuschlagen wissen, daß, wenn auch der
Ellenbogen herausguckt, man diesen Mangel für eine poetische In=
tention halten muß. Ich leg' es bei der nächsten Sendung bei, da=
mit ich es nur aus dem Hause schaffe." Prüft man diese
Aeußerung, die zunächst die Auslassung des grämlichen Alters ge=
wesen zu sein scheint, genauer, vergleicht man mit ihr die Richtung,
welche die deutsche Literatur und der Geschmack seitdem überhaupt
genommen haben, so ergreift uns Staunen über die Schärfe des
Blicks und eine wahre Freude über die Standhaftigkeit, mit welcher
der greise Dichter die Freiheit der individuellen Entwicklung, diesen
hohen Reiz der Literatur des achtzehnten Jahrhunderts, festgehalten
hat und das Traditionelle, das geschäftige Handhaben von Sittlich=
keit, Religion, absolutem Poetischseinwollen für etwas ihm
Odiöses und zum Uebelwerden Reizendes bezeichnet. Hätte der große
Dichter die Zeit bis in unsere Tage erlebt! Wie würde er urtheilen,
wenn er den Dunstkreis hätte übersehen müssen, der gegenwärtig
unseren Parnaß umgiebt, den Nebelring von koketter Phraseologie,
von Verlogenheit im Aufputzen von Zuständen, die so nicht sind,
so nicht sein können, wie sie mit Zuversicht geschildert werden,
von ewiger Anbuhlerei der holden Frauen, Beschmeichelung derselben
mit Eigenschaften, die unter Tausenden einmal Eine besitzt!
Dieser Dunstkreis beherrscht die Schule, die Lehrbücher, die Kritik,
die gesammte Lesewelt. Nur der „sittig = religiös = poetische Bettler=
mantel" trägt den Preis davon.

Damals, wo noch zuweilen die humoristische Laune eines Tieck
waltete, konnte keine Ahnung davon sein, daß sich theils aus der
schwäbischen Lyrik, theils aus der Nachahmung Heinrich Heine's eine
Welt= und Lebensanschauungsweise entwickeln würde, die uns, in

Verbindung mit den Liedercomponisten Mendelssohn und Schumann, geradezu alles Leben auf dem Parnaß in ein Maskenfest mit falschen bunten Kleidern verwandeln sollte. Die Mädchen wurden von da ab Blumen, die Gefühle Lerchentriller. Die Verhimmelung, der Sonntagsstaat, der allein angezogene, es war eine Richtung, gegen die ich mich in einem Aufsatz: „Goethe, Uhland und Prometheus" aussprach. Zwar nahm ich den gefeierten Sänger gegen Goethe in Schutz, suchte sowohl die zarten Blätter und Staubfäden seiner lyrischen Gedichte zu analysiren, als ich auch dem Sänger unserer patriotischen Stimmungen die Huldigung widmen zu müssen glaubte: von diesen sagte ich, daß sie Goethe nicht zu fassen vermochte; aber dem Anhang der immer mehr sich vergrößernden Schaar, die von Gustav Schwab auf den Parnaß geführt wurde, rief ich zu: „Wo ist bei Euch Prometheus? Wo ist der Gott, der Euch zu Boden wirft, daß Ihr Thränen der Verzweiflung weint? Goethe hatte, wie Aeschylus sagt, Menschengeschick bezwungen. Aber Ihr? Dem Bettler habt Ihr seine Lumpen gestohlen, Eueren Glauben dem Taufschein, Euere Sitten der Gewöhnung, Euere Grundsätze dem Herkommen, Euere eigene Poesie der Poesie der Andern! Was habt Ihr? Abendsonnenspaziergänge, Stimmungen, Sommerfäden! Wo ist Euer Ringen zum Neuen?"

Ein lyrischer Dilettantismus ohne Gleichen brach an. Ich nannte eine ganze Schaar, die sich um E. Ferrand in Berlin gruppirte, „die pommer'sche Dichterschule". Schlesien, Sachsen, Thüringen, der Rhein und vor allen Schwaben lieferten ihre Contingente. Die Salonmusik hatte vollauf zu thun, all' diese Thränen, diese Gelbveiglein, diese Nachtigallen und Rosen zur Unterlage männlicher und weiblicher Eitelkeit, die sich beim Singen entfaltete, zu erheben. Noch jetzt regiert ja die Naivetät, die sich im Salon an den Flügel setzen und den Hörern zum hundertsten Male: „Du meine Seele, du mein Herz" zumuthen kann —! Nur nach Süßlichem, Gemachtem lechzt alles. Die weibliche Aristokratie in erster Reihe, sie, die allem Gedankenmäßigen, Modernen, Freisinnigen aus dem Wege geht.

Ich schrieb im „Literaturblatt" über die Freiheitsregungen. Diese gingen mir nicht hoch genug. In Berlin waren sie mit

Elementen verbunden (Hegel's Geist lebte noch), die gefährlich werden konnten. In „Eduard Gans und die Doctrinäre" ließ ich dem liebenswürdigen Professor der Rechte bei Gelegenheit eines von ihm herausgegebenen Buches alle Anerkennung widerfahren, schilderte aber die Doctrin im Verhältniß zu einer gesunden, natürlichen Freiheitsliebe: „Da ist der Doctrinär! Ein respectabler Mann, der sich vornimmt, sich im ersten Jahre seiner ausreichenden Einnahmen jedenfalls ein Pferd zu kaufen, im zweiten ein Haus, im dritten zu heirathen. Er hat schon vor mehren Thüren angeklopft: Palastthüren, Kirchthüren, und wurde abgewiesen, weil er allerdings einige Eigenschaften besitzt, die ihn beim Despotismus und der Orthodoxie nicht empfehlen können. Die Doctrin ist stolz; es ist ihr weder um den Thron, noch den Altar, noch um die Freiheit zu thun. Aber die Freiheit soll um dessentwillen, der um sie minnt, da sein. Doch dieser Liebhaber beginnt von seinem jüngsten Compendium, citirt den siebenten Paragraphen im achten Kapitel seines ersten Hauptstücks über die kryptogamischen Pflanzen und gesteht ein, daß man diesen Paragraphen ohne — Concessionen an die Freiheit nicht beweisen könne. Die Freiheit ist dem Doctrinär etwas Gelegentliches, ein Heischesatz!" Diese vornehmthuende Richtung, über Politik zu sprechen, ging vornehmlich von Dahlmann aus, wurde kurz vor und nach dem Jahre 1848 von Gervinus und dem Anhange der „Deutschen Zeitung" weiter gepflegt und dann als Gothaismus in Scene gesetzt. Sie bildet leider noch jetzt den — engeren Ausschuß des Nationalliberalismus.

Der Liesching'sche Verlag in Stuttgart hatte sich eröffnet. Die erste Gabe, die geboten wurde, war eine Schrift von Wolfgang Menzel: „Geist der Geschichte". Sie wurde von mir ohne Gehässigkeit, aber mit Protest gegen einen allgemeinen Weltbrand und eine gegenseitige Menschenmordung, womit die Geschichte nach Menzel's Anschauung endigen sollte, angezeigt. Noch blieb die mir für diesen Tadel in Aussicht gestellte Strafe zurück. In sorgloser Freude am Arbeiten vollendete ich „Nero", begann auch „Seraphine", und schrieb für die Augsburger Allgemeine Zeitung eine Reihe von Charakterbildern: „Oeffentliche Charaktere", deren Erfolg (denn diesen hatten sie, wie ich durch die Redaktion erfuhr, selbst bei Metternich)

durch meine Vorrede zu Schleiermacher's Briefen über Friedrich
Schlegel's „Lucinde" wieder verdorben wurde. Die für die Literar=
geschichte so wichtige Periode im Leben Schleiermacher's, wo der Freund
der Henriette Herz jene Briefe schrieb, wurde von den meistentheils nur
theologisch gehaltenen Nekrologen übergangen. Da ließ ich jene Briefe in
Hamburg drucken und versah sie mit einer Vorrede, die ein Verbot der
kleinen Schrift zur Folge hatte. Man schrieb mir aus Berlin, nun sei
ich ja Atheist geworden. Charlotte Birch, die noch immer in Nord=
deutschland verweilte und wieder in Berlin gastirte, machte mir, ohne
jene Briefe gelesen zu haben, so heftige Vorwürfe, daß mich der Ton
derselben verdroß und meinerseits eine Replik veranlaßte, die eine
längere Unterbrechung unserer Freundschaft zur Folge hatte.

Ehe die schlimmen Tage des Jahres 1835 hereinbrachen, die
mir von mancher Seite vorausgesagt wurden, hatte ich einen Früh=
ling und Sommer voll Genuß und Anregung. Hingerissen von
einem Naturleben, das der Sohn der staubigen Spreestadt in seiner
Jugend hatte entbehren müssen, wohnte ich fast zu gleicher Zeit in
Frankfurt, Mannheim, Heidelberg, Baden=Baden; wenigstens dehnte
ich die Ausflüge an den Rhein, den Neckar, die bescheidene kleine
„Oos" immer zu Aufenthalten von Wochen aus. In Baden=
Baden traf ich Stuttgarter Bekannte, auch Lewald wieder, diesen
immer nur erfüllt von literarischen Projecten. Ueber die württem=
bergische Hauptstadt war ein buchhändlerisches Speculationsfieber
gekommen. Ein Gürtlermeister Schweizerbart wurde Verleger;
Karl Hallberger gehörte ebenfalls einem Industriezweige an, als er
Fürst Pückler und Spindler zu verlegen anfing; ein Haupt=
mann Schraishuon sollte in den nächsten Jahren mit Lewald die
„Europa" begründen. Das Menschengewühl in Baden=Baden kam
noch nicht dem jetzigen gleich; aber Anregungen zur Beobachtung
gab es ringsum. „Das da ist der Mörder Kaspar Hauser's!"
sagte mir Lewald und zeigte auf einen älteren, mageren (nicht
etwa herkulischen, wie neulich eine Berliner Zeitung schilderte),
zugeknöpften Herrn, der in der That mit dem Eindruck, als wüßte
er, daß ihm die Isolirung zieme und daß alle Welt mit Fingern
auf ihn wiese, an einem der Tische vor dem Kurhause allein saß,
der badische pensionirte Major Hennenhöfer. Eine auffallende

Erscheinung war die Gattin Karl Spindler's. Die kleine, dicke, rothwangige Frau lebte von ihrem Manne getrennt und verfolgte die Bahn der Emancipation, ohne daß man hätte sagen können, das Rauchen von Cigarren, das sie am Kurhause offen zur Schau trug, hätte ihr besonders anziehend gestanden. Eine andere Emancipirte jener Tage, die „Dichterin" Helmina von Chézy, eine Enkelin der talentbegabteren Karschin, Witwe eines franzö= sischen Gelehrten, hatte in Baden einen Sohn aufhältlich, mit dem sie ebenso in Hader lebte, wie Schopenhauer mit seiner Mutter. Wilhelm von Chézy war der Dritte in dem Bunde Duller und Schwind. Alle Drei waren engbefreundet. Sie hatten sich in jene Romantik vertieft, die etwa die Welt des alten Dürer'schen Holz= schnitts oder der Todtentänze bezeichnet. In Düsseldorf und München hatten die Maler diese Sphäre bereits erweitert bis zur Auffassung jedes Lebensverhältnisses unter den Bedingungen des Mittelalters. Chézy besaß zu wenig Talent, um dem Griffel seines Freundes Schwind folgen zu können. Wie dann Beide ganz der ultraconser= vativen Partei angehörten, so hat auch Wilhelm von Chézy sein Ende im Redactionsbureau eines Wiener ultramontanen Blattes gefunden. Baron von Niembsch (Nicolaus Lenau) war aus der neuen Welt zurückgekehrt und von Stuttgart aus zuweilen Gast in Baden=Baden. Meist verhielt er sich in jener zerstreuten Passivität, die allen grübelnden Lyrikern eigen zu sein scheint. Seine Schweig= samkeit war mit einem sich immer gleichbleibenden Blick des Wohl= wollens verbunden.

Eine sprudelnde Redelust offenbarte dagegen eine andere neue Bekanntschaft, ein Rabbinatscandidat, dem ich am rauschenden Neckar, unter dem alten Epheu der Schloßruinen Heidelbergs zum ersten= male begegnete, ein kleiner, untersetzter, breitschultriger Mann mit funkelnden Augen und dunkelbraunem lockigen, fast die Schulter überwallenden Haar, Berthold Auerbach. Schon damals trug er eine kleine literarische Gloriole, wenn auch nur von mattem Glanz; die eben erwähnte Stuttgarter Industrie hatte ihn zu einem Biographen und Epitomator der Werke Friedrich's des Großen ge= macht. Eine unschöne Anagraphirung seines Namens als Verfasser der in Heften erscheinenden Compilation hatte ihn „Chauber" ge=

nannt. In jedem Worte, das der damals schon dreiundzwanzig=
jährige Heidelberger Student in dem mir fast wie heimathlich
gewordenen schwäbischen Dialect sprach, lag jene „Werdelust",
die bei den jungen Köpfen zur Signatur der Zeit gehörte. Daß
die Weise Spinoza's, dessen Studium den von einem Amt
in der Synagoge damals wol schon Abgekommenen fesselte, jene
Weise, Stimmungen und Gefühle auf Selbsttäuschungen zurück=
zuführen, diese mathematisch zu zergliedern und, nach Goethe's Wort,
unsere Freuden bald grau, bald grün erscheinen zu lassen, auch
seinen Schüler schon zum Skeptiker gemacht hätte, dem war vor=
gebeugt durch die Frische des Naturells und die in ihm gährende
Fülle von Jean=Paulismus und burschenschaftlicher Idealität. Der
engere Anschluß erschwerte sich. Weniger durch Verschiedenheit
der Prinzipien, als durch übergroße Spontaneität der neuen Be=
kanntschaft. Diese konnte sogar den Trieb nicht unterdrücken,
dasjenige, was Jedermann wußte oder Jemand eben erst gesagt
hatte, immer noch einmal zu sagen, nur „in seiner Weise". Ich
erzählte Anekdoten; die Ungeduld konnte nicht die Zeit erwar=
ten, Parallelen daraufzusetzen. Wohlthuend war die Ruhe, Tiefe
und Gediegenheit, die ich bei einem jungen heidelberger Dozenten
der Philosophie, Karl Fortlage, antraf. Der auch als Stylist
ausgezeichnete junge Gelehrte lebte einer wunderlichen heidelberger
Professorfamilie Hanno vorzugsweise nahe und freundschaftlich
verbunden.

Die langsame Art, wie man sich damals von Ort zu
Ort bewegte, erleichterte die innere Einkehr, den Ueberblick alles
Wollens und Wirkens. Unter den Blüthenbäumen der Bergstraße,
an der kühlen Schlucht des Wolfsbrunnens träumte ich oft der
Ausdehnung eines Begriffes nach, den Heinrich Heine von Frank=
reich herüber in die Literatur der Deutschen geschleudert hatte, dem
Wort von der „Emanzipation des Fleisches". Woher hatte man die
Berechtigung genommen, sich unter diesem Begriff nur die Entfesselung
der Leidenschaften, die Zerstörung der Sitte vorzustellen? Auf dem
theologischen Gebiete ist das „Fleisch" ein gangbarer Begriff; die
katholische Welt hört ihn alle Tage, wenn sie die Messe besucht.
„Aus dem Fleische geboren!" „Das Wort ward Fleisch!" Das

Fleisch ist der Naturmensch, der durch Christus noch nicht Wieder-
gekaufte. Vom Streit zwischen Fleisch und Geist sprachen die Apostel;
sie verstehen unter dem letztern den Stand der Gnade. Was
konnte da die „Emanzipation des Fleisches", von welcher in der
unsinnigsten Weise von damaligen Anklägern und noch immer in den
Lehrbüchern der Literaturgeschichte, wie diese nach Vorschrift der preußischen Schulregulative geschrieben werden müssen, gefabelt wird, anders
verstanden sein, als die Wiedereinsetzung des Natürlichen! Aber
die Gesetze der Natur zum Maßstab unserer Lebensverhältnisse zu
machen, war und ist ja die Losung der Zeit. Mir erstreckte sich
jener Ausdruck auf alle Gebiete. Auch auf das des Staates, wo eben
das Natürliche die Annaßung der Tradition bekämpft. Lehrte die
Rückkehr zur Natur nicht in der Philosophie schon im vorigen Jahrhundert die Wiederanknüpfung der Begriffe an die Erkenntnißfähig-
keit des Menschen? Hatte sie nicht in der Kunst ein größeres Wohlgefallen am Reiz der menschlichen Erscheinung und in Düsseldorf
sogar solche Maler zu Anhängern der Emanzipation des Fleisches
gemacht, die sich bei vorkommender Gelegenheit zu den correktesten
Christen zählten? So konnte auch in der Literatur die Emanzipation
des Fleisches nur die Erlösung des Natürlichen von Bann und
Interdikt heißen. War von diesem Gesichtspunkte aus nicht selbst
noch an unseren Klassikern Vieles zu vertheidigen und gegen einge-
rissene Verketzerung zu schützen? Mir wenigstens spann sich die
Gedankenreihe, welche durch jenen Begriff angeregt wurde, in Gebiete
eines dunkeln Tastens und in Gegenden hinein, wo uns Irr-
lichter täuschen konnten lediglich nur durch einen Hinblick auf die
Gesetzgebungen etwa über uneheliche Geburt, Gebiete, die in neuester
Zeit Schopenhauer und E. v. Hartmann harmlos betreten haben.
Man verschrie mich als „Gegner der Ehe", während mein Vorsatz
reifte, die Fäden, die mich bisher an Berlin gefesselt hielten,
endlich zu durchschneiden und meine Sehnsucht nach Haus und Herd
und dem Gefolge der Tugenden, die unter dem Dach des Hauses
wohnen sollen, durch eine Verbindung mit einem sittigen Mädchen
zu befriedigen.

Die regelmäßigen Angriffe auf alles, was von mir ausging,
kamen theils von einem elenden Subjekte in Frankfurt am Main,

Namens Schuster, der einer der Ersten jener Pest von Autoren ge=
wesen ist, die in den größern Städten Deutschlands allmälig die
„Revolver=Presse" (La bourse ou la vie!) geschaffen haben, theils
von einem dilettirenden, erst in seinem Alter verständiger gewordenen
darmstädter Advokaten Justizrath Buchner, dem sich ein vielschrei=
bender J. W. Carové anschloß. Letzterer schrieb für die Aufklärung
und gegen die katholische Kirche, von welcher er sich losgesagt hatte,
doch trieb er Mystik und Magnetismus und ergoß zugleich über alles,
was ihm unter die Hand gerieth, ein Raisonnement voll Langerweile.
Der Romanschriftsteller Georg Döring hatte eine Frau, die ohne die
magnetisirende Handanlegung dieses Carové nicht existiren zu können
behauptete. Der Rückschlag meiner geringen Theilnahme für die
Werke Georg Döring's machte sich durch den elektrischen Strom in
Form von giftigen Correspondenzen gegen und von Notizen über mich
da und dort erkennbar. Noch verdrießlicher für mich sah es in
Berlin und Leipzig aus. Den rührigen Laube hatte die Politik
jener Tage nachträglich für seine erst jetzt constatirte Theilnahme
am Burschenschaftswesen gefänglich eingezogen. Wohl mehr seine
eigne Persönlichkeit als die Verwendung seiner Protektoren Varnhagen
und des Fürsten Pückler hatte es durchgesetzt, daß ihm eine In=
ternirung in dem lausitzischen Städtchen Muskau als Haft angerechnet
wurde. Seine „Zeitung für die elegante Welt" war in die Hände
des Dr. Kühne gerathen, der ein wüstes Buch: „Die Quarantäne im
Irrenhause" hatte drucken lassen. Dieser, mit Theodor Mundt
befreundet, der jetzt plötzlich vor und nach dem Tode der Charlotte
Stieglitz in „Madonna, Unterhaltungen mit einer Heiligen" wie nach
einer unterirdisch aufgespielten Blocksbergmusik den modernen Ideen=
Cancan mitzutanzen begann, ließ sich nicht einmal durch die Freundlich=
keit, wie ich selbst in meinem „Literaturblatt" jene beiden Bücher
beurtheilt hatte, bestimmen, die den deutschen Schriftstellern all=
gemein fehlende Solidarität, das Gefühl des Vereintwirkens, walten zu
lassen, sondern verurtheilte meinen „Nero" als „Nero der Kettenhund".
Wo in diesem Witz das tertium comparationis zwischen meiner
Dichtung und der Arie Aennchens im Freischütz liegen sollte, war
jedem vernünftigen Leser unerfindlich. Theodor Mundt und Kühne
glaubten sich an den unruhigen Wühler Varnhagen von Ense und

das Weimar'ſche Literatur=Erinnerungsweſen zu ſicher gelehnt, um der
Schonung jedes andern Bandes überhoben zu ſein. Varnhagen's
ſtündliches Hoffen, man würde ihn wieder in Aktivität ſetzen,
d. h. irgendwo nach Metternich's Diktaten damalige preußiſche
Politik vertreten laſſen, gab ihm noch immer den Nimbus eines
mächtigen Protektors. Bei jedem Ausgang unterſtützte er dieſen
durch das Umbinden eines ſeiner Orden.

Noch war ein freundlicher Moment des Jahres, ehe daſſelbe
mit unglücklichen Kataſtrophen endigte, das Gaſtſpiel Karl Seydel=
mann's in Frankfurt am Main. Man hat von einer „Epoche des
Virtuoſenthums" in neuern Darſtellungen der Geſchichte der Schau=
ſpielkunſt geſprochen. Die Erſcheinung, daß ſich die Gaſtſpiele
einzelner Schauſpieler mehrten, hing mit der Mehrung unſerer
Theater, mit der Erleichterung des Reiſens zuſammen. Zu allen
Zeiten haben ſich einzelne Mitglieder der deutſchen Bühne auf längere
oder kürzere Zeit von ihrem gewohnten Verbande getrennt und ihre
beſten Rollen auch anderswo, als in ihrem gewohnten Wirkungs=
kreiſe, zur Geltung zu bringen geſucht. Daß darüber in neuerer Zeit
die Schauſpielkunſt ſelbſt ſich geändert haben ſoll, wird von Eduard
Devrient behauptet; indeſſen meine ich, daß ſich in dieſer
Veränderung mehr Gewinn als Verluſt ergeben hat. Seydel=
mann ſagte mir ſchon in Stuttgart mit allerdings bedenklichem
Ausdruck: „Spielen im Engagement iſt die oft ſchläfrige Liebe im
Ehebett; ſpielen in der Fremde iſt eine Leidenſchaft, die uns außer=
halb deſſelben ergreifen kann." Uebertrieben iſt es, wenn man ſagen
wollte, dies Baſtardthum der dramatiſchen Kunſt hätte den regel=
mäßigen Gang derſelben unterbrochen. Im Gegentheil, der Spruch
Edmunds bei Shakeſpeare paßt auch hier vollkommen. Nach bedeuten=
den Gaſtſpielen konnte man immer die Spuren des hinterlaſſenen Ein=
drucks an den Leiſtungen der Truppe, die mitgewirkt hatte, beob=
achten. Ja auch an den Bühnen ſelbſt, wo ſpäter Seydelmann,
Emil Devrient, Dawiſon gaſtirten, gab es Darſteller, denen nicht
einfiel, ſich darum, daß Einer an einem ſolchen Abend Matador
war, ſelbſt in den Schatten geſtellt zu finden, ſondern die vielmehr die
Gelegenheit wahrnahmen, mit deſto angeſtrengterem Eifer einzuſtehen
auch für den von ihnen geſpielten Part. Dem alten Theater kam

ja seine, wenn sie stattfand, größere Frische auch nur daher, daß es
ein wanderndes war. Das Theater in Frankfurt am Main wurde
damals im Auftrag eines Aktionärverbandes von einem angesehenen
Kaufmann verwaltet. Der Mann gehörte jener Familie an, der zuliebe
Goethe den Knappen seines Götz Leerse genannt hatte. Erst später traten
Unternehmer ein. Beide Verwaltungen kamen dem Bedürfniß des
Publikums, ab und zu Neues zu sehen, und nicht immer dieselben
Schauspieler, nicht immer dieselben Sänger zu hören, entgegen. Es ist
thöricht zu glauben, daß der feste, nie durch Gäste gestörte Verband auf
eine Reihe von Jahren zu den Bürgschaften vollkommner Leistungen
gehört. Die Frankfurter Bühne behielt Jahrelang einen Stamm
tüchtiger Kräfte, die grade bei einem Gastspiele in die günstigste
Stellung traten. Da fand Jeder Gelegenheit, auch einmal ein volles,
gespanntes, von den vielen nicht blasirten Theatergängern besuchtes
Haus für sich einzunehmen. Ein Clavigo, eine Emilia Galotti
kamen durch die einheimischen Darsteller völlig anders heraus, wenn
ein fremder Carlos oder Marinelli mitwirkte, als wenn die Vorstellung vor halb leeren Bänken im üblichen Abonnementstrott
stattfand.

Seydelmann wollte von Frankfurt nach Berlin, wo sein Gastspiel auf den Gewinn eines Ersatzes für Ludwig Devrient berechnet
war. Den schweren Stand der Probe, die unter solchen Umständen
vor den strengsten Maßstäben zu bestehen war, erkannte man schon aus
seiner Reizbarkeit. „In seinem ganzen Wesen", schrieb ich früher
in „Erinnerungen an Seydelmann", „drückte sich die Spannung des
Ehrgeizes und einer bänglichen Besorgniß aus. Ging er doch einer
Prüfung entgegen, die zu seinem Nachtheil ausfallen konnte. Zwischen-
durch erhob ihn dann wieder sein Selbstbewußtsein zu einem fast
zu gewagten Vertrauen, so daß man kaum wußte, sollte man ihm
die Dinge, die seiner in Berlin harrten, als schwer oder leicht darstellen. Bald sah er mit nachdenklichem Ernst in die bunten Bläs-
chen einer Tasse Chokolade bei einem Italiener am Liebfrauenberg
und hörte aufmerksam auf alles, was ich ihm als in Berlin be-
achtenswerth schilderte, bald klapperte er fröhlich mit dem Löffel des
Signor Giorgi und war seines Sieges gewiß." Ich erschwerte ihm
leider den letzten durch einen Toast, der sich bei einem ihm zu Ehren

gegebenen Festmahl der ungeschickten Wendung bedient hatte: Und so
möge denn unser Gast, in der Neunzahl heiligen Namen, hingehen
und sich die Kränze von den Gräbern Fleck's, Iffland's und Devrient's
auf sein Haupt setzen! Diese Wendung, die gleichsam die Ruhe der
berliner Kirchhöfe störte, wurde von Niemand mehr, wie man zu
sagen pflegt, aufgemutzt, als vom Professor Gubitz, dem ständigen
Referenten der Vossischen Zeitung, der mir überhaupt zeitlebens
für alles, was nur meinen Namen trug, ein höchst unfreundlicher,
ja böser Beurtheiler geblieben ist. Er war der Schwiegersohn des
großen Schauspielers Fleck und ein intimer Freund Raupach's und
später der Birch-Pfeiffer.

„Das Leben Jesu" von Strauß war erschienen. Es erregte
einen Sturm — der Entrüstung nicht nur in der theologischen, sondern
in der ganzen gebildeten Welt. Und auch außerhalb Deutschlands.
Die Stimmen, die für den jungen tübinger Repetenten auftraten,
waren zu zählen. Daß damals Strauß noch ein ausgesprochener
Hegelianer war, schadete ihm. Aber das Buch wurde darum ver-
schlungen und zum Sauerteig für Deutschlands geistige Gährungen.
Der Mythus Christi, dargestellt aus orientalischen Parallelen und
den messianischen Weissagungen der Juden überhaupt, machte eine
Menge anderer Dinge in Staat und Kirche, in Wissenschaft und
Leben zu Mythen. Bei alledem war selbst der Vernunftglaube
in Betreff der Person Christi nicht gewonnen. Der Mythen-Christus
verging in Nichts, in Nebel; es hätten nur einige Stellen bei
Tacitus und Josephus zu fehlen brauchen und selbst die Kreuzigung
Christi würde nach dem damaligen Strauß ein mythisches Gebilde
aus orientalischen Parallelen (etwa zum Tod des Prometheus, zum
Opfer Abrahams) geworden sein. Das befriedigte nicht. Man hatte
selbst in den aufgeklärtesten Kreisen das Bedürfniß eines historischen
Christus, eines edlen, sittenreinen, begeisterten Menschen, eines
Märtyrers, der auch dem Neologen interessant und ehrwürdig blieb.
Diese Stimmung ließ mich auf die „Wolfenbüttler Fragmente" zurück-
kommen.

Der Ursprung dieses von Lessing herausgegebenen Werks hat
die Literarhistoriker vielfach beschäftigt. Ja ich erinnere mich, daß
sogar einer der Controversisten einen großen Aufbau von Wahr-

scheinlichkeiten herausgegeben hat, um zu beweisen, daß der bekannte Reformator der Ackerbaumethoden, Albert Thaer, der eigentliche Verfasser gewesen sei. Es steht fest, Reimarus, der hamburger berühmte Arzt, war der Autor. Das weitläufige, etwas schwerfällig geschriebene Buch entzieht sich dem größern Publikum. Diesem es zugänglicher zu machen, seine Quintessenz zu geben, war die Absicht einiger Bogen, die ich ebenso herauszugeben gedachte, wie ich Schleiermacher's „Vertraute Briefe über die Lucinde" gleichsam gerettet hatte. Denn die Sammler seiner Werke hatten diese ausgeschlossen. Der sonst so muthige Verleger hatte aber diesmal Furcht, und zwar — vor den hamburger Pastoren. Metternich, Kaiser Nicolaus, nichts war im Stande, ihm Vorsicht anzurathen, Börne und Heine mochten bringen, was sie wollten, aber die Nachfolger Johann Melchior Goeze's zu reizen wagte er nicht. Als Besitzer eines ansehnlichen Buchgeschäftes wollte er im eignen Weichbild Ruhe haben. So erhielt ich diesen Auszug aus den Wolfenbüttler Fragmenten von ihm zurück. Es war in einem Augenblick, wo ich einem Vorfall träumerisch nachhing, der mir in einer Gesellschaft bei dem obengenannten Arzte Clemens begegnet war. Ein junges Mädchen, dessen heitre Laune, blühende Wangenfarbe mich schon öfters angezogen hatte, kam bei zufälliger Berührung der theologischen Streitigkeiten des Tages und der Christusfrage in eine Aufregung, die mich erschreckte. Mit beiden Händen abwehrend, die Augen weit aufgerissen, rief sie mir entgegen: „Davon reden Sie nicht! An all' das nur zu denken macht wahnsinnig!" Mich hatten diese Worte um so mehr erschüttert, als ich eine Neigung in mir fühlte, mich der jungen Dame zu nähern.

Dieser letztere Schritt wurde später auch gethan und wieder zurückgethan. Nur jenes Wort verhallte nicht und gestaltete sich zu einer verhängnißvollen Einheit mit Campe's Muthlosigkeit. Die Probe auf Zustände, in welche die Menschheit fallen würde, auch wenn sie aufhörte zu glauben, was im Katechismus steht, wurde mein ständiges Grübeln. In unsern Tagen ist dieser Gedanke den Autoren geläufig und Niemand nimmt an einer Diskussion über die Frage: „Brauchen wir überhaupt noch Religion?" besondern Anstoß. Damals war ich, der ich auch noch jetzt diese Frage eine muthwillige nenne, der Steinigung nahe.

Mein mannheimer Freund, der junge neue Verleger, drängte um ein Buch, womit er debütiren konnte. In frühen sommerlichen Morgenstunden schrieb ich ihm eines. Um den Kern jenes Aus= zugs aus den Wolfenbüttler Fragmenten entstand „Wally, die Zweiflerin". Lebensfroh, poetisch gestimmt, wie wir beide waren, hatte ich auf seinen Wunsch sogar einen weiblichen Charakter herein= gezogen, der vollständig, die Dame verherrlichend, nach dem Leben gezeichnet war.

Bis ein Buch gedruckt ist, versandt, angezeigt wird und die Spuren kommen, daß es gelesen wird, vergeht eine geraume Zeit. Sorglos wurde eine Fahrt mit dem Verleger in einen der Thal= einschnitte des Odenwaldes gemacht, wo — erst das Papier zu dem verhängnißvollen Debüt bestellt werden mußte. Inzwischen wurde ein Bekehrungsversuch zu andern Lebensanschauungen, als die ich fortgesetzt, zugleich in meinem „Literaturblatt", vertrat, mit mir an= geknüpft. Dieser sollte von dem Verfasser einer Correspondenz in der Allgemeinen Zeitung, die damals Aufsehen erregte, kommen. Das Zeichen „Halle", womit die Briefe versehen waren, ließ lange auf Heinrich Leo schließen; denn dessen Haller'sche Staatstheorie, die bei dem Geschichtsschreiber des jüdischen Staates nach einem freisinnigen Anfang immer mehr hervorgetreten war, wurde in diesen Berichten als Maßstab auf die schwebenden Tagesfragen angewendet und zuweilen mit Thatsachen vermischt, die nur aus einer officiellen Quelle ge= flossen sein konnten. Es begannen in jenem Jahre die nachträglichen Burschenschaftsabstrafungen. Das „Hôtel Dambach", wie die ber= liner Hausvoigtei nach dem Untersuchungsrichter genannt wurde, wurde nicht leer. Auch hierauf fehlte es nicht an Anspielungen in den Briefen des Hallensers. Nur eine gewisse modernbelletristische Färbung im Styl lenkte von der Vermuthung, Leo sei der Urheber, wieder ab. So war ich denn erstaunt, als sich eines Tages Joel Jacoby, mein alter mir von Berlin her befreundeter Königsberger, der immer noch nicht getauft war, als Verfasser enthüllte, mir eine Um= kehr meiner Richtung auf's Dringendste anrieth, hohe Gönnerschaften in Aussicht stellte, die hinter seinem Rücken stünden. Alles das in eigner Person; denn er machte mir in Frankfurt seinen Besuch. Ich erstaunte über seine elegante Erscheinung. In seinem frühern Anzuge, als wir zusammen Hegel's Encyklopädie studierten, hatte er dem Diogenes in der Tonne geglichen. Eine abstruse, menschenscheue Art hatte er immer. Es wurde mir schwer, ihn mit einem Kreise von Gästen, die ich ihm zu Ehren einlud, wohlthuend zu vermitteln. Wie ich gesinnt war und es bleiben wollte, zeigte eine Vorlesung, die ich den Gästen anzuhören zumuthete. Am selben Tage hatte mir ein Flüchtling, ein Gießener Student, Georg Büchner, aus Straßburg ein Manuscript geschickt. Es war jenes an witzigen Einfällen und charakteristisch wiedergegebenen Momenten der französischen Revolution beachtenswerthe Drama: „Danton's Tod". Der gleichfalls anwesende Buchhändler J. D. Sauerländer erbot sich sofort es zu verlegen und schickte dem von allen Mitteln entblößten, von seinem Vater zur Strafe für seine politische Gesinnung sich selbst überlassenen jungen Mann, der später in Zürich ein vielversprechender Physiolog wurde und allzufrühe starb, hundert Gulden als Honorar. Jacoby reiste unverrichteter Sache nach der Schweiz. Er mußte ein Abgesandter des Cabinets Rochow gewesen sein. Denn als man kurz darauf den Studenten Lessing, einen Preußen, in einem Gehölz bei Zürich ermordet fand und es allgemein hieß, es sei an ihm die Strafe des Verräthers und Denunzianten vollzogen worden, brach Jacoby seine Reisepläne ab, verließ die Schweiz und hielt sich mehre Jahre lang vor der Oeffentlichkeit ganz verborgen.

Meinen Freund Kottenkamp zog ich auf seinen Wunsch von Stehely und den für Andre geschriebenen Doktor=Dissertationen Berlins nach Frankfurt. Buchhändlerische Aufträge, die ich ihm verschaffte, fristeten seine Existenz, bis ihn in spätern Jahren die Allgemeine Zeitung in ihre Redaktion aufnahm. Ludolf Wienbarg kam von Bonn. Der Versuch einer Habilitation war ihm dort mislungen. Unser Kreis vergrößerte sich. Ein bremer Advokat Eduard Beurmann, der eine Schauspielerin geheirathet hatte und dem Impulse ihres Künstlerdranges, der Bühne treu zu bleiben, nachgegeben, begründete sich in Frankfurt, wo ihn verwandtschaftliche Bande fesselten, eine literarische Existenz. Mit lebhafter Betheiligung schloß er sich dem Phönix und andern Zeitungen Frankfurts an. Wienbarg, von welchem der Ausdruck „das junge Deutschland" herrührte, suchte ein Associations=Wirken zu befördern. Der Phönix bot nicht Raum genug für so

viel Federn. So wurde denn eine Wochenschrift geplant, die der
mannheimer Freund verlegen sollte, „Deutsche Revue". Wöchentlich
drei Bogen in Großoktav, fast ganz nach dem Muster der Revue des
deux mondes. Mitarbeiter wurden unter den ersten Namen
Teutschlands gesucht und gefunden. Fast alle sagten zu. Es
war, als hätte ein solcher Vereinigungspunkt auch für die gelehrte
Welt gefehlt. Die Wissenschaft fühlte den Trieb auch einmal
zu einem größern Publikum, jetzt sagt man zum Volke, zu
sprechen. Die Last der Organisation, das Entwerfen des Prospectus,
die Beziehungen mit dem Verleger, alles das entfiel auf mich.
War doch der Mitredakteur Wienbarg Einer von den Geistern, die
nach Steffens' Definition, dem Volk sei seine Arbeit Genuß und dem
Adel sein Genuß Arbeit, zur höchsten Aristokratie gehörten. Es ge=
fiel ihm daß in den Gemüthlichkeitshallen Frankfurts, wo am Schop=
pentisch manche Freundschaft mit verwandten Seelen, z. B. dem
Schauspieler Julius Weidner, geschlossen wurde. Sein Unvermögen,
die Feder zum schnellen Ansatz zu bringen, ersah ich aus einem
Blick in seine Papiere, die mir durchzusehen sein später hinterlassener
Koffer zur Pflicht machte, als er sich ohne Abschied von Frankfurt em=
pfohlen hatte. Ich fand dreißig saubre Briefbogen. Auf jedem derselben
waren drei bis vier Zeilen des Anfangs einer Erklärung über die
Bestrebungen der neuern Literatur versuchsweise niedergeschrieben.
Immer wieder war die Wendung, die er suchte, nicht getroffen.
Immer sollte ein neuer Briefbogen den Schwung bringen, der sich
denn auch endlich auf dem 31sten Bogen eingefunden haben mußte,
denn nach langem Trängen um diese Erklärung von meiner Seite
kam sie endlich zu Stande. Eingeräumt muß werden, daß der
„nordische Recke" im Fluß des Redestroms, im Rhythmus des Styls,
in der Beherrschung der Gedankenfolge in seinen Arbeiten uns allen,
Laube und Mundt nicht ausgenommen, schon durch sein Alter zuvor
war. Er zählte damals 33 Jahre.

In dem von mir allein, dem 24jährigen, verfaßten Aufrufe zur
Theilnahme an dieser Wochenschrift sagte ich über die Kreise, die wir
gewinnen wollten: „Die Wissenschaft sehnt sich aus ihren dumpfen
Sälen hinaus in die freie Natur; der Vogel Minervens ist nicht mehr
die Eule, welche das Licht scheut, sondern der Adler, der mit offnem

Auge in die Sonne fliegt. Welcher Gelehrte würde zaudern, aus den ihm dargebotenen Blumenkränzen der Poesie auch für sich eine Frühlingsrose zu wählen und sie an den Talar seiner Inauguration zu stecken! Wer würde seinen todten Abstraktionen nicht gern einmal jene blendenden Gewänder anziehen, welche ihnen die Dichtkunst aus tönenden Worten und lachenden Gleichnissen webt! Die „Deutsche Revue" entsteht in einem Augenblicke, wo wir auf dem Antlitz der Göttin unseres Vaterlandes eine drohende und wehmüthige Falte entdecken; in einem Augenblick, wo wir den Vorwurf und den Schmerz empfanden, daß so zahlreiche Kräfte, statt einen gemeinsamen Tempel des Nationalstolzes zu bauen, sich in isolirten Zwecken zerspittern. Wir lassen unsern Aufruf ergehen sowohl an den Katheder wie an die Dachstube, vor allen an die, welche lieben im Angesicht des gestirnten Himmels oder an stillen Schattenplätzen des Waldes zu dichten und zu denken. Auch nicht blos an Renomméen knüpfen wir die Hoffnung eines glänzenden Erfolgs. Wir kennen die zahlreichen Kräfte, die in Deutschland schlummern, die schaffenden Gedanken, die sich nach einer Bühne für die Gestalten umsehen, die jungen Dichter, denen das Wort auf der Lippe verglüht, die jungen Gelehrten, die vergebens den Weg vom Katheder zur Nation suchen — allen diesen Gehemmten, Schweigenden, stolzen Unberühmten wird das Organ der „Deutschen Revue" so willkommen sein, als ihr Eintritt uns. Wir rechnen auf die Zeit und die Genossenschaft der Edlen... Was somit die Deutsche Revue bringen wird soll sein Poesie in allen ihren Offenbarungen, Spekulation aus allen Fakultäten; Kritik der vorzüglichsten Erscheinungen in der Literatur; Correspondenz aus allen Ecken und Enden des Vaterlandes, wo etwas geschieht, das würdig ist gewußt, verstanden, belobt, widerrathen oder nachgeahmt zu werden. In jeder Woche ein Heft, jedes Heft von drei Bogen, wird die „Deutsche Revue" den Charakter als Journal und Buch vereinigen und sowohl das Stockende der Monatsschriften wie das Verschlissene der Tagesblätter vermeiden. Im gehaltenen Strome ihres Erscheinens wird die zerstreute und eilende Zeit sich hier einigermaßen würdig gesammelt und abgespiegelt wiederfinden."

Daß auf eine solche Ankündigung die Zusage von mehr als fünfzig der damaligen ersten Autoritäten, August Boeckh an der Spitze („ich freue mich", schrieb mir der würdige Alterthumsforscher, wenn schon mit ironischer Wendung, „daß Sie sich in Dingen auszeichnen, die Sie nicht von mir gelernt haben") von Namen kam, die vom Verleger bei gelegentlichen Voranzeigen genannt zu werden anfingen, worüber die Leipziger Zeitschriften, vor allen auch die Cotta'schen, in Aufregung geriethen, liegt auf der Hand. Fern sei es jedoch von mir zu behaupten, daß die I. G. Cotta'sche Verlagshandlung, obschon derselben der Rückgang des Morgenblattes schon damals empfindlich zu werden anfing, irgendwie an dem heftigen Angriff, den wir von dem nun pro domo kämpfenden Menzel erfuhren, betheiligt war. Stand ich doch zu ihr durch meine „Oeffentlichen Charaktere", die in der Allgemeinen Zeitung die Theilnahme des Publikums und sogar Metternichs gefunden hatten, in gutem Einvernehmen. Der ehrliche ruhige Hermann Hauff, der Redakteur des Hauptblattes, war aus seinem gewohnten Gleichmuth nicht herauszubringen. Nein, nur die Gustav Schwab und Gustav Pfizer, sie, die ihre Weise, die Traditionen der Literatur fortzuführen, für die allein maßgebende hielten, im Bunde mit ihnen das „Literaturblatt" Menzel's, das sich schon durch die literarischen Bülletins der „Zeitung für die elegante Welt" für gefährdet gehalten hatte, regten einen Sturm gegen das neue Unternehmen auf. Den neuen Verleger Liesching verdroß nicht minder die neue unternehmende Firma meines Freundes. Wie würde er sonst in Person die Feder ergriffen und eine Brochüre gegen die „junge Literatur" geschleudert haben! Den entscheidenden Schlag führte Menzel durch eine Kritik meiner „Wally", die inzwischen erschienen und verbreitet war. Er forderte die Regierungen gradezu auf, hier ein Einsehen zu haben und mit Gewaltmaßregeln gegen die Neuerer einzuschreiten. Jener Roman, der sich der endlich errungenen Freiheit bedient hatte, daß Bücher über zwanzig Bogen der Verpflichtung, sich censiren zu lassen, überhoben waren, wurde in Mannheim, dem Orte, wo derselbe erschienen war, sofort mit Beschlag belegt und hierauf überall confiscirt. Da fingen denn die gewonnenen Mitarbeiter der „Deutschen Revue" an, in der Allg. Zeitung mit Zurücknahme ihrer Beitrittserklärungen ein wahres sauve qui peut anzustellen. Die Menzel'sche Kritik war ein Ausbruch jener Phantasie, die

noch kurz zuvor in dem Buche: „Geist der Geschichte" von einem
Weltbrand, einem Mord der Menschheit unter sich bis auf den
letzten Mann geträumt hatte. Jene Parallelen, die den ehemaligen
Gönner und Freund bestimmten, von harmlosen schwäbischen
Advokaten zu sagen: In dem steckt Robespierre! In dem Danton!
Der zimmert schon die Guillotine! überkamen ihn auch bei seiner
gegenwärtigen Arbeit, die auf meine Vernichtung abgesehen war.
Da waren durch mich wieder die Gräuel der Wiedertäufer von
Münster im Anzuge; hatten ja auch dem Jan von Leyden excentrische
Schriftsteller vorgearbeitet, dem Umsturz von Kaiser und Reich,
der Gütervertheilung, der Ehe mit zwölf Frauen zu gleicher Zeit.
Anacharsis Cloots in der französischen Revolution war ein ihm
immer gegenwärtiger Schreckensname, Eulogius Schneider, St. Jüst
nicht minder. Alle waren sie wiedererstanden. Die „Schamlosigkeit
der Sitten" hatte sich mit der „Schändung der Religion", mit dem
Umsturz der Throne, mit der Ausrottung des Adels verbunden.
Eine allzusorglos empfundene und ausgeführte Scene in dem denun=
ciirten Buche bot die Unterlage für die übertriebensten und unwahr=
sten Ausdeutungen, um auf alle Fälle Abscheu und Ekel zu erregen.

Die erste Wallung des mit Füßen getretenen Ehrgefühls war
die, es bei einer solchen Führung des Kampfes auf Tod und Leben
ankommen zu lassen. Wienbarg stellte die Duellforderung, Eduard
Beurmann brachte aus Sachsenhausen die Pistolen herüber, die der
dort commandirende Oberst der Oesterreicher lieh, Freiherr von
Cuddenhove; der Reisekoffer war gepackt. Heilbronn wurde von
uns als Ort der Begegnung bezeichnet. Eine Uebung in der
Schußwaffe fehlte mir. Gleichviel. Es schien mir, als sollte mir
am Leben nichts mehr gelegen sein.

Als wir schon zur Post gehen wollten, kam ein stuttgarter
Brief und die Erklärung des Geforderten: „Nicht hinter Hecken und
Zäunen erwarte ich meinen Gegner, sondern auf dem offnen Felde der
Literatur." Eine feige, elende Ausrede, wenn man die Kampfesweise
schon über alles Maaß dessen, was im Literaturleben üblich und Sitte
ist, hatte hinausgehen lassen. Die Vertheidigung mußte sich nun
auf Brochüren beschränken. Leider machten diese das Uebel ärger.
Da sie nichts zurücknehmen mochten, sondern dem so abscheulich

klingenden Worte: „Emanzipation des Fleisches" Trotz boten und in
die Debatte über das, was damit gemeint sei, näher eintraten, so ver=
schlimmerte der Angeklagte seine Lage. Manche meiner Widerlegungen
des auf Vernichtung berechneten Urtheils konnten kaum abgelehnt
werden. So hatte auch Menzel Schleiermachern, wie Goethe auf's
Korn genommen und nicht etwa seiner Halbheit wegen, wie später
Strauß und ich schon in einem Nachruf in der Allgemeinen Zeitung
unmittelbar nach seinem Tode, sondern im Sinne von Tholuck und
Hengstenberg. „Eine Religion für Gebildete!" rief Menzel aus und
schilderte nach Schleiermacher's bekannten Reden die Dogmatik des
berühmten Theologen wie etwa ein Seitenstück der ihm so verhaßten
„Stunden der Andacht". Meine Entgegnung brachte die Stelle:
„Schleiermacher hat niemals von einer Religion für Gebildete ge=
sprochen, sondern er hat Reden herausgegeben an „die Gebildeten
unter ihren Verächtern". Es ist wahrlich ein großer Unterschied
zwischen einer Religion, welche sich nur für die privilegirten Stände
eignen soll, und zwischen religiösen Erweckungen für diejenigen unter den
Indifferentisten, welche noch für etwas Höheres sich den Sinn erhalten
haben." Charakteristisch dürfte für die jetzt ganz offen gestellte Frage:
Haben wir noch Religion nöthig? die Stelle meiner Vertheidigung sein:
„Ich habe nichts im Sinne als eine Verbesserung des misverstan=
denen Christenthums. Eine jede Verbesserung ist in ihrer ersten
Instanz kritischer Art. Alle meine Einwürfe gegen das Christen=
thum sind kritisch. Sie gehen auf den Ursprung des Christenthums
zurück, dessen erste historische Erscheinung, die mir mehr der Welt=
als der Religionsgeschichte anzugehören scheint. Wenn man mir den
Vorwurf macht, daß diese Prüfungen alle schon einmal da gewesen
sind, so antworte ich, daß sie unterbrochen wurden und deßhalb neu
aufgenommen werden müssen." An einer andern Stelle: „Ich
glaube an Gott, aber ich soll gesagt haben, es wäre gut wenn es
Niemand thäte. Das habe ich nirgends gesagt. Nur Eines wagte
ich, mir einen Augenblick die Möglichkeit zu denken, ob die Welt
auch ohne Religion hätte existiren können. Glücklicher würde sie sein,
sagte ich, wenn sie von Gott nie gewußt hätte; glücklicher, wenn
keine Betrüger aufgestanden wären und die Völker an den Aber=
glauben geschmiedet hätten; glücklicher, wenn der Fanatismus keine

Scheiterhaufen hätte anzünden können; glücklicher, wenn niemals blutige Religionskriege wären geführt worden. Aber die Mensch= heit sollte dies friedliche Glück entbehren."

Schon mit Ankündigung der „Deutschen Revue" war ich vom Phönix zurückgetreten. Jetzt war nun auch die „Revue" zerstört. Der Vater des Verlegers verweigerte die Mittel. Ohne ein Organ mochte ich nicht sein. So forderte ich den Besitzer zweier Buch= handlungen, der Varrentrapp'schen und der Andreä'schen, Krebs hieß er, auf, ein kleineres Blatt, „Deutsche Blätter", das ich allein schreiben wollte, zu verlegen. Man war sofort bereit dazu. Schnell wurde die erste Nummer gedruckt und versandt. Da kam plötzlich ein unbedingtes Non possumus. Von Oben her, aus der Region des Bundestages, wurden die Verleger bedeutet, nicht nur, daß eine Ge= sammtmaßregel gegen diese neuern Schriftsteller bevorstände, sondern auch daß ihnen persönlich eine Vergünstigung würde entzogen werden, die sie bisher genossen hatten, der Druck der Protokolle des Bundes= tags, wenn sie den Verlag übernähmen. Da waren denn die „Deutschen Blätter" eine glühende Kohle, die nicht schnell genug aus der Hand geworfen werden konnte.

Die Verdüsterung des Horizontes mehrte sich durch eine Maxime meiner Lebensphilosophie, die ich nicht Jedem anempfehle. Sie verband Leichtsinn mit Gewissenhaftigkeit. „Wie", sagte ich oft im Uebermuth der Jugend zu mir, „was thut es? Du wirfst deinen Ball in die Höhe, gleichviel wohin er fällt. Nur darauf mußt du sehen und nicht eher als braver Mann ruhen, bis du ihn wiedergefunden hast!" Diese letztere Vorschrift war Pedanterie, Gewissenhaftigkeit, Pflichtgefühl, wer weiß es — jedenfalls Nazarenerthum bis zur Selbstqual. Jenes in die Höhe Werfen des Balls, die Versuchung des Zufalls hätte mir alle Vortheile des Weltkindes gesichert, wäre nicht immer das Prinzip des Corrigirens und Rectificirens hintennach gekommen. Auch die Sehnsucht nach dem eignen Heerde verband sich mit dieser Maxime von dem in die Luft geworfenen Balle und der dann oft schmerzlich genug angestellten Wanderung auf — Such! Such! Ver= loren! Alle vernünftigen Erwägungen hätten mir anrathen sollen, noch lange nicht an die Ehe zu denken. Aber der Ball wurde geworfen. Der edle Glaube und das Vertrauen eines jungen weiblichen Her=

zens, das ich in meine gefahrvollen Lebenswirbel und =Strudel mit=
hineinzog, erleichterte mir die schwere Aufgabe — ihn wiederzufinden.

Die fortgesetzte Unterdrückung eines Buches war nach badischem
Gesetz nicht möglich ohne richterliches Erkenntniß. Es mußte also
zum Prozesse kommen. Die Vorladung nach Mannheim traf ein.
Hundert Stimmen, hörbare ʹund innere, sagten: „Fliehe über den
Rhein! Entziehe dich den Demüthigungen, die deiner harren! Die
Fremde ist dir lehrreicher und geistig fördernder als die dumpfe Luft,
in der man sich in Deutschland bewegen muß!" Aber — es galt
jetzt, den Ball wiederzusuchen. Ich war verlobt. Diese Scheidewege
wiederholen sich im Menschenleben. Der Gewissensmensch ist ein ewiger
Märtyrer. Selbst ein Stelldichein vermag er nicht zu versäumen, ob
er es auch in einem leichtsinnigen Augenblick versprochen hatte und in
einem Augenblick, den er längst bereute, längst in sich überwunden hat!
Du hast der Harrenden dein Wort gegeben! So schleppt sich der
Gewissensmensch manchmal wider Willen — auf die Schlachtbank der
Verurtheilung! Voraussetzungen zu täuschen, wozu man Berechtigung
gegeben hat, in meinem Falle verlobt zu sein und Deutschland auf
Jahre zu verlassen, das hätte auch hier nur Einer von den immer
klugen und weisen Menschen vollbracht, denen immerdar gegenwärtig
ist, was dem Gedeihen ihres eignen Ich besser bekommt oder nicht.

Mückenseigerische Pflichterfüllung, das kategorische Gesetz einer
angebornen Pedanterie des Herzens mag es nicht ganz gewesen
sein, daß ich dann auch, als der Goliath des Philisterthums die
Drommete erschallen ließ und rief: „Gebt mir Einen und laßt
uns mit einander streiten!" dann wirklich in die Arena hinunter
stieg und es auf einen Gang gegen das gezückte Messer ankommen
ließ. In zwei Flugschriften hatte ich die Sache, die verdammt
werden sollte, im Grunde nur ärger gemacht. Den gerichtlichen
Gang nahm ich aus Kampfeslust, ja mit Siegesvorstellungen auf.
Wie mich der Minister Badens, „Vater Winter", als ich ihn in
Carlsruhe besuchte, aufnahm, wie derselbe die Beschlagnahme aus=
drücklich als eine nothwendige Folge der Menzel'schen Kritik bezeich=
nete und ein mildes Verfahren in sichre Aussicht stellte, während
ich doch gleich bei erster Begrüßung der berühmten Stadt der Quadrate
arretirt wurde, steht in des Verfassers „Lebensbildern", Bd. II.

S. 134 ausführlich zu lesen. Auch die überraschende Genossenschaft, die mir in den Räumen des Gefängnisses durch den miteingesperrten Schauspieler Theodor Döring zu Theil wurde, steht in meinem Buche: „Die schöneren Stunden", S. 291 nach dem Eindruck wiedergegeben, den eine so nahe Berührung mit dem später berühmt= gewordenen Charakteristiker hervorrufen mußte. Die mir von ihm vorgegaukelten Spiele der Bühne milderten etwas den Schmerz des Erwachens von einem fortwährenden Wie=Träumen.

Das sogenannte „Kaufhaus" in Mannheim ist ein Bau, wie man ihn seiner Arkaden wegen jeder Stadt wünschen möchte. Diese erlauben bei Sommerhitze und bei Sturm und Regen gleich be= haglich spazieren zu gehen. Ein einheitliches, wenigstens gleich= förmiges Dach bedeckte das weitläufige Gebäude, aber im Innern unterbrechen den unmittelbaren Zusammenhang aller vier Flanken mehre Höfe, die theils Privaten, theils der Stadt angehören. Einer dieser Höfe gehört mit seinen zunächst liegenden Gebäulich= keiten der Polizei. Aus den Gefängnissen kann man hinunterblicken in diesen Hof, der durch einen Waarenschober vom Nachbarhofe ge= trennt ist. Damals war ein ziemlicher Theil der politischen Auf= regung der Zeit durch eben diese Lokalität hindurchgegangen. Die Frau Beschließerin wußte in drastischen Zügen die Geschichte Badens seit den letzten fünf Jahren vom Standpunkte ihres Amtes zu er= zählen. Sie wußte, daß der Herausgeber des „Wächter am Rhein", Strohmeyer, in einem Hause entdeckt worden war, wo Kinder mit Schießpulverkörnern gespielt hatten. Da hatte die Polizei seltsamer= weise gleich die Lunte mitentdeckt, die den Brennstoff Deutschlands entzünden sollte. Der Zufall führte auf den steckbrieflich Verfolgten, der — mit jenen Pulverkörnern nicht in der geringsten Verbindung gestanden hatte! „Das heißt Pech haben!" sagte die Frau, dem Strohmeyer nachsprechend. Denn eben hier hatte Strohmeyer gesessen. Auch mein spätrer Freund Jacob Venedey. Dieser, lebhaften rheinischen Naturells und etwas vorwitzig, wünschte sich über seine Umgebung zu orientiren. In dem über ihm gelegenen Stockwerke hatte er Schritte auf und ab gehen hören. Wer mag über mir ein= gesteckt sein? sagte seine Wißbegierde. Vielleicht läßt sich ein Bund zum Entweichen schließen! Die Eisenstäbe des Fensters verhinderten die Orientirung, bis ein Stück zerbrochnen Spiegels, das sich von einem defekten Versuch zur Verschönerung des wenig einladenden Raumes ablösen ließ, zum Fenster hinausgehalten, den Bewohner des zweiten Stocks, dessen Fenster nicht vergittert waren, veranlaßten, telegraphische Zeichen in den Spiegel fallen zu lassen. Der Leidens= gefährte war Studiosus Köhler aus Holstein. Als dieser die Correspondenz, die durch den Spiegel versucht wurde, nicht länger fortsetzen konnte, da man ihn an einen andern Ort brachte, suchte Beneden, der nie Talent zum einsamen Resigniren hatte, die Flucht zu ergreifen und schlug Abends dem Wärter, der ihm seinen Nacht= schoppen brachte, das Licht aus der Hand, benutzte die Dunkelheit zu einem raschen Sprunge, riegelte den verdutzten Wärter ein und rannte die Stiege hinunter. Aber nun war das Hausthor ver= schlossen. Der Wächter rief aus Leibeskräften aus dem Fenster. Noch versuchte Beneden, im Hof einen Ausgang zu finden. Er er= kletterte einen Brunnen, wollte auf das Dach des Waarenschuppens, aber am Nebenspalier brach eine Latte. Da fiel der Flüchtling in die schon ausgestreckten Arme der inzwischen herbeigekommenen Helfers= helfer der Justiz zurück.

. Noch ereignißreicher war der Bericht der guten Beschließerin über einen jungen Franzosen, der festgesetzt worden war, weil er im hartnäckigen Schweigen über seine Herkunft verharrte und in einer Zeit, wo fast für jede Spazierfahrt ein Paß genommen werden mußte, ohne Legitimation nach Mannheim zu kommen gewagt hatte. Die Zelle, die ich bewohnte, hatte früher noch ein Nebengemach mit einem Kamin. Jetzt war die Verbindungsthür geschlossen. Der Franzose schien Maler und bis zum Tiefsinn verliebt. Aus seinem Koffer suchte er sich ein Gemälde, rollte dasselbe auf und war stundenlang in den Anblick eines weiblichen Wesens von ausnehmender Schön= heit verloren, wobei er andeutete, daß er selbst der Schöpfer dieses Portraits gewesen. Plötzlich stellte sich der junge Maler krank und verweigerte dem Wärter, sich sein Bett machen zu lassen. Er wollte Tag und Nacht in derselben Lage bleiben und nur sein Gemälde betrachten. Da das Bett für ihn selbst gemiethet war und nicht zum Inventar des Hauses gehörte, so ließ sich kein Einspruch thun. Am vierten Tage war der Franzose verschwunden. Im Kamin

nebenan lagen mit Ruß bedeckte Kleider, die Ueberzüge waren in
Fetzen geschnitten und theilweise mitgenommen. Der Flüchtling
mußte mit seinen zusammengebundenen Bettzeugstreifen den engen
Kamin hinaufgerutscht sein bis zur Oeffnung des Schornsteins.
Dort mußte er die rußig gewordenen Oberkleider ausgezogen und
sie in den Kamin geworfen haben. Jetzt hatte er sich ohne
Zweifel im Dunkel der Nacht über die Dächer, die ihn umgaben,
zu orientiren gesucht, bis er ein Dachfenster entdeckte, auf das er
zukroch, die Scheiben eindrückte und in ein Haus einstieg, wo ihn
der beginnende Morgen in's Freie entkommen ließ. Sein Gemälde
hatte der räthselhafte Fremde mitgenommen.

Die Beschließerin hatte noch einen Schluß für ihre Erzählung.
Nach einiger Zeit erschien ein ältlicher Herr in Mannheim und er=
kundigte sich in allen Gasthäusern nach einem jungen Manne, dessen
Beschreibung auf den Flüchtling paßte. Wieder war es ein
Franzose und der Vater des Entflohenen. Er kam nicht, um seinen
Sohn wiederzufinden. Diesen hatte er schon durch den Tod verloren.
Er wollte nur noch die letzten Fußtapfen des Unglücklichen verfolgen,
der sich im Genfer See ertränkt hatte. Eine wahnsinnige Liebe
hatte den jungen Maler für die Dame ergriffen, die ihm zu jenem
Bilde gesessen. Die Dame war verheirathet und es schien fast, als
sei sie in ihrer ehelichen Treue eine Zeit lang schwankend gewesen.
Darüber hatte der Maler eine größere Ermuthigung gefaßt, die
jedoch dem Gatten auffallend wurde, worüber Scenen entstanden, die
ein Duell veranlaßten. Der junge Maler hatte das Unglück, seinen
Gegner zu erschießen. Die Genfer Gesetze sind in der Bestrafung
des Duells streng; die Gerichte können einen Schuldigen auch bis an
die Grenze der Schweiz verfolgen. Der Sohn des alten Herrn war
nach Deutschland entflohen. Zurückgekehrt auf den Schauplatz seines
Vergehens, wagte er es, sich der noch trauernden Wittwe zu nähern.
Da ihn diese voll Abscheu zurückwies und es damit ernst meinte,
so gab sich der Verzweifelnde den Tod.

Der neue Bewohner dieser verhängnißvollen Räume war
das absolute Gegentheil eines Floß=Schiffers, den man noch
am Tage zuvor in diese von Mäusen heimgesuchte, mit dem
dürftigsten Hausrath versehene Klause eingesperrt hatte. Im Hafen

am Rhein hatte der gute Schwabe den Beamten nicht Ordre pariren wollen. Anfangs verhielt er sich im Gefängniß ruhig, plötzlich aber steigerte sich seine Verzweiflung in solchem Grade, daß er sich auf dem Boden wälzte, unablässig tobte und schrie und durch nichts zu beruhigen war. Man fragte ihn, ob er Sorge um sein Floß hätte? Nein! das war geborgen. Ob er etwas auf seiner Fahrt versäumte? Nein, auch das nicht! Nun, hieß es, dann müßte er sich gedulden, drei Tage seien ihm unerlaßbar! Da müsse er Gesellschaft haben! schrie er. Er könne nicht mit sich allein sein. Gesellschaft war nicht vorhanden und so fuhr er fort, auf dem Fußboden um sich zu schlagen, zu lärmen, zu toben. Sein „auf sich selbst bezogenes abstractes Ich", wie Hegel gesagt haben würde, war ihm ein wüstes Chaos, das ihm Schrecken verursachte.

Ueber mich dagegen kam die Einsamkeit wie ein kühlender Balsam auf Wunden. Wie fühlte ich mich glücklich, der Welt entrückt zu sein! So hätte Luthern auf der Wartburg und später in Coburg zu Muthe gewesen sein können, wenn dieser von seinem hitzigen Blute und dem merseburger Bier gefolterte Mann nicht den Teufelsglauben gehabt hätte, der ihn selbst das Heulen des Windes im Schornstein als Aeußerungen des zähnefletschenden Ungethüms erscheinen ließ! Meine Teufelsoffenbarungen waren nur die Mäuse, die paarweise über mein Bett liefen. Ich hätte wetten mögen, daß es wahr ist, wenn man versichert, die Mäuse sängen. Wunderbare Melodieen sangen sie mir des Nachts. Es war das zarteste Flageolet, worin sich ihr geisterhaftes Pfeifen erhielt. Eine gebundene selige Welt schien sich zu offenbaren — oder war es das Singen im eignen Ohr? Was ließ sich nicht alles überdenken in diesen Nächten! Zum erstenmale seit fünf Jahren hatte ich die Wirkung des geschriebenen und gedruckten Wortes erprobt. Nun war „Erfolg" da! Schade, daß der angeschuldigte Roman nur in einer Auflage — von 800 Exemplaren gedruckt worden war! Das Doppelte, ja Dreifache des Preises bot man, um ein Exemplar zu bekommen. Einen Neudruck heimlich zu veranstalten, wagte der gleichfalls vor Gericht gestellte Verleger nicht. Die anfängliche Grobheit des Inquirenten milderte sich allmälig zu höflicherem Tone. Ich tobte nicht und arbeitete nicht an Fluchtversuchen, sondern schrieb meine „Seraphine" zu Ende und begann einen Versuch, die construktive Geschichtsphilosophie Hegel's zu bekämpfen, eine Arbeit, der ich anfangs den Titel: „Zur Philosophie der Geschichte", später den andern: „Philosophie der That und des Ereignisses" gegeben habe. Leider fehlten mir zu letztrem Unternehmen die hinreichenden literarischen Hilfsmittel. Eine Kiste mit Büchern, die mir am Ende meiner Haft zukam, enthielt nur solche, die ich mir, größtentheils zu andern literarischen Zwecken verwend= bar, aus einem mir zufällig eingesandten antiquarischen Katalog gewählt hatte. Ich erwähne diesen geringfügigen Umstand, weil mich ein Buchhändler, Heinrich Hoff, später hat beschuldigen wollen, daß meine Klage, die ich in der Vorrede des letztgenannten Buches über meinen Mangel an literarischen Hilfsmitteln ausgesprochen hatte, eine Unwahrheit gewesen sei, da ja er mir selbst eine Kiste mit Büchern (von einem Heidelberger Antiquar) hätte besorgen müssen. Es sollte die Rache für eine Rüge sein, die ich nicht hatte zurückhalten können über eine von ihm gegen den am mannheimer Theater wirkenden Oberregisseur Jerrmann ausgeübten Bosheit. Er hatte eine bei ihm erschienene umfangreiche Schrift desselben auf sechs Kreuzer für ein Exemplar herabgesetzt.

Wollte man das Leben, wie es ist, in Maskengestalt darstellen, so müßte diese einer jener grotesken und keinesweges gutmüthigen Hanswurste sein, die uns im Fieber umtanzen, oder die uns, wenn wir Morphium haben nehmen müssen, statt Schlaf zu geben, das Gehirn verwirren. In die grellsten Farben gekleidet, stellen sich diese boshaften Bilder bald auf den Kopf, bald wieder auf die Beine, lachen uns vertraulichst an und wechseln ihre Stellungen, wie nur eben die Blutkügelchen zum Hirne drängen. Es war, als ich endlich frei geworden, tiefe Nacht um mich her. Der endlich Befreite hoffte aufathmen zu können. Aber die Welt — wie sah sie so trübe aus! Dumpfer Nebel lag auf den Gemüthern. Herbe und schroff gegen mich war Niemand. Aber die Vermittlung hielt schwer. Sogar die „Freunde" hätten Stoff geben können, manchmal mit Bitter= keit aufzulachen. So war gleich eine Scene am ersten Abend der wiedergewonnenen Freiheit eine Harlekinfrazze obenbeschriebener Art. Der Arzt hatte mir zur Stärkung meiner Gesundheit Burgunder verordnet. Vom köstlichsten Eremitage hatte ich nur ein halbes Glas

getrunken. Einer der Freunde, den ich schon öfters nannte, war seit
einiger Zeit durch mich in Mannheim zur Verwendung für literarische
Arbeiten gekommen, die zufällig aufhörten. Er war mein Gast und
hätte alle Ursache haben können, mich aufzurichten, meine Rückkehr
in's Leben zum Anlaß wohlthuender Unterhaltung zu machen, über=
haupt nicht von sich allein zu sprechen. Statt dessen begann der wunder=
liche Kauz, der fast wie Schopenhauer's Aeußere nur an englische
Haltung erinnerte, lediglich von sich. Jener Buchhändler, dem ich
ihn empfohlen hatte, wollte eine Unternehmung nicht fortsetzen. Nun
war eine momentane Verlegenheit vorhanden und ich bekam in nächt=
licher Stille, glücklicherweise in dem winterlich einsamen Hôtel ohne
Nachbarn, einen Erguß der kränkendsten und aufregendsten Art. Ich
hätte ihn, so hieß es, von seinem stillen Wirken in Berlin erst nach
Frankfurt, dann nach Mannheim gerufen und sei nun verpflichtet,
ferner für ihn zu sorgen. Das Beefsteak, das ich ihm hatte geben
lassen, war verzehrt. Nach jeder Pause, die der im Zimmer Auf=
und Abrennende sich gestattete, füllte ich ihm in aller Ruhe sein
Glas mit dem köstlichen Burgunder. Nach jeder Strophe seiner
Litaneien, die regelmäßig mit dem Refrain schloß: „Was bleibt mir
andres übrig als Prussian acid (Blausäure)!", stürzte er sein Glas
hinunter, worauf ich ruhig, während er, wie ganz beiläufig, sagte:
„Ein ganz guter Wein!" wieder einschenkte. Als das Glas wieder ge=
füllt war, begannen auf's Neue die Vorwürfe, daß ich ihn an den Rand
des Abgrundes gebracht hätte, daß er Gift nehmen müßte. Hierauf
wieder das Glas geleert, wieder mit sanfter naiver und aufrichtiger
Stimme: „Vortrefflicher Wein!" Wieder eingeschenkt und ein neues
Pelotonfeuer auf meine Person, bis die Flasche von ihm ganz allein
geleert war und der vertrocknete Egoist, die Wirkung des starken Inhalts
verspürend, kleinlaut sagte: „Du wirst mir doch nichts übel genommen
haben und mir noch die Treppe hinunter leuchten?"

Die Undankbarkeit, die ich in meinem Leben systematisch er=
probt habe, glaubt sich überall entschuldigt, wo sie an Jemand aus=
geübt wird, der im Unglück ist. Sowie der Parasit merkt, daß die
Bundesgenossenschaft unfruchtbar geworden, bricht er ab und oft in
den brüskesten Formen. Mein Leben bietet eine Cabinetssammlung
von unglaublichen Vorkommnissen dieser Art. Die Gedächtniß=

schwäche in diesem Punkte, die man bei den Menschen antrifft, steigert sich, wenn der, der dem Andern Wohlthaten erwies, zu ringen, zu kämpfen hat. Zu jener Undankbarkeit gehört auch literarisch die Loslösung von dem Stamm, um den man sich nicht nur äußerlich früher rankte, sondern von dem man ein organischer Zweig war. Das Trennende war keine gesteigerte bessere Erkenntniß, wie wol vorgeschützt wird, sondern lediglich die Abnahme an Gewinn, Gewinn im Renommée, in der literarischen Parteistellung.

Bald nach der Rückkehr in den Frankfurter Kreis, der sich durch den geschlossenen Ehebund in wohlthuender Weise verengte, ohne darum an anregenden Elementen zu verlieren, erhielt ich ein Manuscript aus dem fernen Königsberg, „Briefe über die deutsche Literatur" von Alexander Jung. Ich sollte dafür einen Ver= leger suchen. Dieser wurde auch später in Julius Campe gefunden. Ein sinniges, vielseitig gebildetes Gemüth hatte sich hier in meine Autorschaft vertieft und die Pulsschläge des Herzens, die oft noch verworrenen Gedankenfäden in meinen Schriften so aufmerksam verfolgt, daß mich ein so gemüthvolles Verständniß wahrhaft be= glücken mußte. Nur mischte sich in den Labewein der bittre Tropfen, daß mich der neue Freund vom baltischen Meere nie zu nennen wagte! Durchweg hieß ich in dem Büchlein der „Ungenannte", woraus ich recht die Schwierigkeit meiner Stellung erkennen konnte. Man fürchtete sich, sich mit meiner literarischen Existenz in offenes Ein= vernehmen zu versetzen. Schule, Kirche, Staat, Gesellschaft, alles hatte gegen mich protestirt. Es wurden nicht nur meine früheren, auch die zukünftigen Schriften vom „Ministerium des Innern und der Polizei", wie diese Behörde damals genannt wurde, in Berlin verboten. Die oben erwähnte Börsenzeitung, ein Versuch, der sich nur kurze Zeit halten konnte, erschien unter Verantwortlichkeit von Eduard Beurmann.

Damals hatte es die Lesewelt mit Eduard Lytton Bulwer. Seine Weise war mir nicht sympathisch. Aber die genrebildliche Zeichnung, der Versuch, moderne La Bruyère'sche Charaktere zu zeichnen, gehörte damals beiden Literaturen, der englischen und französischen an. Auch in der deutschen versuchte sich manche Feder mit Artikeln im Charakter der Beiträge zum Livre des Cent et un, kurzen abgerissenen Skizzen über Dinge und Personen, Berufs=

stände, Sitten und Gebräuche. Eine Verbindung solcher Charakter=
typen mit dem Vorsatz, die Eigenthümlichkeiten und Richtungen des
Jahrhunderts in bestimmte Gruppen zu bringen, brachten die von
mir unter Bulwers Namen (Stuttgart, Verlag der Classiker) heraus=
gegebenen „Zeitgenossen" (jetzt „Säkularbilder" genannt). Die
Täuschung war eine unschuldige, da sie sogleich erkannt und ohne
Schwindel durchgeführt wurde. Es war dieselbe Arbeit, zu welcher
mich schon Liesching, als ich nur 23 Jahre zählte, aufgefordert hatte.
Sie bildet jetzt den achten Band meiner gesammelten Werke (Jena,
Costenoble). Ich habe dort in der Vorrede offen gestanden, daß ich
von diesem Buche nicht gering denke.

Gewiß that der junge Ehemann das Mögliche, um sich seinen
in die Büsche geworfenen Ball wiederzuholen. Die häusliche
Einrichtung bot bescheidenen Hausrath. Als Heinrich Laube, endlich
aus Muskau's Bann (leider nicht aus dem geistigen) entlassen, mit
seiner eben erheiratheten Gattin unsern ersten Versuch, einen Gast
zu empfangen, veranlaßte, brach Gabriel Riesser, der ebenfalls an=
wesend war, mit einem der zierlichen neuen Stühle, dem er bei
Tisch die Probe des Schaukelns zumuthete, beinahe zusammen wie
Eli, der Hohepriester, unter dem Thore von Silo, von welchem auch
die Schrift sagt (1. Samuelis), „denn es war ein centnerschwerer
Mann". Die Nähe herrlicher Gegenden, das waldreiche Taunus=
gebirge boten Anlaß zu Auffrischungen der Stimmung. Einen der
münchner Freunde, Karl Riesstahl, hatte ich dem Theater als
Concertmeister empfohlen. Dieser brachte vom leipziger Conserva=
torium den Geist seines Freundes Schumann, verwandte Richtung,
gleiches, scharfes, exclusives Urtheil mit. Seine meisterhaft
behandelte Geige verband sich dem Piano des Hauses zu abend=
lichen Genüssen, die von den Freunden getheilt wurden. Ein
ausgesprochener Lyriker, Ludwig Wihl, konnte bezeugen, daß wir,
wenn auch keine Freunde der reflectirenden Muse Gustav Pfizer's,
mit welchem ich in Händel verstrickt war, doch dem reinen sangbaren
Liede mit Ohr und Herzen zugethan blieben. Ja, die lyrische
Stimmung überkam den Erzähler bisweilen selbst. Ritzte sich doch
beim Wiedersuchen meines Balles die Hand vielfach an Dornen.
Abendstunden der Trauer und Erinnerung gab es genug.

Deutſchland ſchmachtete nach politiſcher Freiheit. Wie dieſe
aufzufaſſen war, wie zu geſtalten, wie ſich die nationale Einheit
mit dem Erſcheinen der Himmelstochter auf Germania's Fluren
verbinden ließ, darüber gingen die Wünſche und Träume auseinander.
Aber wie mächtig der Drang war, ſich aus ſich ſelbſt heraus, nicht
auf Commando ſeiner Fürſten, im Bewußtſein nationaler Kraft
und Einigung zu begegnen, das bewieſen immer mehr die an die
Tagesordnung kommenden Anträge, den Genien des Geiſtes Denk=
mäler zu ſetzen, Schiller, Goethe, Herder, Wieland, Jean Paul,
Leſſing. Da boten denn die Enthüllungsfeierlichkeiten Anlaß zu
Volksfeſten, wie ſchon der Muſikcultus angefangen hatte, am Rhein,
Main, an der Elbe, am Neckar Verſammlungen zu veranlaſſen, die
wenigſtens dort, wo der Männergeſang allein in den Vordergrund
trat, nicht ohne ein Anklingen an die verſagten Wünſche der Nation
ſtattfinden konnten. Das Turnen kam faſt erſt über Schweden als
Heilgymnaſtik oder als unerläßliche Dreſſur für die militäriſche
Beweglichkeit an unſer Deutſchland wieder zurück. Dem Könige
Friedrich Wilhelm III. durfte Jahn's Name nicht genannt
werden. Aber ſiehe da! Im Jahre 1837 erhob ein Beamter, ein
ſchleſiſcher Medizinalrath, Lorinſer, ſeine muthige Stimme und zeigte
auf die Verkümmerung der Generation als einen Hannibal ante
portas. Gerade für Schleſien, das mit dem Hungertyphus zu
kämpfen gehabt, deſſen Gewerbfleiß Tauſende von Kindern an
die Fabriken, an die Bergwerke abliefern mußte, ließ ſich das
Schreckbild einer ſchon durch die Schule herbeigeführten Schwächung
der Körperkraft im erſchütternden Bilde aufſtellen. So rafften ſich
denn wohl die Miniſter der Wilhelmſtraße auf und machten der
„Turnſperre“, die zwanzig Jahre gedauert hatte, ein Ende. Mit
den Eichenlaubkränzen der Turnfeſte, wenn auch noch innerhalb
enger Grenzen, kamen die Ideen zurück, die ehedem die deutſche
Burſchenſchaft in Verbindung mit dem Turnziel faſt zur ſouveränen
Macht über Deutſchlands Geſchicke erhoben hatte.

Auch Gutenberg, der Erfinder der Buchdruckerkunſt, bekam
endlich in Mainz ſein langeerwartetes Denkmal. Thorwaldſen
hatte da einen einfachen Mann des Mittelalters hingeſtellt, keinen
Grübler, ſondern an dem anſetzenden Fuße erkennbar einen Mann der

That, einen Helden der Betriebsamkeit. Die Mainzer verstehen es, Feste anzuordnen. Ihr lebensfrischer Sinn hatte noch nicht die Spaltung in Schwarze und Rothe aufkommen lassen. Der ultramontane Neukatholizismus lag noch im Ei, in den Werkstätten einiger frommen oder frömmelnden Maler, in den Conventikeln einiger mystischen Gelehrten, im deutschen Collegium zu Rom. Oesterreich und seine besoldeten Convertiten gaben die Brutwärme, daß das Unthier allmälig das Ei durchbrach. Und gewiß, es geschah genug, um auch dies schöne Fest vom August 1837 vor dem Scheine, es könnte möglicherweise über die gezogenen Schranken der Bundes=tagsprotokolle ausbrechen, im Keime zu bewahren. Heinrich König von Hanau wurde mitten in seiner Tischrede vom Präsidenten und der loyalen Majorität der Festgenossen unterbrochen.

Nicht aber mit König, sondern mit Gabriel Riesser bin ich von Frankfurt zu dem für drei Tage angesetzten Feste gepilgert. Ein mit Fahnen und Blumen geschmücktes Schiff glitt den Main hinunter und brachte die Jünger der schwarzen Kunst, Freunde der Literatur, Buchhändler, vor allen eine Klasse von glücklichen Bummlern, die man in Frankfurt am Main die „Gourmands" zu nennen pflegt und ehedem jeden winterlichen Donnerstag, wo es „Solperfleisch" und Sauerkraut gab, an der Wirthstafel des Weißen Schwanen antreffen konnte. Aber es fehlten auch jene unheimlichen Gestalten nicht, die in Frankfurt allbekannt herumwandelten, Zuträger von Neuigkeiten bei den Gesandten, pensionirte Beamte kleiner Staaten, betriebsame alte, weißhaarige Gesandtschaftssecretäre, auch Thurn und Taxis'sche Beamte, besonders solche, die im Ruf der Brieferbrechungskunst standen, kurz eine Art von privilegirter Lohn=dienerschaft, die sich um den Bundestag herumbewegte. Möglich, daß diese Zunft, wenn auch mit andern Aufgaben, noch jetzt besteht.

Ein Unwetter war den schönsten Tagen vorausgegangen. Ueber dem Taunus hatten sich die Gewitter wie ein einziges Feuermeer gelagert. Von allen Seiten kamen Berichte über entwurzelte Bäume, Blitze, die gezündet hatten, Häuser, die eingestürzt waren. Aber nun war es um so sonnenheller, himmelblauer geworden und bei der Ankunft in Castell, beim Rundblick über ein unvergleichliches Panorama, dessen Wiedersehen später die Seele noch oft von Kummer=

niffen befreite, mußte sich Jeder, der sich als Festtheilnehmer bekannte, ebenfalls in die Farben des Himmels kleiden, wenigstens eine Schleife anheften und somit eine Verbrüderung mit den vielen unbekannten Männern herstellen helfen, die nun durch ein vertrautes Anlächeln, ein stummes Begrüßen wie durch eine Art Magie verbunden waren. Heute, morgen und noch den dritten Tag gehörte die Welt dem über= wundenen Mönchthum, dem Anbruch der neuen Zeit, dem Sieges= gefühl der Presse. Selbst Censoren waren erschienen und suchten sich in den Bund der Glücklichen zu stehlen. Ach, die Nasen zu verbergen, die sie schon alle von ihren Vorgesetzten bekommen hatten, machte sie ja mehr zu Gegenständen des Mitleids als der Ver= achtung! Die Nase eines frankfurter Censors, der vor dem Schöffen und Bürgermeister Thomas zitterte, konnte Einem wie ein Cactusstamm vorkommen, ein dorniges Blatt wächst da aus dem andern! Der Gedanke an schrankenlose Preßfreiheit war mir per= sönlich noch ein erwägenswerther, seitdem ich erlebte, daß sich die jungen Autoren, die sich um Theodor Mundt schaarten, und Andere abmühten, die gemeinsten cynischen Witze gegen mich aus= zuspielen. Ich sagte mir, daß Preßfreiheit allein, ohne ein großes, freies, staatliches Leben ein Messer sei, bei dessen Gebrauch sich der Eigner nur selbst verwunden würde. Schwimmen sollte man dürfen und versperrt dazu das offene Wasser? Welchen Gebrauch würde man denn in Preußen, ohne eine Constitution, ohne Stände, ohne Discussion über die Verwaltung, von Preßfreiheit gemacht haben? Nur den, daß sich die immer vogelfreien Personen, die Künstler und Schriftsteller, wie die Gladiatoren im alten Rom zum Vergnügen der zuschauenden Menge niedergemetzelt hätten. Nur um große Gegen= stände ist der Gebrauch der freien Sprache da. In kleinen persön= lichen Dingen legt sich der Mann von Bildung Fesseln an. Die Hetzer, die hinter allem Halloh! schrieen, das von mir ausging (weil ich die Werke ihrer Führer mit unbefangenem Sinn beurtheilte), machten mir eine Zeit lang den Ruf, ich sei ein Feind der Preß= freiheit. Noch lange ließ ich mich in meiner Ueberzeugung, daß es in Preußen erst auf Verfassung und Stände und dann erst auf — „Karikaturenfreiheit" ankäme, nicht irre machen. Hatte man doch in Berlin die tolle Idee, von König Friedrich Wilhelm IV. nicht die

Preß=, sondern die „Karikaturenfreiheit" einzufordern. Und er gab
auch die Freiheit der Frazze, nahm sie aber als einen Nonsens
innerhalb eines absolutistischen Staates wieder zurück.

An jenem schönen Augusttage war es ein erhabener Moment,
als im Angesicht des ehrwürdigen Doms, vor mehr als dreißig=
tausend Menschen, unter ringsum wehenden Fahnen, sich schaukelnden
Blumengewinden endlich die Hülle von dem Denkmal fiel und es
nun Mainz war, nicht Straßburg, nicht Harlem, wo Jemand zu=
erst die Idee, die alten Tafeln, womit man schon lange druckte, zu
zerschneiden, in Ausführung brachte. Wie das geschichtlich so recht der
Reihe nach gekommen, hatte mir drei Jahre zuvor Charlotte Birch=
Pfeiffer in Schwalbach vorgelesen und da stand's nun auch hinter
der menschenüberfüllten Estrade an dem rundgebogten rothen Theater=
bau zu lesen: „Heute zum Erstenmale Johannes Gutenberg". In=
zwischen war der Tribut der Musik tausendstimmig. Ein greiser
Maestro, Neukomm, hatte die Festhymne componirt, deren Text
man vertheilte. Man sagt, die Richard Wagner'schen Extra=
vaganzen seien neu? Ueberall, wo in diesem Enthüllungsgesang die
große Trommel und die Paukenwirbel nicht mehr ausreichten, ließ
„Ritter Neukomm" auf einen Wink seiner Hand Kanonenschüsse
krachen. Die Karthaunen dazu hatte der Gouverneur geliefert, der
auf dem Theaterbalkon stand, der Vater jener Königin, die vor
kurzem den Glauben ihrer Väter abgeschworen. Ein englischer
Prinz, der Herzog von Cambridge, stand ihm zur Seite.

Die Festrede hielt eine Persönlichkeit, die als eine hohe
Gerichtsperson in Mainz geendigt hat, der Präsident Pittschaft,
eine charakteristische Figur. Er drückte die Aufnahme französischen
Wesens in unser deutsches aus. Hoffentlich machen wir jetzt bessere
Erfahrungen für den umgekehrten Weg, den Uebergang deutschen
Wesens in bisheriges französisches. Pittschaft hatte seine Jugend=
bildung als annektirter Franzose bekommen. Er hatte gelernt, den
Code Napoleon als la raison écrite zu betrachten, besaß auch Er=
scheinung und Geist genug, sich die Manieren französischer Advokaten
oder Richter, wie sich diese räusperten und spuckten, anzueignen.
Sein drittes Wort war ein à peu près oder pour ainsi dire oder
eine ähnliche Erinnerung an seinen französisch geschulten Denkproceß.

Daß sich in Mainz der kleinstädtische Weinschwelg, hinter seinem hessischen mächtigen Schoppenglase, an napoleonischen Erinnerungen gütlich that, beim Faschingsumzug sich sogar an einem geschwärzten Merkthelfer, der als Rustan, Napoleon's Leibmameluck, verkleidet auftrat, ergötzte, daß eine Wiedervereinigung mit dem glorreichen Empire der Bärenmützen als gar nicht unmöglich geträumt wurde, das war ja leider damals noch die tägliche Erfahrung in Mainz, ja jenen Rustan sollen sogar zuweilen angesehene Persönlich= keiten gespielt haben. Selbst in der Beamtensphäre, den Chef der Regierung, Lichtenberg, nicht ausgenommen, herrschte noch eine beid= lebige Art, die bei heftigen Erregungen in französische Reminiscenzen zurückzufallen drohte. Die französische Art hat für die ekstatischen Zustände des Menschen, für die Entrüstung, das Erstaunen, die Auf= rollung seiner persönlichen Würde, die Drohung, zugleich für den Enthusiasmus und den Stelzengang der Repräsentation einen Reich= thum von Worten, die einen eigenthümlichen Schwung geben, Helas! und Que voulez vous? vorzugsweise das mächtig einsetzende Mais! und sonstige noch eigenthümlich kurze, nicht gut wiederzugebende Aus= drücke hautainer Verachtung, so daß es vielleicht erst der jetzigen Zeit gelungen ist, hochgestellte „Mainzer Kinder" vom Piedestal der Phrase und eines undeutschen Hinterhaltes herabzulocken. Beim Festmahl, bei einer spätern Debatte über die Bestimmung des Säkularjahres der Gutenbergsfeier gebehrdete sich Pittschaft, der alte Napoleonische Richter, aufbrausend, diktatorisch, bitter bis zum Verletzenden. Im Grunde war letzte Debatte eine Lokalstreitig= keit. Es zeigten sich mehre Forscher in Gutenbergssachen und alle mit verschiedenen Resultaten. Da setzte es denn Kopfnüsse rechts und links. Ein Herr Wetter und ein Herr Schaab geriethen an= einander, Pittschaft nahm für jenen Partei und verschaffte ihm um so leichter die Oberhand, als Herr Schaab ein schwacher alter Mann war, der sich sogar im Gefühl, hier gekränkt zu wer= den, zu der Aeußerung veranlaßt fühlte, zu sagen: „Ich habe nichts mehr zu erwiedern, als Sie aufzufordern, mit mir, den Geschichts= schreiber der Erfindung der Buchdruckerkunst, den Erfinder leben zu lassen! Es lebe Guttenberg!" Traurig! Der gute Gensfleisch hatte dieser Tage schon für soviel Toaste herhalten müssen, daß diese

„neue Idee" kaum drei bis vier Stimmen Anklang fand. Hinter
den Schoppenflaschen saßen einige berühmte Buchhändler. So
der Bruder meines Julius Campe, Friedrich Campe von
Nürnberg, ein kleiner, sich seiner Bedeutung, hervorragenden Bildung
sehr bewußter Herr, ein geschätzter Kunstkenner, aber sich offenbar
in's Hochmüthige versteigend, als er die angesponnenen Debatten über
das richtige Säkularjahr mit den Worten unterbrach: „Beschließen
Sie, was Sie wollen, wir Buchhändler feiern das Säkularjahr
1840!" Nun hätte man nicht in Teutschland sein müssen! Eine
Behauptung wird ausgesprochen, sofort erfolgt die Gegenbehauptung.
Eine nicht minder bedeutende Persönlichkeit der leipziger Buchhändler=
börse, Friedrich Fleischer, erhob sich und versicherte: Die
Buchhändler würden sich dem Ausspruch dieser Versammlung unter=
werfen! Erstaunen, zwei sich messende Gegner, Campe oder
Fleischer? Da sprang der blonde Teutsch=Ungar Otto Wigand,
Laube's erster Verleger, auf, ein aus Pesth mit einem ansehnlichen
Vorrath Dukaten und einem hochblonden, für einen Buchhändler damals
revolutionären Schnauzbart gekommener liebenswürdiger Mann, und
versicherte: Vassa teremtete, daß Campe keine Vollmacht hätte, für
Andere zu sprechen; hier diese Versammlung sei competent und die
Buchhändler würden handeln, wie Fleischer gesagt! Nun die richtige
deutsche Massenversammlung. Einer hat Feuer in die Gemüther
geworfen, gleich muß gelöscht werden. Hier geschah es sogar durch
jene Erscheinung, die in Teutschland größere Dimensionen ge=
winnen sollte. Die Freigesinnten stießen auf Radikale, die — sich den
Conservativen anschlossen und deren Macht verstärkten. Otto Wigand
wollte liberal und demokratisch gesprochen haben. Da stand Hein=
rich Hoff von Mannheim auf, ein Cyniker. Hämisch, wie sich
dieser Ehrenmann gegen Eduard Jerrmann und mich erwiesen,
taxirte er die anwesenden Herrschaften im Rundblick und entschied
sich für Friedrich Campe. Diese Versammlung hier übernähme sich
vollständig und sei nicht im mindesten competent, über die Bestim=
mung der Säkularfeier zu entscheiden. Und wie der Nihilismus
dann auch gleich ansteckt! Mein Gabriel Riesser sogar fühlte sich
als Advokat gedrungen, „allerdings" Vollmachten zu verlangen. Die
Vollmacht ist das in alle Welt hinausgesandte Programm der

Gutenbergsfeier! schrie man. Der Lärm stieg. Aber es kam zum Beschluß der Versammlung: Es sollte der 24. Juni, der Johannestag, in jedem 40. Jahre des Säkulums Johannes Gutenbergs Andenken gehören, und ganz Deutschland hat diesen Beschluß angenommen.

Sogar ein Ball im Theatersaale wurde besucht. Stille Plätze, wo man nicht von walzenden Paaren niedergesichelt wurde, fanden sich in Fensternischen und auf dem geräumigen Balkon. Der Mond schien feierlich auf den Jubel und das blinkende neue Erz der Statue hernieder. Der Dom stand verklärt mit seinem rothen Gestein, seinen grauen Schieferdächern. Lichtumflossen ragte das Denkmal der des Drucks unkundigen Zeiten mit majestätischer Würde. Gespräche mit gleichgesinnten Freunden hätten den damals noch nicht existirenden Bischof Ketteler nicht wenig aufgeregt. Ein Pfarrer, allerdings evangelisch, aus dem Nassauischen, Robert Haas, konnte damals als der vorgeschrittenste unter den praktischen Theologen Deutschlands gelten. Seine Polemik gegen den Symbolglauben würde ihn zwanzig Jahre später um seine Stelle gebracht haben. Aber sogar seine etwas ungeistliche Lebensweise, die sich in einem häufigen Hin und Her zwischen seiner Pfarre und Frankfurt gefiel, fand meines Wissens keine Rüge. Heinrich König liebte die theologischen Gespräche. Beim Nachhausewandeln, in den stiller gewordenen Straßen, an den mit schwerem Gang vorüberschreitenden österreichischen und preußischen Patrouillen vorbei, trat uns recht das Leid der Zeit entgegen, deren Ungunst ein Blick auf die Festung noch besonders zu Gemüth führen mußte. Da saßen noch so manche Opfer der Zeit, Friedrich Funck, Gustav Oehler u. A. gefangen.

Diese mondverklärten Nächte und dann wieder hellen sonnigen Tage hoben sich für mich von einem düstern Hintergrunde ab. Meine physische Kraft drohte sich zu erschöpfen. Die Voraussetzung, eine Frau mit Vermögen zu heirathen, traf nicht zu. Unablässig mußte ich arbeiten. In jenen Bulwer'schen „Zeitgenossen", später Säkularbilder genannt, hatte ich fast meinen ganzen Vorrath von Anschauungen, besondern Meinungen, Charakterzeichnungen, Studien niedergelegt. Noch jetzt, ich bekenne es offen, lese ich diese Schrift in den meisten Parthieen mit Befriedigung. Wäre sie in

englischer Sprache erschienen und wirklich eine Uebersetzung gewesen,
man hätte ihr eine Stellung gegeben. Was fehlte ihr? Die kurze,
schneidende, apodiktische Sprache, die immer mehr im Styl bei uns
Mode wurde. Die Hallischen Jahrbücher brachten zuerst diese Sicher=
heit der Behauptung auf. Ihnen folgte die soziale Publizistik von
Düsseldorf und Köln. Jetzt möchte man schon glauben, alles, was
schreibt, sei bei den Offiziösen in die Schule gegangen.

Zuweilen bot sich die Gelegenheit, in die Kreise einzutreten, die
manche dem eignen Wirken verwandte Persönlichkeit schon mit be=
gründeten, wol auch manchmal übertriebenen Ansprüchen umsich=
zog. An Durchreisenden durch die freundliche Stadt fehlte es nicht.
Schon im Frühjahr 1835 waren Ludwig Bechstein und
der Improvisator O. L. B. Wolff, beide aus Thüringen, in
Frankfurt erschienen, um zusammen nach Paris zu reisen. Letzterer
hatte das Reisen auf sein Talent aufgegeben und befleißigte sich,
einer Professur Ehre zu machen, die ihm Goethe in Jena verschafft
hatte. Ueber letztren theilte er eine Anzahl Anekdoten mit, die
jetzt Gemeingut sind. Das gesellige Talent des reichbegabten, viel=
wissenden, aber im Flüchtigen stecken gebliebenen Mannes war ein=
nehmend. Ludwig Bechstein, eine kleine Gestalt, hatte eine etwas
stubengelehrte Weise. Man sah ihm eine Beschäftigung mit den Bü=
chern an, die etwas gründlicher war als die des leichtgemuthen
Improvisators; nur ist auch bei ihm später zu Tage gekommen, daß
eine mäßige Dichtergabe sich nicht zu gefälliger Wirkung zu be=
haupten vermag, wenn sie sich zu sehr mit dem Ballast von
Studien beschwert.

Ein Versuch, die Redaktion der Oberpostamtszeitungsbeilage,
eines täglich erscheinenden „Conversationsblattes", zu gewinnen, ver=
anlaßte eine persönliche Ansprache bei dem Bundespräsidialgesandten
Münch=Bellinghausen. Der Versuch scheiterte. Der in
Frankfurt allmächtige Herr schützte seine gänzliche Unfähigkeit vor,
über diese Besetzung etwas zu bestimmen. Excellenz sprach die
Unwahrheit. Jeden Abend verbrachte sie bei dem Curator jener
Zeitung. Frau Baronin Brints=Berberich, die Gattin des Letztren,
war der Magnet, und Jeder wußte, daß diese Dame gewohnt war,
ihre Wünsche (und warum sollte der Wunsch ihres Hausfreundes

nicht ihr eigner haben werden können?) zu Befehlen zu machen. Die erledigte Stelle war für jenen verrufenen Mann bestimmt, den Dr. Schuſter, der ſich zu dem Ende katholiſch hatte taufen laſſen. Schon früher hatte der Convertit Rouſſeau, ein Schulgenoſſe Heinrich Heine's, dieſe Stelle innegehabt. Sie ſollte alſo nur in das vom Hauſe Thurn und Taxis noch heute vertretene jeſuitiſche Reſſort paſſen.

Nach dem Scheitern meiner „Börſenzeitung" war mir Frankfurt unheimlich geworden. Späher und Angeber drangen bis in's Innere der Familien. Nur dem Erprobten durfte man noch trauen. Ein Onkel meiner Gattin, Vater meiner zweiten Frau, wurde nächtlicher Weile aufgehoben und nach Darmſtadt geführt. Er ſollte — als Buchhändler — verbotene Brochüren verbreitet haben. In Gießen und Darmſtadt wütheten kleine Alba's. Der Unterſuchungsrichter Georgi, der am Säuferwahnſinn ſtarb, brachte den Pfarrer Weidig aus Verzweiflung zum Selbſtmord. Der Kampf mit der Cenſur verleidete jede unbefangene freie Thätigkeit. Da nun zwanzig Bogen ſtarke Bücher einige Tage lang cenſurfrei blieben (das Verbot konnte ſofort nach dem Erſcheinen erfolgen), ſo drängte ſich der Reiz auf, die Publikationen bis auf dieſen Umfang zu treiben — vielleicht ohne innere Nothwendigkeit. Einmal ſuchte ich ſogar den Feind in ſeinem Lager auf. Einen kleinen „Verſuch": „Goethe im Wendepunkte zweier Jahrhunderte" ließ ich in Berlin bei Plahn drucken, erlitt keinen Cenſurſtrich und hieß nun wenigstens in Preußen nicht mehr „der Ungenannte".

Um im freien Hamburg, das ich als künftigen Wohnort wählte, Quartier zu machen, reiste ich im Herbſt 1837 allein dorthin. Den Weg nahm ich über Weimar, Jena, Halle, Magdeburg. Der Poſt= wagen ging langſam. Wieder begrüßte ich die alten heſſiſchen Orte der Contumaz von 1831, wieder die hohe, damals noch durch ein langes, modernes Dach ſich unſchön darbietende Wartburg. In Weimar hätte die klaſſiſche Luft geſteigert ſein ſollen durch eine Literaturrichtung, die inzwiſchen begonnen hatte, durch die Beſchäftigung mit den klaſſiſchen Erinnerungen. Die Briefwechſel, die Tagebücher, die Monographieen, die Charakterſchilderungen aus und über die klaſſiſche Zeit wollten kein Ende nehmen. Aber je mehr über die

Größe der alten Epoche erschien, desto mehr schrumpfte die Gegen=
wart Weimar's zusammen. Könnten wir doch nur einige berühmte
Männer hieherziehen! war nicht nur das allgemeine Seufzen
Weimars, sondern sogar das des Lohnbedienten im Erbprinzen.
Ich schlug dem betrübten Manne vor, eine Subscribentenliste auf
Erwerbung eines neuen Goethe in Deutschland circuliren zu lassen
oder bei zwei berühmten Männern in Berlin, Raupach und Rellstab
genannt, anzufragen, ob diese vielleicht kommen und die Tage von
Aranjuez fortsetzen wollten. Die regierende Großherzogin, eine
Czarentochter, lud, so hieß es, alle vierzehn Tage Weimarsche und
Jenaische Elemente zum Thee ein. Aber es wollte nichts mehr
von Weimar recht ausgehen, nichts mehr zünden, die Stadt war
als Deutschlands delphisches Orakel in Verfall gekommen. Schon
war Frauenschriftstellerei und leichte Almanachsliteratur der An=
knüpfungspunkt des Interesses für Weimar. Stephan Schütze,
ein kleiner verwachsner Herr, geborner Hamburger, Lebemann, gab
ein „Taschenbuch für Liebe und Freundschaft" heraus. Hohe
weimarische Staatsminister schmückten diesen ehemals durch E. T. A.
Hoffmann's Beiträge berühmt gewesenen Kalender mit dilettantischen
Beiträgen. Die eignen Gaben des vermögenden, gutherzigen, gast=
freien Mannes, verbunden mit denen seiner Mitarbeiter Prätzel
und Langbein, hätten nur brauchen in's Plattdeutsche übersetzt zu
werden und Deutschland würde seine Epoche Fritz Reuter schon
früher gehabt haben.

Viele Schriftsteller sind geständig, daß sie gezittert hätten, als
sie Goethe besuchten. Rahel stieß unarticulirte Töne aus, als er
nur nahte. Bei Uhland zitterte sogar der Straßburger Münster.
Ich gestehe, nur Wilibald Alexis begriffen zu haben, als
dieser, bereits von Goethe erwartet, vor Angst wieder umkehrte.
Das Gebäude, in welchem der große Mann gewohnt hat, konnte
wahrhaftig nicht beängstigen durch große Treppen, weite Vorsäle,
Teppiche, glattes Parkett. Alles das fehlte. Die Verhältnisse des
Goethehauses sind eher klein, als auch nur mittel zu nennen. Die
Decke des oberen Stockes ist auffallend niedrig, die Zimmer haben
eine beschränkte Ausdehnung, der Hof ist dunkel und mit fünf
Schritten durchmessen. Damals lehnte sich altes verfallenes Bau=

werk daran. Alles das zeigte mir Goethe's letzter Secretär, Kreuter. Knochen und besonders Schädel, Gypsabgüsse, Münzen, Zeichnungen, Majolikateller und -schüsseln, Mineralien und Autographen, alles war wie in einem Museum in Glasschränken aufgestellt. Nur allein eine Siegel- und Schmetterlingssammlung schien zu fehlen. Van Dyk's Schädel stand neben dem Schädel eines Verbrechers. Der Contrast war auffallend genug. Der farnesische Stier zeigte sich in mehreren Exemplaren und erinnerte mich immer an Goethe selbst. Goethe's Zeichnungen charakterisirten seinen Sinn für das Alltägliche, Gewöhnliche. Eine Zeichnung stellte Schiller's Gartenhaus in Jena vor. Der Führer plauderte eine Goethe'sche Aeußerung aus, die sehr im Contrast zu dem Freundschaftston in den sechs Bänden des Goethe-Schiller'schen Briefwechsels steht, Goethe hätte gesagt, der Riß zu diesem Hause sei „Schiller's bestes Werk" gewesen. Der Eindruck des Hauses, das man jetzt nicht mehr zeigt, war der, daß doch von Goethe's Ablehnung so vieler Dinge, die uns von Werth sind, entschuldigend zu sprechen ist. Denn hatte er nicht hier einen förmlichen Mikrokosmus vor sich, einen Spiegel der Welt, der ihm genügen konnte? Leben nicht Menschen manchmal von einem einzigen Factum? Diese haben einmal Napoleon I. gesehen, jene haben auf einem Stuhle gesessen, der zu Luther's Hausrath gehörte. Ueberall und ewig wissen sie ihren Reichthum anzubringen. Goethe hatte eine Fülle solcher Anlässe zu einem „Großpapa, wie war doch die Geschichte?" Unica über Unica! Was konnte ihn nicht zum Plaudern, zum Vorzeigen, zum Dociren verführen! Münzen gab es hier, die bei Eckhel fehlten, Gemmen, die Lippert nicht kannte, Uralsteine, von denen Alexander von Humboldt gesagt haben soll, als er sie sah, daß sich Loder, der sie Goethe'n geschenkt, damit „die Seele aus dem Leibe genommen hätte". Das ist denn doch für einen Kopf und ein Herz von Goethe's Richtung ein vollständiger Ersatz für das deutsche Vaterland mit oder ohne Stände, für Krieg oder Friede, Rationalismus oder Supranaturalismus, Philhellenenthum oder Carbonarismus, oder wie die Gegensätze und Erscheinungen seiner spätern Zeit hießen. „Nur Ruhe!" hat ja auch Euer großer Buddhist Schopenhauer gerufen. Dieser vermachte sein Vermögen den Soldaten oder den

Angehörigen der Soldaten, die 1848 auf den Barrikaden gegen die Störer des Nirwâna verwundet oder getödtet wurden.

Für Goethe waren diese Schränke eine Real=Encyclopädie. Nichts, was da stand, war ihm todt, Alles lebte. Es war ein Gewühl von Beziehungen, nothwendigen Auslegungen, Anknüpfungen an Alterthum, mittlere und neuere Zeit. War denn nicht auch die politische Geschichte vertreten durch die Handschriften berühmter Monarchen und Heerführer und vor allem durch die kostbaren Münzen? Goethe konnte den Regenbogen draußen in der Luft entbehren; denn ich sah einen Apparat, womit er sich selbst einen aus Pappe, einer Glaskugel und einigen von seinem Hofe hereinfallenden Sonnenstrahlen machte. Dieser Sonnenstrahlen gab es allerdings nur wenige. Daher sein letztes Wort: „Mehr Licht!" Das Arbeitszimmer, das eigentlichste Interieur des Dichters, fand ich ganz so erhalten, wie vor fünf Jahren sein Tod erfolgte. Kein Sopha stand in dem dunkeln Zimmer, nur eichne, unpolirte Stühle. Alles im Grunde so, wie der Dichter, der Zauberer, der Welten schafft, wohnen soll. Nur die Feuilletonisten unsrer Zeit wollen ein mit Gold und Spiegelglanz geschmücktes Dichterzimmer und die goldene Schreibfeder auf dem silbernen Teller präsentirt. Der ächte Dichter muß nackte Wände haben, um sie zu bekleiden mit pompejanischen Bildern. Wenn Goethe schrieb, schrieb er im Stehen, an einem einfachen Pulte und sonderbarer Weise — gegen das Licht. Aber seit Decennien rührte er die Feder nur noch an zu seinen Unterschriften. Er dictirte alles, ausgenommen ab und zu ein Gelegenheitsgedicht. In seiner Schlaf= und Sterbekammer war es eng und finster. Ich eilte in's Freie zu gelangen, um frische Luft zu schöpfen.

In Weimar lebten mir zwei Beziehungen, eine der Protection und eine der Freundschaft. Jene war mir vom Consistorialpräsidenten Peucer gekommen und — seltsam genug — für meine Wally, gerade so wie sich ein Kirchenrath, Paulus in Heidelberg, früher zu meinem Vertheidiger aufgeworfen hatte. Letzterem fand ich keine Gelegenheit, persönlich Dank zu sagen. Jenem jedoch trat ich bei diesem Besuch mit dem Erstaunen entgegen, wie ihm seine offizielle Stellung hätte erlauben können, einem Schiffbrüchigen so muthig

die Hand zu reichen. „Dafür sind wir in Weimar!" lautete die
mit gerechtem Stolz gegebene Antwort des liebenswürdigen Mannes,
der für seine Person kein Geistlicher war, nur ein juristischer Bei-
rath der großherzoglichen Kirchenverwaltung. Leider unterbrach ein
eingewurzeltes Asthma fast jede Aeußerung des weltmännisch gebildeten Nachkommen jenes einst aus Kursachsen vertriebenen vielgeprüften Freundes des Melanchthon. Die ältere französische Literatur war meines Gönners Steckenpferd. Einige Stücke Racine's
und Corneille's sind von ihm übersetzt worden. Natürlich mußte
sein Einvernehmen mit dem Lichte des Rationalismus, dem Ober-
hofprediger Röhr, das beste sein. Der muthige theologische Ajax,
der in seiner „Predigerbibliothek" immer im Getümmel der Schlacht
stand, wohnte hinter der ehrwürdigen Stadtkirche in denselben Räumen, die einst Herder bewohnt hatte. Ich besuchte ihn dort. Längst
hatte ich den doctrinären Stolz gegen den „Rationalismus vul-
garis", dessen erster Repräsentant in ehrwürdiger Gestalt vor mir
stand, abgelegt. Eine hagere, lange Figur von einfach patriarcha-
lischer Würde, wie man solchen Prediger- und Lehrererscheinungen
in thüringischen Landen oft begegnet, machte mir einen wohlthuenden
Eindruck. Der Freund, den ich in Weimar wiederfand, war späterhin
der beglückte Gatte der berühmten Schauspielerin Marie Bayer in
Dresden und hieß August Bürck. Schon als Student in Leipzig
bewegte sich der exaltirte Schwärmer in literarischer Sphäre und
machte sich theils durch eine ausgesprochene Vorliebe für jene mittelalterlichen Stoffe bekannt, denen später Richard Wagner die Hälfte
seines Ruhmes verdankte, theils durch einen gewissen sectirerischen
Eifer, der in einem ewigen Planmachen, Wittern von Intriguen,
Anlegen von Gegenminen seine Befriedigung fand. Er gehörte
recht eigentlich durch sein Talent der Parteimacherei zu den ersten
Aposteln der Zukunftsmusik. Viele Jahre lang erfreute auch ich
mich zu meinem Besten dieses fast krankhaften Kameraderie-Triebes.
Ohne daß ich dem begeisterten Freunde mehr zu widmen brauchte
als meine eigene liebevoll eingehende Theilnahme für seine sehr schwache
Feder, die sich später vom Wartburgkrieg und Heinrich von Ofter-
dingen auf den alten Touristen Marco Polo und andere Helden
der Geographie erstreckte, stand er mir mit treuer Hut bei jeder sich

darbietenden Gelegenheit zur Seite, freilich auch die Gefahren ver=
größernd, die Gegnerschaften übertreibend, immer Unheil witternd,
Intriguen, Kabalen, kurz eine Eigenschaft seines Charakters in
Thätigkeit setzend, die mir in späteren Jahren verhängnißvoll werden
sollte. Denn plötzlich, da ich ein einziges Interesse seines Lebens nicht
mehr zu theilen schien, die unbedingte Bewunderung seiner Braut
als Künstlerin, verwandelte sich seine Freundschaft in ebenso leiden=
schaftlichen Haß, in intriguante Verfolgung, bis der Bemitleidens=
werthe in's Irrenhaus kam, wo ihn erst nach Jahren der Tod von
physischen und moralischen Leiden erlöste. August Bürck hatte einen
eigenthümlich scharfgeschnittenen Kopf. Den bekannten Schauspieler
Karl Grunert, dessen mephistophelisch scharfe Physiognomie manchem
der Leser in Erinnerung geblieben sein wird, hätte man für seinen
Doppelgänger halten können.

In Jena wurde der mir schon in Frankfurt bekannt gewordene
O. L. B. Wolff wiederbegrüßt und die Bekanntschaft gemacht des
Herausgebers der „Minerva", Friedrich Bran. Die „Mi=
nerva" ging am Mangel eines festen Princips zu Grunde. Ge=
legentlich führte ich in ihr den Gedanken aus, Preußen sollte den
Zollverein als Anbahnung auch einer staatsrechtlichen Einigung mit
den einzelnen Staaten Deutschlands benutzen. Die „Hegemonie"
war die Losung, aber allgemein bestritten und für unmöglich erklärt.
Da schien mir der Zollverein gleichsam der vorgezeichnete Schienen=
weg für solche Einigungen, wie diese später die Militärconventionen
brachten. An einen Umsturz des Bundestages war bei Oester=
reichs drohender Haltung nicht zu denken.

Ein herrlicher Tag ließ mich die Schönheit des Saalthals
bewundern. Die terrassenförmigen Anhöhen mögen eine Sorte
Wein tragen, die wir uns nicht an der table d'hôte auswählen,
aber Sonnenduft liegt auf dem Panorama, es verklärend, wie nur
eine Gegend in Süddeutschland. Mir war die Annäherung wieder
an preußisches gensdarmerieregiertes Wesen von eigenthümlicher Wir=
kung. In Weißenfels sah ich im Geiste Müllnern als seligen Ver=
storbenen mit langer Pfeife in's Casino gehen. In Merseburg er=
innerte mich das dortige Bier an jenes Hunnenblut, das vor tau=
send Jahren in seiner Umgebung geflossen ist. In Halle waren

gerade Ferien. In den Beschwerdebüchern des Lesemuseums, das ich besuchte, sah ich den polemischen Geist der Zeit. Man stritt sich um die neue „Leipziger Allgemeine Zeitung". Die Tholuckianer wollten sie abgeschafft. In Magdeburg wurde das Dampfboot bestiegen. Ein junger Privatdocent aus Leipzig, Gustav Bock, in späteren Jahren das medicinische Orakel der „Gartenlaube", gewährte bis nach Hamburg eine wohlthuende Anregung. Die Schule des medicinischen Cynismus ist schon wieder überwunden. Damals war der Standpunkt neu, das Hörrohr, der Wappenschild jedes über Würzburg nach Wien gegangenen Arztes, regierte die Krankenstube. Krankheiten existirten überhaupt nur, damit man sie begriff und klassificirte. Daß sie geheilt würden, schien Nebensache. Der Kranke lag für den Arzt, der sich resignirte, im Geist auf dem Secirtisch für die neuerfundene pathologische Anatomie. Glücklicherweise war gerade damals ein Arcanum aufgekommen, das für alle Leiden manchmal und für einige immer helfen sollte, das Jod. Bock sprach frisch von der Leber weg seine Ueberzeugungen aus. Sie nahmen auf allen Gebieten, politischen und theologischen, die Illusionen wie Spinneweben weg. Selbst die belletristische Chronik Leipzigs war ihm geläufig und gab ihm Gelegenheit zu manchem treffenden Einfall. Heinrich Laube machte grade damals seine Uebergänge zu allerhand aristokratischem, fürstpücklerischem, selbst metternich'schem Wesen, das uns schließlich trennte.

Hamburgs ewig grauen Himmel hat Heine erfunden; es giebt in Hamburg auch schöne Tage. Doch liegen sie im Sommer und Spätherbst. Jetzt war bald der gelbe Nebel in den Straßen vorherrschend, unerträglich der Schmutz in den langen Twieten, in den Durchgängen, auf den kleinen Verbindungsbrücken. An Ort und Wetter mußte sich der Körper und — der Geist gewöhnen. In einer der düstersten Gassen, der ABC-Straße, wohnend, mußte ich am Tage Licht brennen, um schreiben zu können. Aber mein „Telegraph" blühte auf. Es zeigte sich, was buchhändlerische Verwendung vermag. Trotz der noch beanstandeten Zulassung in Preußen, den Hemmungen in Oesterreich und Rußland stieg die Zahl der Abnehmer um — mehrere Hunderte — auf Tausende ging noch nicht die Calculation der Journale. Das gewährte

Honorar war gering, es ermöglichte nur dem Herausgeber ein ruhigeres Arbeiten.

Richtungen oder Kräfte, die sich mir angeschlossen hätten, waren in Hamburg selbst nicht zu finden. Im Gegentheil bildete sich sofort Opposition. Es gab Blätter, die sich dort schon lange mit Kritik beschäftigten, Beiblätter der bedeutenderen Zeitungen. Diesen war ich unwillkommen. Neben ihnen gab es belletristische Revolver-Presse, die sich um das damals allein besprochene Stadttheater gruppirte und einigen selbstgefälligen hämischen Scriblern als Tummelplatz diente. Eine andere höher stehende Gesellschaft, aber ebenso negativer Art, bildeten die noch jungen praxislosen Aerzte oder in gleichem Fall befindlichen Juristen, die nicht lange erst von Kiel, Göttingen, Heidelberg gekommen waren und die öffentliche Meinung in Hamburg nach allen Richtungen hin zu bestimmen suchten und in den Kaffeehäusern sich dazu die Zeit nehmen durften. Ein günstiges Verhältniß zu dieser Sphäre konnte sich nicht begründen. Denn in der Regel wirkte in den jungen leichterhitzten Köpfen noch von der Schule her die Warnung der Lehrer nach vor allem, was sich neueste Literatur nannte. Einige hatten sich auch schon selbst ein zwischen Cynismus und Romantik in der Mitte liegendes Verhältniß zu Heine's Muse erfunden, halb Dreck, halb Lotosblume, je nach Stimmung. Zuweilen hatten die jungen Herren Dichterwehen und steuerten im Strome mit den Lockungen der Lorelev und der Reue des Taunhäuser. Den elegischen Ton des Vortrags für diese Heine'schen Liebesschmerzen habe ich nie in meinem Stimmregister aufzufinden vermocht.

Auf dem Comtor von Hoffmann und Campe gab es immer Anregung. Die Zusendung von Manuscripten erfolgte von allen Seiten, besonders aus Oesterreich. Die namhaftesten Dichter standen mit dem Chef dieser Buchhandlung in Briefwechsel. Er hatte die Eigenheit, dem Zufall eine Rolle in seinem Leben zu gestatten. Zufällig gewann er auch das große Loos in der Braunschweiger Lotterie beim colossalsten Lotteriespiel. Sein Zufallscultus machte ihn auch zum Propheten. Als solcher hatte er aber nicht immer so glückliche Treffer. So ließ er Briefe, von denen er Unangenehmes ahnte, mehrere Tage liegen, ehe er sie öffnete. Das bekam ihm

in einem Falle übel. Die „Spaziergänge eines Wiener Poeten"
hatten einen glänzenden Erfolg; doch blieb eine Verstimmung gegen
den Verfasser zurück, die ihn veranlaßte, einen von letzterem empfangenen Brief, worin er Vorwürfe zu lesen augurirte, nicht
zu öffnen. Als er sich endlich dazu entschließen mußte, sah er,
daß ihm Anastasius Grün eine neue Gedichtsammlung, „Schutt",
angetragen hatte. Der Dichter hatte umgehende Antwort gewünscht.
Jetzt schrieb Campe sofort; aber der Verfasser war schon in Unter-
handlung mit der Verlegerin des Musenalmanachs, der Weidmann'schen Buchhandlung, getreten. Begebenheiten des Comtors
waren es, wenn ein Brief von Heine aus Paris kam. Mir
fehlte für die Manier, für den Ton, den Inhalt dieser Briefe alles
Interesse. Immer herrschte darin derselbe — Heine war noch
wohlauf — weinerlich grämelnde, lässige, dahlende, faselnde Ton,
den schon seine Jugendbriefe, z. B. die kürzlich von Prof. Hüffer veröffentlichten an Sethe, zeigen. Man begreift, wie Sethe, ein zum
Manne gereifter Commilitone, diese Briefe des mit sich selbst koket-
tirenden, trägen und zuweilen doch katzenartig drohenden, dann
wieder rasch die Pfote zurückziehenden und sentimental werdenden
Egoisten nicht weiter beantwortete.

Damals tauchte zuerst im Beiblatt zur Börsenhalle jener F r a n z
v o n F l o r e n c o u r t auf, der anfangs die pietistischen Kreise
Hamburgs für sich in Begeisterung versetzte, einige Zeit hindurch
ganz in diesen leben zu wollen schien und plötzlich, alle Erwartungen
täuschend, sich dem Katholicismus zuwandte, dem er hierauf in
verschiedenen Städten Teutschlands ein schlagfertiger Vorkämpfer
geworden ist, ein wahrer Granier de Cassagnac des Papstes, der
sogar wie dieser einen Sohn besitzt, der das nämliche Geschäft
fortführt. In Hamburg kam unter seine polemische Feder Alles,
Hegel, Schelling, Börne, Heine, die Romantiker u. s. w. Seine
Denkformen gehörten Görres, Eichendorff, Heinrich Leo — das Persönliche, das von ihm hinzugefügt wurde, streifte in der Regel an
die Provocation zum Ehrenhandel, der sogar unter muthwilligem
Gehetz seiner Umgangsgenossen gegen mich gesucht zu werden schien.
Mein Leben hatte damals schon so schwere Bürden der Sorge
für die noch ferne, im Frühjahr 1838 von mir abgeholte Familie

zu tragen, auch die Bürde, verkannt in meinem Wesen, noch zur
bessern Beweisführung für mich gerufen zu sein, daß ich den
höhnischen Fratzen, die mir von diesem Matadorkreise geschnitten
wurden, nur Verachtung entgegensetzte. Der Richterspruch, ob das
„Dichterische" in mir vorhanden war oder nicht, konnte mir nicht
von jenem Tribunal kommen, wo in heinisirenden Gedichten, wie
diese mit etwas Mondlicht und Liebesschmerz aus dem Aermel
zu schütteln sind, der Beruf und die Signatur eines modernen
Autors erblickt wurde. Gervinus hatte einige Jahre später ganz
Recht, als er nach dieser Richtung hin, nach der Richtung der Geltend=
machung des Geverfels, die schöne Literatur Teutschlands für ab=
geschlossen erklärte. Der zufällige Umstand, daß diese Gattung Lyrik
Componisten zur Grundlage von einschmeichelnden Klangwirkungen
gemacht haben, ändert an dem objektiven Unwerth der Gedichte selbst
nichts.

Die Stirne runzelnd, Niemandes Gunst erflehend, ging ich
meine eignen Gedankenwege. Träges Lungern auf abgegraster
Matte ließ ich Andern, Buhlen mit „Personen und Zuständen",
Sichaccommodiren an „Begrifsliches", wozu sogar das metter=
nich'sche Kaiserreich gehören sollte, ließ ich früheren Kampfgenossen,
die mir nun Gegner wurden. Der Kölnische Erzbischofsstreit regte
mich nicht nur zu längeren Artikeln über die Hermes'sche Lehre an,
sondern auch zu einer Antwort auf jenen „Athanasius", mit dem
Görres die Anschauungen der ultramontanen Sippe, die sich in
Neuberghausen bei München zu versammeln pflegte, vielleicht zum
erstenmal, aber maßgebend bis in die neueste Zeit, geltend gemacht
hat. Jetzt ist diese neukatholische, an die Zeiten Hildebrand's und
Innocenz' III. wieder anknüpfende Theorie durch Schuld Friedrich
Wilhelm's IV. Gemeingut der katholischen Welt geworden. Der
Titel meiner Flugschrift: „Die rothe Mütze und Kapuze" bezog
sich auf die Jacobiner=Antecedentien des Münchener Vorkämpfers
Man konnte zweifelhaft sein, ob sich bei Görres nur der alt=
rheinische Provinzialgeist gegen Preußen= und Berlinerthum in die
neue Form der Wahrung absoluter Kirchenrechte versetzt hatte oder
seine Welt= und Staatsphilosophie eine a priori ehrliche war. Die
Methode, die mir auch bei späterer antihierarchischer Polemik eigen

gewesen, mich erst in die Welt, die ich bekämpfte, ihren Anspruch nachfühlend zu versetzen, erst aus Zugeständnissen heraus, die sich dem Wahne machen ließen, Dasjenige zu entwickeln, wofür die Billigung zuletzt zu versagen war und dann auf die Quellen des Reinen und Gesunden zu verweisen, hat mir Freunde auf dem Gebiet der älteren, so traurig gebundenen und oft tief unglück- lichen katholischen Geistlichkeit erworben. Die jüngere hat wol kaum meinen „Zauberer von Rom" gelesen.

Im Ganzen waren die Hamburger Jahre sorgenvoll. Die Abhängigkeit von einem Buchhändler, bei dem es heute Sonnen- schein, morgen böses Wetter gab, war besonders drückend. Meine Frau konnte sich nicht an die veränderte Lebensweise, besonders nicht an die Ansprüche der Hamburger Dienstboten gewöhnen. Ein Glück war die Befreundung mit einigen gemüthvollen Familien, die einen Anschluß erlaubten. In erster Reihe ist die Schwester Varnhagen's zu nennen, eine verheirathete Assing, die Mutter der beiden Töchter, von denen die Eine, Ludmilla, bis auf den heutigen Tag das Privilegium hat, das Publikum immer in irgend einer Art literarisch zu beschäftigen. Damals sah man in einem kleinen dunkeln, von Bäumen beschatteten Hause der bescheidenen Pool- straße, in niedrigen Zimmern, in einem Gärtchen, wo sich bequem nicht zwanzig Schritte thun ließen, zwei junge Mädchen von 15 und 16 Jahren, die in überraschendster Frühreife bereits die laufende Literaturchronik des Tages kannten und mitmachten. Der Vater, ein Arzt, in jungen Jahren mit Justinus Kerner in Wien und auch später noch mit ihm befreundet, machte ab und zu ein sinniges Gedicht und war in solchem Grade sensitive Natur, daß ich glaube, die Veranstaltung, die sein Schwager Varnhagen für seinen Tod getroffen hat, diese Veröffentlichung nicht endender Aufzeichnungen und Briefwechsel, wäre für sein Theil vollkommen unsympathisch von ihm empfunden worden. Dagegen hatte sich die Mutter ganz an den Per- sönlichkeitscultus ihres Bruders gewöhnt. Auch sie war wie ihr Bruder eine Meisterin in jenen Scheerengebilden, die später Ko- newka so gefällig zu malen verstand. Sie kannte dabei die Natur. Bei unzähligen Spaziergängen und Parthieen, die wir familien- weise machten, blieb sie bald an diesem Wegekraut, bald an jenem

Bäume stehen und entdeckte trotz ihrer Kurzsichtigkeit Schönes und
Seltenes. Durchweg romantisch konnte man die geistige Welt dieses
Kreises nennen, obschon sie selbst des Uebermaßes im romantischen
Wesen bei Anderen spotteten. Die Familie des streng conservativ=jüdi=
schen, gelehrten Dr. Steinheim in Altona schloß sich engbefreundet
an. Unzweifelhaft war noch Manches vom Geist der Rahel und
ihres ersten überschwänglichen Verkehrs mit Varnhagen im Leben
dieser und anderer Familien zurückgeblieben, bei Rosa Maria vorzugs=
weise das Interesse für jede Persönlichkeit, die in irgend einer
Weise psychologisch oder sonst charakteristisch unterzubringen war.
Bei den Töchtern herrschte der Genuß phantastischer Reproduction
vor, eine wahre Schwelgerei im Erlebten, im Erzählten. Fast Alles
mußte vor die Phantasie treten und beiden trat dann zuweilen etwas
mit gleichen Bildern und zu gleicher Zeit vor ihr Auge, wo es
dann genug über die geistige Zwillingschaft zu lachen gab. Eine
sagte wörtlich dasselbe, wie die andere. Es handelte sich um ein
ewiges Verschönern der Welt, ein stetes Wegstoßen des Häßlichen.
Kein Schiff, das grade vorübersegelte, wenn wir in Flottbeck's
Baumschatten weilten, blieb ohne Befrachtung von Träumereien;
sicher ging es nach Indien, sicher in's Land der Palmen, zu
jenen blauen Seen hin, wo sich die Flamingo's badeten. Alles
Gemeine, alles Alltägliche verschwand hier vor Blicken, die nur
das Schöne oder das Entgegengesetzte, Störende sahen und die
Menschen und die Dinge in potenzirende und depotenzirende ein=
theilten. Heute verkehrte man sich die Welt in das Zeitalter der
Troubadoure, morgen stellte man sie vor den Zerrspiegel des
schattenlosen Peter Schlemihl Adelbert's von Chamisso, welcher letztre
ebenfalls in steter Verbindung mit den Bewohnern des Hauses blieb.
„Dramatische Leseabende" brachten bald bei dem Einen, bald bei
dem Andern dieses Kreises Schiller, Goethe, Shakespeare, zur An=
schauung und zur Kritik. Leider trennte der Tod diese schöne Ver=
einigung. Rosa Maria starb noch vor dem großen Brande. An
Leiden, von deren Vorhandensein ihr geselliger Sinn kaum hatte
die Ahnung aufkommen lassen. Schon ein Jahr nach ihrem Tode
starb auch Assing. Die Töchter gingen zum Onkel nach Berlin,
dem sie Rahel, die altgewordene, ersetzen sollten. Wenn dies die

eine der Schwestern, die nach Amerika gegangen ist, nicht ver=
mochte, so möchte man wol fragen, ob nicht Varnhagen's Gesichts=
kreise damals enger, seine Tendenzen zugespitzter, sein ganzes Wesen
gereizter war, von Haß und Unmuth über seine Zurücksetzung im
Staatsdienst eingegeben? Die Wirkung, die der bewegliche Mann
auf meine literarischen Mitkämpfer ausübte, war nicht gut. Brief=
wechsel über Briefwechsel wurden herausgegeben, literarische Por=
traits silhouettirt, Reiseeindrücke festgehalten. Das waren die auf's
Oberflächliche wirkenden Anregungen, die von einem Bett in der
Berliner Behrenstraße ausgingen; selbst im gesunden Zustande brachte
Varnhagen den größten Theil des Tages im Bett zu. Vom Bett
aus klagte er mir einst, als ich ihn besuchte, daß die Verdienste,
die er sich um Leopold Ranke erworben, von diesem selbst nicht
anerkannt würden. Er sei es gewesen, der an maßgebender Stelle
zuerst auf die bekannte Erstlingsschrift des Historikers aufmerksam
gemacht und dadurch Ranke's Versetzung von einem Gymnasium an
die Universität veranlaßt hätte.

Im Winter 1838 besuchte mich in Hamburg Karl Immer=
mann, der eben den ersten Band seines „Münchhausen" veröffent=
licht und sein Verhältniß mit Gräfin Ahlefeldt in Düsseldorf gelöst
hatte. Seine Theaterleitungsversuche lagen schon hinter ihm. Als
die Kunde seines plötzlichen Todes kam, schrieb ich die Eindrücke
eines zweitägigen Verkehrs mit dem bedeutenden Manne nieder.
Sie finden sich im Neunten Bande meiner Gesammelten Werke
(Costenoble'sche Ausgabe).

Um die Zersetzung zu charakterisiren, die in den Gährungs=
proceß der „jungen Literatur" gekommen war, und zugleich um ein
Bild der Polemik zu geben, wie dieselbe nach und nach, hierin
und dorthin, scheinbar persönlich, aber im Grunde gegen Principien
von mir geführt wurde, möge hier ein satyrisches Märchen mit=
getheilt werden, das in erster Reihe wenigstens den Humor ver=
gegenwärtigen kann, der mir noch übrig blieb bei Angriffen, die
z. B. von Theodor Mundt und seinem Kreise, Mügge, Meyen,
Klein, Kühne, und gleichzeitig vom Süden aus, aus dem schwä=
bischen Feldlager, fortwährend gegen mich bis in's Unglaubliche gingen.

Die literarischen Elfen.

Einer der mächtigsten Berggeister des Harzes hatte drei Kinder, einen Sohn und zwei Töchter, die sich für ihr Leben gern mit neuerer deutscher Literatur beschäftigten. Je weniger sich davon in ihre glänzenden Metallpaläste, in ihre einsamen Erzstuben und zinnernen Philosophengänge durch die Nachlässigkeit der Touristen, die in Grotten und auf Ruheplätzen ihre Lectüre zurückließen, durch die Kalender der Grubenleute, ja sogar nur durch die Wochen= blätter, in welche diese ihr Frühstück eingewickelt hatten, verlor, desto gespannter wurde ihre Neugier auf einen volleren Einblick in die neueste Lage der deutschen Geistesschätze. Pimpernella, die Jüngste, war ein blondes, liebes Geschöpf mit Vergißmeinnicht= augen. Wenn manchmal die Bergleute bei der Arbeit das Rauschen eines in Felsen eingeschlossenen Baches zu hören glaubten, so waren dies Pimpernellens Lieder, die sie ihnen zur Erheiterung anstimmte. Ihr Bruder, Speculativus geheißen, war ebenfalls blond, lang, dünn aufgeschossen. Ihm war eine alte Bibliothek seines Vaters voll theosophischer Schriften, die sich mit dem Stein der Weisen beschäftigten, zu Gute gekommen. Selbst in die Naturphilosophie hatte sich der sinnige junge Mann einen Weg gebahnt. Specu= lantia, die älteste Tochter, hatte etwas Stolzes, etwa wie Sancta Cäcilia, als diese die Orgel erfand, oder Heloise, als diese Aermste ewige Entsagung schwören mußte. Wer Speculantia zum ersten Male sah, hätte in ihr eine unglücklich Liebende zu entdecken geglaubt, was sie auch war, in einem gewissen Sinne. Eine unbestimmte Sehnsucht lag in ihren Worten, ihren Blicken, ihren Bewegungen. Alles, was sie sprach, lag vom Gewöhnlichen abwärts, es schlug Töne aus Registern an, die nicht auf jedem Instrumente zu finden waren. Die Elfen konnten sie nie zum Tanz bewegen; nie sang sie vor Andern, sondern, wie Philomele, immer allein. Niemals lachte sie heftig; selbst die drolligsten Koboldwitze konnten ihr nur ein leichtes Verziehen der Mundwinkel abgewinnen, freilich eine Be= wegung, worin für Jeden, der sie sahe, Anmuth lag. Auch weinte sie nicht, wenn man nicht anders zuweilen einen feuchten

Glanz des Auges und einen einzigen großen Thautropfen, der sich in ihren dunkeln langen Augenwimpern verfing, weinen nennen will. Das Tiefste schien sie in ihrem Busen zu bergen, und der Alpenkönig selbst, das behauptete man im ganzen Unterharz, dieser in der Schweiz am Montblanc wohnende oberste Beherrscher der Gebirgsgeister, hätte auf ihre erhabene Schönheit sein Auge geworfen. Dennoch liebte sie Unterirdisches nicht; all ihr Sehnen zog sie hinauf in die Regionen des Lichtes, wenn sie sich auch gestehen mußte, daß sie etwas Dunkles, Geheimnißvolles und beinahe Dämonisches in ihrem Herzen trug. Wenn sie etwas mit vollem Verlangen liebte, so war es die Kunde von einer vorzugsweise modern genannten neuen Poesie. Speculantia hatte oft hinter einem Bergabhange gelauscht, wenn Studenten aus Jena kamen und von „Weltliteratur“ sprachen, oder von Göttingen, die daselbst behaupteten, alle Materialien des Weltbaues angetroffen zu haben, nur den Weltgeist selbst nicht. Die Dorfzeitung, der Gothaer Allgemeine Anzeiger, das Weißenseer Unterhaltungsblatt und die Jenaer Literaturzeitung waren die Hauptlectüre der Geschwister; denn nur in diese Blätter wickelten die mannsfelder, clausthaler und thüringer Bergleute ihren Käse und ihr Butterbrod, und selbst aus einer so beschränkten Lectüre entnahm Speculantia die neue Wendung, welche die Poesie in Frankreich und Deutschland genommen hatte. Bettinen überließ sie ihrer Schwester Pimpernella; sie selbst hielt sich an Rahel und Charlotte Stieglitz. Selbst für das junge Deutschland nahm Speculantia Partei und schickte in die Berliner und Mannheimer Gefängnisse einige ihrer gelehrten Mäuse und Ratten zum Gruße ab, welche sich leider den daselbst Inhaftirten nicht recht verständlich machen konnten und im Gegentheil so sehr mißverstanden wurden, daß Schreiber Dieses mehr als sechs Stück davon in Mannheim mit einer piemontesischen Mausefalle guillotinirte. Speculantia zerfloß über den Bundestagsbeschluß von 1835 in Thränen; vielleicht das erstemal, daß sie auf dieser Schwäche ertappt wurde, und da so Vieles verboten wurde, konnte sie es ja um so weniger zu lesen bekommen. Wenn sie aber öfters mit ihrem Vater und den Geschwistern des Nachts im Harz umirrte, und sie immer da kletterten, wo die Fichten am höchsten standen und sie sich im

Mondschein geisterhaft genug für die Schnellpostreisenden, deren Fuhrwerk in der Tiefe leuchte, ausnehmen mochten, dann pflegte sich wol Speculantia mit diesen Worten zu trösten: Ach, liegt der Zauber einer neuen Welt= und Gedankenverjüngung nicht schon in dem Athem der Luft, die uns umfächelt! Sind die Sterne nicht wie Bücher und Geschichten zusammengerückt, deren geheimnißvoller Sinn bald keinem tieferblickenden Auge mehr ein Räthsel sein wird? Plaudert die Blume und der Nachtfalter und das glühende Johannis= würmchen nicht jedes dem Weltgeist abgelauschte Wörtchen aus und hat die Musik der knackenden, vom Sturm gebeugten Föhren nicht einen Text, den jedes empfindungsvolle Herz diesen Tönen ohne viel Mühe unterlegen kann! So tröstete sie sich wohl, daß sie in keiner Leihbibliothek abonnirt war, weil die Elfen wohl Silber haben, aber kein gemünztes, und wohl den „Segen des Mansfelder Bergwerkes" geben, aber die daraus geschlagenen Thaler um so weniger besitzen, als gerade diese, aus Patriotismus, so gesucht sind. Der alte Berggeist sah demnach ein, daß hier nur die Erlaubniß des Alpenkönigs helfen konnte, und harrte mit Sehnsucht auf den Tag, wo es entschieden werden sollte, ob seine Kinder, wie er darum gebeten hatte, sich einige Jahre lang unter die Menschen be= geben durften.

Eines Tages saß der Berggeist mit seinen Kindern und allen Verwandten und Angehörigen seines Hauses in der großen Familien= halle seines in der Nähe der Baumannshöhle belegenen Grotten= palastes. Wunderbare Tropfsteingebilde verzierten die Wände und bildeten an den Stalaktytsäulen Friese von korinthischer Schönheit. Alle Geräthe waren von durchsichtig schimmerndem Tropfstein und Glimmerschiefer. Kommoden, Tische, Stühle, Eckschränke, alles war mit Bequemlichkeit eingerichtet. Die Decke des Saales war von Zinnerzkrystallen, die in Topas=, Granat= und Uranglimmerschiefer= mischung einen hellen Effect machten. Rings waren die Wände mit Granaten in den prächtigsten Dodekaëdern ausgelegt. Sma= ragden von der Größe eines Straußeneies saßen in dem Schiefer, der noch manches versteckte feine Erz verrieth; Berylle schimmerten aus Graniten; indigblaue Saphire, schöner als sie die durch Saphire, nicht M. G. Saphir, (das weniger) so berühmte bayrische Königs=

trone enthält, glänzten, als wären es indische. Topase winkten,
bald wie Pfirsichblüthen gefärbt, bald wie Veilchen. Alles, was
nicht mit Kostbarkeiten ausgelegt war, war mit strahligen krystalli=
nischen Hornblendeblättern bedeckt. In diesen Wundern saßen die
Elfen und scherzten; Pimpernella band aus kleinen Edelsteinen
einen Kranz, den sie gern Friedrich Rückert geschenkt hätte, um ihn
für die — Cigarren zu trösten, die er jüngst von einem Verehrer
aus Bremen bekommen hatte! Rückert — und Cigarren! Nur
Speculantin war bald in Tiefsinn versunken und drückte mit ihrer
weißen Hand die Augen zu; bald las sie eine polemische Brochüre,
die ein Reisender kürzlich in der Baumannshöhle liegen gelassen
hatte, und rief aus: O Prosa, Prosa! Speculativus schliff an
seiner Achatbrille und probirte, ob er nicht tiefer in's Wesen der
Dinge dringen könnte. Der alte Berggeist in der Nachtmütze führte
Rechnung über die Einnahme und Ausgabe seines Gebirges, über
das, was ihm der Bergbau nahm und dafür die schaffende Natur
wieder ersetzte, und schüttelte bedenklich den Kopf, daß er, seitdem
bei diesen Berechnungen die doppelte italienische Buchhaltung ein=
geführt war, recht zur Erkenntniß kam, wie doch die Kraft der
Natur weit schwächer sei, als die Habsucht der Menschen.

Horch! da erscholl ein feines Klingen im Gebirge; alle edleren
Metalle läuteten wie Glocken und der alte Rechenmeister sprang
von seinem Hauptbuch auf; denn so kündigen sich ja die Boten des
Alpenkönigs an! Das Klingen kam immer näher, die Sprache der
Metalle wurde immer deutlicher und endlich trat durch einen Felsen=
spalt ein Fremdling ein, der sich nach dem Familienhaupte umsah,
ein launiger, etwas vornehm thuender Elfe, dessen Stimme mit
der Bestimmtheit seines Auftrages fast im Widerspruch stand, der
aber doch Folgendes zur allgemeinen Spannung vortrug:

> Vom Alpenkönig einen Gruß —
> Und leider mach' es ihm Verdruß.
> Daß selbst des Harzes grauer Herrscher
> In Kinderzucht nicht wäre bärscher!
> Was sollte wohl daraus noch werden,
> Wenn aus den Schachten ganze Heerden
> Von Elfen nach Paris und Wien,
> Nach London und Neapel ziehn!

Der möcht' in Leipzig Kuchen essen,
Der gerne den Aequator messen,
Die will bei Musard Solo tanzen,
Die schmachtet nach Bindocci's Stanzen
Der Eine liebt die Schäferin,
Der Andre eine Königin,
Die härmt, als Fräulein Günderode,
Um einen „Kreuzer" sich zu Tode;
Und machte Elsenkind Bettine
Zur Rückkehr wohl schon ernste Miene?
Wir brauchen selbst, was unser ist,
In einer Zeit, die sich vermißt,
Den Schooß der Erde aufzuwühlen,
Die Berge in die Luft zu sprengen,
Fast in die Hölle uns zu drängen,
Um ihren Erzdurst abzukühlen!
Schuf man vor Alpenkönigs Nase
Nicht freventlich die Simplonstraße?
Und munkelt es von Eisenbahnen,
Kann da ein Elfe Gutes ahnen?
Der Alpenfürst hört oft die Messe,
Giebt jetzt in's Ausland keine Pässe.
        Doch einmal noch, weil Ihr es seid,
Will er zur Gnade sein bereit!
Er liebt den Harz, die dunkeln Sagen,
Die Eure Grubengänge tragen,
Er liebt Eu'r stilles frommes Wesen,
Walpurgisnacht und Hexenbesen.
        So hört! Hier sind drei Wünschelringe,
Gebt sie den Kindern auf die Reise:
Sie schenken in bekannter Weise
Den besten Ausgang jedem Dinge!
Sie mögen wie die Menschen werden,
Sich tummeln auf der weiten Erden;
Geöffnet ist des Berges Thor;
Doch Eins hält sich der Fürst bevor:
Kehrt Fräulein Speculantia wieder,
Vom Lichtglanz müd' die Augenlider,
Ward ihr das Treiben doch zu laut;
Dann wird sie Alpenkönigs Braut!
Und sucht Speculatius später
Die kühlen Grotten seiner Väter,
Zieht ihn das Erz hinab, so ist er

Des Alpenkönigs Staatsminister!
Doch um durch diese Studienreisen
Euch nicht zu schmerzlich zu verwaisen,
Und Eures Leibes Nothdurft wegen,
Und Euch in Liebe einzuhegen,
Bleib' Euch das Fräulein Pimpernelle,
Wenn sie zurück, auf alle Fälle
Zu Eurer Pflege hier zur Stelle.

Nach diesem Vortrage, der in den Zuhörern die verschiedensten Gefühle aufregte, in Pimpernellen sogar den Schrecken, sie würde keinen Urlaub bekommen, sprangen die Kinder des Berggeistes auf und umarmten ihren Vater und wußten ihrer Lust, die neue Literatur kennen zu lernen, nicht mehr den Zügel zu halten. Ihr Vater konnte nicht mehr anders, als die Anordnung seines Lehnsherrn befolgen, weil es sonst den Anschein gehabt hätte, als wollte er ihm die Hand Speculantiens verweigern. Auch kannte er den Leichtsinn der Jugend und sagte, indem er den Ring aufsteckte und plötzlich über der Behausung Pferdegetrappel erscholl: „Da haben wir's ja; Jeder von Euch hat seinen innern Wunsch gleich verrathen; denn was Ihr wünscht, das geschieht sofort!" Pimpernella meinte zwar: „Nein, nein, das sind englische Familien, die den Brocken besuchen!" „Schöne englische Familien," sagte der Berggeist und nahm seine drei Kinder und führte sie, nachdem für des Alpencouriers Bequemlichkeit gesorgt war, an's Helle und zeigte ihnen die drei stampfenden Extraposten, bepackt mit allen Bequemlichkeiten. Speculantia drückte den Vater mit Innigkeit an ihr Herz und Pimpernella weinte bittre Thränen. Speculativus machte sich etwas zu schaffen, um seine Rührung zu verbergen. Die Elfen sahen der Abschiedsscene aus Busch und Baum und hinter kleinen und großen Steinen zu. Alles hätte zuletzt noch damit enden können, daß der alte Berggeist in der feuchten Nebelluft und bei seiner leichten Kleidung den Schnupfen bekam. Einmal über's andere mußte er schon niesen. Pimpernella meinte: Nun würde sie auf keinen Fall reisen; der Vater müsse Fliederthee trinken und schwitzen; er hätte sich erkältet. Doch nahm der alte Herr ihren Reisemantel, wickelte das Kind ein, packte sie in den Wagen und gab ihr noch den Edelstein-

kranz, über den sie in Ungewißheit war, ob sie ihn Uhland oder
Rückert geben sollte. Indem sie darüber nachsann, daß ihr wol
Gustav Pfizer darüber Auskunft geben würde, fuhren die drei Reise=
wagen, jeder nach der Richtung hin, welche die Geschwister wünschten.
Noch lange hörten sie den alten Berggeist husten und die Metalle
hinter ihnen herklingen und sahen kleine Elfen die Mützen schwenken
und neben dem Wagen herlaufen und Purzelbäume schießen. Dann
kamen sie in die platten Gegenden und fuhren ohne andern Aufent=
halt, als um die Pferde zu wechseln, ihrem Ziele zu; Speculativus
nach Berlin, Pimpernella nach Schwaben, Speculantia nach Paris.

Die Abenteuer des Dr. Speculativus in Berlin.

Da der Aelteste der Geschwister schon so manches von der
Stellung des Gedankens zum Königreich Preußen gehört hatte, so
zog er vor, in Berlin im Hôtel Brandenburg abzusteigen, dessen
patriotische Inschrift: „Dieu et mon roi" ihn dermaßen rührte,
daß er sich entschloß, in diesem Gasthofe nur vaterländische Mans=
felder Thaler auszugeben. Staat, Kirche, Stehely, alles hatte er
hier aus erster Hand; er wünschte nichts sehnlicher, als immer
tiefer in das Wesen der Dinge einzudringen und seinen Durst nach
Wahrheit nicht aus den kleinen Maderagläschen geistreicher Aphoristik,
sondern aus vollen, tiefen Humpen unmittelbarer, seliger Anschauung
zu stillen. Es mußte ihm das wahrheitsuchende Bestreben deutlich
auf die Stirne geschrieben sein; denn die Kellner nannten ihn so=
gleich „Herr Hofrath", wohinter doch immer schon versteckt lag, daß
sein Aeußeres etwas Außergewöhnliches verrieth. Aber er hatte
für nichts Sinn, als für den Mittelpunkt. Alles was man ihm
Merkwürdiges vorführte, betrachtete er wie von der Sternwarte
aus. Die äußere Erscheinung, selbst wenn sie noch so glänzend
war, blieb ihm unter der Würde. Pressant war es ihm nun, die
vorzüglichsten Repräsentanten der Berliner Gedankenrichtung, sowohl
die alten Speculanten, wie die mittlern und jüngsten, kennen zu
lernen. Das System und die junge Kritik, beides zog ihn mit
unwiderstehlicher Gewalt an und das Herz schlug ihm, wenn er
daran dachte, Worte zu hören, die ihm die Schlüssel zur Ewigkeit

dünkten. Um seinen Cursus recht von unten auf anzufangen, kaufte er sich „Dr. Mager's Brief an eine Dame über die Hegel'sche Philosophie". Diese Schrift, statt ihn bedeutend herabzustimmen und ihm von vornherein alle Hoffnung auf das Allerheiligste der Wahrheit zu nehmen, bestärkte ihn vielmehr noch heftiger in seinem Vertrauen auf eine objective Entwicklung des Gedankens. Hier wurde einer Dame soviel vom Eindringen in die eleusinischen Geheimnisse der Logik versprochen, daß er dachte: Was wird nun erst den Männern gehalten werden können! Die Aufgaben der Philosophie waren so stolz, so kühn, der mögliche Umfang des Wissens so bis dicht vor Gottes Thron abgesteckt, die Ideen traten so wenig durch das Organ des menschlichen Verstandes in den Vordergrund, kamen vielmehr wie von selbst, unmittelbar, wie sie im Schooße Gottes krabbelten, kurz, wie war Speculativus eingenommen! Er setzte sich in eine neue Berliner Droschke, und vergaß dem Kutscher zu sagen, wo er hinfahren sollte. Er war so in Gedanken versunken, daß ihn der Rosselenker die große Friedrichsstraße dreimal auf- und abfuhr und nachdem ihm sein Passagier zwei Mansfelder Thaler gegeben hatte, ruhig eine gedruckte Quittung, nur über zwanzig Minuten, macht fünf Silbergroschen, ausstellen konnte. Was wußte Speculativus von Droschkenstatuten? Daß er den Regierungsrath Henrik Steffens, den Dänen, besuchte, war nur eine Höflichkeitsvisite und geschah mehr der heimatlichen Kalksteine, als des Steins der Weisen wegen. Sein Vater würde ihm die Unterlassung übel genommen haben, da sein Sohn respectable Elfenkenntnisse in der Mineralogie besaß und eigentlich die Bestimmung gehabt hatte, in Freiberg auf der Akademie zu studiren. Als er Steffens besuchte, verirrte er sich erst in das Haus nebenan und las an einer Klingel: „Frau von Arnim geb. Brentano la Roche". Ach, dachte er, wäre doch Pimpernella da; aber Bettina ist vielleicht böse, daß ich sie nicht besuche, da wir doch Elfenverwandte sind! Er sann und sann, doch nun stand er schon wieder an dem Glockenzuge von Steffens, der sich ein milchweißes Porzellanschild an der Thür zugelegt hatte. Er fand diesen berühmten Mann aus verschiedenen Gründen höchst mißmuthig: 1) hatte man ihm in den Blättern eine höhere Charge zugelegt, als er bei seiner Rückkehr von einer Reise

in Berlin auf dem Tische vorfand; 2) war heute große Tafel beim
Kronprinzen und man hatte vergessen, ihn einzuladen; 3) hatte ihm
eine unartige Freundin eine boshafte Kritik in's Haus geschickt, die
in Frankfurt am Main über seinen neuesten Roman erschienen war.
Steffens und Speculativus kamen beide zu keiner Wärme. Dieser
ärgerte sich über die Bemerkung: Man müßte doch eigentlich immer
nur mit dem Bergmanns = Schurzfell des Verstandes in den Schacht
der Ideen rutschen! und hatte schon die Worte auf den Lippen:
Aber, Herr Regierungsrath, da komme ich ja eben her; als sein
zarter Elfensinn erschrak, wie Steffens mit einem Mal von Politik
zu reden anfing, dann wieder vom heiligen Abendmahl, dann wie=
der von dem innern Brand der Erde; aber noch nicht genug,
jetzt kam der berühmte Mann, sich immer mehr steigernd, auf das
nächste Ordensfest, dann auf die Heimskringla Saga; zuletzt auf
Schleiermacher's Nachlaß, die nächste Rectorwahl und die „Persön=
lichkeit des Christenthums". Speculativus war froh, als er unter
den Linden wieder freie Luft schöpfen und sich einem consequenten
und zusammenhängenden Denken überlassen konnte.

Die eigentlichen Vorhänge des Gedankens, das wußte Specu=
lativus wohl, sollten nun erst gelüftet werden. Sah er jedoch die
Einrichtung aller dieser Gelehrten, ihre Bücherumgebungen, ihre
Titel und rothen Adlerorden; ach, so wurde ihm so bange um's
Herz, und es war ihm, als säße er in einer großen englischen Spinn=
maschine und dürfte sich nicht rücken und rühren, weil er entweder
selbst gerädert zu werden oder fürchten mußte, daß man ihn an=
klagen könnte, er hätte etwas an der Maschine verdorben. Keiner
war eigentlich seines Gottes froh; alle wurden sie von Nebenge=
danken und von Rücksichten beherrscht, die nicht zu kennen und zu
entschuldigen man ein Elfe, kein Berliner, kein Mensch sein mußte.
Speculativus war ein solcher Thor, daß er nicht begriff, wie man
bei einem noch nicht klaren Gedanken essen, trinken, diniren, soupiren,
in die Oper, auf Bälle gehen konnte. Er hätte so gern nur
die Psyche dieser Gelehrten gesehen, die mit so vieler Wichtigkeit
jetzt den eigentlich welterlösenden und naturöffnenden Gedanken in
ihrer Brieftasche unter dem Brustfutter verborgen trugen. Er hätte
so gern etwas Schwärmerisches und Seliges in den Blicken derer,

die doch wol die Seligkeit des gefundenen Himmels besitzen mußten, angetroffen und ängstigte sich darüber, daß diese Männer die Wahrheit hatten, aber die Wahrheit nicht sie, daß keiner ihrer Blicke verrieth, sie hörten lieber die Harmonie der Sphären, als die um 11 Uhr bei der Universität aufziehende Wachtparade. Der Nachfolger Hegel's, Professor Gabler, ängstigte ihn gradezu, weil er mit diesem über eine Wahrheit, die ein Deutscher gefunden, lateinisch sprechen sollte, Trendelenburg setzte sogar Griechisch an, wo aber Speculativus nicht mitkonnte und sich gelinde schämte. Viele Andre schienen poetisch, sinnig und tief, z. B. Gans und Hotho, aber sie hatten sich mehr ein Einzelnes, wie aus einem Schiffbruch gerettet und betrachteten, wenn auch geistreich, die Schönheit und die Freiheit so sehr unter dem Gesichtspunkt der Zeit und gleichsam als die Ironie ihres ursprünglichen Hegelthums, daß sich Speculativus Thränen vergießend drei Tage lang im Hôtel Brandenburg einschloß, nicht an die Table d'hôte ging, sondern nur Hafergrütze trank. Für das eigentliche Wesen der Dinge wollten sich ihm keine Aussichten mehr eröffnen, am wenigsten, da er sahe, daß die gleich ihm Verzweifelnden doch nicht wie er fasteten, sondern der besten Dinge waren und selbst im Tode nicht besserer Dinge, als diese Erde bot, zu harren schienen. So hatte er denn schon fast den Muth verloren und dachte: Da bin ich armes Elfenkind auf meinen Erzstufen und Grubengängen doch vielleicht dem Wesen der Dinge und dem Schooß der Allmacht näher, wenn auch wie schlummernd und nicht so lebhaft wie diese! Speculativus, ein träumender Grübler, hatte nur zu viel Furcht, schon als des Alpenkönigs Staatsminister in die praktische Laufbahn treten zu müssen und sein Herz in einem Gewühl von Rücksichten oder Pflichten unter dem Schneedache des Montblanc crystallisirt zu sehen; sonst hätte er sich seine Rechnung vom Hôtelier Krause geben lassen und wäre unmittelbar nach der Schweiz gegangen, selbst wenn es mit dem Passe nach dort einige Schwierigkeiten gehabt hätte.

In dieser Lage fiel ihm ein, daß er von jungen achtbaren Talenten gehört hatte, die, mit ihren Ideen der Speculation entronnen, die schöne Literatur, besonders in geistreichen Kritiken, befruchten sollten. Wo der Gedanke, dachte er, mit der Dichtkunst in eine

Wahlverwandtschaft tritt, o — und hier übermannte den Traum=
seligen schon ein Entzücken. Er sprang auf und blickte auf den
nächtlich finstern Gensdarmenmarkt — ach, fuhr er selig zu sich
selbst fort, da kann die Sehnsucht nach dem Unmittelbaren nicht
fehlen, da kann ich unmöglich ewig hören müssen, daß der Begriff
schon die Sache selbst sei. Nein, es ist noch Hoffnung da! Mit
dieser Hoffnung und viel bei sich nachdenkend über die Verbindung
des Gedankens mit der Schönheit, über die Grenzlinien der Natur,
des Scheins und des Wesens, warf er sich den Mantel über und
eilte in die Schmidt'sche Weinhandlung, im Hause des Buchhändlers
Schlesinger.

Wie er in das Lokal trat, vernahm er aus einem verborgnen
Zimmer einen Gesang, dem er lauschte. Er glaubte folgende Worte
zu unterscheiden:

> Wir sind nicht jung, wir sind nicht alt,
> In Nichts etwas; doch mannigfalt!
> Wir kühlen mit demselben Brasen,
> Womit wir Warmes kälter blasen.
> Wir lieben nur das Gegentheil,
> Das Ebne paßt uns besser steil,
> Das Steile könnte ebner sein,
> Das Feine grob, das Grobe fein.
> Auf uns warf ihren scheelen Blick
> Als zehnte Muse: die Kritik!

Und das Wort: Kritik wurde von jedem Einzelnen wiederholt,
bis der Chor einfiel und mit klingenden Gläsern den Vers ab=
rundete: Kritik, Kritik, Kritik!

Speculativus glaubte erst eine Schaar junger Hähne anzutreffen,
die sich im Kikerikirufen übte. Doch trat er ein und fand, obschon
das Zimmer voll Menschen war, doch noch Platz, da einige der
lautesten Wortführer schmale und behende Personen waren, wie schon
die Namen derselben: Mücke,*) Mavenkäfer,**) Klein, Mager u. s. w.
auf keine Elephanten schließen lassen. Speculativus horchte allem,
was gesprochen wurde, mit Andacht zu und entschloß sich, Einigen,

---

*) Th. Mügge.   **) Ed. Meyen.

die sehr stumm waren, aber vorzugsweise als gedankenreich be=
zeichnet wurden, sich zu nähern und ihnen ihre Meinung über Poesie
und spekulative Anschauung abzufragen. Hier vernahm er nun große
Dinge. Ja, es schien fast, als wären in diesen Köpfen die Begriffe
organisch, als wüchsen und blühten sie aus ihnen heraus und trügen
erquickende Früchte. Da trat er, theils vom Wein, theils von
Schwärmerei ergriffen, mit dem Vorschlage auf, er wollte zwei
Schreibfedern hinter seine beiden Ohren stecken, jeder Muthige aus
der spekulativ=kritischen Schule sollte sich darauf setzen und so
wollten sie alle zusammen in den Sirius fliegen. Er könnte das
machen, sagte er. Und vor Wonne über die Vermessenheiten dieser
genialen Köpfe war er so wild geworden, daß er sich die Brust auf=
riß und wie ein junger Weltrevolutionär Sonne, Mond und Sterne
escamotirte. Er wiederholte nochmals seinen Vorschlag, der dann
auch von jenen, die wir schon vorzugsweise als leicht und behende
kennen gelernt haben, angenommen wurde. Doch kränkte es ihn,
daß sie das Ganze für Scherz hielten. Ihm war es ein heiliger
Ernst, ihm lag es auf den Lippen zu sagen, daß ihnen solche Him=
melsreisen nicht oft würden geboten werden; und der Kellner brachte
schon zwei Federposen, die oben noch eine sanfte Fahne hatten.
Speculativus bückte sich. Mücke, Meyenkäfer, Klein, Mager setzten
sich auf die Federposen und hurrah! ging's zum geöffneten Fenster
hinaus, grade auf den Sirius zu. Die Zurückgebliebenen wußten
nicht, was sie davon denken sollten; Einige meinten, das gäbe einen
guten Correspondenzartikel, Andere fürchteten einen Unfall; aber ein
witziger Kopf aus der Gesellschaft sagte: Es passirt ihnen nichts;
sie haben ja den Mücke bei sich, der so viel Rettungsromane ge=
schrieben hat!

Speculativus ärgerte sich gleich beim ersten Anfluge über die
Bemerkungen, die seinen Begleitern entfuhren. Sie benutzten diesen
Aufschwung zur Himmelsnähe zuvörderst nur zu einigen „literarischen
Miscellen", als sollte damit ein „Feuilleton" gefüllt werden. Sie
flogen an dem Thurme vorüber, wo Rellstab und Wilibald Alexis
zusammen wohnen. Jener schnarchte sich von seinen kritischen Wan=
derungen durch Berlin aus, dieser schrieb schon die neunzigste Nacht
an seinem Romane: „Zwölf Nächte", der gewiß, wie Mücke aus

Brodneid bemerkte, zum Einschlafen bestimmt war. Dann sahen
sie Wilhelm Beer und Mädler den Mond beobachten. Unten im
Parterre funkelte eine gedeckte Tafel zum Souper. Ideler und
Nolte — wollte ich sagen Encke — waren auch in Thätigkeit, jener,
um die Chaldäische Zeitrechnung zu bestimmen, dieser wollte nur
sehen, wo sich jetzt sein Komet herumtrieb. Der Königl. Telegraph
meldete mit großer Hast, wie viel soeben in den Rheinprovinzen
die Uhr geschlagen hatte. Speculativus war froh, endlich aus den
kleinen Notizen herauszukommen und stieg prächtig, wie ein Luft=
ballon in die Höhe. Die kleine literarische Coterie wurde immer
stiller und ängstlicher und beantwortete auch mit größerer Mäßigung
die Fragen, die der glückliche Speculativus an sie richtete. Ach,
seufzte er halb ironisch, ich glaube, wir können das Wesen der Dinge
nicht erkennen! Hier fuhr Mavenkäfer zornig auf und polterte: Ha,
das ist die ewige, alte Leier, die schon Haller geklimpert hat:

> In's Innere der Natur dringt kein erschaffner Geist,
> Zu glücklich, wenn er nur die äußre Schaale beißt!

Schaale weiß! zum Henker! korrigirte Mager und schlug die be=
treffende Stelle der Encyclopädie Hegel's auf, die er immer bei sich
trug, Klein machte einige Jean Paulismen über Haller und den
Zopfcharakter des Alexandriners. Mücke träumte über die Bogen=
zahl seines neuen Romans. Speculativus war überselig; denn seine
jungen Freunde deuteten ja nun genugsam an, daß sich das Innere
der Natur sicherlich finden lasse. Der Sirius lag immer klarer
und schöner vor ihnen. Die Luftströmungen, die sie höher trugen,
wurden elektrischer. Die Herzen schlugen heftiger, das Blut kreiste
wie bei den Wonneschauern einer glücklichen Liebe. Spekulativus
phantasirte: „Ach, da liegt sie unter uns, die kleine Erdkugel mit
ihren verstockten Widersprüchen, mit ihren Sackgassen falscher Dia=
lektik, ihren stinkenden Gaslaternen und allen ihren Schönheiten, die
immer mit Opfern erkauft werden müssen! Neue Zeit, neues Leben
— o du Sandkornwort auf dem Sandkornballe! Vom Himmel
klingen uns die Sphären schon ihren seligen Gruß zu; die Ideen
stehen am Ufer und warten der Fremdlinge, die da kommen, sie zu
grüßen! Unter Eure Laubhütten nehmt uns auf, Eure Hände reichet
uns; ach, welch ein Druck, welche Wärme, welches Gefühl! Ist es

nicht, als fielen die Hüllen von uns Körpern und von der Seele fiele der Leib und nur jener ätherische Flimmer, der, nach Paracelsus, die Seele umduftet und ihre austreibende, nach Gestaltung ringende Thätigkeit ist, wäre noch an uns und alle Sterne des Himmels könnte man durch unsere Brust flimmern sehen! Wir fühlen es ja, Gott nahe sein heißt nichts als in Liebe zerfließen, in Liebe sich baden, in Liebe zittern und selig sein, dem Ewigen gegenüber vernichtet zu werden! Meine Pulse schlagen matter, die Schwungkraft meines Körpers wird gelähmt; sterben, nichts sein, in das All verwehen, welch ein Himmel! Ich sinke, ich lehne mich wie ein Hülfeflehender an das Knie Gottes und bedecke seine Hand mit meinen Küssen, meinen Thränen!"

Bis soweit war der junge Schwärmer gekommen, als seine Phantasie auf den beiden Federposen lebhaften Widerspruch fand. Man erinnerte ihn erst mit Ruhe, dann mit Heftigkeit daran, daß das Denken Alles sei, was die Menschen erreichen könnten, und daß das Gedachte, objektiv, seinem Kerne nach, immer schon in dem Begriff mit enthalten wäre. Kinder griffen sinnlich gegen die Sterne, Philosophen trügen das Firmament im zweiten Buche der Encyclopädie, wo die Idee im Zustande des Außersichseins längst geschildert sei. Und nun möchte er aufhören, sonst würde man ihm zeigen, was Polemik von ihrer Seite wäre, und sie wollten sein Gutes nicht verkennen, aber seine Noahblößen „auch fürchterlich aufdecken", und Merenkäfer schreibe eine Literaturgeschichte und darum wären noch ganz andre Leute auf der Hut, vorsichtig mit ihm umzugehen und genug — die Federposen verloren das Gleichgewicht und die berliner Kritik stürzte in ihren achtbarsten Repräsentanten zur Erde hinunter.

Als den folgenden Morgen Speculativus ausgeschlafen hatte, war es sein erstes Geschäft, den Lohnbedienten des Hôtel Brandenburg zu den jungen Kritikern zu schicken und sich nach ihrem Befinden nach sieben Flaschen Leoville zu erkundigen. Die Anwesenheit eines Rettungsromantikers hatte als Fallschirm gedient. Mager rüstete sich schon wieder, seine „Genfer Professur" anzutreten, Meyenkäfer schrieb an einem Bericht für eine mecklenburgische Zeitschrift, Klein hatte sonderbare Anfälle, in denen der gelehrte Ungar aller-

hand jeanpaulisirende Aphorismen und forcirte Gleichnisse schrieb.
Speculativus griff nach dem Intelligenzblatt und wußte selbst nicht,
was ihm gestern geschehen war. Er las, theils um sich zu zer=
streuen, theils um die Leere, die seine Brust beherrschte, mit irgend
etwas, wenn auch nur mit neuen Westenzeugen, die in der Jäger=
straße „beim Römer" oder sonst wo zu haben waren, auszufüllen.
Ach er war nahe daran, alle Hoffnung auf eine ideale, wahrheit=
suchende Literaturrichtung aufzugeben, seine Rechnung zu bezahlen
und Berlin und die Erde überhaupt mit seinem Alpen = Minister=
posten zu vertauschen.

Indem er so das Intelligenzblatt flüchtig übersah, fiel sein
Blick auf eine Ankündigung des Blumengärtners Bouché: Heute
blüht bei mir die Königin der Nacht! (Entrée 2½ Silbergroschen.)
Speculativus wurde hier von einer Vorstellung ergriffen, die ihn be=
stimmte, schleunigst seinen Hut zu ergreifen und einen letzten Versuch
zu machen, ob er denn nicht die Kritik, wenn nicht zu Siriusreisen,
doch zu einem andern poetischen Gedanken begeistern könnte. Er
suchte wieder die vier namhaften jungen Talente auf, die ihm
die Nacht hinter den Ohren gesessen hatten, und machte ihnen den
Vorschlag, mit zu Bouché zu gehen und sich in den erschlossenen
Kelch der Königin der Nacht zu setzen. Träumen wollten sie da,
wie der schlummernde Goldkäfer auf der Rose, schwärmen wollten
sie, nicht wie die Bienen, die nur darum den Duft stehlen, um in
systematischen Zellen doktrinäres Wachs daraus zu machen, sondern
wie der Schmetterling, der sich auf der Nelke wiege. Die junge
Kritik sah sich verwundert an und hielt den Vorschlag für eine
Allegorie. Sie gingen, da sie einmal etwas von Poesie gehört hat=
ten, auf die Umschreibung eines einfachen Besuches bei der Königin
der Nacht ein, und setzten sich zusammen in einen „Sparwalder",
der sie in die Nähe des Frankfurter Thores führte. Speculativus
kam auf die Interessen der neuen Literatur zu sprechen und freute
sich, daß Mücke an ihr die Phantasie vermißte. Klein hatte sich
einige hübsche Jeanpaulismen abgepreßt, und das Gespräch war un=
gemein reizend, so lange kritische Ansichten über die Poesie ausge=
tauscht wurden. Meyenkäfer freilich war dabei am langweiligsten.
Ehe dieser etwas sagte, streckte er sich und bediente sich gewöhn=

lich der vornehmen Formel: „Hierüber ist zu sagen —"! Von ihm
ging auch zuerst die Bemerkung aus, ob Speculativus verrückt wäre;
immer spräche er vom Schlummern im Kelche der Königin der Nacht;
wir hätten jetzt „Gedankenpoesie" und könnten uns auf das alte
Flimmern und Schimmern der Romantik, überhaupt auf das Persönliche und Beliebige nicht einlassen; es käme nur noch darauf an,
daß die Hegel'schen Kategorieen mit kleinen Mundt'schen Sechspfennig-
sträußern behängt und mit etwas veilchenblauer Seide umwickelt
würden. Als die Gesellschaft bei Bouché ausstieg und Speculativus
immer wieder auf sein Schlummern im Kelche der Königin der Nacht
zu sprechen kam, wollten auch die Uebrigen nicht mit ihm hineingehen
und sagten, solche tolle Ideen hätte wol ein Arthur Mueller, aber
sie, sie wären Verstandesdichter und jetzt hier vollends vor all' den
Leuten! Es war voll bei Bouché. Eine Menge Hofräthe und
Majore außer Dienst, die ihren Kaffee gewöhnlich nur in Treib-
häusern trinken, saßen unter den Orangenbäumen, und die Damen,
die sich noch nebenbei auf die Blumenverloosung spitzten, strickten
stolz und unbefangen, denn das Notenblatt der „Musici" ging an
ihnen vorüber. Kein Tisch war mehr zu haben. Alle Stühle
waren besetzt. Speculativus blieb dabei, was sie denn auch Tisch
und Stühle brauchten! Er faßte die junge Kritik in's Knopfloch und
wollte sie husch! mit Gewalt in den Kelch der Königin der Nacht
ziehen. Herr, fuhr jetzt Mücke, durch und durch für's Prosaische
gestimmt, auf, ich sage es Ihnen jetzt zum letzten Male, wir müssen
einen hölzernen Tisch haben und was Ihre romantischen Ideen an-
belangt — der Kaffee war schon bestellt und der „Marqueur" stand
ironisch da und wußte ihn nirgends hinzustellen. Speculativus zog
den jungen Menschen näher und meinte, er sollte getrost die Portion
Kaffee in den Kelch der Blume stellen. Die Kritik hörte das und
wandte sich um und warf dem armen Speculativus einen so giftigen
Blick zu, daß sich dieser hinter den Myrthen, Orangen, Granaten
versteckte, immer kleiner wurde, bald nur noch wie ein Schmetterling,
dann als solcher wirklich in den Schooß der Königin der Nacht
flog, und in deren himmlischer Farbenpracht und ihrem Zauberduft,
wie nicht dagewesen, verschwand.

Es war bei Bouché ein solches Drängen, daß die junge Kritik

13*

die Entfernung eines Genius der Poesie gar nicht bemerkte. Sie trank, da sie endlich noch einen Sitz fand, ihren Kaffee mit wunderbarer Selbstgenüge und verbrauchte mehr Cigarren, als Herrn Bouché für seine Blumen lieb war. Dann gewann Mücke in der Blumenverloosung eine Butterblume, Mager eine Federnelke, Meyenkäfer einen noch nicht ganz vertrockneten Rosinenstengel, Klein ein hübsches Bouquet, das er jedoch sogleich, wie alles, zerriß und mit Heftigkeit auf eine Kritik verstreute, die er so eben über Mundt's Delphin geschrieben hatte.

Herr Krause im Hôtel Brandenburg wartete mehrere Tage auf Speculativus; dann ließ er ihn in's Intelligenzblatt rücken, und als er auch da nicht zum Vorschein kam, vergriff er sich in Gegenwart eines vereidigten Justizcommissarius an den Sachen des verschollenen Reisenden. Man fand nichts als grade soviel Mansfelder Thaler, als die Zeche betrug, Hegel's sämmtliche Werke, die als Prämiengeschenk an eines der berliner Gymnasien vertheilt werden konnten, und einige Andeutungen zu einem Werke, dessen Titel „Siriusnähe" heißen sollte. Die junge Kritik verfolgte Speculativus mit verschiedenen Correspondenzartikeln und Miscellen; doch saß dieser längst schon zur Seite des Alpenkönigs, unter der Eiskuppel des Montblanc, im Zaubercapitol des Elfenreichs. Die Donner, die über seinem Haupte rollten, die Blitze, die ihm in die Augen zuckten, die Schneelawinen, welche vom Giebel des Alpenkönigspalastes stürzten, und dann die grünen Matten und die sanfte blaue Alpenblume: das alles befriedigte zwar nicht ganz seinen nach dem Ewigen dürstenden Sinn, doch hatte er einsehen gelernt, daß die Philosophie und die junghegel'sche Kritik nicht viel weiter waren, als der Elfe und die Natur und — noch nicht einmal so weit!

Pimpernellens Schwabenstreiche.

Pimpernella ließ zwar als Naturkind die Postillone immer selbst in ihren Pompadour greifen und sich soviel Geld herausnehmen, als sie haben wollten; aber sie machte ihnen auch dafür zu schaffen! Da ihr das Meiste, was sie sah, vollständig fremd war, so war ihre Wagenthür immerfort im Gange. Bald wollte sie dies, bald

das sehen. Einem weißen Reh, das ihr über den Weg, der durch
den Wald führte, lief, ging sie so lange nach, bis sie beinahe
ihren Reisewagen nicht wiedergefunden hätte. Blumen, Vögel,
alles wollte sie brechen und greifen, wie ein Kind, das nur immer
ruft: Haben! Haben! Zuletzt wurde ihr doch der Weg zu lang und
sie hätte sich gerne Gesellschaft gewünscht. Die Postillone hatten
alle dasselbe Gespräch, das sich nie weiter erstreckte, als wer seit acht
Tagen hier mit Extrapost durchgekommen war und wieviel lederne
Hosen sie in drei Jahren zerrissen hätten. Sie konnte hier nichts
Neues mehr lernen und sah erst jetzt ein, wie viele, viele Meilen
Schwaben entfernt liegen müsse.

Indem sie, so in Gedanken versunken, sich ausmalte, wie wol
in Schwaben Kirchen und Kapellen, Weingärten und Aepfelbäume,
Blumen und Dichter ausschauen mochten, hörte sie draußen auf der
Chaussée eine häßliche, krächzende Stimme singen:

> 'S eigentlich schmählich
> Und beinah e Schand,
> Ich bin nicht recht selig,
> Und auch nicht verdammt!

Pimpernella rief dem Postillon, zu halten und fragte, was denn
da wäre? Auch ein fürchterlicher Geruch von Knoblauch und Meer=
rettig drang ihr entgegen. Wer diese gräßlichen Töne ausstieße?
fragte sie zunächst. Seltsam aber, der Postillon hatte weder etwas
gerochen noch gehört, und meinte, es sei ja mäuschenstille; ob viel=
leicht der Heimmschuh klappre, oder was sie überhaupt meine?

Indem hörte Pimpernella jenen Vers ganz deutlich am Kutschen=
schlage, und ob es gleich ein Geruch war, wie von Leberwurst und
Käse, so wagte sie doch noch einmal hinauszusehen, und stieß sich nun
beinahe den Kopf an einem abscheulichen Schlingel, der eben, zer=
lumpt und halb betrunken, in den Wagen steigen wollte. Sie schrie hell
auf, der Postillon hielt wieder an und erkundigte sich, was ihr denn
sei. Ja, sieht Er denn nicht den schrecklichen Menschen? Haltet ihn
doch am Rockschooß fest! rief sie. Aber der Postillon bemerkte mit
Erstaunen: Um Jesu Willen, es ist ja keine Menschenseele da! Er
riß den Kutschenschlag auf und fand Pimpernellen allein. Sie weinte
nichtsdestoweniger und behauptete, ein schändlicher Mensch wollte

mit ihr fahren und quälte sie um Essen und Trinken wie ein Wär=
wolf. Es ergab sich dann, während der Postillon in dem Glauben,
eine Geisteskranke zu fahren, die Pferde antrieb, daß neben Pim=
pernellen ein Schustergesell aus Nordhausen saß, der vor einigen
Jahren in der Elbe ertrunken war, jetzt aber dem Justinus
Kerner'schen Zwischenreiche angehörte. Essen und Trinken können
wir immer nur durch Andre kriegen, setzte der Unheimliche imperti=
nent hinzu. Wie? rief Pimpernella außer sich. Doch nicht durch
mich? Ja freilich, antwortete der ertrunkene Schustergesell, so grade=
zu können wir das Material freilich nicht mehr recht genießen, weil
es uns wie Krüppeln geht; wir empfinden zwar unsre Arme und
Beine, haben sie aber nicht mehr —! Aber ich sehe doch, daß
Dir nichts abgeht, bemerkte Pimpernella schaudernd. Das freut mich
eben, erwiderte der weder selige noch verdammte Geist, daraus ent=
nehme ich, daß Du irgendwie, sei's durch Krämpfe oder Bücherlesen
oder durch hysterische Zufälle, für den Umgang mit Geistern geschaf=
fen bist, und daß, indem ich mich Deiner bemächtige, ich noch man=
chen Spaß hier auf Erden treiben kann!

Pimpernella, an allen Gliedern zitternd, drehte und drehte an
ihrem Ringe und wünschte den Unhold zu allen Teufeln, denen er
angehörte. Aber das war's eben; auf die Geister haben die Elfen,
als Naturkinder, keine Gewalt. Der Ring brachte nichts zu Stande
und Pimpernella fing bitterlich an zu weinen. Als das der
Zwischengeist sahe, wurde er zornig und zerschlug die Wagenfenster,
zerkratzte das rothe Saffianleder der Polster, tobte und schrie und wollte
mit Gewalt in Pimpernellen hinein, wie ein andrer Unhold in die
„Seherin von Prevorst". Doch kam ihr hier ihre eigne dämonische
Natur, in welche sich nichts zweites Spukhaftes einschachteln ließ, zu
Hülfe. Besessen wurde sie von dem Nordhäuser nicht, aber gequält
und geängstigt so, daß man in Frankfurt, wohin sie eben gekommen
war, allgemeines Mitleid mit ihr empfand, und ihr den Dr. Carové
anempfehlen wollte, falls sie sich wollte magnetisiren lassen. Der er=
trunkne Schuhmacher ließ sie aber nicht lange verweilen, sondern sagte,
sie müßten fort nach Weinsberg. Kaum hatte der Zwischenreichsbummler
den Namen dieses Städtchens ausgesprochen, als die von ihm Besessene
auffuhr, freudig bewegt die Hand an ihr Herz, das stärker und

seliger an zu pochen fing, legte und ausrief: Ja, zu eben dem will ich
ja! So fuhr sie denn mit ihrem Plagegeist die Bergstraße entlang. Gleich
hinter Darmstadt saßen am Wege zusammengekauert drei kleine, unglückliche Eduard Duller'sche Phantasieembryone, mit großen Köpfen,
kleinen Füßen, „Kronen und Ketten" tragend, frierend, ängstlich anzusehen. Auch hätte sie beinahe den darmstädtischen Justizrath Karl
Buchner niedergefahren, der wie ein Lumpensammler mitten auf der
Landstraße allen alten Plunder umkehren mußte und Glasscherben,
Kupferpfennige, Papierschnitzel, alles in einen großen Notizensack
packte, den er jährlich einigemal in den Hamburger Blättern der
Börsenhalle auszuschütten pflegt. Von Heidelberg bis Heilbronn
wurde es immer ärger mit dem Schuster. Alles rief: Sie muß
nach Weinsberg! Natürlich! bemerkte Dr. Strauß, der Verfasser
des Lebens Jesu, der eben an der Wirthstafel des Heilbronner
Falken saß, wenigstens wird dann ein Buch über sie geschrieben
werden —!

Es würde zu weit führen, wollten wir diese einfache Darstellung der Schwabenstreiche Pimpernellens in eine Novelle verwandeln. Sie kam bei Justinus Kerner an, wurde als eine äußerst
bedeutende Kranke erkannt und in jenen vielfach beschriebenen Thurm
des poetischen Oberamtsarztes einlogirt. Pimpernellens schwärmerische
Hinneigung zum Wesen der schwäbischen Dichterschule verlieh ihr
noch einen besondern Reiz; sie entfaltete in der That in den Augen-
blicken, wo sie der Schuster in Ruhe ließ, ein sinniges, für die Poesie
empfängliches Gemüth. Sie wußte die klassischen Stellen der schwäbischen Dichterschule bald auswendig und hatte überdies durch ihren
Reichthum einen Vorsprung voraus, durch welchen sie einigermaßen
versuchte, die Stadt Weinsberg für den Lärm zu entschädigen, den
der betrunkene Nordhäuser bei Tag und Nacht innerhalb ihrer Persönlichkeit anstiftete. Sich selbst, was sie auch durfte, für eine
Thüringerin ausgebend, erschien sie bei alledem so poetisch, daß einige
junge tübinger Stiftler, die zugegen waren, sogleich Gedichte auf sie
machten und an Gustav Schwab schickten, der sie corrigirte und in's
Morgenblatt rückte.

Mit Pimpernellens Heilung verwickelte es sich jedoch immer
mehr. Ihr Quälgeist konnte, da sie derselbe eigentlich nicht besaß, nicht

recht gebannt werden. Es war hier ein eigner Fall, über welchen
Eschenmayer aus Kirchheim an der Teck einige theoretische Winke
schickte, die einen Band zum Druck bildeten. Der Magnetis=
mus wirkte außerordentlich auf das Elfenkind. Es sah aber, wenn
es clairvoyant wurde, nie den Himmel, sondern immer nur den
Harz offen. Sie schilderte dann das Leben und Weben der Metalle
mit einer Poesie, daß Kerner erstaunte, und dasjenige, was Pimper=
nellen im Kopf lebte, Erzbotanik nannte. Alle Schwaben bewunder=
ten das neue Wort und priesen es in alle Lande.

Die bessere Wendung ihres Schicksals verdankte sie endlich dem
Nordhäuser selbst. Der ungeschlachte Mensch wurde ihrer überdrüssig.
Er mochte sie nicht länger plagen, weil er keinen rechten Einlaß in ihren
Magen fand. Mehrere andere anwesende Handwerksbursche, die
in Kerner's altem Thurm ihr Zwischenreichswesen trieben, meinten,
ob der Nordhäuser ein Narr sei und mit so einem theeschlürfenden
Frauenzimmer verhungern und verderben wollte. Hier gäbe es
aller Orten hysterische Bauerdirnen, die von dem vielen Beschwören
und Predigen und Hörensagen nichts sehnlicher wünschten, als be=
sessen zu werden; man wollte ihm eine hübsche Kundschaft zuweisen,
wo er sein Glück machen könnte. Der ertrunkene Schuster, der
es satt hatte, bei Pimpernellen zu hungern, gab den dringenden
Vorstellungen seiner Collegen Gehör, wollte nur noch einmal in
Kerner's Stiefelgarderobe hinein, warf da noch Nachts die Stiefel
und Schuhe unter und übereinander, und fuhr dann um's Morgen=
roth, nachdem er Pimpernellen noch einigemal zum Aufschreien
gekniffen hatte, in eine angehende Somnambüle, die sich in der
Umgegend von Weinsberg heimlich vorbereitete, demnächst Epoche
zu machen. Als Kerner in der Frühe seine Stiefel suchte,
kam ihm Pimpernella freudig entgegen und sagte, jetzt hätte sie das
Ungethüm verlassen. Kerner freute sich nur halb darüber. Die
wiedererlangte Vernunft seiner Patientin war ihm nicht so lieb, als
die Originalität ihres Wahnsinns.

Inzwischen waren aus Stuttgart nach Weinsberg Briefe über
Briefe gekommen, die den Zustand des schwäbischen Dichters Gunnal
(Pfizer) immer bedenklicher schilderten. Dieser junge, talentvolle
Mann hatte zwei Bände Gedichte geschrieben, die unter vielem

Unbedeutenden hier und da ein Gemüth verriethen, das die Erde nicht blos im Sonntagsputz, wie sie bei Uhland auftritt, sehen mochte, sondern vor dem die unschuldigen, sonnenhellen Landschaftsperspectiven mit ihren Lämmerchen und Hirtenknaben, ihren Gänseblümlein und Rittern und Jungfrauen sich zuweilen in pittoreskere Fernsichten verschoben, worüber Wolken und Gewitter hingen. Gumal war hauptsächlich zur Reflexion geneigt; aber da er die ursprüngliche Naturanschauung hatte, so konnte er leicht die Kälte des abstracten Gedankens durch eine wärmere Temperatur vergessen machen und ein genialerer Dichter werden, als ihn der Weidmann'sche Musenalmanach bis jetzt gezeigt hatte und sogar für wünschenswerth zu halten schien. Gumal neigte zum Gedanken. Gumal hatte Ideale, die zwar die Form noch von Schiller borgten, aber in eine Region streifen konnten, wo die schwäbische Dichtkunst leicht aufhören konnte, sich nur im Kleinen zu bewegen und das Positive mit Blumen zu bestreuen. Gumal fühlte manchmal den Drang in sich, einem Byron nachzustreben, und schnell veranstalteten es seine Gönner, daß er von Byron eine Uebersetzung liefern mußte, um nur sein strebsames Gemüth wieder auf etwas Unschuldiges und höchstens sprachlich Bedeutendes abzulenken. Wie gern hätten die Dichter gesehen, daß Gumal Eberhard den Greiner noch einmal besungen hätte; aber er wies dies Ansinnen zurück und reiste sogar wie Goethe nach Italien. Zurückgekehrt, machte er Miene, ein Titane zu werden. Er dichtete eine Phantasie, in welcher er den Gedanken ausführt, daß wir Griechisch leben wollen, nackt, mit Blumen bekränzt, nur dem Schönen opfernd — die schwäbischen Pfarrer und Präceptoren entsetzten sich und eilten, das Ganze für eine mythisirende Allegorie auszugeben, damit nur Gumal nicht wild würde, die Fesseln sprengte und den Candidaten der Theologie mit einem „jungen Gott" vertauschte. Um seinen Unmuth abzulenken, ließ man den Armen den Bulwer übersetzen, schickte ihn in's „Ausland", das Augsburger meine ich, zu welchem er eine Beilage schreiben mußte; ja, wie Luther auf die Wartburg geführt wurde, um sicher zu sein und sich à tout prix zu mäßigen, so ließ man ihn zuletzt das Leben des Gottesmannes schreiben und sogar dessen sämmtliche Werke herausgeben. Armer, armer Gumal!

Da jeder Stuttgarter und Tübinger Brief in Kerner's Hause
ein Festtagskuchen ist, so hatte auch Pimpernella alle Briefe gelesen,
die Gumal's Schicksale betrafen, hatte lange mit sich Rath gepflogen
und endlich, als man sagte: Bei einer Rezension über die Georges
Sand schnappt er doch noch einmal in's Junge Deutschland über!
erklärt: Ich will ihn retten! Man sah sie groß an; aber sie sagte,
sie wollte Gumal's stürmischen Geist an die kleine Wiesenblume
fesseln, wollte ihn so umzaubern und die Hand auf ihn legen, wie
man Maikäfer hindert, aufzuschnurren; sie gebe ihr heiliges Wort,
sie wollte Gumaln der schwäbischen Dichterschule erhalten. Dabei
sah sie auf ihren Ring und der schalkhafte Kerner meinte, ob sie
ihn etwa heirathen wollte? Pimpernella wurde roth und ängstigte
sich, was sie als Elfe alles für menschliche Verpflichtungen einzu=
gehen in Gefahr stand, blieb aber bei ihrem Vorhaben und rüstete
sich zur Abreise. Kerner's konnten nichts dagegen einwenden und
ließen sie in Frieden ziehen. Der alte poetische Thurmwächter spielte
ihr noch Eins auf einem Instrument, der Maultrommel, auf dem
er Virtuose war, vor; dann dankte sie für alle Liebe und Freund=
schaft, war aber doch froh, aus einer so unheimlichen Atmosphäre
glücklich entronnen zu sein.

Als Pimpernella in Besigheim gefrühstückt, in Ludwigsburg
Pferde gewechselt und endlich Stuttgart erreicht hatte, traf sie doch,
obschon sehnlich erwartet, keinen von der schwäbischen Dichterschule
daheim. Sie waren in die „Fildern" gegangen, theils um Schmet=
terlinge zu haschen, theils um den jungen gährenden Dichter Gumal
zu zerstreuen. Es war mit diesem immer schlimmer geworden; er
las Hegel's Werke und hätte Einiges, was ihm darin gefiel, gern
unter Schiller'sche Verse gesetzt. Aber selbst dieser Anfang einer
höhern Tendenz, in welche das Anomale hätte auslaufen können,
erfüllte Gumal's Freunde mit Schrecken; sie konnten eben das
„wüschte", „ohngeischtliche" Gedicht nicht vergessen, worin Gumal
gewünscht hatte, die Deutschen möchten, wenigstens in geheizten Stuben,
manchmal wie die Griechen nackt gehen und sich mit Rosen bekrän=
zen. Man hätte ihn gar zu gern Blumen malen und zur Guitarre
singen gelehrt; eine verheirathete Dame bot sich dazu als Lehrerin
an; aber Gumal nannte sich schon zuweilen einen Prometheus, einen

Oedipus, eine Sphinx; die Stelle in Goethe's Briefwechsel an Zelter, die von ihm geredet hatte, ennuyirte ihn, und vor Freuden gern hätte er den „religiös=moralisch=patriotischen Bettlermantel" von sich geworfen und sich wie die Raupe als Cocon selbst sein Kleid ge= woben.

Tiefsinnig schritt Gumal unter den Freunden und Lehrern der Dichterschule, als Pimpernella mit dem keuchenden Lohnbedienten Schwarz aus dem Waldhorn athemlos ihnen auf den Fildern nach= kam. In dem Augenblick, als sie sich näherte, hob Gumal etwas auf, es war ein leeres Briefconvert mit einem offiziellen Wappen, dem Königl. Preußischen Adler als Siegel und die Aufschrift enthaltend: Herrn Dr. Gustav Schlesier in Stuttgart. Wahrscheinlich kam dies Schreiben vom Ministerium der auswärtigen Angelegenheiten in Berlin und bedauerte dem jungen Verfasser der „Oberdeutschen Staaten und Stämme", daß der Gesandtschaftsposten in London be= reits vergeben sei, vertröstete aber Adressaten, daß man bei der nächsten politischen Vacanz, ehe man entscheidende Maßregeln ergriffe, auf ihn zurückkommen würde. Als Gumal den Adler von Siegellack sahe, faßte er den Entschluß, sich von ihm wie Ganymed in den Himmel tragen zu lassen. Er breitete seine Füße aus, und da Pimpernella in einem Anfluge von Schwärmerei gedacht hatte: Ach, möchte ihm doch jeder Wunsch gelingen! und dabei ihren Ring be= rührte, so geschah ein Wunder. Es trat wirklich aus dem diploma= tischen Siegel immer größer und mächtiger der Adler hervor, breitete die Flügel aus, hob sich einigemal und stieg zum Schrecken der Dichterschule mit Gumal in die Lüfte.

Pimpernella, über den Anblick selbst nicht wenig erschrocken, fand die Poeten in der größten Bestürzung; Gumal war ihnen mit einem Adler entflogen; er hatte einen Aufschwung genommen höher, als die schwäbische Alb. Himmel, was war nun zu thun? Es war keine Aussicht mehr vorhanden, daß die Hoffnung des Landes, die Zierde des Parnaß, Eberhard den Greiner, die reutlinger und die wurmlinger Sagen bearbeiten würde, der nächstjährige Musenalmanach war verdorben, es konnten Elemente hineinkommen, denen sich die süddeutsche Redaktion unter keinerlei Umständen gefügt haben würde; und so standen die geistlichen Herren und Präceptoren rathlos und

sahen Gumal mit dem Adler steigen, bald nur noch einem Nebel=
flecken gleichend.

Pimpernella begriff ihre Aufgabe. Sie hatte gelobt, den Dich=
ter seiner Schule zu erhalten. Schnell rückte sie ihren Ring,
wünschte still etwas für sich und trat dann an die betroffenen Sänger
heran, denen sie Jedem von Justinus Kerner einen Kuß zu geben
hatte. Man war sehr, nicht über den Kuß, sondern über den richtigen
Empfang der Fremden, in Verlegenheit, Gustav Schwab hätte gern
einen Abend gegeben, aber Gumal — Gumal —! Pimpernella fragte,
ob sie nicht bemerkten, daß er schon wieder herunterkäme? In der
That, der Fleck wurde sichtbarer, entwickelte sich immer mehr, Gu=
mal wurde immer deutlicher, und siehe! Da kam er schon wieder,
reitend nicht mehr auf einem Adler, sondern auf einem sanften,
lieben, silberstrahlenden Täubchen, dem Bilde der Unschuld. Gumal
lächelte selbst wie selig. Es ließ sich so rührend, so lieb an, erst
zu glauben, auf einem Adler zu sitzen, der sich plötzlich in ein sanf=
tes Täubchen verwandelte! Gumal machte ein Gedicht daraus, die
Dichterschule küßte ihn dafür herzlich und die Verse standen einige
Tage später im Morgenblatt.

Pimpernella wagte nicht, sich das Verdienst dieser Scene zuzu=
schreiben. Sie wagte es um so weniger, als sie Gumal in die
allerdings mit einer Brille bedeckten, aber doch von Gemüth be=
seelten Augen blicken sollte. Die Frische seiner Wangen, die Lieb=
lichkeit seines Lächelns, die Schüchternheit seiner Bewegungen, alles
das nahm sie so für ihn ein, daß Menschenkenner, geschweige Elfen=
kenner, wie solches diese Dichter nicht waren, hätten errathen müssen, was
sich in des Mädchens Busen entspann. Pimpernella brauchte mehre
Tage, um sich aus den Verwirrungen ihrer Gefühle zu klaren Vor=
stellungen zu erheben. Gumal betrachtete sie nicht ohne Theilnahme,
wenigstens so lange, als die Erinnerung an das Täubchen vorhielt.
Doch, als es ihm deutlicher wurde, was sich zwischen ihm und dem
Mädchen zu gestalten schien, suchte er dem Gedanken zu entfliehen.
Warum? Weil er seine Poesie zu begraben fürchtete. Wieder regte
sich seine Abneigung gegen solche Idyllen und Landschaftsträumereien,
wie sie nur in Pimpernellen's Vorstellungen zu leben schienen.
Das Recensiren der Georges Sand hatte es ihm angethan, die

jungen Hegelianer in Tübingen, der sarkastische Strauß sprachen oft
von Gedankenpoesie; kurz, er wurde wieder düstrer und dem Dich=
terwald bedenklicher. Als man ihm von einer möglichen Heirath
zwischen ihm und der wohlhabenden Fremden sprach, gab er geistes=
abwesende Antworten und faßte nach seinem Herzen, als würde ihm
das von der Trivialität des Daseins erstickt. Auf allen Wegen
mußte er Begleitung haben. Pimpernella wich nicht von seiner
Seite, sie suchte durch Worte zu wirken, aber oft mußte sie Wun=
der thun.

Gumal hatte seit einigen Tagen kein Wort mehr gesprochen
und höchstens einmal eine Strophe aus Heine's „Buch der Lieder"
recitirt. Große Betrübniß herrschte darüber unter den Zierden des
Musenalmanachs. Sie suchten Gumal zu zerstreuen und luden ihn
ein, auf die Silberburg zu kommen; auch Pimpernella würde dort er=
scheinen. Grade dies hätte ihn abhalten können, zu kommen; doch kam
er. Das literarische und artistische Stuttgart war auf diesem reizen=
den Punkte, von welchem aus man die Residenz prächtig übersehen
kann, beisammen. Da saß August Lewald und berechnete mit einem
Bambusrohr im Sande den Ueberschlag einer neuen literarischen
Unternehmung, den er jedoch, als ihn einige Schauspieler fragten,
was er da thäte, aus Besorgniß vor Concurrenz schnell verwischte.
Er gab zur Antwort: Ich zeichne den Grundriß meiner neuen
Cannstädter Villa! Hier blickte Seydelmann mit Ifflandscher Rührung
zu dem Verfasser des „Seydelmann und die deutsche Schaubühne"
hinüber und wischte sich eine Thräne aus den Augen, die über
Lewalds Stellung im Moritz=Streite gleichsam ausdrücken sollte:
Also, Freund, dahin sind wir gekommen — ! Dort saßen einige Land=
tagsdeputirte, hochherzige Männer. Sie ließen sich von dem Dr.
Krämer aus Eßlingen seine neue Menschlichkeitsguillotine erklären
und im Modell zeigen. Diese war in Aussicht auf das nächstens in
der Kammer zu debattirende neue Strafgesetzbuch erfunden. Einige
über diesen Humanitätsexperimenten zu Grunde gegangene Gläser
und Flaschen machten einige Abwechselung in der Unterhaltung der
Anwesenden. Der Dr. Karl Weil sprach über Waggons, Lokomo=
tive und Lokmotive der Agnese Schebest und Louis Philippes; Sir
Francis Kottenkamp über englische Hahnenkämpfe und spanische Stier=

gefechte; Berthold Auerbach suchte jene Grenzlinie des Gedankens, wo sich Juden- und Christenthum in der Spekulation vermählen müßten; Ernst Münch zeigte heute zum ersten Male seinen aus München angekommenen griechischen Erlöserorden; kurz, es war, wie Laube sagen würde, „ein Stück deutscher Literaturgeschichte", das sich hier durchkreuzte und gutes Actienbier trank.

Aber die schwäbische Dichterschule hielt mit diesen sämmtlichen Männern keine unmittelbare Gemeinschaft. Vornehm sich absondernd saß sie vorn, wo man die tübinger Straße signalisiren konnte, falls etwa Uhland herunterkäme; sonst war sie gedrückt über Gumal's Tiefsinn und Pimpernella strickte. Es schien sich in Gumal ein Entschluß vorzubereiten, der noch kühner war, als der neuliche Adlerritt. Wer den jungen Mann sah, hätte glauben mögen, er dächte wie Hamlet nach über „Seyn oder Nicht-Seyn". Man sprach vom Wesen der Ballade und Romanze, von Eberhard dem Greiner, von dem edlen Mörung und vom Balmung, dem Wielandschwert und von einigen Fliegen und Mücken, die Karl Mayer erst gestern frisch besungen hatte, als sich plötzlich Gumal erhob, wild und scheu um sich blickte, schnell über die hölzernen Planken setzte und sich jählings vom Felsen hinunterstürzte. Es war geschehen. Jesus! schrieen sie alle auf, die Musik hielt inne, die kritischen, historischen, encyclopädischen, artistischen und Stahlstichbestrebungen Stuttgarts liefen herbei; nur Pimpernella verlor den Muth nicht, berührte urschnell ihren Ring und schuf eine merkwürdige Verzauberung, die an die Sage vom heiligen Franz von Assisi erinnerte. Gumal, statt dem Tode, den er sich selbst hatte geben wollen, verfallen zu sein und zu stürzen, fing zu schweben an. Genien flatterten aus dem Gestein hervor mit langen Rosengewinden, die sich um den baumwollenen Sommerrock des Dichters schlangen; Maikäfer, Schillebolde, stachellose Bienen, Schmetterlinge und Marienwürmchen kamen zu Tausenden geflogen und umschwärmten die Transfiguration, worauf Gumal mit staubbedeckten glücklicherweise neuen Stiefeln ruhte, hohe Malven schossen vom Boden auf und breiteten ihre Kelche aus, um den Dichter aus einer scheinbaren Entzückung und einem zufälligen Ausrutschen seines Stuhles aufzufangen. Niemand merkte einen Akt der Verzweiflung. Sanft ließ

sich der glückliche Unglückliche auf eine große stämmige Sonnen-
blume nieder und mußte es dulden, daß Engel und Genien von
allen Seiten kamen, um ihm Veilchen, Jelängerjelieber, Vergißmeinnicht, ja sogar Lorbern um die Stirne zu flechten. Gumal hatte
sich wie eine moderne Sappho vom Fels der unglücklich Liebenden
stürzen wollen, aber die Embleme der schwäbischen Poesie, die Embleme der Unschuld und des frommen Glaubens schienen ihn gerettet
zu haben, Schmetterlinge und Schillebolde. Dazu läutete die Stiftskirche von Stuttgart herüber, die Sonne ging prächtig unter, Gumal, umstanden von den auf sichern Wegen den Felsen hinabge-
stiegenen Freunden, war dem Leben, dem Uhland'schen Dichterwald,
dem Musenalmanach erhalten. Pimpernella hätte vor Seligkeit über
ihre geheime Veranstaltung vergehen mögen.

Eine geraume Zeit ging es nun mit Gumal gut. Der Musenalmanach erschien und brachte von ihm Gedichte ohne Schwung und
Erhabenheit, Töne der alten Leier, einzelne Dichtereinfälle, keine
Offenbarung eines tiefen, poetischen Gedankenlebens mehr. Eine
Brochüre über Rückert und Uhland wurde eine gewöhnliche Parallele,
eine sogenannte unparteiische Kritik, ein Schulexercitium. Ja
Gumal fühlte, als er das Ding im Druck gelesen, sogar selbst,
daß seine Schrift nicht tief war und daß die jetzige sogenannte re-
volutionäre Partei in der deutschen Literatur, gradezu gesagt, das
junge Deutschland, eine solche Charakteristik tiefer erfaßt, einleuch-
tender ausgeführt haben würde. Er war ehrlich genug, sich einzu-
gestehen, daß er sich zu sehr an das Ufer des Gewöhnlichen gehalten
hatte und fing wieder an, in sein altes Wesen, in das Ansetzen
zum Bedeutenderen, zu verfallen. Seine Freunde hatten einigemal
an ihm einen Ideengalopp bemerkt, worüber sie nicht mehr
schlafen konnten; er hatte sich gegen Wolfgang Menzel öffentlich
einige Ausdrücke erlaubt, welche die schwäbische Dichterschule
nur ganz in engsten Kreisen über die Lippen kommen ließ.
Gumal hörte auf ihre Bitten, ihre Warnungen nicht; er ver-
achtete die Taktik der Schule, daß sie's mit dem Manne nicht verderben wollte, für welchen sie keine Sympathieen hatte. Sie hatten
durch Dulden, Nachgiebigkeit, Besuche, Gegenbesuche, gute Kochkunst

es dahin gebracht, daß Menzel Lenau anerkannte, Karl Mayer an=
erkannte, beide Pfizer anerkannte, den Musenalmanach nicht blos
günstig beurtheilte, sondern sogar selbst beschenkte. Und jetzt drohte
Gumal dies künstliche, aus den zartesten Fäden gesponnene Gebäude
zu zerstören! Keine Bitte fruchtete. Dieselbe Zerstörung, die
er früher gegen sich selbst, aus Mißmuth über den Zwiespalt seines
Wollens, Sollens, Könnens angerichtet hatte, wollte er jetzt gegen
Andere anrichten! Seine Freunde zitterten.

Pimpernella, die nun mit der Literatur so vertraut war, daß
sie über den Reinbeck'schen Journalzirkel hätte Vorlesungen halten
können, Pimpernella rieth, Gumal in seinem Zorn zu bestärken.
Käme es auf's Aeußerste, so dachte sie, könnte sie ihm ja bei irgend
einem Exceß wieder beistehen. In diesem Sinn schürte sie Gumal's
Ingrimm zum heißesten Brande. Er redete sich selbst in eine Vor=
stellung hinein, als hieße das eigentliche Uebel, das alle unsre
literarischen Parteien geschaffen hätte und über die Talente ein
wahres Siechthum verbreitete, Wolfgang Menzel. Er nährte die
Vorstellung von einem Faß, das man sich vergebens quälen könnte zu
füllen, so lange eine kleine Ritze, durch welche alles durchliefe, nicht
verstopft wäre. Eines Abends griff er im Zorn nach zwei Pistolen,
hüllte sich in einen langen Mantel und rannte, selbst nicht wissend,
was er wollte, der Menzel'schen Wohnung zu. Das Häuschen liegt
einwärts gebaut und hat vorn einen kleinen Garten, besäet mit Kiesel=
steinen. Schon stand er an der Hausthür, besann sich noch einmal,
biß dann die Zähne zusammen und schritt entschlossen vor. Er wollte
dem Tugendhelden die falsche Maske, dem „Franzosenfresser" die
Perrücke altdeutscher langhaariger Burschenschaftelei, dem Priester
den geborgten Glorienschein seines Hauptes abreißen. Jetzt aber —
entfaltete Pimpernella die Kraft ihres Ringes. „Hinter Hecken und
Zäunen" lagen die Lyriker versteckt und sahen mit Staunen dem
Wesen zu, das Pimpernella trieb. Sie wollte Gumal verwirren,
verwirren durch eine Phantasmagorie. Als Gumal die Hausthür
geöffnet hatte, prallte er zurück. Die erste der Menzel'schen
Truggestalten trat ihm durch Pimpernellens Künste entgegen. Es
war die Göttin der Unparteilichkeit. Sie trug nur eine einzige

Farbe im Kleide, die weiße, die sich nicht für eine andre Farbe aus=
geben ließ. Sie hielt ein Buch in der Hand, das in der That
aufgeschnitten war und nicht von der Seite gelesen. Sie blätterte
nicht flüchtig, sie machte keine langen Excerpte, um den Bogen
zu füllen, sondern studierte mit Eifer und Emsigkeit und las eine
dunkle Stelle drei=, viermal, bis sie gewiß war, daß sie den Ver=
fasser verstanden hatte. Dann kam die Göttin der Vielseitigkeit,
ebenfalls eine Truggestalt des Hauses. Da war nichts oberflächlich,
alles scharf, kantig. Sie schien aus verschiedenen Details zusammen=
gesetzt, gab jedoch ein schönes Ensemble. Dann kamen zwei Genien:
die der Nachsicht und der literarischen Liebe. Sie behaupteten, hier
Hausgötter zu sein. Hierauf wurde der Qualm, der aus der Thür
stieg, stärker; die Lichter schienen greller aufgetragen; wie eine Sieges=
göttin wehte an Gumal die Göttin der konstitutionellen Freiheit
vorüber. Diese trug sich phantastisch, aber anständig. Sie hatte
einen würtembergischen Repräsentantenmantel um und statt der
phrygischen Mütze eine Blondenhaube. Statt der gebrochenen Ketten,
welche die antike Siegesgöttin mit Füßen tritt, zertrat diese Dame
mehre Embleme der Republik. Jetzt kam der Genius des deutschen
Vaterlandes, in Gestalt eines wilden Mannes, wie derselbein mehren
deutschen Wappen. z. B. dem mecklenburgischen, gezeichnet steht, eine
sogenannte „tüchtige Natur“, mit Keule, Bärenfell, Eichenlaub. Hierauf
wurde der Qualm so stark, daß Gumal zu ersticken fürchtete; denn
bald kamen fromme Engelchöre, weiße und schwarze Nonnenzüge,
singende Mönchswallfahrer, zum Beschluß der Genius des Christen=
thums mit der Palme des Friedens in der Hand, der das
überwundene Thier der Apokalypse mit kräftiger Zehe niederhält;
diese Glorie war von einer Anzahl symbolisirter Tugenden begleitet,
unter welchen „sittliche Unschuld“ am demüthigsten, unbefangensten
und beinahe liebenswürdig auftrat. Alle diese Truggestalten ver=
loren sich in der dunkeln Nacht und nur ein pikanter Geruch blieb
übrig, verrathend, daß hinter den Coulissen dieses erlogenen Himmels
Menzel soeben Sauerkraut mit schwäbischen Spätzeln gegessen hatte.
Voltaire's Pücelle war nachher seine Abendlektüre.

Gumal, so furchtbar getäuscht, wankte taumelnd von dannen.
Von diesem Augenblick an war er für die Richtung, in die ihn der

Zufall gedrängt hatte, mit Leib und Seele entschieden. Er schrieb in Cotta's Vierteljahrschrift den Artikel gegen Heine, der viel Wahres, obgleich falsch ausgedrückt, enthält, und wird sicher mit Pimpernellen nächstens aufgeboten werden. Wie sie dabei ihr Wort lösen soll, zum Vater zurückzukehren — diese Aufgabe wird schwer halten. Neuer Anlaß zu Entwicklungen . . . Wir müssen sie abwarten.

Spekulantia in Paris.

Eines der schönsten Häuser der Rue St. Honoré wurde von Fräulein Spekulantia bezogen, die sich vorgenommen hatte, mit Pracht und Nachdruck in Paris aufzutreten. Wenn sie auch bei ihrem zarten Sinn und ihrer empfindsamen Seelentiefe, die bekanntlich immer die Ruhe liebt, vom Lärm der Welthauptstadt betäubt zu werden fürchtete, so gelingt es doch oft der weiblichen Natur, im Gewühl der Welt durch Sammlung und etwas Zähigkeit weiter zu kommen und die Besinnung nicht zu verlieren. Spekulantia konnte, da ihr diese verständige Beherrschung der Verhältnisse eigen zu sein schien, die Dienste zurückweisen, die ihr besonders deutsche Zeitungs= correspondenten, August Traxel, von Bornstedt und Andre antrugen. Der Erstgenannte, geblendet von dem Reichthum, welchen Spekulantia entfaltete, wollte den Ankömmling in den Pariser Blättern als deutsche Fürstin auftreten lassen, als eine geborne Salm=Krautheim= Rietberg, eine Hohenlohe=Waldenburg=Schillingsfürstin oder noch umständlichere Schleizerin; dieser erkundigte sich fleißig nach ihren Spitzen, Blonden, Edelsteinen, um der Allgemeinen Zeitung darüber Bericht zu erstatten. Spekulantia wies alle Vermittelungen zurück und nährte nur den einen Wunsch, Georges Sand kennen zu lernen. Sie kannte alle Schriften dieser Dame. Sie waren ihr als das Genialste der neuern Poesie erschienen; noch mehr, sie war durch die Ideen dieser Frau in eine Stimmung des Gemüths versetzt, wo sie Trost, Belehrung, Friede nur an der Brust dieses so groß und stolz denkenden Weibes zu finden hoffte. Georges Sand hatte die Bestimmung und das Loos der Frauen zum Hauptthema der neuern Poesie gemacht. Sie hatte Seelenzustände und Pflichtverwicklungen

gezeichnet, die von ihr in kühner, alle hergebrachten Formen ver=
letzender Neuerung gelöst wurden. Sie hatte dem Manne nur das
Genie und die Verführung, der Frau den Schmerz und die Leiden=
schaft zugetheilt. Die Stellung der beiden Geschlechter war aus
ihren Fugen gerückt und Spekulantia schmachtete darnach, ein Weib
zu sehen, das, wenn auch noch nicht die Gesellschaft, doch die Em=
pfindungen derselben in solchem Maaße umwälzte.

Als sie bei Madame Dudevant vorgefahren war, brachte ihr
der Diener, den sie für Paris angenommen hatte, den Bescheid, daß
sich diese Dame nicht sprechen ließe. Spekulantia ließ sich nicht
irre machen. Sie stieg aus, flog am Portier vorüber und wollte
sich selbst den Weg bahnen. Die Bedienung der großen Dichterin
stellte sich ihr in den Weg. Aber Spekulantia bat dringend,
sie noch einmal zu melden. Wie dies die Kammerzofe thun
wollte, versuchte sie ihr nachzudrängen; doch hielt sie Befangenheit
von weiterer Ausführung ihres Beschlusses zurück. Es war ihr,
als hörte sie einige Zimmer weiter mit einer Glockenstimme
rufen: Ist sie verheirathet? Die Kammerzofe hinterbrachte diese
Frage. Nein! rief Spekulantia überlaut und wie in die Vorzimmer
hinein. Eh bien, hörte sie hinter der Tapetenwand, eine verheirathete
Frau mag ich nicht sehen und eine unverheirathete sollte erröthen,
mich zu besuchen! Dabei fiel eine Thür heftig in's Schloß und
Spekulantia wankte aus den Zimmern.

Die Kammerfrau bemitleidete die untröstliche Fremde, und sagte
ihr, um ihr einen Trost zu geben, die Baronin mache es allen so.
Die alte Französin plauderte eins in's andre. Spekulantia gab ihr
ein gutes Trinkgeld und da flüsterte ihr die Duenna noch: Um
zwei Uhr würde sie ihre Herrschaft an der Börse sehen können!
Aber in Mannskleidern!

Himmel, so war es also keine Sage! Spekulantia hatte ge=
hört, daß Georges Sand, als Mann, auf die Börse zu gehen
pflegte und dort in Staatspapieren spekulirte. Sie hielt sich die
Augen zu, als sie im Wagen saß und hierüber nachsann. Doch
war sie tieffühlend genug, sich die Bemerkung zu machen, daß alle
schaffenden, gestaltenden Geister lieber Würfel als Schach gespielt
haben. Das Genie, sonst gewohnt, jedes Ding sich selbst zu er=

14*

werben, wirft sich mit Leidenschaft auf das Hazard, um zu sehen, ob ihm auch da der Zufall gehorche. Das gemeine Gemüth sieht im Zufallsspiele nur Gewinn und Verlust, das tiefe hingegen ein dämonisches Walten. Das Hazardspiel ist für das Genie eine Unterhaltung mit den Nachtseiten der Weltregierung. So war auch Spekulantia weit entfernt, ihrer angebeteten Dichterin das Börsenspiel mit moralischen Phrasen anzurechnen oder hinter einem psychologischen Problem eine prosaische Interessirtheit vorauszusetzen.

So kam sie denn an die Börse. Es war zwei Uhr. Den Damen war damals der Zutritt noch nicht verboten. Sie konnte sich an die Balüstrade lehnen und eine Gruppe beobachten, die in der Nähe ihre Aufmerksamkeit fesselte. Georges Sand stand, alle Welt sagte es, umringt von Frankreichs Tagesliteratur, in männlicher Kleidung wenige Schritte von ihr entfernt. Die kleine Amazone bot einen reizenden Anblick. Der Hut verbarg das hochaufgekämmte schwarze Haar; dem sammtnen Oberrock wurde es schwer, die Formen des Wuchses zusammenzuhalten; um den Hals lag ein seidnes Tuch geschlungen, lose geknüpft; die Brust war mit einer zierlich gefältelten Chemisette bedeckt, auf welcher eine Brillantnadel funkelte.

Georges Sand unterhielt sich mit den Courtiers mehr, als mit der Literatur, die sie umgab. Jene traten aus dem innern Raum der Börse an die Balüstrade und holten sich neue Aufträge, wenn sie den Erfolg der alten gemeldet hatten. Spekulantia, nur darauf bedacht, ein so wunderbares Wesen zu beglücken, wandte sich an ihren Ring, um der Spielerin einen Erfolg nach dem andern zu sichern. Die Baronin gab ihre Aufträge und die Makler, welche vorher einigemale recht ungünstige Mienen gezeigt hatten, fingen plötzlich an, lebhafter zu Georges Sand zurückzukehren und ein glückliches Resultat nach dem andern zu melden. Die Spielerin gab Käufe und Verkäufe an und kaum hatten die Courtiers ihre Anweisungen ausgeführt, so wurde eine telegraphische Depesche angeheftet, ein Bankier kam aus dem Ministerium, eine Taube kam aus Brüssel geflogen und die Baronin gewann außerordentliche Summen. Spekulantia erschrak jedoch über nichts so sehr, als über die Ruhe, wie die Gewinnende ihr Glück hinnahm. Das Hin- und Herrennen

der Courtiers und die erstaunten, auf Georges Sand gerichteten
Blicke der größten Bankiers und die allgemeine Aufmerksamkeit, die
ihr in kurzer Zeit die Börse schenkte, konnte die Dichterin der „Lelia"
nicht erschüttern. Ja sie gab, um nun erst recht den Humor des
Schicksals zu prüfen, in aller Ruhe Aufträge, die den telegraphischen
Depeschen entgegengesetzt waren. Die Börse athmete auf; sie hoffte
ihre Verluste einzuholen, sie nahm die übermäßig dem Glück trotzen=
den Anerbietungen an und in dem Moment wird ein Zusatz zur
ersten Depesche angeschlagen, der ihren Inhalt modifizirt und Georges
Sand wieder gewinnen läßt.

Spekulantia zitterte vor Erstaunen und Wehmuth über ihren
alten Vater, der ihr so freundlich und willfährig war. Dann aber
befremdete sie, daß sich im Antlitz der merkwürdigen Frau auch
nicht eine Miene verzog, sondern daß sie, jemehr sie gewann, desto
düsterer wurde. Das Bewußtsein, hier die eigentliche Zauberin zu
sein, ermuthigte Spekulantia, sich durch die Feuilletonisten und
Romantiker hindurch Bahn zu brechen und zu Georges Sand
heranzutreten mit den Worten: „Madame, man sagt, Sie haben
kein Herz!" Georges Sand wandte sich um und entgegnete kurz:
„Ich bin kein Frauenzimmer!" und fuhr in der Beobachtung der
Börse fort. Spekulantia stand im Gedränge der französischen
Tagesliteratur und Herr Nisard, der so schön schreibt und so
pedantisch denkt, ein Akademiker, näherte sich ihr mit den Worten:
„Madame, ich habe zwar gegen Georges Sand geschrieben; aber ich
bewundere seinen Styl! Er ist nicht unempfindlich gegen mein
Urtheil und hat mir eingeräumt —" — „Daß Sie ein Narr sind!"
wandte sich Georges Sand. Herr Nisard lächelte über eine bei Georges
Sand so seltne Schmeichelei und fuhr ruhig fort: „Sehen Sie,
Madame, das ist eine seiner Originalitäten! Denn er hat mir
eingeräumt, daß er überall, wo er über die Ehe geklagt hat, nur
die verheiratheten Frauen verstanden hätte: Georges Sand ist nur
deßhalb so ruhig über sein Glück, weil er durch ein aufgeregtes,
betroffenes, excentrisches Mienenspiel sich als Weib verrathen
würde!"

Spekulantia, aus Dankbarkeit für diese Erklärung, griff an ihren
Finger und überreichte Herrn Nisard einen Ring (nicht den Zauber=

ring), mit einer musivischen Abbildung, über welche der glückliche Em=
pfänger eine antiquarische Abhandlung zu schreiben versprach. Herr
Merimée, romantischer Antiquitätencustos, wollte eine Novelle über
den Ring schreiben, Herr Scribe ein Drama daraus machen, Herr
Melesville eine Oper, Herr von Balzac einen Sittenroman, Herr
Victor Hugo eine Ode, kurz der Ring ging von Hand zu Hand —
der Lohnbediente hatte die „mit goldnen Schätzen versehene deutsche
Schillingsfürstin in Umlauf" gebracht — bis der Ring in·die Hand
eines nicht sehr großen, untersetzten, schlichten Mannes kam, der das
im Ringe eingravirte Bild mit einem eignen Sarkasmus betrachtete,
und zu Spekulantia auf Deutsch sagte: „Mein Gott, das sind ja
Harztannen und da oben das — das ist ja das Brockenhäuschen!"

Spekulantia war außer sich, als sie im Auge des Sprechers
zwar keine Thräne, aber doch die Anlage dazu entdeckte. Wer sind
Sie? — Heinrich Heine! lautete die Antwort. — Gott sei Dank,
entgegnete Spekulantia, nahm seinen Arm und bat den Dichter, sie
aus diesem Gedränge fortzuführen.

„Sagen Sie mir, lieber Herr Doctor," fing jetzt Spekulantia
zutraulich an, „ist es denn Ihr Ernst, daß Sie eine neue Religion
stiften wollen?" — Heinrich Heine machte ein weinerlich komisches
Gesicht und meinte: „Ja, muß ich denn nicht wenigstens so gut wie
Christus mein schweres Kreuz und die Sünden der Welt tragen
und haben sich alle meine alten Passionen nicht beinahe in eine
einzige Passion für mich verwandelt? Fürst Pückler ist in Aegypten
nahe daran, Pascha zu werden; und ich muß blos ein Paschah=Lamm
in Paris bleiben!" — „Nein, nein, Heine," fiel Spekulantia theils
mit wahrem, theils gemachtem Ernste ein; „Sie hätten, um über
Philosophie und Theologie zu schreiben, wirklich noch etwas länger in
Göttingen studieren sollen!" — „Aber, Madame," entgegnete Heine
mit einer Miene, als wenn ihm etwas wehe that, „es sind ja schon
in solcher Ueberzahl Professoren in Göttingen, daß sie ihrer sieben
jetzt haben müssen gehen lassen! Hätte ich was gelernt — das wissen
Sie ja — dann schriebe ich überhaupt keine andern als Contor=
bücher!" — Spekulantia stand still und stellte den Dichter so, daß
er in ihr großes blaues Auge sehen mußte, und sagte: „Heine, Sie
sollten, wenn nicht den Glauben an die Menschen, doch den an die

Natur, die Schöpfung, an Gott wiedergewinnen! Sie sollten eine
Frühlingsauferstehung feiern und wie ein Göttersohn mit flammen=
den Blitzen aus den höchsten Wolkenschichten niederfahren! Haben
Sie denn gar nichts, wofür Sie eigentlich leben und sterben
möchten?" — Heine schlug die Augen nieder und blieb stumm.
Nach einer Weile sagte er: „Es ist zu spät. Ich bin kein Sohn
des Hasses, wie alle die nach mir in Deutschland aufgetauchten
jungen Dichter und Denker geworden, ich bin es nicht, war es
nicht, kann es auch nicht mehr werden. Was in mir die Frucht
des Hasses und der Leidenschaft gewesen, das bildet den verpöntesten
Theil meiner Schriften, die theologisch=philosophischen Controversen;
und grade diese leitete man aus der Schadenfreude und dem bloßen
Witze her. Mißverstanden zu werden, das ist die erste Entmuthigung.
Die Einen verlangen von mir Pilosopheme, die Andern sociale
Romane und Dramen, die Dritten Lieder. Die Einheit meines
dichterischen Selbstbewußtseins ist gebrochen; ich weiß nicht mehr,
was ich der Welt bieten soll, seitdem sie so entgegengesetzte Zu=
muthungen an mich stellt. Ich schreibe, überdrüssig des Wirrwarrs,
für künftige Zeiten — meine Memoiren!"

Spekulantia war ergriffen von dem Schmerz des mit sich zer=
fallenen und im Grunde nur am abstrakten Worte interessirten
Dichters und drückte wehmüthig seine Hand. „Das erste Urtheil,"
sagte sie, „das Sie abgaben, verwandelte sich für Sie in das erste
Vorurtheil. Als Sie verriethen, daß Sie denken und nicht blos
dichten, da glaubte man, Sie müßten auch ein System haben. Be=
urtheilt er die Geschichte, sagte man, wie es in den „Zuständen"
geschah, so muß der witzige Spötter auch Prinzipien haben. Unser
Publikum ist so verwöhnt und so empfindungslos, daß es die
poetische Garnitur Ihrer politischen Schilderungen als etwas in Kauf
nahm, was sich von selbst verstand — freilich, freilich, Sie hatten
einen unüberwindlichen Rivalen, Börne, nicht als Autor, sondern
als Charakter, nicht den Schreibenden, sondern den Schweigenden,
nicht den Lebenden, sondern jetzt grade erst den Todten!" — Hier
erhob sich Heine mit Bitterkeit und fuhr auf: „Wer dem Grabe
näher steht, als der Wiege, hat gut consequent sein! Börne durfte
schon rückwärts blicken denn was er leisten konnte, das hatte er längst

hinter sich)); ich war und bleibe auch mein Lebenlang ein Ringender, der
sich nie genug thut! Anders der, der, wie Börne, eine große Zeit,
die Zeit Napoleon's, sehen und in der Gegenwart nur Reaktion er=
blicken konnte; anders ich, mehr als ein Epigone, ein Sohn der
Reaktion, der sich an die Zukunft wendet und den Glauben nicht
lassen kann, daß sie sich aus der Gegenwart, wie diese einmal ist,
neugebären müsse. Ich fühle mich im Momente und ich wüßte
nicht, worauf ich, da ich noch nichts besonders Großes erlebt habe
und mich nur eines Napoleon'schen Trommlers aus der großen Zeit
entsinne, resigniren sollte!" — „Sie haben recht, Heine," tröstete
Spekulantia; „es werden Zeiten kommen, die gerechter sind, als die
unsrigen! Eines aber muß ich Ihnen doch sagen: Ihre Lyrik ist mir
auf der einen Seite zu beschränkt, zu eng, zu geringfügig, zu kleinen
Horizontes, nicht gewölbt, hoch und Lebensspiegel genug; Ihre
Spekulation auf der andern ist grade wieder zu umfassend, doktrinär,
literarhistorisch, auf Studium und gelehrte Haltung eitel — für Sie
als Dichter sollte es da eine Mitte geben! Könnte sich der verunglückte,
ironische Professor, der plötzlich in Ihnen stecken soll, mit der kleinen
idyllischen Miniaturmalerei Ihrer Lyrik vermählen, sollte da nicht eine
organische, starke, gesunde Ehe zu Stande und zu wirklich poetischen,
die Zeiten überdauernden Kindern kommen? Wenn Sie nicht voran=
gehen, überflügelt Sie die neue Schule!" — Heine lachte laut auf und
sagte: „Madame, das hat gute Wege! Diejenigen, die in Teutsch=
land bessere Verse als ich machen, wie Anastasius Grün, Lenau und
Andere, diese können nicht so schön in Prosa schreiben wie ich; und
die andrerseits, die wieder allenfalls meinen Styl erreichen oder
selbst einen originellen schreiben, diese können nicht das kleinste Gedicht
so machen, wie ich's früher gemacht habe. Aufrichtig, meinen Sie
nicht auch?" — Spekulantia zog ihre dunkeln Augenbrauen, als
wollte sie sich besinnen, in die Höhe, lachte dann auch und gab ihm die
Hand. Sie standen an ihrem Hôtel in der Rue St. Honoré. Nach
einer Verabredung, daß sie sich den Abend zu Musard begeben
wollten, trennten sie sich.

Heine hielt nicht Wort. Es war blauer Montag, wo zuviel
deutsche Arbeiter bei Musard tanzten, die er fürchtete. Bei
Spekulantia entschuldigte er sich, er hätte eine Tragödie angefangen

und wollte nun zeigen, daß er auch ein bedeutender Dichter höhern Styls sei, nicht blos die Wonne der akademischen Füchse. So stand sie denn allein und begriff, wie schwer es ihr wurde, festen Fuß im Pariser Gesellschaftsleben zu fassen und namentlich all die Berührungen zu finden, wonach sich ihr Herz so gesehnt hatte. Der Fluch, daß sie ein Weib war, verfolgte sie überall. Handelte es sich um etwas Neues, so verwandelte es sich für sie, die kein Mann war, sogleich in etwas Geheimnißvolles; wollte sie etwas in seinem innern Zusammenhang erklärt haben, so sahen sich die Männer, die sie befragte, bedeutungsvoll an und gaben ihr eine Auskunft, die schwerlich die richtige war. Es mag sein, daß sich die Besorgniß bei ihr als fixe Idee festsetzte und sie keine eigentliche Veranlassung zu ihrem Mißtrauen hatte; dennoch verharrte sie bei dieser unglücklichen Vorstellung, daß das Moderne im Leben und in der Kunst eine Richtung eingeschlagen hätte, bei welcher gleich in den ersten Propyläen des Verständnisses, geschweige des Mitgenusses, die Entäußerung des geschlechtlichen Unterschiedes vorausgesetzt würde. Da dachte sie, die Namen der Modegegenstände, die im Palais royal zum Kaufe standen, setzten doch ebenso sehr wie die Romane, die sie sich von Barba und Renduel kommen ließ, eine vollkommene Indifferenz der Geschlechter oder wenigstens bei den Frauen dieselben Gefühle und Neigungen voraus, wie sich die Männer diese nicht nur gestatten dürfen, sondern auch offen von sich zu bekennen pflegen. Warum nicht weiter vorschreiten? Sie konnte es nicht verschmerzen, daß sie als Frau für ihren angebeteten Georges Sand keinen Werth haben sollte. Kann uns denn, klagte sie, die Emanzipation einen andern Körper geben! Wir müssen auch als schwache Kräfte gleichberechtigt sein!

Inzwischen beschloß sie, da sie so viel von Musard gehört hatte, für diesen Abend dort nicht zu fehlen. Die Kraft des Ringes stand ihr bei. Ob sie schon nicht darauf rechnete, von irgend Jemand bemerkt zu werden, war sie doch eitel genug, sich in ihren schönsten Schmuck zu werfen. Bis zu Musard mußte sie auch sichtbar bleiben; denn wer hätte sie anders und discreter an jenen Ort geleitet, als ein Fiaker? Aber am Portal des Saales — es war weit über 11 Uhr, als sie ihn betrat — drehte sie ihren Ring und

schlüpfte, unaufgehalten von irgend einem der Billeteure, in den
hellerleuchteten, rauschenden Saal. Die arme Spekulantia! Sie
bildete sich ein, unsichtbar zu sein. Die Kraft ihres Ringes reichte
zu allem hin, was sie wünschte, aber nicht dazu, daß sie ein Ge=
schenk des Alpenkönigs, grade die menschliche Existenz und Gestalt,
hätte in sich vernichten können! Alle ihre Wünsche und deren Er=
füllung war an diese Gestalt gebunden und ihre ganze anomale
Erscheinung, ihre irdische Verzauberung hätten aufhören müssen, wenn
sie einen Augenblick aufgehört hätte, ein menschliches Wesen zu sein
oder zu scheinen. So wurde sie denn also gesehen. Indessen war das
Gedränge im Saale so stark, daß sie ihres Irrthums nicht so zeitig
gewahr wurde, und die Blicke, die man auf ihre reizende, pracht=
volle Erscheinung warf, ebenso gut auch auf andere Frauen deuten
konnte, von denen sie zahlreich umschwirrt war. Sie suchte einen
abgelegenen Winkel, um dem Treiben zuzusehen, und doch war auch
dieser, als sie ihn fand, belebt genug, um nicht aufzufallen und
Tänzer anzulocken. So saß sie ernst und sinnend und forschte, den
Fächer schwingend, dem Geist des Jahrhunderts nach.

Und dieser offenbarte sich auch sprechend genug in dem
Charakter dieser Tänze und dieser Compositionen, welche die sinnlich
erregte Menge beschäftigten. Der Industrialismus in seinen com=
plicirtesten Bestandtheilen (Kunst, Literatur, Politik sind Nebenzweige
dieses Stammes geworden) feierte hier in der That in dem Sinne
den blauen Montag, als man in Frankreich von blauen Mährchen,
blauen Gespenstern spricht. Hoffmann's Teufelselixire, mit einem
Fidibus angesteckt, würden in der That blau brennen; steckt doch wie
Sprit darin. Spekulantia bewunderte das Dämonische und beinahe
das — Religiöse in dieser wilden blauen, zuckenden Lust. Sah man
den wilden Taumel der tanzenden Paare und hörte dazu eine Musik,
die sich oft in zitternde Orgeltöne verlor und schwermüthiges
Glockengeläute zum Baß der im Sopran wirbelnden Walzermelodieen
machte, fiel dann die hohnlachende Pickelflöte mit dem boshaften
unterirdischen Geisterchor aus Robert dem Teufel ein und ver=
wandelte sich das Gewühl in eine, fast möchte man sagen transparente
oder mit Kolophonium durchblitzte Orgie, fielen Kanonenschüsse
in ein immer ernsthaft und stumm bleibendes Gewirr und lichteten

es allmälig zu einem frommen Hugenottenchoral, der die Liebespaare, statt zu dämpfen, eher zum Meyerbeer'schen Haut zu! Stoßt zu! Stecht zu! begeisterte; so wußte Spekulantia nicht mehr, sollte sie diesen Anblick eine Caprice des Himmels oder eine Ironie der Hölle nennen? Sie stand auf, wild und wirr bewegt, drängte sich bewußt= los durch die lustwandelnden und ausruhenden Paare und suchte einen andern Versteck, um ihrer erregten Empfindungen Meister zu werden. Sie sah hier die Tiefe und die Gemeinheit des Zeitalters in einer bis zum Wahnsinn verworrenen Mischung; sie sah Herzen, verzehrt von Genußsucht, und wieder Gemüther, die sich schämten, Atheisten zu sein; sie klagte Niemanden unter diesem Gewühl an; sie sah nur das Zeitalter in seinem Kampf, seinen Geburtswehen; sie sah die Lüge und Bodenlosigkeit der gegen= wärtigen, harpyenartig und mit Verzweiflung auf den Besitz und Erwerb gerichteten Gesellschaft; sie klagte Niemand an, als die alten Traditionen, die Vorurtheile, die im socialen Körper das Blut so fieberhaft in die Extremitäten drängten, während diejenigen, die das Herz der Gesellschaft vorstellen sollten, so matt und so kalt schlagen; sie klagte nur die Umstände und die Menschen an, durch welche der Industrialismus diese krampfhafte Erregbarkeit bekommen mußte. Waren Galeerensklaven unter diesen Menschen? Wer weiß, ob sie nicht so philosophisch sich gebildet hatten, wie Trenmor. Waren Spieler und Gauner darunter? Wer weiß, ob diese nicht mit Leoni an Liebenswürdigkeit stritten! Ach, hier erst glaubte Spekulantia jene dunkle Flamme kennen zu lernen, an welcher Georges Sand sein Frauenherz, für Frauen wenigstens, zu Asche verbrannt hatte.

Indem bemerkte Spekulantia einen etwas geblickt gehenden jungen Mann, der, grade wie sie, nur einen philosophischen Beobachter im Saale zu spielen schien. Auf seinen Mienen lag eine seltsame Mischung von Verwunderung, Ernst und Wohlbehagen; er lächelte über das, was er sah, und genoß doch weniger davon, als er darüber reflectirte. Aus den Gesichtszügen des jungen Mannes sprach sie heimische deutsche Gründlichkeit an, obschon Spekulantia erschrak, als der Fremde seine Lorgnette auch auf sie, die eingebildet Unsichtbare, richtete, und es ihr war, als käme er grade ihretwegen

näher. Der junge Doctor — denn dafür hätte sie ihn halten mögen —
richtete sich an einige nicht unzweideutige Damen, die in der Nähe
saßen, und sprach einige Worte, deren Accent ihr sogleich den
Deutschen verrieth. Sie erschrak noch heftiger, als ein Germanismus
Si seulement? auch ihr galt. Spekulantia, erblassend über das
verrathene Incognito, würde entflohen sein, hätte sie nicht bemerkt,
daß dem jungen liebenswürdigen Manne ein Medaillon aus der
Westentasche glitt, das an einer Haarschnur befestigt war. Im Nu
hatte sie darauf das Bild der Charlotte Stieglitz erkannt, sprang
auf und fragte den betroffenen jungen Mann auf Deutsch: „Ist das
doch nicht die berliner Stieglitz? Ich bitte Sie, wer sind Sie?" —
„Sie kennen mich?" — „Nein, nein, das Bild kenne ich. — Und
Sie?" — Als sie den Namen eines bekannten deutschen — nicht
Dichters — auch nicht Denkers — etwa Dichterdenkers erfahren
hatte, faßte sie Theodor Mundt's Arm, drückte denselben mit Innig=
keit an ihre Brust und gab ihm die unverkennbarste Freude zu
erkennen, endlich Denjenigen gefunden zu haben, der sie über die
wichtigsten Interessen ihres Herzens aufklären müßte. Theodor
Mundt, ganz betroffen, wollte sich ihrer entledigen und fragte
verwundert: „Ma donna?" — „Freilich, freilich, „Madonna" habe
ich ja gelesen," entgegnete Spekulantia, „wir haben viel mit einander
zu sprechen, kommen Sie nur, Doctor!" Und damit zog sie Semi=
lasso junior („Weltfahrten" waren eben von ihm erschienen) quer
durch eine Cachucha aus dem Saale fort zum lebhaftesten Ideen=
austausch.

Am Morgen nach dieser Begegnung mit einem der vorzüglichsten
Repräsentanten der neuen Gedankenpoesie war Spekulantia sehr nieder=
geschlagen. Sie hatte nicht geahnt, daß alles das, was unserm
Theodor so viel Muth gegeben hatte, ihr den ihrigen so sehr nehmen
würde. Sie hatte einen Eindruck bekommen, der nicht regelloser
sein konnte. Das Neue und Emanzipative an Theodor war vor=
trefflich; sie fühlte, daß es mit einer gewissen Wahrheit aus dem
Gemüthe so durfte geboren werden, wie es Theodor aussprach; aber
sie bemitleidete seinen unhistorischen Sinn, der nirgends seine Em=
pfindungen an etwas in Wirklichkeit Vorhandenes, geschweige an die
Menschennatur anzuknüpfen verstand. Sie sah nichts als bunte

Phantasmagorie, blauen Dunst; dergleichen malte ihr Theodor als
Morgennebel der Zukunft aus. Theodor hatte Sinn für den Brief=
wechsel zwischen Goethe und Zelter, allerdings etwas Factisches, aber
die politische Richtung des Zeitgeistes verstand er ebenso wenig, wie
die gegenwärtige Politik des Ministeriums, wie die Stellung der
Parteien in Frankreich und England, wie das eigentliche Feuer, das
einem Lamennais das Herzblut sieden gemacht hatte, wie die
Stellung und Lage der untern Klassen, ihre Wünsche und ihre
Bedürfnisse. Indeß, dachte sie, wenn nur aus dem, was der Mann
vom Neuen wegbekommen hat, ein Ergebniß für die Poesie entstünde!
Wenn dies neue Georges Sand'sche Element in einer kecken, ent=
schlossenen und entsagenden Auffassung des Lebens bestünde und nicht
in dem Hinführen gewöhnlicher und lahmer Erfindungen auf einen
gewissen Punkt, wo sich plötzlich der Schulmeister der Handlung be=
mächtigt und der Dichter meilenweit zurücktritt! Ach, sagte sie sich,
ihre zerspringen wollende Brust haltend, Georges Sand — weil die
geniale Frau den Winter nicht ertragen mag, so treibt sie im
Treibhause ihrer Phantasie einen Frühling von so brennenden und
stolzen Blumen. Aber Theodor!? Sie meinte diesen Schüler
dagegen, dieser hätte den modernen Stoff in seine Adern und Blut=
gefäße nicht im verflüchtigten Zustande aufgenommen; seine socialen
Theorieen wären ihm eben in der Poesie nur Theorieen, die es
abzuhandeln gälte; er wollte aus Georges Sand, die in Frankreich ein
Phänomen war, auf das sich ja Niemand fest verließ (da es dem
genialen Weibe einfallen konnte, plötzlich alle ihre socialen Doctrinen
umzustoßen, wenn sie z. B. einen Mann fände, den sie unaus=
sprechlich liebte, und der stärker und weltbezwingender war, als
sie —), also sie meinte, Mundt wollte aus diesem isolirten Phänomen
in Teutschland sogleich eine Schule stiften und jeden hohlen Kopf
begeistern, der von sich gesteht, daß er zwar keine Romane,
wohl aber „sociale Romane" schreiben könnte! So grübelte sie
fort und verleidete sich innerlichst die Ansichten eines gewiß talent=
vollen jungen Mannes, der als Kritiker ebenso kurzsichtig dasteht,
wie sich derselbe als Mensch durch stillen Humor und ein wunder=
schönes dunkelbraunes Haar auszeichnet.

Theodor hatte Champagner, Eis und Biscuit geben lassen.

Man war auf den Tod der Stieglitz gekommen. „Eine Kultur=
tragödie!" hatte er gesagt. — „Nein, ich bitte Sie," entgegnete
Spekulantia, „machen Sie die Welt nicht confus! Gestorben ist sie
aus Mangel an Liebe. Ihr hattet hundert Redensarten für sie,
und nicht einen einzigen warmen Händedruck, nicht einen Kuß! Ihr
habt sie zu Tode gemartert mit Eurer Mannesschwäche und wußtet
nicht, daß es Mannespflicht ist, zu geben, sich aufzuopfern und des
Weibes Herz zu entflammen, statt, wie Ihr gethan habt, die
Rollen umzutauschen und vom Weibe zu verlangen, daß sie
handle, daß sie sich opfere! Es ist mit den modernen Ideen
eine schöne Sache, aber kommt nicht dabei Liebe in's Spiel,
so sind sie für uns dürres Holz. Liebe, Zärtlichkeit mußte die
Stieglitz mit den Ideen mitbekommen; der Trank aus dem be=
zaubernden Becher des Neuen mußte nicht nüchtern machen, sondern
berauschen, und die Leidenschaft mußte folgen. Es giebt keine An=
näherung an Gott ohne Zunahme der Liebe, und es ist ganz gleich=
gültig, ob die Frau diese Liebe beim Manne oder beim —
Freunde fand. Ist eine Frau erst aus den Fugen ihrer Begriffe,
dann wird man ihr auch das Herausrücken aus den Fugen der
Sitte nicht mehr anrechnen, wenn nur die Liebe ihre Ent=
schuldigung ist und diese sie unter allen Umständen treu begleitet."

Theodor hatte nichts dagegen einwenden können und mögen,
weil ihm der Gegenstand schmerzlich war. Er wäre lieber auf
Rahel Varnhagen gekommen und hatte auch gesagt, in den
Briefen dieser Frau wären Andeutungen enthalten, die eine Ver=
änderung unserer socialen Zustände voraussagten und sie wäre in so
vielem eine hellsehende Prophetin gewesen. Spekulantia erwiderte,
es sei etwas Zufälliges und mit der Zeit in geringem Zusammen=
hange Stehendes, wenn eine Dame in ihrem betagten Alter, im
Winter ihrer körperlichen Reize, unter Verhältnissen, die noch nicht
ganz gelüftet sind, an Allem, was einmal Geltung hat, rüttelte;
um so mehr, da Rahel den Trieb hatte, zu philosophiren und die
erste Operation des Denkens ohnehin im Aufstellen von Gegensätzen
und formellen Negationen bestünde; und noch um so mehr, als
Rahel bei ihrer Geistesschärfe nie zum Gedanken, sondern immer
nur zum Denken gekommen wäre, da wenige von ihren Urtheilen

richtig und zutreffend seien, hingegen fast alles die Wahrheit um
einige Linien verfehle, sodaß die Frau, wenn man lange in ihren
Briefen liest, mehr ermattend als belebend wirke, mehr Dunkelheit
als Licht um sich verbreite. Ferner hatte Spekulantia den Einfall
zu bemerken, sie kenne nur zwei Versuche, die Stellung des Weibes
zur Spekulation zu bezeichnen, jenen, wo eine Wally stirbt, weil
diese die alte Bildung, das traditionelle Material derselben nicht
begreift, und diesen, wo eine Stieglitz stirbt, wie es von Theodor
wenigstens versichert wird, weil sie die neue Bildung nicht begreift.
In beiden Fällen müsse sie aber erklären, daß die wahre, ächte, rechte
Liebe gefehlt hätte, die, die unter allen Stürmen und Zweifeln
immer die siegreich thronende bliebe, und von welcher sich die
Stärkste überwinden ließe, wenn sie nämlich keine — Närrin sei!

Man störte in der Nacht die Beiden nicht. Man hielt sie für ein
Paar, dem man einen Gefallen erwies, wenn man es einsam ließ.
Nein, hatte die muthige Elfentochter gesagt, geben Sie, was sich gegen
unsere Sitte auflehnt, aber geben Sie's als einen schönen Organis=
mus, der sich in Ihrem Dichtergemüth gestaltet hat; dann haben
Sie nicht nöthig, erst die Umwälzung unserer Sitten vollbracht zu
wünschen, ehe Sie gewiß sein wollen, für einen Dichter gehalten
zu werden. Goethe schrieb seine Wahlverwandtschaften, ehe noch
der St. Simonismus entstanden war, und die Menschen begriffen
ihn. Das Auflehnen gegen die hergebrachte Ordnung ist immer
dagewesen, wie es immer Nacht= und Taggedanken in der Cultur=
geschichte der Menschheit gegeben hat, und wenn wir jetzt reicher
an Gedanken sind, die nur wie die Nachtviolen am Mondenlicht
ihre Kelche öffnen, so sollten wir nicht verdammen, was am Tage,
am Sonnenlicht, immer für gut und wahr gegolten hat. Es
handelt sich um eine Stimmung des Zeitalters, nicht um eine
Umwälzung. Unsere Gefühle kommen aus einer erhabeneren Ton=
art als früher, sie kommen aus Es-dur, aber nicht von andern
Instrumenten und andern Contrapunkten. Diese müssen ewig die
alten bleiben und die Frauen bleiben's auch!

Waren es die Wirbel der tanzenden Paare, war es der Champagner
gewesen, der Berliner junge Doctrinär that plötzlich die Aeußerung:
„Jedes bedeutende Weib muß heute mehr oder weniger Courtisane

sein!"*) Das empörte Spekulantia. Ihr Auge blickte unheimlich und schleuderte Blitze, auf welche in der That fernher rollende Donner folgten. Das Zimmer wurde dunkel, ihre Gestalt richtete sich hoch empor, mit wilder Ironie lachte sie einigemale auf und war dann stolz und hehr, wie eine Seherin, aus dem Saale geschritten.

Theodor aber war eingeschlafen und erwachte auf einem Kehrichthaufen, wo derselbe nichts als Geschriebenes fand: „Memoiren der Gräfin Hitzenpliz" — ein Briefwechsel mit Goethe, den die Gräfin in zartester Jugend mit dem Dichter des Werther geführt hatte. Welch' ein Beitrag zur Literaturgeschichte! rief Theodor selig aus. Er griff weiter. „Tagebücher der Lea Itzig von Itzigheim" —! „Lea," rief Theodor, „Lea war eine durchgeistigte Natur, die mit den Begründern der romantischen Schule, Schlegel und Tieck, in zarten Berührungen stand, später in Meseritz und Märkisch Friedland ein Haus machte, wo sich die ausgeschnitztesten Charaktere begegneten, und endlich auch am Aachener und mehreren Teplitzer Congressen eine bedeutende Rolle spielte." Ferner: „Correspondenz der Gräfin Chateaumargot-Bocksbeutel" —! „Ha, eine Nichte des Fürsten von Ligne!" rief der treue Schüler Varnhagen's. „Verheirathet gewesen an verschiedenen europäischen Höfen, inspirirt von allen Geheimnissen der europäischen Diplomatie, geschmackvolle Kennerin der französischen, italienischen und russischen Literatur, Bewundrerin der Goethe'schen Farbenlehre, eine Fundgrube für die Biographie des vorigen Jahrhunderts!" Kurz Memoiren von Peter, Kunz und Hinz, die Alles mitgemacht hatten von Goethe's Geburt bis auf die neuesten Wirren, die bei allem Großen, was geschah, allem Bedeutenden, was gesprochen wurde, immer zugegen gewesen sein sollten, ja die sogar, ob sie gleich nur Staatsmänner, Diplomaten, Hutmacher, Strumpfwirker, Hoffiscale, Jüdinnen, Generalagenten waren, doch die ausgebildetsten, feinsten Persönlichkeiten vorstellten — das alles schwamm um Theodor herum und verbreitete eine so selige literarhistorische Atmosphäre, daß der „Weltfahrer" hinsank und unter diesen unermeßlichen Schätzen, an die Freunde in Berlin und Leipzig denkend,

*) Sie findet sich in den Schriften des betreffenden Autors.

die hier Arbeit bekommen würden, sanft und lächelnd nach Hause wallte. *)

Spekulantia erhielt von Georges Sand folgendes Billet: „Madame! Ich habe gehört, daß Sie mich nicht aus Neugier zu sprechen wünschten, sondern daß Sie, getrieben von der Unruhe Ihres Herzens, nach Paris gekommen sind und in dieser gottlosen Stadt beichten und absolvirt sein wollen. Sie sind, wie ich von mehren Seiten gehört habe, über die Geschlechts-Indifferenz im Zweifel, welche die moderne Literatur bei ihren Lesern voraussetzt. Ich gestehe Ihnen, daß ich nicht im Stande sein werde, Ihnen eine Theorie über die moderne Poesie zu geben; was ich allein kann, sind Geständnisse, die ich als Weib in Ihr gefühlvolles Herz niederlegen will. Kommen Sie, damit wir des Geräusches der Welt überhoben sind, heute Abend um 10 Uhr auf die zweite Balüstrade der Kirche Notre-Dame. Die Beamten der Kirche werden uns ein- und allein lassen. Georges Sand.“

Als die Nacht hereinbrach, rüstete sich Spekulantia zu dem abenteuerlichen Stelldichein auf Notre-Dame. Sie fuhr dicht vor dem wunderbaren Baue vor, an dessen Eingang sie der Küster schon erwartete und sie auf den Ort des Stelldicheins begleitete. Der Mann sagte: „Nächtliche Promenaden auf Notre-Dame sind nichts Seltenes in Paris! Hier findet man das halbe Mittelalter beisammen und unten das menschliche Elend!“ Er meinte die Morgue und das große Krankenhaus. „Der andere Herr ist schon oben!“ setzte er hinzu. — „Also Herr!“ seufzte Spekulantia.

Inzwischen waren sie wieder mehre hundert Stufen gestiegen und traten auf eine Balüstrade, die zwar nicht die höchste war, aber doch dicht jene Glocke über sich hängen hatte, auf welcher Quasimodo geritten. Der Küster ließ das Paar allein, und der Anblick des zu ihren Füßen liegenden Paris mit den Tausenden von Lichtern, mit den flimmernden Streifen, die im leichten Abendnebel die Züge der Straßen andeuteten, mit einem Gewühl, dessen dumpfes

---

*) Nach vorausgegangenen poetischen Anläufen waren plötzlich durch Varnhagen's Einfluß die jungen Weltstürmer Berlins und Leipzigs überwiegend nur mit dem „Cultus der Persönlichkeit“ beschäftigt.

Gutzkow, Rückblicke.   15

Brausen selbst noch) in diese Höhe hinaufreichte, ließ sie kaum die
ersten Begrüßungen des geliebten Gegenstandes, der ihrer schon
harrte, sogleich verstehen. Endlich verstand sie, daß der junge
hübsche Herr sagte: „Glauben Sie mir nicht, Madame, daß ich Sie
deßhalb hierher eingeladen habe, weil ich mir einbilde, die unermeß=
liche Erhabenheit dieses Anblicks sollte etwas Charakterisches für
mein Leben, meine Dichtung oder unser Zusammentreffen sein!
Nein, ich gestehe Ihnen, daß mir die Schwärmerei eines Victor
Hugo und überhaupt all die poetischen Intentionen, die sich an
diesen Namen knüpfen, kalt, gemacht, ja ihrer innern Unwahrheit
wegen gefährlich erscheinen — gefährlich für die Menschen, die sich
in diesen künstlichen Phantasmen und Uebertreibungen des wirklichen
Daseins nicht wiederspiegeln können und sich von solchen Poesieen
nur in die Eldorado's der Narrheit tragen und schaukeln lassen.
Nein, ich bin Weib genug, um mich hier oben fürchten zu können.
Ich gestehe Ihnen, daß mein Sinnen und Denken immer im Ge=
räusch der Welt, wie diese ist, verweilen muß, und daß ich, wenn ich
auch die Richtung habe, zu den Sternen emporzublicken, doch nicht
von ihnen herabblicke. Um mich Ihnen recht als Weib und Sün=
derin zu zeigen, führte ich Sie hierher. Hier haben wir keine Folie
und sind zwei arme, hülflose, bange Geschöpfe, zwei — Frauen!“

Für Spekulantia war jedes dieser Worte, die Georges Sand
gesprochen hatte, Musik und erfüllte sie mit stummem Entzücken.
Sie wußte nicht, wie sie ihrem gepreßten und nun so seligen Herzen
Luft machen sollte; ein Händedruck war Alles, was sie bis jetzt
über sich zu gewinnen vermochte.

Georges Sand nahm wieder das Wort und sagte: „Glauben
Sie denn, daß die Frauen unter sich eine Kette bilden sollen, wo
ein Individuum dem andern verpflichtet ist?“

Spekulantia antwortete: „Aber die Männer bilden doch eine —!“

„Ja,“ fiel Georges Sand ein, „Sie bilden mehr als eine!
Denn ihre Interessen sind oft so gleichartig, daß sie unter denselben
Bedingungen zu stehen und zu fallen scheinen. Der Staat, die
Gesellschaft, die Wissenschaft nimmt sie in Anspruch; die Frauen
nimmt aber nur die Liebe in Anspruch . . . .“

Daß Georges Sand, die soviel geliebt hat (ich meine damit:

Ist nicht jeder Dichter immer selbst der Held oder jede Dichterin die Heldin ihrer Dichtungen und empfindet in der Phantasie alle Freuden und Leiden der Erfindung so wahr, wie in Wirklichkeit?), bei diesen Worten noch erröthen konnte, wie Spekulantia beim Leuchten einer fallenden Sternschnuppe bemerkte, machte diese glücklich; doch mußte sie entgegnen: „Wenn die Liebe das einzige Gesetz ist, so ist doch ein Gesetz da, und mit ihm eine Regel, die sich überall gleich bleibt …"

„Ach," fiel Georges Sand ein, „definiren Sie die Liebe nicht! Sie ist, wie die Religion, kein Begriff, sie kann nur empfunden, nie beschrieben werden! Nur hat sie das Eigene, daß sie die Frauen — trennt …"

„Doch nicht in der Schilderung?" rief Spekulantia. „Da erkennen wir uns Alle in Einer Liebe wieder! Da glauben Sie nur nicht," lenkte sie ein, „daß ich vom Dichter eine moralische Berechnung seiner Werke verlange —"

Georges Sand antwortete: „Ich schildere ja nur die unglückliche Liebe. Wer würde diese zum Muster nehmen? Für die glückliche giebt es der beruhigenden Poeten genug."

Spekulantia meinte lächelnd: „Freilich schildern Sie nur den Schmerz, aber warlich dieser Schmerz ist die größte Freude, die man empfinden kann. Wer möchte nicht mit Ihnen lieber unglücklich, als mit Ariost oder gar mit Madame Sophie Gay glücklich sein?"

Georges Sand stand auf und lehnte sich mit Spekulantia über die Brüstung der Gallerie. Ernst war der Ton ihrer Stimme, als sie sich äußerte: „Ueber Zweck und Ziel der modernen Poesie giebt es keine Einigung! Es ist eine Revolution, eine Krisis, wie Sie's nennen wollen, und jede Einmischung einer Theorie würde wie ein unpassend zugemischter Stoff bei einer chemischen Gährung nur die schrecklichsten Folgen haben können. Läßt man der Entwicklung nicht freien Raum, so zwingt man die Dichter, auf dem, was Momente ihrer Auffassung des Zeitgeistes sind, einseitig zu beharren und jene abscheulichen Theorieen abzuschließen und zu fixiren, welche einige hirnverbrannte Philosophen a priori aufgestellt haben und durch die Erzeugnisse der modernen Poesie zu bestätigen ver=

suchten. Es wäre warlich den dürren Theoretikern willkommen,
wenn sie ihre kahlen Schädel mit den Blumen der Poesie, die sie
von andern Beeten pflückten, zieren könnten. Indessen, es ist keine
Hülfe da, die Revolution des poetischen Gedankens muß ihre Sta=
dien durchlaufen und ich bin gewiß, daß dafür gesorgt ist, daß kein
Baum in den Himmel wächst.“

„Wissen Sie, Madame, welches jetzt die Mission der Frauen
ist?“ fuhr Georges Sand nach einer Pause fort. „Diese grade
sollen sich wie das Schlinggewächs an die Männer ranken, damit
selbst die zerfallende Ruine nicht ohne den Schmuck des liebenden
Epheu bleibt. Grade die Frauen sollen der Ariadneknäul sein, den
die Männer in die Labyrinthe des modernen Lebens nehmen, damit
sie, sicher vor den Minotauren des Egoismus, sich wieder aus ihnen
herausfinden. Grade die Frauen sollten bestimmt sein, gegen den
Egoismus der jetzigen Epoche die Thatsachen des Herzens, der Auf=
opferung und Liebe, geltend zu machen. Dann müssen Sie aber auch
den Männern überallhin folgen. Sie müssen ihnen nicht nachsehen,
gleichsam wie die Gattin vom Gemsenjäger scheidet und ihm, der
bald um die Ecke eines Felsens verschwunden wird, nur noch mit
dem Tuche winkt und dann vor einem Muttergottesbilde nur für ihn
betet; nein, sie müssen ihn auf seinen Klippenfahrten begleiten,
müssen bei der Gefahr selbst mit zugegen sein und die Wacht halten,
wenn sich der Ermüdete im Grase ruht! Madame, wenn wir
Frauen die Zügel der sittlichen Ordnung in Händen behalten wollen,
müssen wir, um die Männer widerlegen zu können, sie vor
allen Dingen verstehen, müssen uns in die Geheimnisse ihres Den=
kens und Fühlens einschleichen, müssen ihre Sprache reden lernen
und uns für das Außerordentliche, wonach alle Männer der Epoche
trachten, empfänglich machen. Wir müssen sogar da, wo die Em=
pfindungen der Männer stocken, wo sie sich der erblassen machenden
Sumpfluft des herzlosen Erwerbes, dem Materialismus aussetzen,
sie überflügeln und auf unsre Wangen den Abglanz einer idealischen
Welt fallen lassen, für welche die Egoisten, Erwerbsleute, Männer
der Börse, der Eisenbahnen, sich verschließen. Wenn es eine Eman=
zipation der Frauen giebt, so ist es die, daß sie sich einen goldenen
Schmuck, der ihre Stirn zieren könnte, nicht rauben lassen, daß sie

jenes Scepter der Gesellschaft, das ihnen die moderne Bildung seit einem Jahrhundert überantwortete, nach wie vor in den Händen tragen. Verzweifeln Sie nicht an der Masse aufgewühlter Widersprüche, an der abenteuerlichen Erscheinung des Neuen, was ja sobald wieder veraltet sein wird, an den fortgeschwemmten Marksteinen der alten Sitte und Gewohnheit! Wenn sich unter solchen Umständen auch nur mit großer Schwierigkeit Grundsätze für das Allgemeine aufstellen lassen, so werden sich doch grade die isolirten Individualitäten desto freier, schöner und origineller entwickeln können und werden nie weitergehen, als die Fesseln der Liebe gestatten. Es ist jetzt jeder Frau ein hohes Ziel gesteckt. Die Literatur ist der bequemste Ausdruck dieses Zieles. Und kennen, entschuldigen, richtig verstehen, ah, Madame, das ist für jede Frau eine unerläßliche Aufgabe; während alle die, welche zurückbleiben, nicht zählen und von uns verachtet werden sollten, wie jene Spartanerinnen, die unfruchtbaren Leibes waren."

Spekulantia, gefesselt vom Klang dieser Worte und dem Sinne derselben nicht abgeneigt, verlor sich in ein träumerisches Sinnen und sagte vor sich hin: „Was ist das alles für mich? Ich bin ein Elfenkind und kehre zu den Meinen zurück!"

Georges Sand hörte dies und lachte: „Ein Elfenkind? O, so bitt' ich Sie, drüben in der Rue Coq Heron ist das Bureau des Journal Le Monde; verschaffen Sie meinem guten Lamennais 6000 Abonnenten auf sein Journal!" Spekulantia sah sie an und griff an ihren Ring; doch Georges Sand fiel scherzend ein: „Nein, nein, nein, nicht durch Zauberei! Es soll freier Entschluß sein, damit wir einen Barometer haben, wie reif die Welt für unsre Welt ist!" Und Spekulantia konnte froh sein über diesen Dispens; denn ihr war es gegeben, Geld zu schaffen, aber nicht Menschen, die es zahlten; sie konnte Erfolge zaubern, aber keinen Willen, keine Entschließung.

„Nun, eine andre Probe!" sagte sie zu Georges Sand; und die Dichterin, um sie beim Wort zu halten, sagte, ihre gute Laune und ihr Herz verrathend: „Lassen Sie mich Franz Liszt hören, wie dieser eben in Mailand Beethoven spielt!"

Kaum hatte sie das gesagt, als sich über ihnen leise die große

Glocke Quasimodo's zu bewegen anfing und über die metallenen
Wände derselben ein melodisches Flüstern streifte, wie Aeolsharfen=
klang. Es war, als flatterten tausend Schmetterlinge um die Glocke
und verursachten schon durch die sanften Erschütterungen, welche sie
der Luft gaben, ein leises Klingen in dem Metall, das sich bald
als wohlgefugte Melodie zu erkennen gab. Georges Sand stand
wie betäubt. Sie hörte deutlich das Klavierspiel ihres Freun=
des, seine schwärmerischen Capriccio's, sein Adagio, seine Noten=
humoresken, die nur er, kein Anderer ihm nachspielen konnte. Dazu
erleuchtete sich allmälig der Thurm durch links und rechts aus dem
alten Bau aufschießende Raketen; Leuchtkugeln stiegen in die Nacht=
luft und senkten sich oben in hellglänzenden Funken, allmälig zer=
springend, aber immer wieder von neuem abgelöst, hernieder. Tour=
billons schnurrten dazwischen, blauweiße und gluthrothe Lichter zuckten
um den stolzen Dom und, bezaubert von den wunderbaren Klängen
der leise bewegten Glocke, geblendet von dem Schimmer der Giran=
dolen, die wie Feuergarben aus den Spitzbögen unter ihnen auf=
schossen, sanken Beide, Spekulantia und Georges Sand, ohnmächtig
zurück und entschlummerten in der bewältigenden, wie Musik klingen=
den Nachtluft.

Als Spekulantia erwachte, lag sie auf ihrem Ruhebett im
Hôtel und wußte nicht, ob sie an etwas wirklich Erlebtes oder einen
Traum glauben sollte. Hatte ihr die heiße Sehnsucht, die sie für
den größten Dichter des jetzigen Frankreich empfand, diese Täuschungen
vorgespiegelt? Sie sah um sich; auf dem Tische lag kein Billet.
Sie erhob sich und sah auf die Straße; es war früher Morgen;
niemand ließ sich schon für sie erblicken. Sie fühlte sich so wenig
in den Zusammenhang dieser Welt, daß sie beschloß, das Erwachen
der großen Stadt nicht abzuwarten, sondern ihre menschliche Hülle
von sich zu werfen und, wie ein Gedanke, sich an die Brust des
Königs zu werfen, der sie zur Braut begehrt hatte. Sie verließ
ihre Wohnung und betrat die noch stillen, vom Nachtthau feuchten
Straßen von Paris. Ach, es wurde ihr schwer, sich auf die dunkle
Geisterbrücke zurückzuziehen, die sie in's halbschlummernde Leben
der Natur heimführte. Die Thränen standen ihr in den Augen
und wo sie auf ihrer einsamen Wanderung an etwas kam, was sie

fesselte, faltete sie die Hände und erflehte über die Erde und alle Welt=
theile und Europa insbesondere und über die Geburtswehen unserer
Epoche den Segen des Himmels. So kam sie an die Quai's der
Seine. Als sie einige derselben durchschritten hatte, erblickte sie ein
Weib, das am Gitter des Flusses auf= und abging, zuweilen in
die dunkeln Wogen sah, stillstand und sich krampfhaft am Eisen
des Gitters festhielt. Sie bemerkte kaum Spekulantiens Annäherung
und antwortete zuletzt auf deren Frage: „Wer sind Sie?" mit
einem dumpfen, todten: „Une prolétaire!" und auf die Frage:
„Ihr Name?" — „Amélie Vicomtesse de St. Jean d'Angely
Millevoie. Redactrice en Chef du Journal: l'Emancipation des
Femmes". Betroffen von dieser Begegnung ging Spekulantia
einige Schritte vorwärts, und da ihr der Gedanke durch die Seele
fuhr, daß die Aermste vielleicht Noth litte, und sie sich eben wieder
umwandte, sah sie, wie sich die Frau, die schnell über das Gitter
gestiegen war, in die Seine stürzte. Der Schreck über diesen An=
blick gab ihr den Wunsch ein, mitzusterben, und im selben Augen=
blicke, da sie gerade den Ring gefaßt hatte, alles Erdenweh sich
selbst überlassend — stand sie in dem unterirdischen Palast des
Montblanc und wurde von ihrem Bruder, dem Staatsminister
Spekulativus, noch zur glücklichen Stunde in seinen Armen auf=
gefangen. Die großartige Umgebung, die Annäherung des Alpen=
königs, der von der Ankunft seiner Braut gehört hatte, die Musik,
die sich zur Hochzeit einübte, und der Lärm in der Hofküche, wo
schon die Kuchen gebacken wurden, alles das half, sie desto schneller
zur Besinnung zu bringen. Man paßte ihr die von Asbest ge=
webten Brautkleider an und schmückte ihr Haar mit prächtiger Dia=
mantenkrone. Spekulativus wischte sich seine Achatbrille, um besser
sehen zu können, und drückte der lieben Schwester zärtlich die
Hand. „Ach," sagte diese, „wie sind die Menschen doch so groß
und so stolz, so tief und so poetisch; und wie müssen sie nur den
einen, einen Fehler haben, daß sie so unendlich — unglücklich sind!"
Spekulativus suchte sie von ihrer Schwermuth zu zerstreuen und
erzählte, daß sich der Vater bei ihrem Abschied einen heftigen
Schnupfen geholt hätte und deßhalb leider nicht zur Hochzeit kommen
könnte; auch Onkel Rübezahl, der jetzt in Schlesien des immer mehr

um sich greifenden Materialismus wegen bald Runkelrübezahl heißen
würde, hätte abgesagt, aber viel prächtige Geschenke übersandt, die
er nach Genera und Species eintheilen wolle; denn, sagte der
Hospitant der berliner Kritik, er hätte sich wieder auf Mineralogie
gelegt, ein Minister müsse dem Praktischen vor dem Ideellen den
Vorzug geben. Spekulantia lächelte schmerzlich und drückte ihm
die Hand und folgte willenlos dem Alpenkönig, der sie ehelichte
und sie zur Königin über alle Blumen und Bäume der Alpen
setzte, während er sich persönlich vorzugsweise den Schnee und die
Lawinen vorbehielt.

Pimpernella aber zeigte kein Verlangen, schon zu ihrem
alten Vater, dem Harzfürsten, zurückzukehren. Sie hatte sich mit
Gumal vermählt und kam alle Jahre in die Wochen. Die Kinder
wuchsen heran und machten schon frühzeitig Gedichte, wie:

> Der Maikäfer sum, sum, sum,
> Fliegt um den Blüthenbaum herum; —

ein Gedicht, das Gustav Schwab nahe daran war, in den Musenalmanach aufzunehmen. Gumal wurde Pfarrer an einer württembergischen Stiftskirche und Frau und Mann verwandten ihre Muße-
zeit mit Liebe und Fleiß auf die Dichtkunst; Gumal, indem er
noch mehrere Bände Gedichte herausgab, und Pimpernella, indem
sie für die schwäbische Dichterschule wollene Strümpfe strickte.

Wenn ich dies polemische Capriccio, in seinen scherzhaften und
seinen ernsten Theilen, nach vierzig Jahren objectiv beurtheile, so
muß ich beklagen, daß mir der Himmel die Gabe versagt hat, hier
z. B. wie Platen oder Richard Wagner, von mir selbst zu sagen:
Kann man die schwebenden Fragen der damaligen Literatur, die
Stellung der Parteien, die Entschuldigung für Uebertreibungen,
die Wahrung der persönlichen Ansicht, alles das mit mehr —
Doch die Feder stockt. Ich berichte nur, daß es Jeder, der sich in
dem Scherz getroffen fühlte, an Acten der Rache nicht fehlen ließ.

III.

Es ist ein seltsam bedingter Anblick — der erste Theaterzettel, der uns den Beginn unserer theatralischen Laufbahn ankündigt!

Auch der Schauspieler mag gebannt stehen vor der ersten Straßenecke, wo derselbe zum ersten Male seinen Namen, vielleicht für eine bescheidene Rolle, einen Stuhl, einen Tisch hinauszutragen, eine Meldung zu machen: „Der Wagen ist vorgefahren!" im Personen- verzeichniß gedruckt liest. Ja! Vorgefahren ist ein Wagen! Ein Flügelwagen zu einer Luft=Laufbahn! Wie oft paßt Clärchens Wort darauf: „Himmelhoch jauchzend, zum Tode betrübt!" Es ist die Fahrt, die der Theaterdichter und der Schauspieler zugleich machen. Der innerste Mensch, die Person, das heiligste Sein und Weben der Lebensfasern ist es, das sich bei ihr preiszugeben hat! Jakob rang im Nebel mit einem Engel. Die erfindende Phantasie eines Dramatikers ringt immerfort im Nebel mit einem Dämon. Dieser heißt die Sorge um den Erfolg. Er — balgt sich noch beim Lampenlicht mit dem Proteus. Wobei zu bemerken ist, daß der Teutsche in Sachen des Geschmacks viel unduldsamer als alle andern Nationen ist.

Mir wurde am 18. Juli 1839, bei Hundstagshitze und bei allen Vorzeichen eines leeren Hauses dieser erhabene Moment im Schriftstellerleben, den ersten persönlich anzüglichen Theaterzettel zu sehen, zu Frankfurt am Main, am sogenannten Wolfseck, der Ecke des Paradeplatzes und der Eschenheimergasse, zutheil. Einige Sonnenbrüder, „Schubkärcher" genannt, die ohne allen Antheil an den Entwicklungen der neuern Literatur ihren Morgenstummel rauchten, mußten erst ersucht werden, bei Seite zu treten, um die

Verkündigung lesen zu können: Zum ersten Male: Richard Savage oder Der Sohn einer Mutter. Ich wohnte damals in Hamburg und war meiner Gattin nachgereist, die ein neues Kindbett bei ihrer Mutter abhalten und den Sommer in Frankfurt zubringen wollte.

Den Proben auf dies in Hamburg geschriebene Trauerspiel hatte ich nicht beigewohnt. Jeder Wohlmeinende hatte mich vor dem Anblick einer Küche gewarnt, wo die Speisen noch im Rohzustande, das Fleisch ungeklopft, das Gemüse unverlesen läge. Kam es auch gleichsam auf ein Wunder heraus, wenn man versicherte, daß man drei Tage lang auf solchen Proben wie in Wüsten und Ungethüm= lichsten hanthieren konnte und dennoch am dritten Abend gediegene Leistungen beim Lampenlichte hervorgebracht sehen sollte, so fügte ich mich dem und lauschte nur ein einziges Mal, von einem Freunde begleitet, vom Corridor des verschlossenen Parterre aus einzelnen in die Nacht des Theaterraums dringenden Schallwirkungen einer Nachmittagsprobe. Ein junger Schauspieler, von Lavallade, der die Hauptrolle spielen sollte, schien mir im richtigen Feuer zu sein. Die Andern murmelten ihre Worte und schienen dem Souffleur die Vorhand zu lassen.

Der schwülen Hitze folgte plötzlich am Nachmittag eine Ver= dunkelung des Horizonts und ein Gewitter. Grade in dem Augen= blick, wo man in's Theater gehen sollte, brach letzteres in ganzer Heftigkeit aus. Wieder ein Hemmniß! seufzte ich. Bei alledem war das Theater, als der Vorhang aufgehen sollte, überfüllt und der Antheil von einer Lebendigkeit, daß selbst in der Scene Hervor= rufungen nicht fehlten, die nach dem vierten Acte und dem Schluß auch auf den Verfasser ausgedehnt wurden.

. Im ersten Acte war ein Schauspieler mitten in der Scene gerufen worden, Julius Weidner. Dieser excentrische Sonder= ling wurde von einem Mythus verklärt. Er sollte Ludwig Devrient's „Lehrer" gewesen sein. Allerdings besaßen Beide dieselbe diabolisch= heisre, vom Weingenuß stammende Tonfarbe. Aber Weidner besaß nicht die Verwandlungsfähigkeit des berühmten Charakterspielers, blieb auch in seinen Heldenvätern, seinem Wallenstein, Lear, immer derselbe scharfbetonende, hämisch mephistophelische Intriguant. In dieser Art war er in passenden Momenten vorzüglich, sonst aber

überraschender Steigerungen nicht fähig. Dazu beherrschte er zu
wenig das zu sprechende Wort. Am besten gelangen ihm die ab=
soluten Bösewichter, Charaktere, denen nur die Schelle am Fuße
fehlte. Die Unsitte der sogenannten genialen Schauspieler, nichts
zu lernen, theilte er durchaus und hatte sie auch auf den Cha=
rakter übertragen, den er in meinem Stück zu spielen hatte. Vis=
count Marishall, so hieß er, hat zu sagen: „Mylady, als mein Bruder
einst mit Ihnen den Heirathscontract unterschrieb". Weidner trug
diese Worte in folgender Art vor: Nach dem Worte „Mylady"
machte er eine Pause, nahm eine Prise, ging zum Souffleurkasten,
faßte Poste, um gut hören zu können, und schickte zuvor noch dem,
was sein Ohr aufgreifen würde, aus eigenen Mitteln die Worte
voraus: „ich werde die Ehre haben, Ihnen zu sagen". Aber noch
nicht genug, daß er nun endlich vorbrachte, was er gehört, „als
mein Bruder einst mit Ihnen den Heirathscontract unterschrieb",
setzte er, um Zeit zu gewinnen, die er brauchte, um wieder die
folgende Rede des Souffleurs zu behalten, aus dem Seinigen wohl=
gemuth, aber — zum Jubel des Publikums — hinzu: „ich weiß
nicht, ob Sie mich verstanden haben?" Bis dahin hatte denn der
Souffleur schon so lange die Worte geschrieen: „Hielt er ihn (den
Contract) da auch gegen das Licht, um gewiß zu sein —". Diese
Worte folgten mechanisch, bis hierauf wieder neue Einschiebsel,
neue Umschreibungen, andersgewählte Wendungen kamen, die mich
in meiner Proscenimsloge des zweiten Ranges, wo ich verborgen
saß, zur Verzweiflung brachten. Und bei alledem Jubel und Hervor=
ruf in der Scene! Ein zweiter Hervorruf am Schluß seiner Rolle
im zweiten Act! Als ich mich in die Garderobe begab, um ihm,
versöhnt durch soviel Erfolg, „für seine Leistung" zu danken, äußerte
er, eben im Auskleiden begriffen, mit selbstgefälliger Bitterkeit vor
allen andern Collegen: „Zwei Scenen nur und doch den Vogel ab=
geschossen!" Hatte er etwa auf die Rolle des Richard Steele ge=
rechnet, der einen Gemüthston und große Beweglichkeit bedingte und
allerdings bei einem Schauspieler Namens Grahn in ungeeigneter
Vertretung war?

Obschon die Leistung der Hauptrolle durch den jungen von Laval=
lade fleißig und vom Gegenstande durchaus ergriffen genannt werden

durfte, so mußte sich doch der Beifall bis zum Ungewöhnlichen
steigern, als sich für die dritte Vorstellung ein Schauspieler, der in
Frankfurt nur zu verweilen schien, um einer Verwirrung seines
Privatlebens entrückt zu sein, erbot, sofort die Hauptrolle des viel=
besprochenen und von allen deutschen Bühnen begehrten Stückes zu
lernen und in Frankfurt zuerst zu spielen. Dies war Emil
Devrient von Dresden, der seither für seine Gastspiele nur
ein Supplement zu seiner Gattin gewesen, plötzlich aber mit dieser
als Schauspielerin wohlberufenen Frau in Conflicte gerieth, die mit
einer Trennung ihrer Ehe endigten. Nunmehr allein zu stehen
in seinen Gastspielen wurde ihm um Gewinn. Die Pause, die
sich sein angegriffenes Gemüth, die verletzte Ehre gönnte, dauerte
so lange, daß der schon in männlichen Jahren stehende Künstler
von Paris, wohin er von Frankfurt gereist war, mit einem mäch=
tigen Vollbart, wie ihn schöner kein Sarastro hätte tragen können,
zurückkam. Aber er opferte ihn der Pflicht. Auch die Melancholie,
der Zorn entwichen allmälig, ja der Entschluß, auf eigenen Füßen
zu stehen und seine ihm von der Natur verliehenen Mittel zur
Geltung seiner eigenen Person in Anwendung zu bringen, fing an,
ihn im Uebermaß zu beschäftigen. Die Schönheit seiner äußern
Erscheinung, der Bau seines Nackens, seiner Schultern war über
allen Tadel erhaben. Ja noch nach zwanzig Jahren, als sich De=
vrient schon den Sechzigen näherte, sagte mir der berühmte Bild=
hauer Rietschel, als wir Devrient beim Promeniren auf der Brühl=
schen Terrasse begegneten: „Ich habe ihn gestern in Ihrer Bearbei=
tung des Coriolan gesehen und mit wahrer Wonne! Er ist immer
noch ein Modell zum Achill!"

Der schöne Sarastrobart war gefallen und machte den Bärten
Egmont's, Posa's, Ferdinand's in „Kabale und Liebe" Platz. Es
wurde ein Gastrollencyclus durchgespielt, der den Anfang einer neu=
einreißenden Sitte oder Unsitte von vorgerittenen Paraderollen bil=
dete. Es läßt sich Manches gegen diese Mode sagen. Daß aber
die Darstellung von etwa 10 bis 12 Rollen, die sich leider fast
immer gleich blieben, der deutschen Bühne in solchem Grade
geschadet hätte, um darnach, wie der Bruder des zu allen Zeiten
in Frankfurt, wie fast überall gefeierten Künstlers in seiner

„Deutschen Theatergeschichte" behauptet, einen ganzen Abschnitt im Leben der deutschen Bühne als eine Periode des Verfalls bezeichnen zu müssen, ist nicht zu erweisen. Den Künstlern persönlich mag diese Gewohnheit geschadet haben. Nahmen sie nicht neue Rollen in den Cyklus solcher Vorstellungen, so konnten sie nur zurück= gehen, und Emil Devrient ist nachzurühmen, daß er für die Ver= mehrung seines Repertoirs Sorge trug und überhaupt einer der leb= haftesten Beförderer der jüngern dramatischen Literatur wurde. Aber der Bühne im Großen und Ganzen war doch diese geförderte Bekanntschaft mit gutgespielten Rollen eher nützlich, als schädlich.

Bei meinem, im Hôtel „zum Schwanen" gelernten „Richard Savage" fand ich all die Lichter der Naivetät, Treuherzigkeit, Bi= zarrerie und letzlichen moralischen Vernichtung wieder, die ich mir beim Schaffen des Stücks in diesem Charakter gedacht hatte. In des ersten, wenn auch braven Darstellers Leistung war dieser In= halt nur annähernd hervorgetreten und wurde von einer zu hoch liegenden Stimme beeinträchtigt. Das Stürmische, Siegesgewisse im ganzen Gebahren Devrient's, wobei die gewöhnliche Rede in einem sonoren Baryton erklang, ergab einen ergreifenden Effect schon bei dem Abgewiesenwerden des sich als Sohn Vorstellenden bei Lady Macclesfield. Noch höre ich die überraschende Tonscala, wie die Schlußworte des ersten Actes herauskamen: „Allmächtiger Gott, ist es denn möglich!" Das Stürmische und Siegesgewisse Emil Devrient's konnte freilich auch am unrechten Platze eintreten, in welchem Mißstande wol der Hauptgrund liegen mag, daß er in Wien am Burgtheater und in Berlin am königlichen immer nur getheilten Erfolg hatte. Bei einer Wiederholung des Ferdinand von Walter in „Kabale und Liebe" entdeckte ich auch den besondern Schaden im künstlerischen Organismus des gefeierten Gastes. An= gegriffen in seinen physischen Mitteln, ermüdet vom zu häufigen Auftreten, spielte er den schwärmerischen Major sozusagen nur zum Schein. Er brachte alle Effecte, alle rhetorischen Drucker, brachte die Steigerungen, die in dieser Rolle auf die höchste Höhe gehen, behielt aber dabei seinen stereotyp wiederkehrenden, zwischen den Zähnen gezogenen und durch Zurückpressung an die Stimmritze sogar nahe in's Bereich der Nase gerathenen Ton, der bald

Schmerz, bald Sarkasmus ausdrücken sollte. Er gab alles
künstlich. Der innere Mensch, der diese Manöver beseelen sollte,
war unbetheiligt. Der ermüdete Künstler ruhte sich aus.

Noch eine zweite Variation in der Darstellung meines Erstlings=
stücks kam durch Theodor Döring, der einen Gastrollencyklus
begann und von Stuttgart die Rolle des Richard Steele als „fertig
gelernt" mitbrachte. In der That kam derselben die Frische des
Komikers und scharfen Charakteristikers zu gute. Er übertrug die
Weise seines Clavigo=Carlos auf den ernsten Theil seines Parts und
mäßigte sich, als er im vierten Act in's Burleske überzuspringen
hatte. Auch Döring's Gastspiel war ein ehrenvolles und bot Ge=
legenheit zu Vergleichungen mit Seydelmann, der nun zum Aerger
fast der gesammten deutschen Theaterwelt in Berlin an Ludwig
Devrient's Stelle wirkte und in Eduard Gans und Theodor
Rötscher begeisterte Lobredner gefunden hatte.

Der Eintritt in die theatralische Welt war mir wie ein wirkliches
Verlassen der üblichen, worin ich bisher zu leben gewohnt gewesen.
Das Saitenwerk der Seele, so entschuldigte ich mich vor denen, die
mich deßhalb tadelten, ist bei Schauspielern um einen halben Ton
höher gestimmt und diese Höhe brauche ich —! Man fühlt es
bei ihnen mehr, warum und daß man — lebt! Und in der That
habe ich gefunden, Schauspieler geben sich zwar bestimmter, leiden=
schaftlicher, wilder im Haß, aber auch theilnehmender, wo sie Parthei
ergriffen. Jedenfalls ist ihr Umgang anregend. Das lebendige Er=
fassen klassischer Rollen, das Besprechen des von ihnen Geleisteten (oft
noch am Abend nach der Vorstellung oder vorher im Studirzimmer),
das Anhören der umlaufenden Gerüchte und Anekdoten, der scharfen,
kein Härchen am Muttermal schonenden Art des Charakterisirens, das
Erzählen der Traditionen über Bühnenverhältnisse, frühere Koryphäen
der Schauspielkunst, in Alledem liegt ein Reiz, den andere Lebens=
sphären nicht besitzen. Noch einen andern Reiz verschwieg ich auch
wol den Tadlern. Dem noch jugendlich gestimmten Sinn that es
die weibliche Parthie dieser leidenschaftlich bewegten, nie stagnirenden
Welt nicht wenig an. Nicht, daß Verhältnisse entstanden; nur
von holden Lippen wurde Rath begehrt, Protection abgeschmeichelt;
neue Ankömmlinge brachten einen ganzen Himmel voll beglückender

Versprechungen mit, wie sich ihre Liebenswürdigkeit im Umgang be=
währen würde — und selbst wenn die erste Rolle, die nach glän=
zenden Präparationen an die Lampen getreten war, alle schönen
Illusionen zertrümmert hatte, trat an die Stelle des Uebermuths
elegische Trauer, das Unglück, die Thräne und wieder war es dann
die menschliche Theilnahme für Schiffbrüchige, die fesselte. Denn zu=
weilen war es eine junge Mutter mit einer Schaar Kinder, die nun
alle Koketterie unterbrachen. Nach diesem „Abfall", nach dieser kalten
Aufnahme, diesem „Keine Hand hat sich gerührt," war die Unglückliche
wenigstens noch glücklich zu nennen, wenn sie eine ältre Schwester
besaß, die nicht den Kopf verlor. Auch Mütter sah ich, die sich wie
Furien um ihre verkannten Töchter gebehrdeten. Kurz, diese abwechs=
lungsreiche Welt breitete immer mehr ihre Arme um mich und hielt
mich schadlos für die geringe Rückwirkung literarischer Thätigkeit,
die ein Autor empfindet, der nicht eine Manier im Schreiben an=
genommen hat und sich damit zum Modeschriftsteller zu machen
weiß oder der nach Auszeichnungen durch die Fürsten strebt.

Nach Hamburg zurückgekehrt, stellte ich den ersten Versuch an,
dem Verhältniß der Autoren zu den Bühnen eine bessere Regelung
zu geben, als bisher stattgefunden hatte. Für die Aufführung
meines vielbesprochenen Stücks am Hamburger Stadttheater machte
ich die Bedingung, daß sieben Vorstellungen stattzufinden hätten
und daß die halbe Einnahme der siebenten eine Ergänzung zum
Honorar für die erste sein müßte. Die Bedingung wurde ange=
nommen. Sie machte aber das Verhältniß zur Direction nicht
eben zum freundschaftlichsten. Erst der Erfolg meines „Werner"
glättete etwas die Mienen des alten Friedrich Ludwig Schmidt,
eines oft erwähnten, vielgerühmten Dramaturgen der „alten
Schule". Winke, Belehrungen erhielt ich von dem Manne,
der gelehrtenscheu war, ebensowenig wie Dank, als ich ihm zu
seinem 25jährigen Directionsjubiläum ein Festspiel schrieb. Das
Herz des Schauspielers, vollends eines Theaterdirectors, trocknet
mit den Jahren aus. Mein Festspiel entstand auf die Bitte
seines Collegen im Directorium dieses damals noch in hohem
Credit stehenden Stadttheaters. Den musikalischen Theil desselben,
Chöre und Soli's, besorgte der bekannte Liedercomponist Karl Krebs,

der Kapellmeister der Anstalt. Der Jubilar war ein guter Charakter=
komiker in Töring's Weise, der sich auch theilweise nach Schmidt
gebildet hat. Schmidt's Dorfrichter Adam im „Zerbrochnen Krug"
war die Rolle selbst, das Nonplusultra stupider Frechheit eines
Dorftyrannen. Sein „Polonius" entbehrte keines einzigen der
Requisite, die Eduard Gans für diese Rolle gefordert hat. Würde=
voll und doch lächerlich, die ganze täppische Vorwitzigkeit, die Hamlet
möglich machte, über seinen Tod zu spotten, als wenn er nur eine
Ratte erstochen hätte. Den Baron in der „Lästerschule", manche
Figur aus den Schröder'schen Stücken spielte Schmidt, umgeben
von einigen Veteranen wie Schäfer, Lenz, Gloy, karrifirt und
schauspielerisch aufgetragen, aber es waren die Rollen selbst ur=
sprünglich kaum anders gedacht. Am Burgtheater in Wien traten sie
von verwandten Darstellern ebenso scharf heraus, wie denn überhaupt
zwischen diesen beiden Theatern, dem in Hamburg und Wien, ein
gewisser Connex bestand, der gleichsam Dresden und Berlin über=
sprang. Allen diesen Vorzügen und Charaktereigenthümlichkeiten
wurde in meinem Festspiel Rechnung getragen. Ein Chor eröffnete
die Handlung. Der berühmte Tenor Wurda machte den singenden
Prolog:

> Du ließest Freud' und Scherze kosen,
> In diesem kunstgeweihten Rund —
> Wie oft blieb Dir bei diesen Rosen
> Die Hand nur von den Dornen wund!

Alte und Neue Kunst traten sich streitend entgegen, dann wieder
Ernst und Scherz. Der Ernst, durch den Mund der Frau des
früheren Directors Lebrün, sprach:

> Ich bin das Schicksal, das aus dunklem Land
> Durch uns're Erdenbahnen riesig schreitet,
> Um Thron' und Hütten von der Parzen Hand
> Die allverstrickenden Gewebe breitet
> Und zu den Spielen auf der Bretterwelt
> Die Fackel tieferer Bedeutung hält.
> 　Die Kunst, als Widerhall der Weltgeschichte,
> Hast Du in diesem Tempel treu gepflegt,
> Durch Dich saß Klio hier zum Weltgerichte
> Und hat des Dichters strafend Recht gehegt.

Der Edle ward gekrönt; doch manchem Wichte,
Wenn er auch in der Chronik Scepter trägt,
Hat hier die Mus', als strafendes Gewissen,
Die Larve von dem Antlitz weggerissen.

Der Vorhang rollte auf, und Deine Bühne
Erschloß den Weltlauf und der Zeiten Stand;
Was in dem Volk lebt, alles Hohe, Kühne,
Was Dichtkunst Menschlich=Edles nur erfand,
Der Leidenschaften feierliche Sühne,
Das Walten einer höhern Schicksalshand:
Das Alles, unser Innerstes zu mildern,
Erschlossest Du in lebensvollen Bildern.

Der Scherz ließ sich in ähnlicher Rede vernehmen, bis der
Mitdirector Mühling auftrat und die Rechte der Oper reclamirte.
Natürlich blieb durch Vermittlung einer ebenfalls mitsprechenden Muse
die Versöhnung nicht aus. Zur Mittagszeit, bei halbdunkler Beleuch=
tung des Theaterraums, war diese Huldigung wie ein freimaurerisches
Mysterium bei verschlossenen Thüren. Die Einstudierung hatte einige
Tage in Anspruch genommen. Der alte Herr, probengewohnt und
nur in seinen Proben lebend, hatte die Beschlagnahme seines Berufs=
feldes vollkommen bemerkt, er kannte die Feier voraus, stellte sich aber
durchaus überrascht. Die Rolle eines aus allen Himmeln Fallenden
führte er wie seinen alten Hofrath Wacker im „Portrait der Mutter"
durch, dem man ja so eine Komödie im letzten Act vorführt. Eben
hatte er gleichsam von seinem Directionszimmer zu seinem Frühstück
gehen wollen, da stellte sich ihm plötzlich diese Veranstaltung von einem
Wald tropischer Gewächse (die sein eigner Schwiegersohn, der ein Kunst=
gärtner war, geliefert hatte) in den Weg. Sprachlos blieb er stehen.
Man zog ihn in die Coulissen. Die Bühne war voller Menschen.
Die Damen standen in weißen Kleidern, die Herren im Frack. Nun
wurde gar der Kronleuchter erhellt. Wie der Jubilar auf einen
Thronhimmel von Blumen zu sitzen kam, er wußte nicht wie. Indem
begann das leise eingetretene Orchester eine rauschende Ouverture.
Natürlich war die Thräne das Nächstberechtigte. Die Thräne be=
handelte Schmidt eigenthümlich. Er mochte Schiller oder Schröder
spielen, so nahm er sich die Thräne mit dem dritten Finger langsam
aus dem Auge, sah sie wie unbewußt eine Weile an und schleuderte sie

dann sanft von sich fort, wie einen Tribut an die Götter. Die Feier war so dramatisch, daß man sich erklären konnte, wie der ewig vom Gedenken der „Kasse" Gefolterte zu seinem Collegen beim Schluß des Ganzen äußern konnte: „Schade, daß wir das nicht für einige Abende auf's Repertoir setzen können!" Ja man erzählte sich eine komische Zwischenconversation, die der Gefeierte mit seinem Enkel gehalten. Dieser, der als „Genius der Zukunft" zum Schluß, ehe der Chor einfiel, einige Worte zu sprechen hatte, fing zu stocken an und sprach, was er wußte, zu leise. „Lauter! Lauter!" flüsterte ihm der Großpapa, während er sich die Thränen trocknete. „Kriegst sonst nichts von der Torte!" Als alles vorüber, kam ein Nonplusultra. Der Jubilar erhob sich und wollte seinen ausführlichen Dank aussprechen. Natürlich einen improvisirten. Kräftig setzte er ein: „Unvorbereitet wie ich bin, erinnere ich an die Zeiten, als einst der große Schröder wieder auf die Bühne —" Er stockte. Doch begann er auf's Neue: „Als damals der große Schröder wieder auf die Bühne den Kothurn —" Neues Stocken. Neuer Anfang. „Die tragische Muse — Kothurn — und — den Soccus". Alle Worte und Ideen verwirrten sich. Da griff der „unvorbereitete" Jubilar rasch entschlossen in seine Rocktasche, sagte: „Ich habe mir's aufgeschrieben!" und las mit kräftiger Stimme den Erguß des Ueberraschten ab.

Diesen Vorfall erlebte ich selbst. Aber vieles Andre, das von dem Alten erzählt wurde, mochte zu jener Mythenbildung gehören, die im Schauspielerleben, wie im Alterthum auf Rhodus oder Chios, wo Homer und seine Schule gewirkt haben, flott im Gange ist. Einzelne Charaktere besitzen eine Kunst, Fäden auszuspinnen zu komischen Gebilden, die bewunderungswürdig ist. Ein Darsteller von Naturburschen und Bonvivants, Namens Brüning, der erste oder zweite Gatte der noch späterhin genannten Ida Schusselka, war ein Virtuose in der Kunst der drastisch arrangirten Anekdote, und zugleich der drolligste „Richard Wanderer" in Person.

Nachdem auch in Berlin die Vorstellung meines theatralischen Erstlings nicht ohne Erfolg geblieben war, besuchte ich meine Vater= stadt kurz vor dem Tode Friedrich Wilhelm's III. Die Stimmung war eine ungemein schwüle. Der König hatte sich lange nicht mehr

öffentlich gezeigt. Als er zum letztenmal erschien, hatte man die Vor=
boten der nahenden Auflösung wohl bemerkt. Schönlein war berufen
worden. Man erzählte, wie dieser entschlossene Mann so manche Durch=
kreuzung der maßgebenden Persönlichkeiten auf dem medicinischen Ge=
biete veranlaßte. Alexander von Humboldt, dem ich im Hause
der Mutter Meyerbeer's begegnete, sagte das Bedenklichste voraus.

Der berühmte Naturforscher konnte wol von sich sagen:
Berlin machte mit ihm Staat! An sich thut es Berlin eine
Zeitlang mit jeder in den Vordergrund tretenden Persönlichkeit. Es
liebt eben den Effect und nichts macht mehr Effect als die Gunst
des Augenblicks. Wen dagegen nicht gerade der Sonnenstrahl eines
Erfolgs beleuchtet, wer hervorgezogen sein will, um seiner Verdienste
von gestern und vorgestern willen, den weiß man nicht unterzubringen.
Titel und Rang sind in der Regel nachhelfend. Bei Humboldt war
es dem Einen, der in Andacht vor ihm stand, wie die unmittelbare
Hofbeziehung zum König, beim Andern doch mehr die wissenschaft=
liche Unsterblichkeit. Humboldt's Kommen und Gehen war wie mit
Posaunenstößen. Die Shakespeare'schen Könige treten so auf. Ich
hatte in Berlin den Ehrenplatz an seiner Seite und erinnere mich,
daß der Sohn des „Wendepunkts zweier Jahrhunderte", als welcher
Humboldt doch wol anzusehen, auf die Professorenwelt Berlins wenig
gut zu sprechen war. Nur den einzigen August Boeckh nahm er
von seiner Radikalverurtheilung aus. Bei den Berliner Gelehrten
vermißte er „immer mehr die universelle Bildung und Humanität im
Herder'schen Geiste". Jeder wäre gewiß auf seinem Gebiet als
Forscher vollkommen tüchtig, vernachlässigte aber dabei in seiner
Bildung das Allgemeine, Philosophische, Literarische. Ja nicht einmal
Empfänglichkeit dafür träfe man noch jetzt bei den Professoren an.
Lange verweilen bei einem so interessanten Thema ließ sich nicht.
Ich hätte erwidern mögen, daß ein solches Einziehen der feineren
Fühlfäden doch wol nur an der politischen Luft läge; Jeder ackerte
ruhig und besorgt auf seinem Felde. Aber Humboldt sprang
von einem Stoff zum andern. Die Zahl der Tischgäste mochte
zwanzig sein und der wohlwollende Mann hatte wie die Fürsten den
Trieb, an ihrer Tafel Jeden, wenn auch nur für einen Moment,
lebendig zu machen. Im Wesentlichen sprach er allein. Nur

16*

ein leises Flüstern mit dem Nebenmann gestatteten sich die Andern.
Hatte man dann diesen Muth gehabt und hörte wieder auf
den Vortrag haltenden Glanzpunkt des Tisches hin, so konnte man
erstaunen, wie die Stoffe wechselten. Eben hatte es sich um die neuesten
Schädelfunde gehandelt. „Darf ich Sie um das Salzfaß bitten?“
Der Nachbar zur Linken reicht es. Nach dieser kleinen Zerstreuung
horcht man wieder auf. Da ist schon die Keilschrift der alten
Assyrier in Discussion. Erst beim Salat und den verschiedenen
Compotten entwickelte sich die Spontaneität der Gäste zur Be=
nutzung der Pausen etwas freier. Als die Gesellschaft unter den
Bäumen des Thiergartens den Kaffee nahm, athmete sie auf. Der
große Mann war auf und davon nach Potsdam. Im Hofdienst
vernachlässigte er nichts. Sein Grundsatz war: Ich belagere den
Souverän, halte seine Freundlichkeit für mich fest, werde nicht wan=
kend auf dem noch so glatten Parkett, thue Kammerherrndienst,
wie jeder andere ukermärkische Grande, der grade du jour hat;
nur so erreiche ich, was ich für die Wissenschaft brauche! Nur so
fragt mich zuweilen die Langeweile: Was giebt's Neues, Humboldt?
Nur so kann ich sagen: Ei, da ist ein Reisender, der will nach
Asien, oder ein Gelehrter, der hat einen Codex gefunden zum Heraus=
geben, Künstler möchten ihre Mappen verwerthen! Kurz, wer bei
den Großen etwas durchsetzen will, muß sie in einem müßigen
Augenblick haben und festhalten! Es sind dies beinahe Humboldt's
eigene Worte, die ich wiedergebe. Von dem Vorhandensein meines
Namens in der Literatur hatte er, schien es, nur Ahnung durch die
Protokolle des Bundestags.

Eine Eigenthümlichkeit des Berliner Hofes ist (und noch jetzt trotz
Belle=Alliance und Sedan) seine Deferenz für französische Literatur,
Kunst und Publicität. Französische Schauspiele werden vom Kaiser
mit Vorliebe besucht, französische Journalisten wurden von Friedrich
Wilhelm IV. zur Audienz gelassen; alles das läuft glücklicherweise
parallel mit dem Studium der französischen Festungen im großen
Generalstab. So war in den Frühlingstagen 1840 der Componist
des „Postillon von Lonjumeau“, Adam, in Berlin erschienen. Nicht
um Berlins willen! Im Gegentheil, er war von Petersburg gekom=
men und hatte in einem Reisebericht, den ein französisches Journal von

ihm veröffentlichte, unartige genug die Wendung über Berlin gebraucht:
„Die Hauptstadt Preußens ist ein Relais zwischen Petersburg
und Paris." Das hinderte nicht, daß man dem Manne mit
Auszeichnungen, die man für die einheimischen Talente nicht kannte,
entgegenkam. Ein anderer Franzose wurde bestimmt, einen Text
zu einem Halbballet und einer Halboper, „Die Hamadryaden", zu
schreiben und Adam bekam für die Musik, womit er die Worte
und Tanztouren bekleidete, ein enormes Honorar. Ein „inter=
nationaler" Buchhändler, Schlesinger, stand mit einem Fuß in der
Rue Richelieu und mit dem andern Unter den Linden. Da sollte
denn der Franzose aus dem Grunde kennen lernen, wie der Deutsche
zu huldigen versteht. Auch Meyerbeer war zufällig in Berlin
und Mendelssohn kam eben von London. Es gab ein solennes
Verbrüderungsfest. Alle drei Maestri saßen bei einem Monstre=Diner
zusammen. Mendelssohn und Meyerbeer waren sich einander nicht
grün; aber wir sind Kinder der Civilisation. Ich hatte sie beide in
unmittelbarer Nähe. Sie unterhielten sich nicht über den Contra=
punkt, nicht über Bach und Händel, sondern über die Wunderlich=
keiten der Londoner Küche. Mendelssohn gefiel sich darin, seinen
Unmuth über den gefeierten Franzosen, wenn er ihn hatte, durch lebhafte
Mittheilung seiner Erinnerungen an London zu unterdrücken. Der inter=
nationale Wirth quälte mich — ich brauche einen wohlerwogenen
Ausdruck — einen Toast auszubringen auf die beiden Antagonisten
zugleich; denn Adam hatte schon in erster Reihe geglänzt. Wie ich
es angestellt habe, hier Jedem das Seine zu geben, ich weiß es
nicht mehr. Meyerbeer war mir sympathisch und seit Jahren war ich
ihm verbunden, wie der gute Giacomo mir; Mendelssohn gehörte
der vornehmthuenden, commerzienräthlichen, christelnden Judenclique
an; ihm war ich als Schriftsteller ein Gegenstand der Ablehnung.
Aber wahrscheinlich ließ ich beide in ihrem gemeinsamen Berliner
Boden wurzeln, ließ den Einen in der großen Friedrichsstraße, den
Andern in der Jägerstraße Murmel spielen und sah sie vor dem
schlesischen Thore den steigenden Drachen ziehen. Den Einen überlieferte
ich dann wahrscheinlich der deutschen Romantik, der blauen Blume, den
Mährchen und der schönen Loreley und den Andern der französischen,
der ebenfalls blauen Romantik, nur daß sie mehr Teufelsromantik ist;

kurz, beide musikalischen Berliner Kinder, hochberühmt in der Welt,
waren mit dieser Zusammenkoppelung wenigstens im Gewühl der Trink=
gläser, die stürmisch anstoßen wollten, nicht unzufrieden. Aber der
Tisch war noch mit andern Berühmtheiten, musikalischen, Kücken,
Truhn, Karl Banck, Malern wie Begas, Schriftstellern wie
Karl Blum besetzt. Begas, Vater der jetzt wirkenden Begasse,
gefeiert als Portraitmaler, besaß die Lebhaftigkeit eines Rheinländers,
der von seinen Urtheilen und Stimmungen nichts zurückhalten kann.
Vorsichtiger, beschaulicher und mehr nach innen gekehrt zeigte sich,
vielleicht auch hier oder bei anderer Gelegenheit der Bildhauer
Drake, der damals mit einer Darstellung Goethe's beschäftigt
war, wie der Dichter auf dem Rücken seiner römischen Dame Hexa=
meter trommelt.

Der Name Karl Blum's führt mich wieder in die Theater=
sphäre zurück. Blum war der damalige Benedix. Alle Jahre
hielt er eine neue Rolle für Charlotte von Hagn bereit. Goldoni
oder sonst ein Ausländer gab den Stoff. Durch den Souffleur
des königlichen Theaters Wolff, der die Mühe der Versendung
seiner gedruckten Manuskripte Blum abnahm und zugleich für die
russisch=deutschen Theater Mitglieder warb, sind jene Theateragen=
turen entstanden, die Plage der deutschen Theater, der Directoren,
Schauspieler und Dichter. Gesetzt, die deutsche Literatur ermanne
sich und schüfe Werke, die dem Geschmack der Zeit Genüge thäten,
diese Agenten würden sich immer den Rang ablaufen, wer der Erste
sein kann, eine Pariser Novität anzukaufen, sie durch Reclamen,
Drohungen, Anwendung aller Mittel an die Bühnen zu bringen
und uns fortwährend vor Europa zu den geistigen Sklaven
unsrer Ueberwundenen zu machen.

Charlotte von Hagn war ein neckischer Luftgeist, mehr
Puck als Ariel, eine Berühmtheit ihrer Epoche. Aechte Münchnerin
verband sie Treuherzigkeit mit List und, wo es Noth that, bedenklicher
Thatkraft. Ob sie ihr Pfötchen mit oder ohne Krallen bot, ließ
sie von den Umständen abhängen. Dabei nahm sie mit verständi=
gem Aufhorchen Lehre an, lernte fleißig und traute sich nur dann
etwas ihr nicht gut Anpassendes zu, wenn eine Rivalität im Spiele
war. Denkt man sich die anmuthige Gestalt zu ihrer schalkhaften,

ſchlagfertigen Rede, zu ihrer comfortablen Einrichtung, zu dem durch
Portières verdeckten Hintergrund myſteriöſer Beziehungen zu den
höchſten Kreiſen Berlins und Petersburgs hinzu, ſo läßt ſich be=
greifen, daß die mir geſtattet geweſene öftere Beziehung zu ihr
einen wohlthuenden Eindruck zurückließ. Sie war ſo naiv,
mich in ihrem Schlafzimmer zu empfangen, während ſie un=
päßlich im Bett lag, ganz wie die Marquiſinnen des vorigen
Jahrhunderts. Als Abbé der alten Zeit rückt man beſcheiden die
Bettdecke dahin, wo es der jungen Göttin zu frieren beliebt. Im
Spiel war ihr Talent ungleich. In „Hoſenrollen“ unvergleichlich.
Für ideale weibliche Geſtalten ging ihr ſchon das Organ ab. Letz=
teres hatte zuviel Tiefe und war gebrochen. Dieſer fatale Umſtand
that ihren naiven Rollen nichts. Dutzende von Darſtellerinnen
ſind ſeither in den „Erziehungsreſultaten“ beim Einſchlafen von
dem bewußten Sopha gefallen. Die Uebertreibung (ſpäter bei der
Goßmann die Uebertreibung in ein gemachtes Minus) wurde immer
mehr die Parole der ſpätern Schauſpielkunſt. Aber darum war
die Trockenheit und das Fallenlaſſen, womit die Hagn wirkte, doch
nicht Apathie oder Blaſirtheit. Als ich eines Tages ihre jeweiligen
glücklichen Einfälle rühmte und von einem Buche ſprach, „Le Perro-
quet de Mademoiselle Dejazet“, einer Sammlung von Einfällen
und Repliquen der berühmten Schauſpielerin, das auch ſie von ſich
herausgeben ſollte, ſagte ſie zu mir: „Schreiben Sie mir das Buch,
ich ſetze meinen Namen darauf!“ In Paris wird es mit der
Autorſchaft der Déjazet nicht anders geweſen ſein.

Damals war die Reibung zwiſchen den Capuletti und Mon=
tecchi des königlichen Theaters, zwiſchen den Hagn'ſchen und Cre=
linger'ſchen, in offene Feindſeligkeiten ausgebrochen. Die Hagn be=
ſaß zwei Schweſtern, die für die Leidenſchaften, die Charlotte
vielleicht fehlten, vicarirten. Münchnerinnen waren ſie alle, die
Aelteſte ganz von jenem Iſartypus, der ſich in Kürze nicht
beſchreiben läßt. Die Schweſtern waren die erſichtlich aufgeregte
Partie; Charlotte handelte wie Eliſabeth in „Maria Stuart“.
Sie ließ geſchehen und lehnte die Verantwortung ab. Trat
ſie aber für ihre Perſon ſelbſt handelnd auf, dann nahm ſie kurze
Diſtanzen und traf ſicher. Dieſen drei Schweſtern gegenüber

stand Auguste Crelinger ebenfalls mit zwei Töchtern, eine Frau, noch viel leidenschaftlicher erregt, als Charlotte von Hagn; denn sie kämpfte außer für ihre Töchter noch für sich selbst. Eine Niobe hatte sie schon Zweig auf Zweig fallen sehen, ihre schönsten Rollen, Donna Diana, Maria Stuart, alles, was die edelgeformte Gestalt mit dem starren Antlitz, worin nur der Haß Leben zu erzeugen vermochte, noch leisten zu können glaubte. Diese Circe von der Isar, die Männerbestrickerin, hatte diese Rollen errungen und „nun gönnte sie auch ihren Töchtern nichts!" Die Mutter hatte Recht, auf ihre Ebenbilder stolz zu sein. Diese waren schön und guterzogen. Der Reiz der feinern Berliner Geselligkeit, die das Lebenselement dieser Familie bildete, umgab sie. Die Mutter schien an allem Theil zu nehmen, was sich nur irgendwo und -wie aus dem Leben, der Kunst und der Wissenschaft für die Zwecke der Bühne verwerthen ließ. Sie hatte mißliche Antecedentien zu tilgen. Daher die Schärfe des Urtheils, das bittere Lächeln ihrer Mienen. Oefters sah ich sie auf ihrem Sommersitz am Charlottenburger „Knie". Harmlos zeigten sich da unter Blumen und Schmetterlingen die Anfänge der beiden jungen Mädchen, von denen die Eine, Clara, einem vielgeprüften Leben und frühen Ende entgegenging. Von beiden Töchtern hatte Jemand gesagt, „sie seien mit Glacé-handschuhen zur Welt gekommen". Diese Bezeichnung galt auch dem Untheatermäßigen ihres Wesens. Die Aelteste vermochte ihrem Spiel keine Gleichmäßigkeit zu geben. Auch verließ sie, nach einem kurzen Anlauf zur Geltendmachung ihrer Mittel, aus Anlaß einer Heirath die Bühne; Clara, die sich für ein Stiefkind der Mutter hielt und für weniger von ihr geliebt, hatte dadurch den ständigen Ton der zurückgesetzten Grollerin, der beleidigten Empfindelei bekommen, der sich in seiner Berlinischen Färbung zuletzt bis zur sogenannten Pimpelei steigerte. Dieser Schein von Resignation war nur Maske. Nach dem Abgang der Hagn trat Clara ganz mit der Energie ihrer Mutter in die verlassene Stellung. Von ihrer Mutter, als diese in Hamburg gastirte, hatte ich in meiner Zeitschrift gesagt, sie gäbe zuviel „gemalte Flammen", Leidenschaftlichkeit, die aus dem Kopf, nicht aus dem Herzen käme. Von ihrer Tochter Clara konnte man sagen, sie war eine Melusine, die es allen anthat. Aber

wenigstens die Dramatiker hat sie mit „Erfolgen", mit dem Durch=
schlagen ihrer Rollen, nicht beglückt. Durch ihre selten aus sich
herausgehende kalte Verständigkeit vermochte sie kein Stück zu
halten, wenn es sich nicht von selbst hielt.

Alledem sah Karl Seydelmann, wie ich bemerkte, mit Gelassenheit
zu. Die Vielnsine hatte es auch ihm angethan. Der Arme! Ganz
Berlin wußte darum. Er selbst seufzte seines Geschicks. Pietät hielt
ihn ab, äußerste Schritte gegen eine Lebensgefährtin zu thun, die ihn
nicht glücklich machte, aber ihm seit Jahren und seit Zeiten der Ent=
behrung verbunden war. Er vertraute sich mir wie sonst, wenn auch
nicht bis an die äußerste Grenze. Ich verstand diese. Ich verstand
Zustände, wo uns die Ehe als eine vernunftwidrige Institution erschei=
nen kann. Das Bedürfniß der Liebe im Manne reicht weiter als die
Grenzen einer Wahl, die immer und immer für ihn entschieden
haben soll. Wenn sich die Wahl irrte, in jungen Jahren irrte —
dafür das halbe Leben verloren? Seydelmann kränkelte. Gerade
dann, wenn man den Lebensreiz gleichsam zu guterletzt sich steigern
glaubt, kommen die Conflicte, von deren wahrem Zusammenhang die
Welt keine klare Vorstellung dulden zu wollen scheint. Glücklicherweise
gab der ausgezeichnete Mann einen besondern Beweis seiner Welt=
klugheit darin, daß er jede Regung des Ehrgeizes, Theil zu nehmen am
Lenken des königlichen Theaterschiffs, niederkämpfte. Die Zugkraft
seiner Rollen war da. Er konnte wählen, was er spielen wollte.
Bei neuen Stücken herrschte im Bureau der Verwaltung nicht die
mindeste Neigung, seinen manierirten Rivalen, Moritz Rott, zum
Träger derselben zu machen, Uebersetzungen aus dem Französischen
ausgenommen. Selbst jene Heldenväter im Charakter Wallenstein's,
die Seydelmann nicht besonders standen (damals sah ich einen Rau=
pach'schen Boris Godunow von ihm), fielen seiner Stellung zu. Sein
Nathan gab mir über die Darstellung der Rolle viel zu denken. Sein
Mephisto im Faust schien gegen früher verblaßt. Die Rücksichten auf die
Kritik bedrängten ihn. Die gewöhnliche Theaterroutine und das theils
unauslöschliche, theils künstlich und mit Bosheit aufgefrischte Andenken
an Ludwig Devrient legten ihm Hemmnisse in den Weg. Auf einem
gemeinschaftlichen Ausfluge, den wir auf dem neuen Eisenbahngleise
nach Potsdam (die Rückfehr sogar in dem damals dem Publikum

überlassenen Imperiale) machten, erneuerten wir die alten Zeiten der Intimität von Stuttgart.

Mit Antheil und Verehrung trat ich in die Kreise ein, wo Männer wie Weiß, Stawinsky walteten. Ebenso berührte ich die Sphäre, in welcher meines mir intim befreundeten Emil Devrient's älterer Bruder lebte, Eduard Devrient, ehemals ein Sänger, damals Schauspieler. Schauspieler und Schauspielerinnen fehlten bei letzterem als Ergänzung. Dafür gab es Gelehrte, Maler, Musiker, denen man begegnete. Mendelssohn war ein Freund des Hauses. Schon damals sprach Eduard Devrient von einer nothwendigen „Rettung der Bühne". Er fand diese in einer Theaterschule, zu deren Rektor man natürlich entweder ihn selbst oder — gradezu Alexander von Humboldt hätte wählen müssen. Denn Niemand würde seiner Phantasie competent erschienen sein. In theatralischen Kreisen spöttelte man über eine Vereinigung der Schauspieler, wo Eduard Devrient und Louis Schneider über schauspielerische Gegenstände Abhandlungen vorlasen. Man behauptete, Gern und Rüthling, beides Naturalisten, naturfrische Komiker, deren Zusammenspiel das Publikum nicht aus dem Lachen kommen ließ, hätten sich in jenem Verein überstudirt und von ihrer naiven Unbefangenheit verloren. Mir schien natürlich alles fleißige Lernen im Morgenschlafrock, alles gewissenhafte Behandeln der Theateraufgaben, alles Befördern größerer Bildung innerhalb dieser Sphäre im hohen Grade wünschenswerth und zu befördern. Selbst über Devrient's Leistungen stimmte ich nicht in die allgemeine Verurtheilung ein. Nicht sah ich den ständigen Ober= priester in der Oper, den ein glücklicher Contract, den er geschlossen, plötzlich zum Tasso und Egmont im Schauspiel ohne allen Beruf dafür hatte machen können. Sonderbar, so oft Devrient eine ideale Rolle spielte, sah das Publikum seinen Schlafrock, seine Pantoffeln, seine Bibliothek, seine Theeabende. Für einen meiner dramatischen Helden, Patkul, war dies Pedantische, Schulmäßige ganz die richtige Färbung. Patkul las das Neue Testament im Urtext und war Pietist. Zu Quäkern, zu Tartüffe's, zu Charakterrollen hätte den vielseitig ge= bildeten Schauspieler sein hochliegendes Organ und eine gewisse sich immer gleichbleibende Hohlheit zeitig hinführen sollen. Doch suchte ich zu meinem Nutzen als Autor alles irgend Gute aus seinen vom Publikum durchweg kalt aufgenommenen Leistungen heraus. Mußten doch die Helden, die ich für seinen Bruder Emil, Baison, Ludwig Löwe geschrieben und noch zu schreiben gedachte, in dem hoch= wichtigen Berlin auf diesen Darsteller übergehen. Das Tempera= ment der Thatkraft, das dem lässigen, weichen, sentimentalen zweiten Helden der königlichen Bühne, Grua, fehlte, die Energie der Recht= haberei besaß Eduard Devrient in ausreichendem Maaße.

Friedrich Wilhelm III. starb den 7. Juni 1840. Die Ge= wöhnung an den langen Frieden, an die allgemeine Unterdrückung jedes reformatorischen Unternehmens, die Gewöhnung an die Regierungs= weise Louis Philippe's, der sich allen Cabinetten beugte, die Gewöh= nung an die logische, politische, juristische Begründung des Systems des politischen Patriarchalismus war so allgemein verbreitet, daß der Gedanke an bedeutende Neuerungen nicht auftauchte. Die Er= wartung, die man vom Nachfolger hegte, war eine mäßige. Noch standen Wittgenstein und sein Tzschoppe wie die Signalstangen des Curses, den alles steuern mußte. Nur daß kurz vor dem Monarchen Altenstein gestorben war und daß diese bedeutungsvolle Lücke mit einem Manne, der auf die Zeitfragen, die sich durch die Kölner und Posener Wirren schärften, mit einem energischen Entweder=Oder zu antworten verstand, ausgefüllt werden mußte, gab Anlaß aufzuhorchen und die Hand auszustrecken zur Fühlung, woher der Wind wol wehen würde. Tzschoppe hatte ich in den Anfängen seiner Gehirnerkrankung, an welcher der unselige Mann gestorben ist, noch vor dem Tode des Königs besuchen müssen. Er wohnte in denselben Räumen, Ecke der Behren= und Charlottenstraße, wo sich gegenwärtig das Wagner'sche Kaffee= haus befindet. Ich hatte die Zurücknahme des Generalverbots meiner Schriften zu betreiben. Die Antwort, die ich von dem eben unter dem Brenneisen eines Haarkräuslers Sitzenden empfing, war: „Gestern waren Sie im Theater!" Er lachte so, daß sich die Papilloten bewegten, in die seine blondgrauen Locken gewickelt waren. Nach Entfernung des Friseurs folgte die Erklärung meiner Verwunderung über seine Allwissenheit. Eine große Mappe wurde gezeigt, die ihm regelmäßig jeden Morgen zukam. Sie enthielt das Verzeichniß aller den Abend vorher in Anspruch genom=

menen freien Entréen in den königlichen Theatern. Der Usus be=
steht wahrscheinlich noch. Die Erörterung meiner Bitte blieb suspen=
dirt, hing sie doch vielleicht von einer erst in Wien bei Metternich
einzuholenden Genehmigung ab. Die umliegenden Bücher erleichterten
den Uebergang auf die eigenen schriftstellerischen Neigungen des Empor=
kömmlings. Diese beschränkten sich auf die Geschichte seiner Vaterstadt
Görlitz. Um mir einen Einblick in die bereits vorhandene Literatur
auf dem Gebiet der ober= und niederlausitzer Geschichte zu geben,
bedurfte es großer Anstrengungen. Rolltreppen wurden in Be=
wegung gesetzt. Endlich kroch der wohlfrisirte Geheimrath auf allen
Vieren, um gewisse Folianten zu finden. Zuletzt hatte er, was er
suchte, und ließ mich dann in die Vorzeit einer Stadt einblicken, die
mir wenigstens in diesem Augenblick völlig gleichgültig war. Weder
von Politik oder Literatur, nicht einmal von dem Görlitzer Jacob Böhme
wurde gesprochen, nur von Bürgermeistern und Rathsverwandten.

Seitdem wir im Genuß unserer endlich errungenen Freiheit
stehen, hat sich auch das Urtheil über die Monarchen der Restau=
rationszeit, Kaiser Franz, König Friedrich Wilhelm III., Wilhelm
von Würtemberg u. A. in unumwundener offener Rede ausgesprochen.
So oft das Leben Fritz Reuter's erzählt werden wird, muß sich
ein Schauer erneuern, den man über die Thatsache empfindet, daß
jugendliche politische Phantastereien mit Hinrichtung hatten bestraft
werden sollen und von Friedrich Wilhelm III. eine „Milderung" —
auf zwanzig Jahre Gefängniß erhielten! Bei alledem machte der
Moment, wo dieser vielgeprüfte, schon seit seiner Jugend allem, was
sich genialisch anließ, abgeneigte Fürst, die Augen schloß und dies fast
unter dem Donner der Kanonen, der die Grundsteinlegung zum
Denkmal Friedrich's des Großen Unter den Linden bezeichnete,
die herbe Beurtheilung verstummen. Und so schrieb denn auch
derselbe Autor, dem aus der Sphäre der obern Regionen in Preußen
lebenslang nichts als Misgunst zu Theil geworden, dem man nie
seine warme Theilnahme für die Vergangenheit und Zukunft Preußens,
damals grade in der Kölner Frage seine Schrift gegen Görres in
Rechnung geschrieben: „Bei den Aegyptiern sprach man über die todten
Könige Gericht. In langen Reden und in kurzen Inschriften wird man
über Friedrich Wilhelm III. viel Unwahres sagen. Man wird seinem

Geiste zuschreiben, dessen sich sein Herz rühmen konnte, und umgekehrt dem Herzen, was aus seinem Verstande kam. Möglich, daß man auch darin seine Demuth findet, was gerade sein Stolz war, und daß man ihn um dessentwillen lobt, worüber er sich selbst getadelt hat. Könige sind wie die Phänomene der Luft. Ein Gewitter erschlägt durch den zuckenden Blitzstrahl einer Mutter ihr Kind und es tränkt zu gleicher Zeit die dürstende Erde, die nach dem Gewitter schmachtete. Das wird die Nachwelt nie umstoßen können, daß der innige Zusammenhang der Schicksale, welche die preußische Monarchie zum Beginn des Jahrhunderts trafen, mit der Person dieses Fürsten für alle Zeiten auf seine Erscheinung ein mildes Licht geworfen hat. Eine freudlose, fast gedemüthigte Jugend machte ihn schon früh für die Schule des Unglücks reif. Sein späteres Glück genoß er ohne Ueberhebung, wozu ihm die Mäßigung verhalf, die seine Leidenschaften und Gefühle beherrschte. Die Gaben des Geschicks nahm er mit dem Gefühl an, als wäre er auf alles gefaßt, Glück oder Unglück. Nur mußte nichts plötzlich, nichts ohne Voraussicht kommen. Heftigere Aufregungen vermied er. Es beängstigte ihn jede leidenschaftliche Zumuthung, wodurch denn auch seine letzte Regierungsperiode jenen Charakter der Selbstbeschränkung trug, den Preußen, ein, wie alle wußten, männlich kraftvoller und nach außenhin keineswegs ungedeckter Staat, einige Zeit bewahren konnte, ohne für seine Erhaltung besorgt zu sein. In jenen Tagen der Julirevolution, als der Zeitgeist soviel leidenschaftliche Factoren in Bewegung setzte und es Staatsmänner und Generale genug gab, die gern neue „Manifeste des Herzogs von Braunschweig" in die Welt gestreut hätten und dem Weltlauf mit kecker Hand in die Zügel gefallen wären, war es die glücklichste Erfahrung für den Staat, daß seines Herrschers friedliebendes Temperament vor übereilten Entschließungen geschützt war."

Und nicht minder gemäßigt ist die Begrüßung des neuen Herrschers, von dem sich alle Welt die Lösung eines Räthsels, die Lüftung eines geheimnißvollen Schleiers erwartete. Denn dieser Kronprinz war der Welt wie ein verschlossenes Buch. Als er die bayrische Prinzessin geheirathet hatte und in Berlin einführte, brach am Zeughause das Geländer einer sogenannten Nothbrücke. Viele

Menschen fanden ihren Tod in der morastigen Spree. Unter einem
der Schloßportale wurden Menschen todtgedrückt. Ich selbst, ein Knabe
von zwölf Jahren, lag in dem gräßlichen Gewühl mit meiner Mutter.
An diesen Beginn schon wollte der Volksglaube „nichts Gutes"
knüpfen. Meine Divination lautete am Tage der Thronbesteigung
des Einsiedlers von Charlottenhof: „Der neue Regierungsantritt
hat vor andern Thronwechseln das voraus, hier im Purpur keinen
Jüngling zu zeigen, dessen Ideen noch vom Unterricht seiner Lehrer
befangen sind. Ein gereifter Mann tritt auf die Bühne, ein Cha=
rakter, der Jahre lang den Zeitenlauf und das Terrain der ihm
jetzt anvertrauten Regierung beobachten konnte. Ihm muß das neue
Herrscheramt wie ein oft gelesenes Buch sein, ein Buch des Stu=
diums, wo so manche Stellen von ihm schon unterstrichen wurden,
hier und da Merkzeichen eingelegt, wol gar ein — „Eselsohr" geknickt ist.
Man spricht von einem neuen System und nennt den neuen König
aristokratisch. Aber verdanken nicht gerade einige Bürgerliche ihre
Berufung zum Ministerium der Empfehlung dieses Kronprinzen?
Nennt man ihn nicht einen Freund der Richtungen, in welchen
Steffens und ähnliche reactionäre, aber bürgerliche Geister geschrieben
haben? Dann ist er nicht Aristokrat, sondern Doctrinär. Wie
aber, wenn der Kronprinz den Professor Steffens persönlich kannte,
wird er da nicht gefunden haben, daß die naive Lebensunsicherheit
dieses gewiß geistvollen, aber völlig unpraktischen Mischdenkers kein
Vertrauen einflößen kann zu den politischen Phantasmen und Träu=
mereien eines solchen Rathgebers? Man rühmt den Geist des neuen
Herrschers. Man schreibt ihm Verstandesschärfe und Witz zu. Er
soll den Umgang mit Gelehrten und Künstlern, wovon sich
viele seiner nähern Bekanntschaft erfreuen, dem Umgang mit den
gewöhnlichen Umgebungen der Großen vorziehen. Schon ein talent=
voller Zeichner soll er auch den schriftstellerischen Ausdruck in der
Hand haben, wofür der Umstand spricht, daß man ihn oft zum
Verfasser anonymer Flugschriften hat machen wollen. Soviel ist
gewiß, er besucht die Kirchen anerkannt pietistischer Geistlichen. Ob
aber auch dies aus Neigung für das theologische System derselben
oder nur aus Achtung vor einer oft ausgezeichneten Rednergabe dieser
Fanatiker geschieht, ich weiß es nicht. Wenigstens würde religiöse

Stimmung bei dieſem Fürſten nicht aus einem Minus der Bildung kommen, ſondern aus einem Plus, wobei man immer noch denken kann, daß es ſich hier lediglich um entweder gemüthliche oder philo= ſophiſche Abneigung gegen einſeitige Verſtandesreligioſität handelt. Gewiß lodert in dem Temperament des neuen Herrſchers Feuer und oft kann er in den ſchönen Fall kommen, ſich zu ſagen: Du haſt die Regungen Deines Gemüths gezügelt! Der edelſte Triumph, den uns der Himmel ſchenkte, Beherrſcher unſerer Leidenſchaften zu ſein, er kann die Gekrönten ohnehin öfter beglücken, als andre Sterbliche." Vorläufig ſchien jedoch die Pietät des Sohnes für den Vater alles beim Alten laſſen zu wollen.

Ein Jahr ſpäter, als bereits mein drittes Stück, „Patkul", beim Hoftheater in Vorbereitung und trotz der Einſprache des ſäch= ſiſchen Geſandten während meiner Anweſenheit mit Erfolg gegeben war, begann der wohlmeinende Intendant Graf Redern eine Con= verſation mit mir, die auf die Frage hinauskam, wieviel ich ver= langen würde, wenn man mich neben Raupach zum beſtallten Theaterdichter der königlichen Schauſpiele machte. „Die Poeſie des Lebens beruht auf einer ſorgloſen Exiſtenz!" ſagte der reiche Gatte einer Hamburger Kröſustochter in dem Empfangszimmer ſeines damals noch nicht lange neuerbauten ſchönen Palais. „Ich mache darüber beim nächſten Beſuche Sansſouci's Vortrag." Die Antwort, die ſpäter nach Hamburg gelangte, lautete: „Die Kränkung für Rau= pach würde zu groß ſein!" Es hatte ſich aber auch ſchon gezeigt, der neue Herrſcher wollte von den Namen des Tages nichts wiſſen. Er hatte nur Berufungen erlaſſen, die ſeiner immer mehr hervor= tretenden Staats= und Lebensauffaſſung aus der romantiſchen Zeit entſprachen, Tieck, Rückert, Schelling. Die verfehlteſte dieſer An= nectirungen war die des „Chevaliers von Küſtner" für die Leitung der allerdings einer Regeneration bedürftigen Hofbühne.

Das Burgtheater in Wien wurde nach dem Abgange des Pro= feſſors Deinhardſtein von Franz von Holbein geleitet. Letzterer hatte eine abenteuerliche Carrière hinter ſich. In jungen Jahren vom Fieber der in's Leben übertragenen Idealanſchauungen ergriffen, zog er mit einer Guitarre und im Kleide eines Troubadours „durch die Wälder", „durch die Auen"; ſpäter gerieth er noch in die Netze

der nach Glatz in Schlesien auf Lebenszeit verbannten Gräfin Lich=
tenau, der Maitresse Friedrich Wilhelm's II., die ihn, so alt sie war,
noch zu ihrem Cicisbeo zu erheben geruhte. Nach dem Tode dieser
preußischen Pompadour, die vielleicht noch einen gründlichen,
auf die Archive sich stützenden Biographen findet, führte er Theater=
directionen und schrieb Stücke, bis ihm eine Anstellung in Hannover
den Weg nach Wien bahnte. Sein Wesen war zum Besten
geneigt. Nichts von Willkür, Parteinahme, Protection seiner eigenen
Bearbeitungen. Nur hatte er die Sucht des Aenderns in den
Manuskripten. Forderte dies schon oft die Rücksicht auf die so
strenge Censur des Staates und die noch strengere der höhern
Wiener Gesellschaft, so kam bei Holbein seine eigene Phantasie,
seine unleugbare Theatererfahrung als Anreiz hinzu, die angenom=
menen Manuskripte nicht anders als mit der Feder in der Hand
durchzugehen. Er nannte das den Stücken der bühnenunkundigen
Autoren den „Kitt" geben. So mit Holbein'schem Kitt versehen
sind ja eine größere Anzahl klassischer Stücke, z. B. das „Käthchen
von Heilbronn" (wenn man das wunderliche Stück klassisch nennen
will) auf der Bühne heimisch geworden und erst in späterer Zeit
von dieser Zuthat befreit. Wie sehr in Wien die Moral „der
Gesellschaft", der Ideenkreis jener höhern Sphären, die neben den
Hoflogen im Burgtheater von altersher auch die ihrigen behaupten, zu
schonen ist und den „Kitt" herausfordern, erfuhr ich reichlich. In
Berlin vernachlässigt der Hof das Schauspiel. Sonst würde das
traurige kleine Winkeltheater, das man dort Königliches Schau=
spielhaus nennt, längst in einen großen, des teutschen Reiches
würdigen Raum verwandelt worden sein, wo der Hof gewiß wäre,
im ersten Range die Elite der Gesellschaft um sich zu erblicken —
eine Epoche für die Literatur, für die Schauspielkunst würde an=
brechen. Was bis jetzt in Berlin nur das Opernhaus ist, das Stell=
dichein der Gesellschaft, das ist in Wien das Burgtheater. Aber daher
denn freilich die Nothwendigkeit, das Darstellungsmaterial auf die
Empfindungsweise alter verwittweter Erzherzoginnen oder ihrer Hof=
damen einzurichten. In meinem „Richard Savage" erfuhr ich diese
aparte Burgtheaterkritik. Unter keinerlei Umständen durfte der Held,
der arme verkommene natürliche Sohn einer vornehmen Frau, in

der Sohn dieser Lady Macclesfield gewesen sein. Johnson's Biographie des Unglücklichen zum Trotz, mußte er sich über seine Herkunft im Irrthum befunden haben und auf den Sohn einer ehemaligen Wäscherin herauskommen. Wie hätten diese Palffy's, Esterhazy's, Kinsky's, Trautmannsdorff's eine solche „Blamag'" für eine „adlige Dame" geduldet, daß dieselbe aus einer Jugendverirrung einen er= wachsenen Sohn hatte, der sich ihr gar noch zu präsentiren wagt! Eine Möglichkeit, die ich in Hamburg handgreiflich erlebte, wo ich täglich dem Pflegesohn eines Altonaer Kaufmanns begegnete, der der Sohn einer vielberufenen Senatorin ***, einer geborenen Adligen aus Mecklenburg, war — ihr Sohn hätte ihr täglich im Theater gegenüber sitzen können — diese war innerhalb der Burgtheatersphäre aus dem Universum verbannt. „Die Sache kann vorkommen, aber man spricht nicht davon." Nur der Reiz, der für mich in dem andern Ge= danken liegen konnte: Und all' die Mühe, die Du in Deinem Stück geschildert hast, zuletzt um einen Irrthum! dieser Reiz, der in einer sich allmälig herausstellenden Hinneigung meines Gemüths mehr zu Calderon als zu Shakespeare wurzelte, bestimmte mich, für die Dar= stellung in Wien der Holbein'schen „Verkittung" und dem verän= derten Schlusse: „Richard Savage ist nicht der Sohn der Lady" nachzugeben. Schlimmer noch war der „Kitt" in „Werner". Dieser geadelte Heinrich von Jordan (in Dresden mußte er des preußi= schen Gesandten wegen, der Jordan hieß und ein Geadelter war, von Bredow heißen), dieser Neuling in der deutschen Adelskette sollte nach meinem Manuskript am Schluß des Stückes aus dem Gothaischen Kalender wieder gestrichen und seine Gemahlin, eine Geborne, die bereits von Adel gewesen (hier stutzte die zarte Burgtheatermoral), diese sollte bereit sein, einfach eine Frau Professorin Werner zu wer= den! Das war an der Hofburg unmöglich. Hier war das Gemüth verletzt. Und ich glaube fast, das Stück würde noch heute, wenn man es ansetzte, mit all' den Egards für jene Adelsfamilie herauskommen, in die sich der junge bürgerliche Professor hineingeheirathet hatte. Vom „Kitt" bei „Patkul" konnte in Wien keine Rede sein, denn das Stück war an sich unmöglich. Erst eine ganz unverfängliche Arbeit: „Die Schule der Reichen" — Zeitalter: das 17. Jahrhundert; Schau= platz: London; die handelnden Personen: Kauf= und Gewe.bsleute —

da war alles wie in den „Gebrüdern Foster" von Ehrn Töpfer (,„von",
d. h. übersetzt, aber frischweg wie ein Original auf seinen Namen verbreitet). Den bei diesem Stück angewendeten „Kitt" bekam ich nicht einmal angezeigt. Ich erfuhr nur, daß „Meister Anschütz" die Hauptrolle
mit der vollen überzeugenden Kraft seines Gemüths gespielt haben sollte.
Die Wiederholungen verloren sich erst, als Anschütz längere Zeit er-
krankte und nach seiner Genesung die Wiederaufnahme dadurch gehindert
wurde, daß sich inzwischen für die übrige Besetzung Schwierigkeiten
ergeben haben würden. Eine Wiederbelebung alter Stücke lebender
Autoren erfährt man selten auf unsern Bühnen. Immer nur herrscht
der Augenblick. Immer nur giebt es Neulinge, die den Directionen
imponiren. Die französische Sitte der den lebhaftesten Novitäten-
verkehr so oft unterbrechenden „Reprises" von alten Stücken findet
bei uns wenig Nachahmung. Hätten wir nicht das sogenannte
„Stammrepertoir", das sich aus den Interessen der Schauspieler bildet, die Gegenwart würde bei uns, undankbar und un-
großmüthig, wie die Deutschen sind, vollständig die Vergangenheit
ignoriren.

Noch kann ich die Bemerkung nicht unterdrücken, daß die Pro-
ductionsfreiheit selbst, auch ohne Rücksicht auf die Censur, gegenwärtig eine vollkommen neue geworden ist. Gesellschaftliche, sittliche,
kirchliche Bedenken riefen damals dem Autor schon beim ersten Ent-
wurf eines Sujets überall ein „Zurück!" entgegen. Lessing hatte in
seiner „Marwood" gradezu eine Courtisane auf die Bühne gebracht.
Man hört nicht, daß seine Zeitgenossen darüber empört gewesen
sind. Später aber trat eine Prüderie ein, die der Phantasie des
Dichters allen Spielraum nahm. Selbst die Schauspielerinnen würden
sich geweigert haben, eine irgendwie zweideutige Rolle zu spielen. Und
jetzt — —!

Der Erfolg, dessen sich „Die Schule der Reichen" in Wien zu erfreuen hatte, verkehrte sich an demselben Tage in Hamburg in das vollkommene Gegentheil. Auf dem Terrain, wo ein Dramatiker mit einem
Dutzend Anderer von gleicher Berufsthätigkeit, mit einem Dutzend ton-
angebender Recensentenfedern zusammenlebt, wird zuletzt der Boden
immer mehr unter ihm wankend werden. In meinem Falle gesellte
sich zum Neide der Namen, die ich nicht wiederholen will, die

fortgesetzte — „Rempelei", wie ich die Händelsucht der burschikosen
Clique nennen möchte, die sich aus jungen, kaum von der Uni=
versität gekommenen Medicinern oder Juristen gebildet hatte und
ihr Schulwissen auch in ästhetischen Anschauungen auslaufen lassen
wollte. Die Einen waren Romantiker, die Andern Classicisten in dem
Sinne, wie wir jetzt auf den Gymnasien Schiller, Goethe, Lessing
und was dazu gehört zu einer Art Philologie gemacht haben.
Ja die Theaterdirection selbst, aus welcher der „alte Schmidt" ge=
schieden war, um einem ehemaligen Tenorsänger, einem verschmitzten
und in Intriguen seinen Lebenshumor findenden Welschtyroler,
Julius Cornet, Platz zu machen, gönnte mir aus Uebermuth
in Folge glänzender Kassenerfolge, womit sie debütirte, ein Fiasko.
Cornet vertrat die Oper und haßte das Schauspiel. Wenigstens
wollte er dem Schauspiel eine veränderte Richtung geben durch
den damals zuerst auftretenden Uebersetzer W. Friedrich, der
das Pariser Boulevardzugstück „La Grace de Dieu" unter dem
Titel: „Muttersegen oder die neue Fanchon" auf die deutsche
Bühne verpflanzt hatte. Der Erfolg dieser Novität war bei=
spiellos. So oft die anfangs von Frau Brüning, der spätern
Ida Schusella, gegebene Chouchon gespielt wurde, war das Haus
überfüllt. Ueberdies waren neue Opern im Anzuge. Sogar
Weber's „Freischütz" mit einer fast zur Hauptsache des Abends er=
hobenen neuen Wolfsschlucht, einem Schauspiel im Schauspiel, machte
volle Häuser. Die dramatische Novität des „ewigen Opponenten"
in seiner Zeitschrift „Telegraph", des „geheimen Einflüsterers" des
„Freischütz" und anderer Zeitschriften, die Theaterberichte lieferten,
konnte getrost für die Kasse fehlen. Schließlich hatte man verbreitet,
ich wollte den respectabeln Größen der Hamburger Börse eine Lektion
geben und vorzugsweise den Söhnen derselben, den Regattaruderern,
Jungfernstiegreitern, Sachsenwaldschützen oder wie sich die junge
Kaufmannsgentry Hamburgs etwa nach dem Standpunkt des pariser
Jockeyclubbs bezeichnen läßt. In der That, als der Vorhang nach
dem ersten Acte gefallen war und der später nach Hannover, dann nach
Berlin versetzte Hermann Hendrichs, eine bildschöne Erscheinung, den
Geist des Uebermuths der Söhne dieser Millionäre anschaulich ge=
macht hatte, da mußte Fama Recht gehabt haben, man sah, die Comödie

des Kaufmannsstandes war bestimmt zu fallen. Man sah einen reichen
Vater, der unter dem Uebermuth seiner Kinder litt! Noch eroberten
die Wohlwollenden einen stürmischen Hervorruf des alten Lenz.
Dieser brave Schauspieler machte den Vater eines solchen sich noch
obenein zur servilsten Deferenz an den Adel neigenden Sohnes —
Englands Geschichte unter der Restauration der Stuarts unterstützte ja meine Erfindung in jeder Weise. Doch spielte der alte
Herr vielleicht mit zu ungezügelter Aufregung. Wenigstens hieß es,
daß er sich bei einem Moment des Schwörens den Aermel seines
Rockes zu weit aufgerissen und den nackten Arm gen Himmel
gestreckt hätte, worüber sich „die Damen entsetzten". Von der Mitte
des dritten Actes an begannen methodische Unterbrechungen, die bis
zum Schluß dauerten und zuletzt das Ganze wie einen Trümmer-
haufen erscheinen ließen. Ich verhielt mich ruhig. Zwischen der
ersten und zweiten Vordercoulisse sitzend, versammelte sich das gesammte weibliche Personal um mich und entlud sich seines Unwillens über die Ruhestörer. Jedem, der zur Condolation an mich
herantrat, sagte ich: „Nein, nein, lassen Sie nur! Heute erhalte
ich die Feuertaufe des Dramatikers! Diese Lection muß einmal
jeder richtige Dramatiker bekommen!" Von einer Wiederholung,
einem Auflehnen gegen die Stimme des Publikums war in
jenen Zeiten noch keine Rede. Sie hätte in aller Ruhe stattfinden
können. Schon der Curiosität wegen hätte man zehn Vorstellungen
nacheinander gehabt. Aber die französische Gleichgültigkeit gegen
die Schicksale einer ersten Vorstellung haben wir uns erst in neuerer
Zeit angeeignet und mein „Freund" Cornet, der nimmer ruhende
Welschtyroler, hatte den „Muttersegen" und die Lortzing'schen neuen
Opern.

Schauerlich still ist es schon ohnehin auf der Bühne nach
jeder beendigten Vorstellung. Wie erst nach einem so stürmischen
Abend, der dem wiener so vollkommen entgegengesetzt ausgefallen
war — einer Thatsache, die ich bei damaligem Postenlauf erst
nach einigen Tagen erfuhr. Das übervoll gewesene Haus hatte
sich entleert. Ich blieb, um Niemand zu begegnen, bis die
Lampen von uninteressirten Arbeitern gelöscht waren. Noch hörte ich
einiges Rasseln und Poltern mit Lampenständern und Versatzstücken,

dann betrat ich die Straße. Sie war todtenstill. Kein Freund, der auf mich gewartet, mir zugesprochen, mich nach Hause geleitet hätte. Schon ging es auf elf. Ich war in dem Alter, wo man wol Bekannte hat, aber in der Regel keine Freundschaften mehr schließt. Meine Familie war nicht in Hamburg, sondern wieder für den Winter in Frankfurt am Main. Meine Gattin konnte ohne die Nähe ihrer Mutter des Lebens nicht froh werden und erwartete eine Vermehrung des häuslichen Kindersegens. Das Stadttheater von Hamburg liegt einsam, in entlegener düsterer Gegend. Ich mußte an den Fenstern eines giftigen Berichterstatters, der zwar blind war, sich aber auf einem Rollstuhl in's Theater fahren ließ und recensirte, als wenn er sähe, Georg Lotz, vorüber. Noch war in seinen Fenstern Licht. Man debattirte ohne Zweifel über das Vorgefallene. Karl Töpfer war der Schwager des Blinden. Ich wandte mich zur Esplanade, meiner glücklicherweise nahegelegenen Wohnung zu. Da war alles gespenstisch. Die Magd wünschte Glück. Ich stieß das Hamburger vielbedeutsame Na! aus und war froh, daß mich Niemand mit weitern Fragen quälte. Die Nacht, wenn sie Schlaf gespendet, gab diesen einem zusammenbrechenden Körper.

Mich zu erheben, aufzurichten, kam am Morgen vom Schicksal nichts. Die traurige Botschaft mußte der Gattin gemeldet werden. Ich schrieb ihr. Endlich kam ein Besuch. Es war sozusagen der Leichenbitter. Denn so wol durfte man einen merkwürdigen Menschen nennen, der damals fast am vertrautesten mit mir stand. Auch als Modell für den Apotheker in „Romeo und Julia", dem des „Lebens Stöße und Püffe" so zugesetzt hatten, daß er sogar „gegen Mantua's Gesetz" gelegentlich Gift verkaufte, hätte man ihn nehmen können. Er hieß Hermann Biow, war ein Schlesier, seines Zeichens verdorbener Maler. Vielerlei hatte er erlebt, viel gesehen. Er besaß Urtheil, glaubte es wenigstens zu besitzen und über alle Dinge in der Welt. Personen des höchsten schlesischen Adels, Künstler wie Rauch, Schinkel, Cornelius, Bendemann, Hübner waren ihm wie tägliche Tischkameraden. Und fragte man an der Quelle, so kannten sie ihn in der That und hatten vollkommen die Erinnerung an ein gewisses essigsaures Lächeln, das einem Manne angehörte, der sich bei ihnen erst mit lächelnder Schmeichelrede eingeführt hatte, bis sich ein spitzer Stachel enthüllte, der sich selbst gegen die Meister richtete. Seine sieben bis acht grauen Haare im Schnurr= bart geriethen in's Wackeln, wenn er über seine so weit getriebene Pfiffigkeit selbst lachte. Sein Glück sollte die Daguerreotypie werden, die damals etwas Neues war. In der That riß er sich aus dem Elend, worin ich ihn antraf, zu einer Existenz von fünf Treppen in die Luft hinauf empor und erzeugte beinahe zuerst in Hamburg jene Lichtbilder, bei denen man sich nach allen Seiten um= drehen mußte, um die richtige Beleuchtung zu haben. Seine Versuche vervollkommneten sich immer mehr, ja er wurde zuletzt (die essigsaure Miene wich einer ständig angeheiterten) in der Photographie ein be= rühmter Meister und lieferte Arbeiten, die selbst eine erste Kunst= handlung Leipzigs, O. T. Weigel, nicht verschmähte, in einer Sammlung herauszugeben. Damals aber, als mich dieser Freund zu trösten kam, stak er tief im Elend. Sein Trost hatte jenen Beisatz La Rochefoucauld's: „Es liegt im Unglück unsrer Freunde etwas, das uns nicht unangenehm ist." Eine seltsame Fügung des Schick= sals hat es gewollt, daß der erstgekommene Tröster zehn bis zwölf Jahre später in Dresden wieder von seiner mühsam erkletterten Photographenhöhe herabgestürzt war und mich dann ebenfalls als einzigen Tröster an seinem einsamen, von aller Welt verlassenen — Sterbelager hatte! Von seinem bedenklichen Krankheitszustande wußte ich, aber plötzlich schickte man zu mir. Er lag im Sterben. Auf meine Anrede folgte noch ein Aufröcheln wie der Versuch einer Antwort. Mancher Leser erinnert sich vielleicht jenes weiland viel= besprochenen „Psychologen", des jetzt zum reisenden Jahrmarkt= hierophanten verkommenen Doktors Bossard. Dieser war Biow's Schwager und kam auf's Schleunigste, um seiner Frau, der Schwester Biow's, „die große Erbschaft" zu retten. Wir beide allein begleiteten seine Leiche. Als wir auf einem neuangelegten Kirchhofe die drei üblichen Handvoll Erde in die Grube geworfen hatten, rief Bossard in die kalte Luft hinaus: „Das ist nun der Mann, den Fürsten ihren Freund genannt haben!" Er meinte die fehlenden Trauerkutschen, die nicht anwesende königliche Equipage und den Befund einer Erbschaft, die kaum die Kosten der Beerdigung gedeckt haben mag.

In solchen Lagen, wie die, worin ich mich befand, giebt es keinen Trost. Die Thatsache kann uns Niemand hinwegreden. Es ist das Beste, die Ursache unsres Schmerzes wird ausgekostet. Aus dieser heraus kann dann allmälig Balsam fließen, der auf unsere Wunden wohlthuend wirkt. Mein bestes Heilmittel war von je Macbeth's Wort: „Die Stunde rinnt auch durch den rauhsten Tag". Trost, Erhebung liegt in der einfachen Versetzung der Phantasie von heute auf die Zustände von morgen, von den morgenden Dingen auf die über acht Tage. Wie ist die Welt mit sich selbst beschäftigt! Das rennt und läuft und die Wagen rasseln und mit den wechselnden Tagen erblaßt die grelle Farbe des Geschehenen immer mehr! Praktisch hatte ich den guten Gedanken, den Inhalt meines Stückes, die einfache Fabel, auf's Papier zu setzen und die gelesenste Hamburger Zeitung zu ersuchen, dies Referat des Ideenganges ohne Lob oder Tadel abzudrucken. Das geschah; der Inhalt schien Unparteiischen nicht unverständig; der Artikel ging in andre Zeitungen über. Inzwischen kam auch manche Botschaft, die nur von Intrigue sprach, von muthwilliger Absicht u. s. w. Bei alledem verließ ich die Wohnung vor einigen Tagen nicht. Im Blick jedes Menschen hätte ich eine Mahnung an das Erlebte erkennen müssen. Ich war auf dem Wege zu erkranken.

Als sich am zweiten Tage nach dem Vorfall die Dämmerung zum Abend neigte, die brennenden Laternen kaum aus dem braunen Hamburger „Fog" zu erkennen waren und das Theater längst wieder fröhlich und wohlgemuth an seine alten Zugmittel gegangen war (wie im Theaterleben Ein Tag den andern, auch den glücklichsten Tag, verschlingt, das hat für mich immer etwas Grauenhaftes gehabt), klingelte es und zufällig öffnete ich selbst. Ein Diener in eleganter Livree, den betreßten Hut ziehend, brachte ein zierlich gefälteltes Billet und bat um sofortige Antwort. Eine Dame der höhern Gesellschaft Hamburgs, eine nahe Verwandte meiner Lady Macclesfield, bat mich, sie zu besuchen. Nicht unmöglich, daß ich in einer Stimmung war, die den Bescheid gab, ich würde die Antwort schicken.

Die Schreiberin war eine Adlige, die Tochter des russischen Gesandten, die Gattin des russischen Generalconsuls. Ich hatte die anmuthige Erscheinung schon öfter gesehen, wenn sie ausritt. Zuweilen

war sie nur von meinem alten Stallmeister Weber begleitet, mit dem
ich selbst zuweilen in Hamburgs Umgebungen, in Wald und Sumpf,
an malerische Vorwerke und einladende Schenken Ausflüge zu Pferde
machte. In der Regel aber hatte die stets anmuthig lächelnde schöne
Frau noch einen Angehörigen des Diplomatenkreises um sich. Jeder,
der zur höhern Gesellschaft zu gehören schien, grüßte sie. Ihr Vater
war ein Wohlthäter der Armen. Sie selbst, so sagte man, ohne
jeden Stolz, die Herablassung und Güte selbst. In der Regel hing
ein langwallender Rock von blauem Tuch bis zu den Hufen des
Rosses, der einfache, modischgeschweifte Hut saß im Nacken, ein
blauer Schleier wehte oder fiel lang auf die Schultern herab, die
mit Türkisen ausgelegte Reitgerte ruhte quer über dem Sattel. Zum
kräftigen Ausholen wurde sie wenig gebraucht.

Wenn ich sage, der Blick dieser Frau, so oft ich sie so reiten
und in die Welt hinauslächeln gesehen, war mir wie ein ewiger
Mai erschienen, so ist damit für ihren Charakter nichts festgestellt.
Es giebt immer Lächelnde, die daheim sehr unmuthig die Stirn
runzeln können. Ihr Reiten ließ sogar auf capriciöse Gefallsucht, Leiden=
schaft schließen. Ich wußte, daß sie unter ihrem Vornamen „The=
rese" ein Buch mit Reiseberichten und Aphorismen herausgegeben
hatte, „Briefe aus dem Süden". Es waren Eingebungen des
kindlichen Herzens. Die Tochter hatte diese Eindrücke ihrem Vater
mitgetheilt, dieser zeigte sie einem Freunde, dem bekannten
braunschweigischen Appellationspräsidenten von Strombeck, der sie
für druckenswerth erklärte. Die Schule des Stils, worin diese
Mittheilungen geschrieben waren, lag in Paris oder Petersburg.
Dadurch war hier und da etwas Rhetorisches in die Diktion ge=
kommen, doch zugleich manche Feinheit, die der vulgären deutschen
Schreibweise nicht eigen zu sein pflegt. Ich hatte in meinem
„Telegraphen" das Buch mit Wärme gelobt.

In jenem Billet schrieb sie mir, daß sie der Unglücksvorstellung
beigewohnt und sich über die Machinationen der siegreichen Partei
geärgert hätte. Der vernünftige Theil des Publikums hätte den
Gang und die Moral des Stücks in meinem Sinne auf sich
wirken lassen. Inzwischen hätte sie sich in die Vorstellung meiner
Verstimmung versetzt und forderte mich auf, mich in ihrem

Hause aufzuheitern. Ihr Gatte sei derselben Meinung. Am besten,
wenn ich sogleich am nächsten Tage zu Tisch käme.

Ich folgte der Einladung und erlebte, daß mein Hamburger
Schicksal der „Schule des Reichen" der Anlaß zu einer durch-
greifenden Neugestaltung meiner Lebensbeziehungen werden sollte.
Ich lernte die höhere Gesellschaft kennen, Diplomaten, die in späteren
Jahren an die ersten Gesandtschaftsstellen Europa's kamen, Senatoren,
Bürgermeister, durchreisende Staatsmänner, berühmte Gelehrte. Der
Vater meiner neuen Gönnerin und Freundin war ein anerkannter
Mineralog. Oft saß ich in seinem Häuschen an der Kaffamacherreihe
und debattirte an seiner Tafel über Krieg und Frieden, Wissenschaft
und Kunst, Preßfreiheit und Censur, Rußland und Deutschland. An
eine ihm zu Gefallen zu modificirende Aeußerung meiner Ansichten
dachte der gütige alte Herr nicht.

Daß sich der Dank, den ich für eine so zarte Aufmerksamkeit
und Vertiefung in eines Andern Leben und Stimmung auszusprechen
und zu bethätigen hatte, nicht mit dem kalten Ton des Verstandes
aussprechen konnte, daß sich dieser vielmehr von Tage zu Tage
mehr in der Region des Herzens bewegte, wird Jeder begreifen,
dessen Gefühlsweise nicht ganz durch unsre sozialen Vorurtheile
unterjocht ist. Was auch die folgenden Seiten bringen werden, es
denke sich der geneigte Leser darunter gleichsam nur den Notensatz
der obern Stimme. Die untere, der Grundton, fehlt.

IV.

Im Frühjahr 1842 reiste ich nach Paris. Die Ergebnisse eines Aufenthaltes von sechs Wochen in der Seinestadt finden sich in meinen Gesammelten Werken (Ausgabe Costenoble Band 7). Aber nicht als „Interviewer" bin ich gereist, wie man neuerdings darstellte, nicht wie ein zudringlicher Correspondent des New York Herald, sondern durch Briefe aus jener Gesellschaft Hamburgs empfohlen. Denn im Hause des russischen Gesandten von Struve und in dem seines Schwiegersohns hatte ich Beziehungen genug an= geknüpft, um mich in Paris sogar bis in die Ministersphäre empfehlen zu lassen. Dann hatte ich auch meinen alten Schüler St. Marc Girardin. Dieser wurde damals täglich genannt. Auch von ihm konnte ich Förderung hoffen. Mit F. A. Brockhaus hatte ich einen Vertrag über zwei Bände „Briefe aus Paris" abgeschlossen und gewissermaßen dadurch mit Julius Campe, mit dem ich der Heine'schen Schmähschrift über Börne und der Verspätung des Er= scheinens meiner eignen Biographie Börne's wegen in Conflict ge= rathen war, so gut wie gebrochen.

Die Franzosen waren damals gegen uns vollständig harmlos. Becker's Rheinlied: „Sie sollen ihn nicht haben —" war mit keiner Kriegsrüstung verbunden gewesen; Louis Philippe hatte dem politischen Ehrgeiz seines Ministers Thiers nicht nachgegeben, ihn entlassen und Paris war ohne jede nationale Aufstachelung. Alles war nur mit Fragen beschäftigt, die sich im Frieden abmachen ließen und Jeden anregten. Meine Unterredungen mit Thiers und Guizot sind am genannten Ort wiedererzählt. Thiers war gestürzt. Er hatte sich in seiner auswärtigen Politik übernommen. Noch höre ich seinen mehrmals

wiederholten Ausruf: „Preußen ist ehrgeizig, sehr, sehr, sehr ehr=
geizig!" Kurz zuvor hatte er die in Oesterreich gelegenen napo=
leonischen Schlachtfelder besucht. Metternich hatte ihm auf jede er=
denkliche Weise geschmeichelt. Kein Wunder, daß er seiner Schilderung
Preußens die Worte folgen ließ: „Ah, dieser Ehrgeiz ist eine Gefahr
für Europa! Aber wir," fuhr er fort, „wir werden das Gleich=
gewicht Europas nicht stören. Greift man uns aber an" —
jetzt muß man sich seine Fistelstimme, die Erhöhung seiner kleinen
Figur, das Feuer seiner Augen hinter der Brille hinzudenken und
den zustimmenden Zuhörerkreis an seiner Mittagstafel — „dann
bouleverserons le monde!" Soviel als: Dann lassen wir alle
Hunde los! Revolution und was nicht sonst! Von Bayern,
Würtemberg, Baden schien der Verblendete als selbstverständlich
anzunehmen, daß sie wieder Frankreichs Avantgarde bilden wür=
den. Guizot hatte deßhalb treffend geurtheilt, als er mir sagte:
„Es ist das Unglück meines ehemaligen Collegen, immer in Remi=
niscenzen zu leben! Er denkt sich, wie würde in dieser Lage
Richelieu, Mazarin, Napoleon gehandelt haben, und handelt dann
nach Voraussetzungen, die gar nicht mehr existiren. Folglich müssen
ihn die Ereignisse immer überraschen!" Guizot hatte Trauer. Er
lud mich im Kreise seiner Familie zu einem gemüthlichen Früh=
stück ein.

Begegnungen mit Georg Sand, Alfred de Vigny, Michel
Chevalier, Emil de Girardin, Cormenin, Jules Janin, mit dem
Minister Villemain, mit dem Gesandten und Gelehrten Barante,
alles das waren Eindrücke, die mein Urtheil, meine Phantasie in
Anspruch nahmen. Ich habe die Eindrücke an genannter Stelle
erzählt.

Einen Mißton bildete in der glücklichsten Stimmung, in der
ich mich befand, die Beziehung zu Heinrich Heine. Ich hatte
nie ein Hehl daraus gemacht, daß ich für seine Weise keine Em=
pfindung habe. Seine Lieder imponirten dem Studenten nicht,
dem Philologen waren sie zu „loddrig" geformt; später, als sich
die Componisten des Namens bemächtigten, sah ich wol, wie und in
welchem Tone man in Deutschland das „Buch der Lieder" zu lesen
angefangen hatte. Aber mir fehlten persönliche Reminiscenzen, um

das fürchterliche Geschrei der Sänger, wenn sie auf die Stelle kommen:
„Mich hat das unglückselige Weib vergiftet mit ihren Thränen" als
Symptome einer schaudervollen Begebenheit auch für mich zu verstehen.
Karthago's Untergang und noch einige andre interessante Begebenheiten
der Geschichte und der Philosophie erschienen mir wichtiger als
diese anbrechende neue Salonmusik mit ihrem elegischen Jammer.
Ohnehin wußte ich, wie doch im Grunde alle Welt, daß die
eine dieser Heine'schen „Unglückseligkeiten" die andere ablöste
und dabei an eine tiefe und nachhaltige Absicht gar nicht ge=
dacht wurde. Jedes umgeschlagene Blatt im „Buch der Lieder"
brachte frivolen Trost. Wenn ich, meist von Ungebildeten,
diese oder jene der ernstern Balladen mit vollen Backen
declamiren hörte, so las ich sie hernach für mich allein einfach und
natürlich und fand, daß die dichterische Zuthat zum gegebenen
Stoff gering war. Von den parodistischen politischen Gedichten
hat schon Johannes Scherr bemerkt, daß in jeder Woche das
erste Gedicht des Kladderadatsch Treffenderes bringt, als der
„Romanzero" oder das klägliche Buch „Deutschland". Bei alledem
hatte ich mich zum Nestling meines frühern Verlegers so verhalten,
daß sogar ab und zu Briefe zwischen uns gewechselt werden
konnten und ich Heine gut und gern hätte besuchen können. Aber
1837 war Ludwig Börne gestorben. Ich hatte Materialien zu
einer Schilderung seines Lebens gesammelt, seine Biographie, das
Manuscript schon Campe übergeben. Da schickte Heine das Manu=
script seines Buches: „Heine über Börne", eine Schmähschrift,
wimmelnd von Persönlichkeiten, Anspielungen auf Menschen, die
Niemanden interessirten, Anspielungen, die nur Diesen oder Jenen,
der ihn vielleicht nicht gegrüßt oder von ihm nicht mit der gehörigen
Bewunderung gesprochen hatte, lächerlich machten, ihn mit einer
leeren Eau-de-Cologne-Flasche oder mit einem Nachttopf oder
sonst Aehnlichem verglichen. Jeder Deutsche, der nach Paris kam,
ohne bei Heine eine Visitenkarte abgegeben zu haben, war ihm
sofort ein Stoff, zu fragen, ob der Mensch schiele, hinke, stottere,
schlecht französisch spreche u. s. w. Darauf stützte sich sein Witz.
Wie albern war z. B. die ewige Wiederholung „der Häßlichkeit"
des braven Maßmann, der sich seit Jahren nicht mehr in den

Vordergrund gedrängt, nirgends und durch nichts die Satyre heraus=
gefordert hatte! Meine an Campe gerichtete Bitte ging dahin,
mein Denkmal der Erinnerung an einen bedeutenden und in trüber
hoffnungsloser Zeit als Freiheitskämpfer bewährten Mann, ein Buch,
das nun schon Monate lang in seinem Pulte lag, früher erscheinen zu
lassen, als die Beschimpfung. Sie wurde nicht gewährt. Versprach
doch die letztre einen glänzenderen Gewinn. So schickte ich denn dem
Manuscript meiner Biographie eine Vorrede voraus, die ich, als
Probe des kommenden Buches, vorher im „Telegraphen" abdrucken
ließ. Daran konnte mich Campe nicht hindern. Ich sprach meine
Entrüstung über die Verunglimpfung des Todten aus. Später
entschuldigte Campe sein Verfahren dadurch, daß plötzlich eine neue
Ausgabe der Börne'schen Schriften bei Brodhag in Stuttgart
erschienen sei, eine Umgehung der Anwartschaft, die er selbst, der
frühere Verleger, auf die neue, inzwischen nothwendig gewordene
Ausgabe zu besitzen glaubte. Die in Paris wohnenden Freunde
und Erben Börne's hatten allerdings diese Aenderung beliebt. Aber
in der durchaus irrthümlichen Voraussetzung, daß meine Hand da=
bei im Spiele gewesen sei, ließ Campe einen jener Fälle eintreten,
die den preßkundigen Juristen Dambach in Berlin in seinen
„Erläuterungen zum Urheberrecht" des Nähern beschäftigen könnten.
Der Verleger erklärte: „Ich bezahle das Manuscript, drucke es aber
nicht! Wer will mich dazu zwingen?"

Inzwischen war meine Schrift nach Jahr und Tag denn doch
erschienen und nichts hätte im Wege gestanden, einer Regung zur
Versöhnung entgegenzukommen, die Heine bewogen hatte, mir einen
Boten zu senden mit der Erklärung, er wollte mir zu Ehren ein
Mahl geben, zu welchem er „die ganze hervorragende französische
Literatur" einladen würde; ich sollte ihn natürlich zuerst besuchen.
Der Ueberbringer dieser Nachricht lebt noch und kann sie bestätigen.
Ich wußte, daß es sich nur um ein Capitel in meinem Buche
handelte, „Besuch bei Heine". Ich war bei Ministern und den
hervorragendsten Namen gewesen; die „deutsche Colonie", die
deutschen Flüchtlinge waren mir befreundet; schöne Stunden wurden
in gemüthlichen Kreisen gefeiert; Heine wollte nicht davon aus=
geschlossen sein. Gern hätte ich einem solchen Entgegenkommen

gegenüber nachgegeben. Aber die Rücksicht auf die in Paris woh=
nenden Freunde Börne's, welche Heine in solchem Grade beschimpft
hatte, daß sogar ein Duell deßhalb nothwendig hatte erscheinen
können, der Schmerz, den ich vorzugsweise der treuen Freundin und
Pflegerin Börne's, der gegen mich höchst gütig gewesenen Frau
Strauß, würde angethan haben, mußten mich, ich konnte nicht
anders, bestimmen, der Aufforderung keine Folge zu geben. Da
wurde denn mein im Herbst erschienener Bericht sowol in Paris,
wie von Paris aus, in jeder Weise zur Mißachtung empfohlen.
Das Uebrige thaten die deutschen Söldlinge der französischen Civil=
liste, zu denen ebenfalls Heine gehörte. Ich hatte am Schluß des
Berichts über die empfangenen Eindrücke den baldigen Untergang der
Herrschaft Louis Philippe's vorausgesagt. Leider hatte letztlich noch
die neuaufgekommene Schule der Hallischen Jahrbücher einen absoluten
Zerstörungstrieb für alles, was ihr unmittelbar vorangegangen war.
Ich finde in meinen Gesammelten Werken (Band X. der Costenoble=
schen Ausgabe) die wärmsten Vertheidigungen Ruges gegen Leo und
die Evangelische Kirchenzeitung. Der Dank war Ignorirung oder
Herabsetzung.

Düstere Bilder schlossen sich dem heitern, lehrreichen Aufenthalte
in Paris an. Die furchtbare Katastrophe auf der Eisenbahn von
Versailles nach Paris, das Gluthenmeer, worin halb Hamburg
unterging, der schreckliche Tod des Herzogs von Orleans, Letzteres
ein Schicksal, das an des Theseus Sohn, an Hippolyts trauriges
Ende erinnerte! Der ersten Gefahr, mit unter die Opfer des
Eisenbahnbrandes zu gerathen, war ich selbst nur durch einen Vor=
sprung von wenigen Tagen entgangen. Das dritte Ereigniß be=
dingte eine Aenderung mancher Schlußfolgerungen in meinem zunächst
in Genf, wohin ich mich auf der Rückreise begeben, geordneten Buche.
Der hamburger Brand endlich mußte mir die Rückkehr in die alten
Verhältnisse unmöglich machen. Ich konnte jetzt nur an ein Wohnen
wieder in Frankfurt denken. Die Contouren der frankfurter Existenz
waren seit Jahren gezogen. Sie hatten sich nach mancher Seite
hin erfreulich erweitert.

Von der Rückreise von Genf über Zürich hatte ich manchen an=
regenden Eindruck heimgebracht, vor allen Herwegh's persönliche

Bekanntschaft. Julius Fröbel sah ich, den alten Follen und in einem gemüthlichen Abend am See auch die damals schon gefeierten Gelehrten Hitzig, der später nach Heidelberg ging, Henle, der in Göttingen wirkt. Alle rühmten den Eifer, womit damals Frau Birch-Pfeiffer durch ihre Führung des zürcher Theaters für die Unterhaltung einer Stadt sorgte, deren Bewohner zur Hälfte aus theaterhassenden Frömmlern bestand. Frau Charlotte versöhnte sich mit mir. Sie war gastfrei wie immer und warf beim Herumführen durch ihre Bühnenräume elegische Blicke auf unsre münchner und schwalbacher Vergangenheit.

Zu den Beförderern einer behaglichen Wiedereinwohnung in Frankfurt gehörte die schon damals an Jahren vorgeschrittene Frau Maria Belli-Gontard. Ein Fallissement ihres Gatten brachte die reiche, einer der ersten Familien Frankfurts angehörende Dame plötzlich aus der gewohnten Bahn ihres Wirkens, das im Anschluß an die nächsten Lebensinteressen hervorragender Dichter, Denker, Künstler und jedes irgendwie ausgezeichneten Menschen bestand, unliebsam heraus. 1842 war sie noch auf der Höhe und ich hatte in gewissem Betracht einen Ersatz für meine jetzt nur durch Briefwechsel mir eine „andre Welt" repräsentirende Freundin in Hamburg. Maria Belli-Gontard's Art war nicht, daß sie nur die eifrigste Leserin der Chemischen Briefe Liebig's gewesen wäre, nur eine sich in die Offenbarungen des Genius vertiefende Diotima Plato's. Sie faßte Plato und Liebig menschlich auf, forschte ebenso nach den Neigungen des natürlichen Seins dieser Heroen, wie sie deren Denkoperationen zu folgen suchte; sie würde Schiller und Goethe die glücklichsten Tage bereitet haben, wenn diese in ihrer Nähe und zu ihrer Zeit gelebt hätten. Ein bequemes Haus, ein schattenreicher großer Garten, beide unmittelbar neben der Rothschild'schen Villa, Ausfahrten in eigner Equipage, ja sogar kleine mit ihr gemachte Reisen in den Odenwald und auf die zauberisch gelegene werthheimer Burg wurden von dieser sich immer gleichbleibenden, nie das Maaß überschreitenden und zu allem Ungewöhnlichen stillsinnig aufgelegten Frau einem größern Kreise von Freunden so zu sagen zum Geschenk gemacht. Nie war ihre Gunst ungleich vertheilt, so daß etwa Mißmuth oder Eifersucht in ihrem Kreise hätte entstehen können. Eine immer gleiche Güte und Zuvorkommenheit ehrte nicht die Huldigung, die man ihr brachte, sondern nur das Verdienst. Die Schwierigkeit der geistigen Arbeit, in welchem Fache es immer war, erkennend, suchte sie dieselbe zu belohnen, zu zerstreuen, zu erheitern.

Ein treuer, wohlmeinender Freund, Georg Schirges, führte inzwischen in Hamburg die Redaction meiner Zeitschrift weiter. Einstweilen noch in meinem Namen. In Wahrheit lohnte sich eine vereinzelte, wenn auch keineswegs isolirte Stellung nicht mehr. In den „Hallischen Jahrbüchern" war eine neue Schule aufgetreten. Die alte, die jungdeutsche, hatte entweder nie bestanden oder sie existirte nicht mehr. Treuloseres und einander Abgeneigteres, als was Theodor Mundt und sein Anhang gegen Gleichgesinnte zu Tage brachte, läßt sich nicht vorstellen. Auch Heinrich Laube gerieth durch die Muskauer Internirung und die Varnhagen = Pückler'schen Einflüsse auf Standpunkte der Cavalierperspective. Mein Lustspiel: „Zopf und Schwert" wurde in des alten Freundes Wiederaufnahme der Zeitung für die elegante Welt unbarmherzig schlecht gemacht. Es geschah von einem Manne, der sich mit der natürlichen Tochter eines preußischen Prinzen vermählt hatte und sich in Folge dessen über Hofsitte und Hofton für besonders competent hielt. Laube steifte sich auf Realpolitik und gerieth immer mehr in die Stimmung, die sich 1848, wie ich vermuthe, von einem uns beiden gemeinschaftlichen Freunde, dem geistvollen mephistophelischen Advokaten Detmold aus Hannover, so imponiren ließ, daß er im Parlament mit den Ultramontanen und Oesterreichern der Rechten stimmte. Wäre Detmold, der an sich durch seinen Witz, seine Belesenheit, seine Gefälligkeit, Freundschaft für mich, eine mir liebe Erinnerung ist, katholisch gewesen, ich würde ihn in Manchem das Prototyp von Windhorst=Meppen nennen. Karl Jürgens, wol der weltlichste Pfarrer, der mir je nächst Robert Haas vorgekommen, würde einen Uebergang dieser Aehnlichkeit bilden. Grimmigster Welfenhaß gegen Preußen, abgöttische Vorliebe für die engere Heimath, juristisch advokatorische Fechterkunst, sprudelnde Conversationslust wäre das verwandtschaftliche Band. Doch war Detmold kein öffentlicher Redner.

Für Arnold Ruge hatte ich gegen Heinrich Leo geschrieben. Als die evangelische Kirchenzeitung nicht aufhörte, gegen die Hege=

lingen zu eifern und die Berufung Schelling's gleichsam die von
obenher vom neuen preußischen Herrscher gewünschte Entscheidung
der entbrannten Streitigkeiten sein sollte, hatte ich gesagt: „Jetzt
hat Ruge Halle verlassen, ein Glück für die Wissenschaft, ein Glück
für die Stellung derselben zum Staat. Die Verdächtigung schien
nur deßhalb so überhand zu nehmen, weil sich die gegenseitige Er=
bitterung persönlich auf den Schrittsteinen Halle's begegnete. Aber
Ruge's Wirken ist mehr als eine Universitätsfehde. Sein großartiges
epochemachendes Streben verdient frei zu sein von Gefahren, die ein
verengter Horizont nach sich zieht. In Dresden wird ihm ein
freierer Blick werden. Er wird über die Vorurtheile milder und
nachgiebiger urtheilen. Es ist nicht nöthig, daß Ruge sein frei=
sinniges Wirken bis zu einem Conflict mit der Staatsgewalt treibt.
Lassen sich auch wenige der Symptome einer hereinbrechenden
Reaction, die Ruge prophezeit, in Abrede stellen, so ist doch ein
Kampf für Principien ein anderer als für Thatsachen. Es wäre
traurig, wenn sich hier ein edler Kämpfer für die Sache des Fort=
schritts so in seinem Streben verwickelte, daß sein Institut unschäd=
lich gemacht würde, ehe es noch recht populär geworden. Denn
das möge Ruge nicht vergessen, daß seine Sache nicht in ansprechendster
Form auftritt. Er spricht von Philosophie, wo das minder unter=
richtete Publikum das Schlagwort Politik erwartet. Er setzt
Vorstellungen von einer Totalität voraus, wo die Masse nur an
Einzelheiten haften kann. Sein Hegel'scher Standpunkt ist ein solcher
Grund, auf welchem Tausende, wenn sie auch gleiche Anschauungen
und Wünsche haben, doch nicht mit ihm fortbauen möchten. Alles
das zu beherzigen, wird Ruge veranlaßt werden, seitdem er der
akademischen Sphäre entrückt ist. Auch die übertriebene Selbst=
aufreizung gegen Preußen ist nicht anzurathen. Ein Rath im
Ministerium ist noch nicht das Ministerium selbst, der Minister
ist noch nicht der König, der König von heute nicht der König von
morgen. Preußen ist Preußen. Der Augenblick eines offnen
Kampfes scheint noch nicht reif, wenigstens nicht für die Feder
Ruge's, um den es uns leid thun würde, wenn er wie ein schönes,
aber unverstandenes Meteor vorübergehen sollte.“

Man konnte die Befürchtung vor herannahender Unterdrückung

einer Thätigkeit, die sogar dahin verläumdet wurde, daß sie in Reli=
gionssachen „Vatermord und Sodomiterei" lehrte (Leo'sche Anklage),
kaum milder aussprechen. Vor der Censur hatte ich die Rückhalts=
gedanken zu verschleiern: Die Frage der Zeit ist die politische!
Was sollen uns Eure religiös=philosophischen Debatten! Ließ sich
dem Allem, möchte ich wiederholen, eine mildere Form geben? Aber
dennoch rannte die Aesthetik dieser Schule wie wildes Borstenvieh alles
nieder, was sie nicht in ihren Kategorieen unterbringen oder für den
nächsten Kneipabend als „politisches Lied" verbrauchen konnte. R. E.
Prutz war die Rücksichtslosigkeit selbst. Als dann erst gar die Schule
der Sozialisten in die Jahrbücher hereinbrach, die Marx, Heß, Engels,
Jung die Rheinische Zeitung begründeten, da fing jenes Parteitreiben
an, das sich bis auf den heutigen Tag nur noch um das kümmert,
was zur Partei gehört. Die große Phrase regierte. Auf dem
ästhetischen Gebiete schien die politische Lyrik und bei gemäßigter
Gesinnten die weimarer Musenhof=Chronik alles Andere verdrängt
zu haben.

Der Matador des Jahres 1842 war in Deutschland G e o r g
H e r w e g h. Die Anfänge dieses schönen Talentes, seine einfachen,
natürlichen Weisen kannte ich schon seit Jahren und stand mit ihm
in freundschaftlichem Verkehr. Der Reiz seiner Muse lag in der
Unmittelbarkeit derselben, in ihrem fortreißenden Schwunge. Seine
Lieder waren leichter beflügelt, als die Gedichte K a r l B e ck's, der
einige Jahre zuvor auf längere Zeit nach Hamburg gekommen war und
seltsamerweise von einer „geharnischten" oder „gepanzerten" Lyrik auf
eine idyllisch zerflossene, fast weichliche überging. Beide hatten Aehn=
lichkeit in dem beständigen Grübeln und Versunkensein in ihre Auf=
gaben. Immer waren sie zerstreut, zählten Sylben oder suchten
ein erhaschtes Bild nicht zu vergessen. Ich muß bekennen, daß
ich um solchen Preis, in Gesellschaft immer stumm zu bleiben
und an meine Reime zu denken, froh bin, lyrischen Anwand=
lungen nur selten nachgegeben zu haben. Der jugendlich anziehende
Herwegh, mit Augen wie reife schwarze Kirschen, mit einem Teint
wie ein Armenier, schwarzen Haares, einem Antinous bis auf
die allzustarke Nase nicht unähnlich, war grade das vollkommene
Gegentheil eines „Lebendigen", wie sich der junge Poet mit seltsamer

Ueberschätzung der Bedeutung Semilasso's, des damals längst „Verstorbenen" als Gegensatz genannt hatte. Man mußte ihm die Worte abkaufen. Ein Kreis von Frauen, hingerissen von dem schönen Gedichte: „Ich möchte hingehn wie das Abendroth", und nicht minder gefesselt vom Eindruck der Persönlichkeit des Dichters umstand ihn in Frankfurt in getäuschter Erwartung; immer hoffte man, seine buddhistische Versenkung in sich selbst möchte endlich einmal aufhören. Welchen Grund hatte Endymion grade für sein Schweigen damals in Frankfurt? Zedlitz, der Dichter der Todtenkränze, gewandter Bearbeiter spanischer Dramen, Lohnpublizist Metternich's, hatte in der Allgemeinen Zeitung ein scharfes Epigramm wider Herwegh ergehen lassen, und die Lösung des Räthsels einer Sprechpause, die eine volle Stunde dauerte, wo ich mit drei für Herwegh schwärmenden Damen eine gemeinschaftliche Fahrt von Frankfurt nach Rödelheim, um dort zu diniren, machte, war die, daß der bei alledem immerfort innerlich Arbeitende, als er befragt wurde, warum er denn so lange geschwiegen, in seinem schwäbischen Ton erwiderte: „Ich suchte einen Reim auf Zedlitz!"

Da ich in Hamburg nach dem Brande Mancherlei zu ordnen hatte, so begleitete ich Herwegh auf den Anfang seiner berühmten Triumphreise. Wir nahmen den Weg über Mainz und Cöln. In Mainz blieb noch alles stumm. Erst die neubegründete Rheinische Zeitung erbaute in Cöln die erste Triumphpforte für einen Alexanderzug, der mit einer Gensdarmeriescorte endigen sollte. Die Zeit bedurfte eines Ausdrucks für ihre Stimmungen. „Auf Flügeln des Gesanges" trug sich der neue Schwarmgeist von Ort zu Ort. Die Liederkränze wurden die Logen, wo die wandernden Propheten, Weisen und Schalksnarren zuerst einsprachen. Auch mit Hülfe der deutschen Liederkränze wurde Herwegh's Triumphzug in Scene gesetzt. Als die Mode des Feierns der Personen vorüber war (weil nachgerade der großen Männer zuviel wurden), hatte sich nur noch Hoffmann von Fallersleben gemerkt, daß man, um in den kleinsten und größten Städten von sich reden zu machen, am besten thut, gleich am Thor nach der Adresse des alldortigen Liederkranzes zu forschen.

Einige Jahre später unternahm auch Berthold Auerbach einen

15*

solchen Triumphzug. Der Herwegh'sche war Nordost gegangen, der
Auerbach'sche nahm die östliche Linie mehr in gerader Richtung.
Der Gefeierte hatte sich aus unerquicklichen Vergrübelungen und
Nachempfindungen fremder Lebensmomente herausgerissen und
in der Weise, wie schon früher Alexander Weill elsässische Dorf=
zustände geschildert hatte, Jeremias Gotthelf schweizerische, so nun
auch schwäbische Genrebilder geschrieben. Sie waren ursprünglich
in einer leipziger Zeitschrift erschienen und bildeten jetzt als Buch
ein Ganzes. Von Mainz nach Frankfurt gekommen, behauptete der
Glückliche, dem eine neue Welt der Erfindung in seinen Jugend=
erinnerungen aufgegangen war, am zahlreich besetzten Mittagstisch
eines gemeinschaftlichen Freundes, ihm würde es nicht begegnet sein,
daß er dem Könige von Preußen bei einer ihm etwa ebenfalls von
Schönlein vermittelten Audienz jene Wahrheiten nicht gesagt hätte, die
bekanntlich Herwegh erst von Königsberg aus gleichsam als Treppen=
witz auf die Post gegeben. Herwegh's ungehaltene Posarede, die
in der Leipziger Allgemeinen Zeitung erschienen war, ging auf die
Verleihung einer Verfassung und die Aufhebung der Censur. Der
neue Triumphreisende (alle Welt wollte beim Erscheinen der Schwä=
bischen Dorfgeschichten im Schwabenton vorzulesen verstehen) behauptete,
Er an Herwegh's Stelle würde die Mahnung sofort angebracht
haben. Ich vertheidigte Herwegh und behauptete, man könnte in
einer solchen von Fürsten gewährten Audienz nicht zu Worte kommen,
am wenigsten mit solchen Dingen. „Das wäre!" lautete die Ant=
wort. Da gäbe es der Behinderungen, fuhr ich fort, so viele,
theils in den Umgebungen, theils in der Natur des zur Audienz
Empfangenden, theils in der des Besuchenden, daß ich meine Behaup=
tung, auch Auerbach würde weder in Berlin noch Sanssouci Posa=
spieler werden können, aufrecht hielt, worüber sich dann ein drama=.
tischer Scherz entspann. „Nun wohlan," sagte ich, „machen Sie Ihre
eigne, von Schönlein beim König eingeführte Person, ich will den
König machen. Spielen wir beide jetzt gleich die Scene —!"
Aus frühern Begegnungen mit dem Verfasser der Dorfgeschichten
wußte ich, daß seine Weise zwar da, wo ihm keine Rücksichten auf=
erlegt sind, eine dominirende war, daß aber überall, wo sich ab und
zu zu schweigen und zu hören geziemt, das von ihm Vernommene

sofort seine eigenen Gedanken kreuzt, worüber bekanntlich die Menschen nachdenklich werden und zuletzt verstummen. So empfing ich ihn also als König Friedrich Wilhelm IV. mit Lobeserhebungen und Anerkennungen, die ihn schon allein in Verwirrung brachten. Dann folgte auf den bloßen Versuch einer Erwiderung eine solche Anzahl heterogener, nach Mäcenatenlaune plötzlich abspringender und doch organisch in sich zusammenhängender Fragen, Fragen aber des Interesses für Kunst und Literatur, des Interesses für den Besucher, daß die Gedankenverbindung Posa's eher auf alles, als auf die Verfassung Preußens und die Deutschland noch fehlende Preßfreiheit kommen konnte, ja überhaupt gar nicht einmal zu einem zusammenhängenden Satze. Der Monarch hatte ihm volle zehn Minuten geschenkt, die Scene war die belebteste, alle Tischgenossen glaubten sich nach Sanssouci versetzt. Aber die Ansätze: „Nordstetten in Schwaben", „Hebel in Carlsruhe", „Spinoza sagt einmal" u. s. w., kamen zu keiner weiteren Ausführung. Das Wort des huldvollen Monarchen: „Habe mich gefreut" war gefallen und der diensthuende Kammerherr blies zum Rückzuge.

Für die Bühne zu arbeiten hemmte mich die bei jedem Stoff, der erwogen wurde, sich aufdrängende Censur. Sie schwang eine doppelte Geißel, die des Staates und die der Hoftheaterintendanzen. Für die Stadttheater zu schreiben, konnte nichts reizen. Eine „Gräfin Esther" hatte, in's Italienische, Emilia Galotti'sche übersetzt, die Geschichte jener Gräfin Dönhoff werden sollen, die sich überreden ließ, für Friedrich Wilhelm II. eine würdige, ihn aus seinem Verhältniß zur Lichtenau lösende, „veredelnde" Maitresse zu werden. „Um Gotteswillen, wer führt denn das auf?" riefen die Schauspieler, Jean Baptiste Baison an der Spitze, der, wie mir, so fast allen jüngern Dramatikern, die damals für die Bühne zu schreiben begannen, nützlichen Rath ertheilte.

Auch ich hätte in manchem Jahre Deutschland durchziehen und meiner Person die Erfolge einiger meiner noch jetzt gegebenen Stücke zu gute kommen lassen können. „Zopf und Schwert", „Urbild des Tartüffe" waren „Sensationsdramen" geworden. Ich hätte mir nur die Relais an den Theatern und bei den befreundeten Darstellern zu bestellen brauchen. Es würde mir überall derselbe Jubel entgegen=

gekommen sein, den ich in Leipzig, Dresden, Breslau antraf, wohin ich auf andre Anlässe reiste. In Leipzig zogen mich Lortzing und Ballmann an die Lampen. In Dresden Emil Devrient und Ditt= marsch. Immer war mir diese Auszeichnung peinlich. Ich ver= weile bei dem Gegenstande, um einen gewissen Vorgang zu berichtigen, den zu meinem Erstaunen Heinrich Laube für interessant genug befunden hat, ihn in seinem Buche: „Das Burgtheater", S. 96 zu erzählen, doch in einer Weise, die von Anfang bis zu Ende falsch ist.

Im Jahre 1856 wohnte ich in Wien der ersten Vorstellung meines Schauspiels „Ella Rose" bei. Fast nach jedem Acte und am Schluß wurde ich in so stürmischer Weise gerufen, daß man selbst aus den kaiserlichen Logen den Ruf nach meinem Erscheinen vernahm. Aber Heinrich Laube verbot, den Vorhang aufzuziehen. „Demonstrationen solcher Art schaden unsrer Stellung!" hieß es wörtlich aus seinem Munde. „Du giebst mir Dein Ehren= wort und gehst nicht hinaus!" rief mir der Director mit einer Leidenschaft zu, die alle Umstehenden betroffen machte. „Das sind Demonstrationen, wird es heißen! Dergleichen paßt hier nicht! Wir sind in Wien! Meine Stellung erlaubt's nicht!" Nach jedem Act gieng la Roche statt meiner hinaus und dankte. Das Publikum, das mir auf den Stiegen begegnete und mich nicht kannte, die Damen, waren, in wienerischer Weise, vor Zorn über „die Unver= schämtheit, nicht zu kommen", geradezu außer sich. Natürlich mußte es das Stück entgelten. Bei Publikum und Kritik. Als Abends nach der zweiten Vorstellung bei Frau Rettich Friedrich Halm den eben aus dem Theater kommenden Director fragte: „Wie war's heute?" antwortete dieser mit sichtlicher Befriedigung: „flau". Ich stand in der Nähe und hörte den wohlwollenden Bericht, das absolute Gegentheil jener an obiger Stelle gemeldeten edlen Absichten.

Das Loos des deutschen Dramatikers läßt sich mit dem des französischen nicht vergleichen. Ueberall treten jenem Hindernisse, Chicanen, Gehässigkeiten in den Weg. Als ich schon bei meinem vierten Stücke war, hatte sich Küstner in München noch nicht über die Zulassungsfähigkeit von „Richard Savage" schlüssig machen können. Es ist traurig in Deutschland, daß der Dramatiker das

Opfer entweder von vornherein vorurtheilsvollen oder feigen oder, was am häufigsten der Fall ist, diplomatisirenden Theaterchefs ist. Letztere sind meist Emporkömmlinge, die ihre Stellung nie recht für gesichert halten. Ein ungnädiger Blick im Logengange oder gar eine abfällige Aeußerung einer alten Prinzessin bringt sie zur Verzweiflung. Ueber eine Vorlesung meines „Zopf und Schwert" in Sanssouci soll Friedrich Wilhelm IV. gelacht haben, aber für die Königliche Bühne durfte das durchweg patriotisch gefühlte Stück nicht existiren. Ich hatte es 1844 im Sommer auf einer Reise nach Italien geschrieben im Hôtel Reichmann zu Mailand. Ein Garten= zimmer und das völlige Fremdsein im Orte erlaubte das behag= lichste „Combiniren". Der Erfolg war überall ungetheilt. Nur ver= schlossen sich die Hoftheater. Ein König, der in Hemdärmeln geht, war das möglich? Endlich brach doch Dresden den Bann. Und als es gar hieß, der jetzige Kaiser von Rußland, damals Großfürst, sei zugegen gewesen bei einer Vorstellung und hätte gelacht und applaudirt, da kamen denn allmälig auch München und Stuttgart, bis plötzlich auch hier wieder der König die Wieder= holungen nicht sehen mochte — der „weißen Frau" wegen, die im Stück erwähnt wird, da dieser unheimliche Spuk auch im Hause der guten Wirthe am Berge umgeht. Ihr habt leicht spotten, ihr wiener Feuilletonisten mit Eurer Frivolität und Blasirtheit z. B. über ein Stück wie „Ein weißes Blatt"! Ueber seine einfachen Motive! Ihr seid die in schweren Kleiderstoffen hereinrauschenden Courtisanen gewohnt, den pariser Marquis, die frivole Ehe dos à dos — ich sehe die tausend Osenheims, die Euer Publikum bilden, sehe sie die Lorgnette einkneifen und sich äußern: „Wie überlebt! Wie gewöhnlich!" Aber, wenn man nicht zur Misère der Bankerutte griff, was blieb denn damals übrig, als zurückzugreifen in die einfachste Gemüthswelt! Auf einem Terrain, wo man wenig Treue, Dank= barkeit, Aufopferung kannte, mußte man sich mit Gewalt behaupten und gerieth in Folge dessen gezwungenerweise auf das absolut Harmlose. Dennoch wurde jeder Neuling von den Bühnenlenkern mit offnen Armen empfangen. Was wurde da nicht bei Seite geworfen! Um Seifenblasen, die wie bald zerplatzten! Die bewährten Stücke ließ man absterben. Auch weil die Darsteller zu feist für Idealgestalten wurden.

Aus „Pietät" für ein paar alte invalide Schauspieler, denen man nicht den „Todesstoß" geben wollte, wenn man ihnen die Rollen zu Stücken abholte, in denen sie seit zehn Jahren — nicht mehr gespielt hatten, ließ man lieber die Stücke selbst vermodern.

„Ein weißes Blatt" ist erst durch eine spätere Umarbeitung zu kräftigerm Rückgrat gelangt. Gewiß haben Diejenigen Recht, die hier und öfters bei mir tadelnd von einer schwanken Führung der Handlung gesprochen. Aber der Irrthum, den diese Kritiker (und in welch böswilliger Weise ist es später geschehen!) in der Unklarheit meiner Herzenszustände finden, war in einer ästhetischen Ansicht zu suchen. Von je hat sich mein kritisches Gewissen gegen die scharfgezeich= nete Fabel, z. B. die absolute Continuität in den Fakten einer Erzäh= lung gesträubt. Das Leben giebt uns selbst in den Begebnissen, die in den Schwurgerichtsverhandlungen zur Sprache kommen, nur Zufall auf Zufall. Man glaubt etwas zu wollen und zu verfolgen und die Umstände irritiren unsern Willen und unsere Handlungsweise. Das Komische und das Ungeheure, beides stellt sich nach dieser Anschauung meist als zufällig, unvorbereitet, harmlos heraus. Balzac hat sich nach dieser Anschauung des Lebens gebildet. Aber ich gestehe es, die Geringschätzung des vom nüchternen Verstande wie eine Anklageakte entworfenen Gerippes hätte mich mit der Zeit abwärts führen können, wenn ich nicht glücklicherweise eine Arbeit, die aus dieser fast prinzipiellen Lässigkeit der Handlungsdurchführung entstand: „Die beiden Auswanderer", in aller Ruhe und in einer weder durch Beifall noch durch Zeichen des Misfallens unterbrochenen Vorstellung selbst mitangesehen hätte.

Es war ein kalter Wintertag, als ich mich anschickte, zweien Einladungen zur Ansicht der ersten Vorstellung des genannten, in meiner Dramensammlung nicht erschienenen Stückes zu folgen. Die eine lautete nach Carlsruhe und kam von Ludwig Dessoir, die andere nach Wiesbaden, wo mir der jetzige meininger Director Grabowski ein besonderes Wohlwollen zeigte. Beide waren Regisseure. Ich sah die Vorstellung in Wiesbaden und war davon, obschon sie gut scenirt war, so wenig erbaut, fand sie so wenig auf die Empfäng= lichkeit eines Publikums begründet, daß ich mich voll Mismuth in Castell auf den Rheindampfer begab, der mich nach Mannheim führen sollte. Von dort hätte ich nach Carlsruhe die Post nehmen müssen. Aber schon unterwegs ergriff mich eine Stimmung, die mich in späterer Zeit überwältigt hat. Das ewige Mäkeln der Tonangeber, deren Berechtigung zum großen Wort ich nicht anerkennen konnte, das Nachwirken der Menzel'schen Verurtheilung, die Selbstsucht der Freunde, die Zumuthung, sich erst demüthigen zu sollen, ehe man die Gunst der Großen gewinnt, das ewige Arbeitenmüssen, um existiren zu können, alles trug dazu bei, mir mein Streben zu verleiden. Der Erzähler dieser Biographie hat seinen Entwicklungsgang vor den Augen des Publikums durchgemacht. Er wuchs aus gleichsam sichtbar zu Tage liegenden Wurzeln und arbeitete sich erst allmälig aus Stimmungen des Gemüths und der Parteinahme zur Objectivität heraus. Die klare Anschauung, wie sich sein eignes Gebilde gegen die Kunstregel oder die Geschichte der Literatur oder die Capricen des Publikums abhob, kam ihm erst spät. Der parteiische Eifer für die Zeitfragen hatte sich gemildert. So grübelnd und dem verdrießlichen todten Abend nachdenkend fuhr ich rheinaufwärts in dem schwerfälligen Schiff. Gegen Abend hätte ich in Mannheim sein können. Ueberwältigend war da ebenfalls die trübe Erinnerung. Unmuthsvoll blickte ich in die Wellen, in den sich kräuselnden Schaum, den das Schiff zurückschleuderte. Die auf und ab gehenden Stempel der Maschine drückten mir das Auf und Ab, den monotonen Gang der Pflichten des Lebens aus. Das Gefühl der Verantwortung, die uns die Gesellschaft, die Sitte, die Familie auferlegt, ohne daß irgend Eines die Kämpfe ahnt, die in unserer Brust durchgemacht werden müssen, wurde so mächtig, daß ich die nächste Gelegenheit einer Landung ergreifen mußte, um mich zurechtzufinden. Ich sah mich nach einem Wirthshause um, zunächst um an Dessoir zu schreiben, daß ich zu kommen verhindert sei. Dann wollte ich umkehren, froh, dem nochmaligen Anblick eines invita Minerva geschriebenen Stückes entronnen zu sein. Ich stand an einer stattlichen Herberge, dem sogenannten „Gelben Hause", das vor Jahren allen Liebhabern einer ausgesuchten Küche auf zehn Meilen in der Runde bekannt war. Damals lag das Haus noch einsam am Rheine. Die malerische Umgebung des Stromes war auf der rechten Seite entschwunden, auf der linken wandte sie sich

den Höhen des Donnersberges zu. Die Fenster des winterlich kalten,
bald sich erwärmenden Zimmers ließen weit hinaus in die Ferne
sehen. Der Flug eines Raubvogels, der nach dem Odenwald seine
Beute trug, ließ sich verfolgen durch die weite Ebene der blauklaren
schneidenden Luft. Hier blieb ich zwei Tage allein. Mit unge-
sprochenen Monologen und Briefe schreibend. Daß ich daheim auf
dem Schreibpult ein neues fertiges Stück liegen hatte: „Das
Urbild des Tartüffe", gab mir keinen Muth. Die Abhängigkeit
der Erfolge von der Darstellung, der Vertrieb, das Abwarten
des Entgegenkommens, die Nichtmitwirkung des Autors schon beim
ersten Prüfen und Lesen eines Stückes — es ist das alles in
Deutschland zu, zu widerlich und abschreckend.

„Wir haben den Darsteller nicht!" hört man wol von Manchen,
die wenigstens sogleich antworten. In Frankfurt wäre mein „Weißes
Blatt" beinahe gefallen durch die gefeierte Karoline Lindner. Die
Dame spielte die gealterte Beate und war — wirklich alt. Nach
Versicherung des satyrischen J. B. Baison war die Körperfülle
derselben so groß, daß „zwei Schneider in der Garderobe an
beiden Enden das Schnürleib aus Leibeskräften anziehen müßten,
um ihr nur eine Taille zu machen." Diese Darstellerin riß
als Margarethe in den Hagestolzen und eines der Suschen
und Lieschen Clauren's in den zwanziger Jahren alles zur
Bewunderung hin. Aber in ihren spätern Jahren bestand ihre
Redeweise nur aus kurzen Sätzen von je drei bis vier Worten;
immer mit einer flötenden herzinnigen Stimme, die traditionell
bezaubernd sein sollte, aber in Wahrheit keine Rolle mehr zur
Geltung brachte, wenn diese nicht mit dem Effekt der Situation
für sich selbst wirkte. „Ihr Schauspieler," rief ich schon damals,
„wenn Ihr nur wüßtet, daß Euern Hervorruf an dieser Stelle
nur der Dichter gemacht hat; daß das Lachen des Publikums
bei jenem Scherze ganz unmöglich gewesen wäre, wenn es hätte
abhängen sollen von Eurem unsichern Schwimmen mit dem
Souffleur, von Eurem dunkeln Erinnern auf die überstandenen
drei Proben! Eben donnert Ihr, um Euch ein Air zu geben
und dem Director zu imponiren, dem Souffleur zu: Souffliren
Sie nicht, nur anschlagen! Und wenn der Aermste unten in dem

Rettungsapparat des deutschen Comödianthums dieser Weisung
folgt und wirklich nur die Anfänge der Sätze hervorhebt, so schreit
der Matador wieder: „Aber, himmeltausend u. s. w. jetzt schweigen
Sie ja ganz still!"" Diese Karoline Lindner war in die Vierzig
gekommen und machte mit Widerstreben den Uebergang zu jenen
Parthieen, zu denen die gleichfalls von ihr so zu sagen dem
Souffleur nachgesungene Lady Macclessield in meinem Richard
Savage gehört hatte. Die allgefeierte, im Umgang liebenswürdige
und in guten Momenten, wo eben der Dichter dafür gesorgt
hatte, und vollends in Lokalstücken durch Einzelheiten noch immer
zündende Darstellerin war unvermögend, eine Rolle zu lernen. Sie
hatte sich ein Vermögen erworben und besaß einige Häuser in der
Stadt. Das zerstreute sie. Sowie sie an die Lampen trat, schien
sie die Besinnung zu verlieren. Baison, ihr College, sagte: „Sowie
sie die Menschen sieht, die da vor ihr sitzen, fallen ihr die
Miethszettel ein, die an ihrer Hausthür hängen!" Die Rolle der
Beate im „Weißen Blatt" mußte einer Schauspielerin zufallen, bei
welcher die Aeußerung der Tony: „Sieh, ein weißes Härchen!"
kein allgemeines Gelächter hervorrief.

Solchen und ähnlichen Erfahrungen nachdenkend, die Zersplit=
terung des deutschen Theatertreibens, das jede der deutschen Städte
für die andre maßgebend machte, verwünschend, begab ich mich in
meine Klause auf dem Frankfurter Hirschgraben, dem Goethehause
gegenüber, zurück, ließ das in Reserve liegende Stück drucken und
versandte es. Es erlebte einen großen Erfolg. Von Ovationen,
Hervorrufungen, Zahl der Darstellungen zu berichten, widersteht mir.
Die leichte Behandlung des historisch Richtigern, die ich mir bei einigen
Persönlichkeiten des Stücks vorzuwerfen hatte, bestimmte mich später,
die Bühnen zu bitten, den Präsidenten Lamoignon in La Roquette zu
verwandeln. Es dauerte lange, bis die oft erneuerte Bitte Erhörung fand.

Wie sich in Frankfurt am Main durch Besuche der Kreis von
literarischen Beziehungen, mit Adolf Stahr, Karl Rosenkranz u. A.,
mehrte, so durch jeweilige kleine Reisen. In Dresden stand mir
Julius Mosen nahe, den ich vielleicht schon 1833 begrüßt hatte.
Dieser drückte mir schon früh die mit glücklichen Mitteln erworbene
Kunst aus, sich eine Huldigungsgemeinde zu bilden. Ich konnte von

seinen opernhaft gearbeiteten Dramen nicht grade enthusiastisch denken, sein „Congreß von Verona" war eine fleißige, saubere Arbeit, seine Novellen waren Phantasiegebilde altromantischen Styls, seine Gedichte boten bis auf die zufällig zur Polenzeit in Schwung gekommenen „Letzten Zehn vom Regiment" nichts besonders Originelles und dennoch fand ich die sächsische Enthusiasmirungsbefähigung in Thätigkeit, ihm in Dresden einen stattlichen Cultustempel zu bauen. Sein erster Priester hieß Adolf Peters, ein Dichter, dessen dithyrambischer Schwung noch über den pindarischen gieng. Alle waren es vortreffliche, liebenswürdige Menschen, der Meister obenan. Sie versammelten sich, tranken Thee, setzten sich zuletzt um einen von feingebildeten Frauen geordneten Tisch und ließen einander leben, der Bedeutendere den Unbedeutenderen, der Maler den Musiker, der Musiker den Dichter, der Dichter den Bildhauer. In der Presse spiegelte sich das schöne harmonische Bild wider. Zu solchem Groß-Kophthathum hatte mir die Natur das Talent versagt.

Die kämpfende, ringende Stellung der Literatur begegnete mir schon eher auf einer Reise nach Wien. Da lebten „unverstandene" Geister, die in Wien nur als Personen vegetirten, mit ihren Werken aber in Leipzig und im „Reiche" spukten. Es war im Frühjahr 1844. Sogar Fürst Metternich beschied mich zu sich, ohne irgend ein Ansuchen meinerseits. Auch hier wäre die Posarolle ebenso unmöglich gewesen, wie in Sanssouci. Wer den gewohnten Gang seiner Lebensbeziehungen unterbricht, als Fürst oder Minister eine Gunst in seinem Sinne, eine Audienz, gewährt, hat den Anspruch, daß man innerhalb der gewohnten Lebensverhältnisse des Berufenden bleibt und nichts herauskehrt, wozu wir nicht erwartet wurden. Die Möglichkeit, daß ein seiner Kopf gewußt hätte, seinen Antworten z. B. auf die Frage: „Wie gefallen Ihnen die Vorstellungen des Burgtheaters?" eine Wendung zu geben auf die Enthüllungen des englisch-russischen Portfolio über die orientalische Frage, will ich nicht in Abrede stellen. Ein wiener feuilletonistischer Tausendsappermenter hätte es vielleicht zu Stande gebracht. Aber wie nun, wenn die höhergestellte Person diese Rede wohlgefällig anhört, dann aber nur sagt: „Sie brauchen das Wort Portfolio? Warum sagen Sie nicht Gelbbuch, da bei uns die gelbe Farbe in solchen Fällen vorwaltet? Die Engländer sagen Rothbuch, wegen dem bekannten rothen Faden — Sie wissen doch — das Schiffstau — apropos, waren Sie schon im Arsenal von Venedig?" Nun ist der rothe oder gelbe Faden der orientalischen Frage verloren und die Discussion bleibt entweder bei sprachlichem Purismus oder bei der Heraldik oder bei statistischen Betrachtungen über die Fort= schritte der österreichischen Marine stehen, wo dann der Versuch, auf die orientalische Frage zurückzukommen, zwar ermöglicht wird, aber schon wieder durch Betrachtungen der hohen Person über die mangelhaften Burgtheater=Dekorationen im „Kaufmann von Venedig", die falsche Zeichnung des Marcusplatzes, unterbrochen wird. Der Fürst, halb taub ohnehin, sprach nur von den alten Zeiten des Burgtheaters, seinem seltenen Besuche desselben, seinen gegenwärtigen Leistungen, vom Spiel der Franzosen und Engländer und einigen persönlichen Allotrien, die mir so vollständig in der Schilderung dieser Begegnung in meinem „Zauberer von Rom" (Otto Janke'sche Ausgabe, Band IV) aufgegangen sind, daß ich auch in meinen „Lebensbildern" (Band II, S. 190), wo ebenfalls diese Begegnung erzählt wurde, auf jene poetische Wiedererneuerung habe verweisen müssen. Das wußte ich aus guter Quelle, daß ihm meine „Oeffentlichen Charaktere", die im Jahre 1835 in der Allgemeinen Zeitung erschienen waren, Veranlassung geboten hatten, sich nach mir zu erkundigen. Kürzlich las ich diese Schilderungen wieder und urtheile objektiv, wenn ich sage, daß es ihn überraschen durfte, als er erfuhr, diese geschichtskundigen Porträts damaliger Staatsmänner hätte ein junger Mann von 24 Jahren geschrieben. Fürst Bismarck kann sie noch heute als Varziner Lektüre benutzen.

Die Sonne schien so frühlingshell durch die Fenster des kleinen Cabinets, das die Aussicht nach dem Augarten über die Bastei hinweg und dem zusammengekauerten, magern, mit Perrücke bedeckten, tauben Staatskanzler diesem noch eine gewisse Beleuchtung von Frische und Leben gewährte. Doch hätte man ihm nicht zu= trauen sollen, daß er damals noch nach allen Seiten hin hetzte und schürte und dem revolutionären Geiste Fallen legte. Damals hatten die schweizer Wirren begonnen. Der Sonderbundskrieg war eine Anstiftung Metternichs. An die damalige preußische Politik

brachte ich ihn nahe heran. Das Thema, ob Professoren an ihrem
Platze seien, wenn man ihnen Ministerportefeuilles in die Hand
gäbe (Ancillon, über den ich geschrieben hatte, Eichhorn), entlockte
dem Minister ein bedeutsames Lächeln und mehrfache Hms! Hms!
brachte ihn aber nur auf die deutschen Universitäten, deren er einige
für zu klein erklärte, als daß sie noch die volle Würde der
Wissenschaften wiedergeben könnten.

Aus damaliger Zeit treten mir zwei tragische Gestalten entgegen,
die mit soviel frischen, lebendigen Hoffnungen auf die Welt und
die Zeit blickten und in einigen Jahren das Loos haben sollten —
hingerichtet zu werden. Ich sage hingerichtet, nicht standrechtlich
erschossen! Warum erleichtert Ihr den Aussprechern und Vollstreckern
solcher Todesurtheile das Ungeheure ihrer Strafforderung durch die
Phrase: Zu Pulver und Blei verurtheilt?! Warum wird in
diesem Falle das schon dem Kindesohr schreckhaft eingeprägte Wort
„Hinrichtung" vermieden? Uebersetzte man sich all die Gelegen=
heiten, wo in den letzten Zeiten das Erschießenlassen stattgefunden
hat, in ebenso viele Guillotinirungen, ich glaube, der Respekt vor
unsrer Zeit würde zur Besinnung kommen und sich sagen: Wir
haben nicht nöthig, uns über die französische Revolution so besonders
erhaben zu dünken!

Eduard Bauernfeld, der sich den am klügsten gewählten
Stand des Schriftstellers, den Cölibat, erwählt hatte, führte eine
Anzahl Freunde in ein später zu großer Bedeutung gelangtes
Haus, das des Fabrikanten Hornbostel. Auch dieser intelligente
Industrielle ahnte schwerlich, daß ihm noch ein Ministerposten
beschieden sein würde, noch weniger ahnten es die Damen des
Hauses, die nur in Kunst und Literatur lebten, nur in der Sorge
für die Füllung ihrer Albums, nur im Genuß des Vorrechts, im
Leben dieses oder jenes Dichters die beglückende Fee spielen zu dürfen.
Vom reichen Diner angeregt, sprach sich der vom Rhein gekommene
Doktor Becher, eine lange, hagere, hektische Gestalt, über alles aus,
nur nicht über Dinge, die ihm auch nur die Ahnung hätten wecken
können, daß er je etwa nur zu einer vertraulichen Rüge auf's Polizei=
amt citirt werden könnte. Leutenant Messenhauser war ruhiger.
Aber nicht wie Cassius. Er schrieb Novellen. Ein Gedicht in

Witthauer's Modewochenschrift untergebracht zu haben, war neben dem Avancement das höchste seiner Ziele. Wir schlenderten über dasselbe Glacis, das jetzt mit Palästen bedeckt ist. Keine Reminiscenzen des Convents waren es, die da in die Lüfte drangen. Keine Schmerzensschreie über die zerrütteten Zustände Oesterreichs, über die Polizeiwirthschaft Kolowrat's und des Erzherzogs Ludwig, die schon damals Metternich „kaltgestellt" und auf seine diplomatischen Spielereien verwiesen hatten. Das Feuer des Doktor Becher, der damals in Wien als eine Autorität in Musiksachen galt, loderte nur für die Fragen der Kunst, für Beethoven, für gewisse Notenübergänge, die den Contrapunktisten in alle Himmel versetzen konnten. Wäre Richard Wagner zugegen gewesen, beide hätten sich über ein Theater der Zukunft vereinigt und die Nationen zu den beglückten Sklaven nur des siebenfachen B.'s gemacht. Ein Kampf mit Kroaten, eine neue Belagerung Wiens — da hätte den Knaben von Sais, der einen so geheimnißvollen Schleier aufgehoben, vor Verwunderung der jähe Tod getroffen.

Betty Paoli, die damals nur erst sinnige Dichterin, noch nicht Recensentin des Burgtheaters und Kritikerin, wohnte im Hause der Fürstin von Schwarzenberg, einer ehrwürdigen unterrichteten, scharfurtheilenden Dame, deren Sohn oder Neffe, ich weiß es nicht, der bekannte „Lanzknecht" war. Letzterer, Fürst Friedrich Schwarzenberg, vertrat eine politische Anschauung, die noch über die Metternich'sche hinausging. Nach dem Landsknecht waren auf alle Throne, zunächst auf den französischen, die legitimen Herrscher zurückzuführen. Der Adel hatte bei ihm ganz besondere Missionen, wofür natürlich auch die entsprechenden Privilegien zu geben waren. Er hatte für Don Carlos in's Feld zu rücken, dafür aber auch die Prärogative für eine Menge Rechte, deren Ausübung den Bürgerstand in die Lage geführt haben würde, sich wiederum seinerseits durch Gilden einen gewissen äußeren Schutz gegen Uebermuth zu sichern, womit der Fürst einverstanden war. Der Rest, der Mob war zum Zusammengeschossenwerden oder dergleichen bestimmt. Diese Weltanschauung ist eine dem österreichischen Adel so gemeinsame, daß sie sich sogar mit allen Blumen moderner Bildung, mit

Citaten aus Byron, Ironieen aus Heine bei ihm verbindet. Selbsterlebtes, „als Manuscript gedruckte" Erinnerungen an Sonnen- untergänge auf Ischia und Capri, hier ein Bonmot vom Fürsten Ligne, dort eine Strophe von Manzoni — das ist die Schule, der sogar Kaiser Maximilian, der Aermste, das Opfer von Queretaro, angehörte. Liest man, was der letztere geschrieben, so möchte man sagen, seine Mission sei gewesen, Feuilletonist einer wiener Zeitung zu werden. Freiherr von Hammer Purgstall, der nicht ganz zuverlässige Orientalist, wurde noch in Wien, und der nicht ganz zuverlässige Occidentalist, von Hormayr, in München von mir — nicht besucht, nicht als Interviewer molestirt, sondern nur auf gewünschte und vermittelte Begegnung kennengelernt. Titel und Orden, das sah ich wohl, war die Sehnsucht aller dieser Männer. Wie Gretchen sagt: „Am Golde hängt doch alles." Hier waren die Ehrsüchtigen Adlige, Beamte, vielleicht angewiesen auf Glanz und äußre Würde. Aber schon lange sah ich auch literarische Kameraden abschwenken in die Sphäre des ewigen Emporstrebens nach äußerm Schimmer, nicht zufrieden, bis dem Ehrgeiz die erzielten Treffer zugefallen. Jetzt denke ich über diese Erscheinung ruhiger, als damals. Wenn sich der Trieb im Menschen auf letzliche Anerkennung seiner Verdienste sozusagen versteift und seine Person in dem gräulichen Nivellement des täglichen und namentlich jetzigen Lebens fürchtet, mit Füßen getreten, übergerannt, ignorirt zu werden, dann sucht sie sich durch äußerliche Dinge zu markiren und ihres Werthes gleichsam handgreiflich, ja ordentlich vor sich selbst, zu versichern. Und doch schüttelt man den Kopf über noch nicht gealterte Männer, die schon eine Brust voll Orden zeigen, die sie alle erbettelten! Denn ohne die Initiative, die man selbst zu geben hat, erhält man doch wol in den seltensten Fällen einen Orden.

Wieder hatten einige Anläufe auf dramatischen Erfolg das „Löken wider den Stachel" gezeigt. Bei einem Stoffe wie „Pugatscheff" rief mir Jedermann zu: Was fällt Ihnen nur ein? Das giebt man ja nicht in Berlin, nicht in Wien, nicht in Dresden, nicht in München —! Aber leider war es meine Art, von einer Vorstellungsreihe, die mich einmal ergriffen hatte, von einem Scenen- bau, der meine Phantasie beschäftigte, nicht zu lassen. Und noch thörichter, ich war in solchen Dingen Optimist! Ich bildete mir ein, daß sich z. B. die deutschen Höfe schämen würden, sich in solchem Grade von russischen Beziehungen abhängig zu machen. Aber nach sechs Monaten der angestrengtesten Arbeit war das Ergebniß, daß man sich überall scheute, ein deutsches Stück zu geben, bei dem sogar schon darin ein Anstoß lag, daß zwei Vorfahren des Flügel= adjutanten Sr. Kaiserlichen Majestät des Czaaren, des Grafen Orloff, als die Mörder Peter's III. aufgeführt werden mußten. Wie nehmen die Intendanten der Hoftheater das so leicht, ihr Bedauern bei Rücksendung eines Stückes auszusprechen! Wissen sie auch voll= kommen, daß dem Autor, der von seiner Feder lebt, auf lange Zeit „die Mittel, wovon er lebt", wie Shylock sagt, entzogen werden, an eine Schadloshaltung, etwa die Reprise eines alten Stücks, denkt Niemand. Excellenz haben nur das nächste Hofconcert im Kopf.

Auch die neue Arbeit, die ich im Winter von 1845 auf 1846 in Paris schrieb, durfte sich keinen Erfolg versprechen, da religiöse Bedenken der Censur noch über die politischen gingen. Aber zu sehr zog mich der Stoff an bei Durchsicht einer meiner alten Novellen: „Der Sadducäer von Amsterdam". Der Buchhändler Löning und sein mir nicht minder wohlwollender Geschäftsgenosse Rütten hatten eine Sammlung meiner zerstreuten Schriften unternommen. Es galt, mit dem Bleistift in der Hand die Auswüchse einer zu großen Jugendlichkeit zu tilgen, zusammenzuziehen, Unklarheiten aufzuhellen. Darüber fiel mir die scenische Steigerung jenes Stoffes auf und mit einem fertigen Scenarium zu „Uriel Acosta" suchte ich mir den stillsten und zugleich anregendsten Platz aus, den es in Europa für geistige Arbeiten nur geben kann. Dies ist kein andrer, als Paris. Die Länge des Vormittags bis 3 oder 4 Uhr, ehe man ausgeht, ist an sich schon arbeitsergiebig. Der Portier (Concierge) wird bedeu= tet, daß man für keinen Besuch zu Hause sei. Ungestört verweilt man in seiner Gedankenwelt, die überdies durch die geistige Chronik der Seinestadt, die rührige Arbeit und Erfindungskraft der Theater, die politische Erregung, die öffentlichen Akte der Akademieen, die geist= vollen, nicht massenhaft blödsinnigen Journale, die Zurückdrängung alles Localgeschwätzes eigenthümlich gehoben und gefördert wird. Berlin und Wien haben entweder nicht die gleichen Schwingen, um eine solche Nachhülfe zu geben, oder es fehlt der dortigen geistigen Chronik das volle Gefühl der Zuversicht, daß sie eine normale sei für die Welt.

Zu den wenigen Ausnahmen, die damals, im März 1846, der „Concierge" zu mir lassen sollte, gehörten einige Freunde, die ich in Paris wiedertraf, vor allen Alexander Weill, der originelle Elsasser, der sich, wie man leider vernimmt, für französische Nationalität erklärt hat. Seiner Kenntniß des jüdischen Rituals, seiner Belesenheit in den rabbinischen Schriften verdanke ich eine wesentliche Abkürzung der Studien, die ich, um das richtige Colorit bei meiner Arbeit zu treffen, hätte machen müssen. Ihm jeden Akt, den ich geschrieben, frisch vorlesend, gewann ich eine berichtigende Kritik für Dinge, die etwa mit dem jüdischen Leben nicht im Einklang standen. Doch hatte sich zugleich mein eignes Heimischsein in jüdischen Voraussetzungen durch die vielen jüdischen Musenjünger verwerthet, in deren Nähe mich schon Frankfurt, Hamburg, Berlin und Wien gebracht hatten. Auch Georg Herwegh kam in den Nachmittagsstunden. Seine Heirath mit der Tochter eines Kaufmanns, der in Berlin dem erzürnten Könige grade gegenüber wohnte, hatte ihn gesprächiger gemacht. Aber auch in seiner sonstigen innern Wesenheit fand ich ihn eigenthümlich verändert. Vom Musendienst sprach er mit Geringschätzung. Sein Studium sei nur noch Feuerbach und Proudhon gewidmet. Seine Aufgabe sei die That. Thaten! rief er auf den Boulevards beim Spazierengehen. Thaten! rief er auf den Saffianpolstern seiner eleganten Einrichtung. Gräfin d'Agoult, die Mutter der jetzigen Frau Richard Wagner, gehörte, die Cigarre im Munde und das Feuer im Kamin schürend, zur engern Gemeinde des Hauses. Bakunin, eine angenehme männliche Erscheinung, nicht minder. Ein gallonirter Diener servirte den Thee. Die überraschende Kunde blieb: Der Cultus des Wortes, die faule Versmacherei, das poetische Schlaraffenleben muß aufhören! Nur noch Philosophie ist zu treiben! Handeln, handeln, wenn nicht mit Revolutionen, dann mit — „Putschen"! Da war nichts zu ändern. Die muthige Frau des Dichters von der berliner Schloßplatz- und Breitenstraßen-Ecke besaß ganz den bekannten Heroismus der berliner Jüdinnen, der sich jetzt, seitdem man nicht mehr wie Rahel schwärmt, auf die Frauenloosfrage geworfen hat. Erschöpft von der anstrengenden Arbeit an den leidenschaftlichen Scenen, die ich damals täglich schrieb, sah ich mit einer gewissen Ergebung, neutral, gelassen dem Untergang der Ilias und der Shakespeare'schen Dramen zu, sah auch das Zusammenbrechen Rußlands, des eisernen Kolosses mit thönernen Füßen, sah den wie ein Frühstück zu verzehrenden Bundestag und hörte die „Arbeiterbataillone“ heranrasseln, die ohne viel Mühe Deutschland in eine Republik verwandeln würden, wie ja dann auch etwas später über Waldhut und Lörrach im Badischen dergleichen versucht wurde. Ich begriff vollkommen, aber stumm und nur staunend und trauernd um die von dem Freunde verlassenen Musen, daß alles das einen Zusammenhang mit Hegel's Philosophie hatte. Theils affirmativ, theils negativ. Die Linke der Hegelingen war noch immer linker getreten und hätte zuletzt ganz vom Brett springen müssen. Ich bewunderte, wie hier die Griffe im Webstuhl der Zeit so sicher von der Hand gingen und ein Chaos von Begriffen in diesen Köpfen so wohlgeordnet bei einander lag. Gräfin d'Agoult war angestrahlt wie von Auroren, die sie für alle Fragen des Jahrhunderts aufsteigen sah. Nachts in meine Cité Bergère heimkehrend, wo ich den Tag über in den verpönten Jamben gedacht, kam mir wol über den armen Freund, den nur das Wohlleben bequem und für ein Weiterstreben träge gemacht hatte, der Gedanke: „Er schmäht die Früchte, die er nicht erreichen kann.“

Der Eifer zur That beseelte ja auch mich. Doch konnte ich mich nicht den neuen Moden des Tages anschließen. Bewaffnete Revolution konnte mir nur Narrheit erscheinen einem Heerwesen gegenüber, das in Deutschland durch dreißig Souveräne mit dem Schweiß des Volkes genährt und gepflegt wurde. Das nur noch der Jugend eigne Gelüst zu politischer Conspiration mußte sich bekämpfen, als ja Männer genug hervortraten, die innerhalb der einmal gezogenen Schranken die Fahne unsrer politischen Wünsche und Bedürfnisse kraftvoll emporhielten. Rotteck, Welcker, Mittermayr, Itzstein, die ihnen Verbündeten in andern Kammern sagten hinlänglich, worauf es im Vaterlande ankam. Dann hat der Germanistencongreß unstreitig dem Parlament in der Paulskirche vorgearbeitet. Der zweite dieser Versammlungstage wurde in Frankfurt am Main im

Römer gehalten. Dahlmann und Gervinus sprachen. Letzterer in einem
eigenthümlich verdrossenen hohlen Ton, der die Schreib= und Denk=
weise des Mannes kennzeichnete. Man findet öfters diesen Ausdruck
unbefriedigten Hochmuths und reizbaren Eigensinnes bei Autodidakten.
In seinem geliebten Shakespeare hätte Gervinus die Warnung beher=
zigen sollen, die in den Worten des Bruders Lorenzo liegt, wenn
Romeo tobt und nicht ertragen kann, daß ihm bei allem Glück auch
einiges Unglück (hier wäre es die zuletzt ein wenig anders gestaltete
Erfüllung seiner patriotischen Wünsche gewesen) begegnet. Die so mit
dem Schicksal rechten, sagt der fromme Bruder, den Shakespeare selbst
zu spielen pflegte, die „sterben elend". Und wahrlich, Gervinus ist
elend gestorben, im Bruch mit allen seinen Freunden, im Zerrbild
einer Vision, daß unser deutsches Reich, weil nicht nach seinem Lehr=
buche geformt, von Frankreich wieder zertrümmert werden würde!
Ohne mich den gelehrten Herren aufzudrängen, konnte ich damals
bei dem gemüthlichen Zusammensein nach den Debatten das Wort
ergreifen. Zweimal trug mir ein Toast die Begrüßung berühmter
Historiker ein. Da Niemand an die schuldige Aufmerksamkeit dachte,
dem eben neu erwählten Sitz der demnächstigen Versammlung, Lübeck,
im Voraus ein Hoch zu bringen, that ich es und erwähnte Wullenweber,
die Hansa und deren Streben für deutsche Macht und Größe. Da kam
Leopold Ranke, mir die Hand zu drücken. Franz von Sybel, damals
noch jugendlicher gießener Privatdocent, stieß vom nachbarlichen Platze
an. Als ich beim Festmahl, das der Chef des Hauses Bethmann
den Germanisten gab, die Tischgenossen aufforderte, den Manen des
Hauses, dem Andenken des berühmten Moritz von Bethmann eine
Libation zu widmen und die Verdienste des Vaters unseres Wirthes
geschildert hatte, begegnete mir unter den, wie vorauszusetzen, laut
Zustimmenden auch Barthold, dessen interessantes greifswalder Par=
ergon: „Die historischen Persönlichkeiten in Casanova's Memoiren"
ich grade in der Allgemeinen Zeitung als anregende Lektüre empfoh=
len hatte.

Zu einem wohlthuenden Verkehr gab eine literarisch=artistische
Gesellschaft Anlaß, die sich die Ganges= oder indische Gesellschaft
nannte. Sie wollte gleichsam an jedem Sonnabend den Wochen=
staub von sich abschütteln und ein geistiges Bad nehmen. Gern

verkehrte ich außerdem im Städelschen Institut bei den Malern, zumeist bei Moritz von Schwind, mit dem sich über allerlei plaudern ließ. Nur mußte man seinen Cynismus und seine ultra-romantisch = conservativ = katholische Gesinnung mit in Kauf nehmen. Der damals noch nicht besonders gewürdigte und seiner Grobheit wegen gemiedene Künstler malte eben seinen Wartburgkrieg, ein unglückliches Bild, steif und eckig. Noch sehe ich den karrikirten Klingsohr, der gleichsam mit den Knöcheln seiner Finger ein Vers-gefüge demonstriren will. Auch zu Alfred Rethel ging ich zu-weilen. Auch ihn, der sich durch liebenswürdige Umgangssitte aus-zeichnete, beherrschte dieser Haß der neuen Zeit, die Sucht, sich nicht nur in die mittelalterlichen Formen, sondern auch die alten Begriffe zu versenken und zu verlangen, daß sie noch existirten. Schon in früheren Jahren war ich öfters mit Andreas Achenbach, dem berühmten Marinemaler, zusammengekommen. Dieser überraschte mich eines Tages durch sein liebenswürdiges Erbieten, für meinen „Telegraphen" humoristische Federzeichnungen entwerfen zu wollen. In der That sind einige erschienen, ein moderner Kellner mit einem Dutzend Schüsseln in der Hand, eine auf den Bettel wandernde Musikantentruppe, ein theatralischer Schreidichaus, der die Coulissen und Lampen mit fortreißt, und Andres.

Mich irgendwie praktisch zu bewähren, lag in den Bedingungen meiner physischen Constitution. Der Arzt hätte mir Thätigkeit gebieten müssen. Darum reiste ich viel. Ich sah Italien und die Schweiz. Aber „praktische Thätigkeit" —! Wo sollte diese sich anders finden, als auf der Bühne? Die nun achtjährige Beschäf-tigung mit der letzteren, die intimste Betheiligung an den Vor-gängen derselben, der gänzlich gefallene Schleier des Geheimnisses der Coulissenwelt, ein Schatz von Erfahrungen, gewonnen bei der Darstellung meiner eignen Stücke, alles das drängte mir die Ueber-zeugung auf, daß die deutsche Schauspielkunst zwar eine nur mittel-mäßige war, die Leitung der Bühnen mit wenigen Ausnahmen eine ganz traurige, daß aber ein Einfluß von Gebildeten, deren Rath, deren Gegenwart beim Einstudiren der Aufgaben doch einige Ver-vollkommnungen hervorzubringen im Stande sein könnte. Worauf kam es an? Zunächst auf das Verständniß der zu erlernenden Rolle.

Aber da schon konnte ja jener Julius Weidner, von dem oben erzählt
wurde, sagen, so oft der Regisseur seiner Bühne — er hieß Becker
und wollte von Tieck in Dresden geschult gewesen sein und steht auch
oft genug in „Tieck's Dramaturgie" genannt — die Bühne betrat:
„Jetzt kann man die falschen Accente mit dem Besen zusammenfegen!"
Dieser Regisseur, oder ein andrer in Cassel, ließ, wenn Fiesko
rief: „Geht und ruft es aus in allen Gassen: Fiesko ist glücklich!"
in der That zwei Bediente abtreten, die diese an die Lüfte, an die
Wolken übertragene Botschaft auf eigne Person an den Ausrufer
mit der Schelle zu überbringen auf sich nahmen. Wurde von einer
Sache gesprochen, die ihren „Culminationspunkt" erreicht hatte, so
bestimmte diesen Becker die Erinnerung an manche Verleumdungs=
klage, die er gegen Recensenten angestrengt hatte, daß er das
betreffende Stadium das des „Calumniationspunktes" nannte. Ich
hörte von ihm den Ausdruck selbst. Intelligente Darsteller gab es schon;
aber selbst den Fähigen kam das interdum dormitat in die Quere.
Das vielfache Lernenmüssen, das Lernendurcheinander, heute Lustspiel,
morgen Trauerspiel, die wenigen Proben, die ohnehin so schnell
ermüden, alles das erzeugt Schlaffheit, handwerksmäßiges Sichgehen=
lassen. Und die Phantasie ist selbst beim Begabtesten nicht immer
ergiebig. Sogenannte verständige Schauspieler gehen an Stellen gleich=
gültig vorüber, wo der Dichter ein unsichtbares Merkzeichen gemacht hat.
Noch habe ich keine Julia in „Romeo und Julia" gehört (und ich
sah deren Dutzende), die den Ton des Schreckens, als die Amme die
Stricke bringt, etwa in dem Sinne herausgebracht hätte, als wenn
sie hätte sagen wollen: „Ja, das ist ja zum Rasendwerden! Romeo
todt? Das Stück, das eben begonnen hat, ist ja dann aus!"
Alle finden sie sich mit einem elegischen Tone in diese entsetzliche
Nachricht und jammern und reflectiren und ziehen und dehnen:
„Dann ist das Grab als Brautbett mir vermählt." Von einer
activen Beseelung des Wortes, von einer Reproduction der Dichtung
mit denselben Gefühlen, die der Dichter gehabt haben muß, als ihn
die Formgebung seines Stoffes erfüllte, davon ist keine Rede. Ich
vermißte sie selbst bei den Bedeutenderen des Faches. So gab
ich mich immer mehr dem Glauben hin, es ließe sich durch ein
freudiges Einsetzen seiner Person, durch Mitbetheiligung an der

Lösung der Aufgaben dem Darsteller ein Anstoß, eine Anregung, ein Schwung geben, der ihn das Richtige treffen ließ. Nicht minder dem Ensemble. Man spricht vom Zusammenspiel und glaubt es zu erreichen durch präcises Einanderzuwerfen der Rede, Präcision der Auftritte und Aehnliches. Aber vom Zuschauerraum aus ist die Frage des Ensemble's eine ganz andere. Die Darstellung muß sich in ein Gemälde verwandeln, wo uns Stehen und Gehen und jede Bewegung angenehm berühren. Wie oft ist dagegen dies Gemälde ein Klex, ein Gemengsel von Kraut und Rüben! Dort steht der Eine, da der Andre; der zeigt dem Publikum Dreiviertel seines Rückens, dieser nur ein Achtel; der Zirkel, den man ausspannen würde, um diese Stellungen zu vermitteln, würde die unschönsten Ellipsen geben. Ja, ich hatte durch fast täglichen Besuch des Theaters durch acht Jahre entdeckt, daß sich ein symmetrisches Gesetz zu erstrecken habe auch auf den Ton des Gesprächs, auf die Anmeldungen, die viel zu laut in ein eben auf der Bühne gemachtes Gespräch einsetzen, auf die Redetempi, womit die Handelnden auftreten. Selbst der Virtuose ersten Ranges hat sich sagen zu lassen: „Aber lauschen Sie doch, ehe Sie auftreten, auf die Tonart, die eben auf der Bühne im Gange ist, und fügen Sie sich dieser und fangen Sie mit Ihrem Erscheinen nicht das Stück gleichsam von vorne an!" Ich hatte so oft die Franzosen spielen sehen. Das leichte natürliche Spiel der ersten pariser Theater war nur auf dem Burgtheater wiederzufinden. Meist lärmt man bei uns, schreit, kräht. Jeder Effect wird dreimal unterstrichen. Rollen, die in Paris fast nur aus Mienenspiel und Ruhe bestehen, sah ich, verwandelten sich in Deutschland in Beweglichkeit, aufgeregte Sucht zu wirken. Alles das zusammengenommen, ließ mich an die Möglichkeit glauben, daß der Begriff eines Dramaturgen keineswegs ein leerer Name sei und er wol mit einem nachhaltigen Einfluß auf die Schauspielerwelt verbunden sein könnte.

Eine solche Stelle fand ich, ohne mich darum zu bewerben, am dresdner Hoftheater. Ich nahm sie an, ohne mir darüber klar geworden zu sein, daß den Dramaturgen denn doch nicht seine Begeisterung für die Sache allein halten kann, sondern daß ihm ein fester Leuchter zu geben ist, auf dem die Flamme seiner Begeisterung brennt, eine Scheide, worin das schneidende Schwert steckt. Dieser Irrthum über die Machtbefugnisse, die mir hätten eingeräumt werden müssen, war die Quelle vieler Leiden.

Gustav Kühne hatte die deutsche Schriftstellerwelt zu einem „Dichtertage" (die Gänsefüße gehen auf Vergleich mit der Einladung von 1874) nach Weimar entboten. In Gotha erfuhr ich die Ab= bestellung, die auch damals stattfand. In Weimar, wo man noch im Aufführen meiner Stücke zurück war, las ich eines derselben, das nächstens in Scene gehen sollte, den Schauspielern vor. Natür= lich erfolgt Anerkennung für Dichter, die ihre Stücke den Schau= spielern vorlesen, · von diesen nur dann, wenn jene zugleich das Scepter der Direction schwingen. Sind die Dichter ohne Macht über Kasse und Rollenvertheilung, so ist den Schauspielern jedes Vormachen ihrer Rolle gradezu zuwider. Allenfalls unter vier Augen; da nehmen sie die Zumuthung hin, sich sagen lassen zu sollen, wie sich der Autor diese oder jene Wendung gedacht. Aber öffent= lich! Vor den Collegen! Da verrathen zu sehen, woher die Nüance, die man nach sechs Wochen anbringen wird, eigentlich stammt, das ist verdrießliche Störung! Mir wurde angst und bange um die weimar'sche Bühne, als ich einen Rest der Goethe'schen Schule als Buttler in Wallenstein sah, den in allen Theaterbänden der Goethe'schen Werke vorkommenden Dürand. Der treffliche Mann sprach die Schiller'schen Verse im gemüthlichsten Thüringisch.

In Leipzig fand ich die damalige Haupterbin des weimar'schen Ruhmes, Goethe's Schwiegertochter, eine geborne von Pogwisch. Es war eine kleine lebhafte, vielbewegliche Frau von mitleiderregender Verwelktheit ihres Antlitzes. Die Wangen der Aermsten waren gelb, die Lippen blau. Die Unglückliche mußte unheilbar krank sein. Dennoch war sie die gefeierte Ottilie von Goethe und ließ es an Redelust nicht fehlen. Eine Aeußerung, die ich zunächst als inter= essante Erläuterung zu Goethe's Leben auffaßte, gab mir später, als ich selbst in Weimar wohnte, oft Stoff zum Nachdenken: „Wir Leutchen in Weimar", sagte sie vergnüglichst, „sind immer aufgeregt!" Mit andern Worten: „Wir müssen immer etwas vor= haben und wären es Bagatellen!"

Mein alter weimar'scher Freund, August Bürck, war nach

Dresden übersiedelt und lag in den Banden einer enthusiastischen Schwärmerei — zunächst für alles, was zu Elbflorenz gehörte. Nicht nur die liebenswürdige Maria Bayer, sondern das gesammte dresdner Theater, der Baumeister Semper, der Erbauer dieses Theaters, Rietschel und Hähnel, die Verschönerer des leider in Flammen versunkenen Tempels der dramatischen Kunst, in erster Reihe Richard Wagner, die Schröder=Devrient, die dresdner Gallerie, alles in Eins war Gegenstand nie erkaltender Ekstase. „Eilen Sie sich", schrieb er. „Hier ist eine Revolution ausgebrochen! Eduard De= vrient hat die Oberregie niedergelegt! Emil droht mit Abgang! Die Tieck'sche Dramaturgenstelle soll erneuert werden! Verlieren Sie keinen Augenblick! Theodor Hell schiebt sonst einen Riegel vor!" Kann man freundschaftlicher, treuer denken und handeln, als der Gute gethan?

Tieck war an König Artus' Hof zur Vervollständigung der Tafelrunde beschieden, die sich zuweilen in Potsdam versammeln und dem Wirth seine poetische Kronprinzenzeit im reizenden Charlotten= hof, die Ruhe der Jahre 1815—1830, wieder vergegenwärtigen durfte. Tieck's Amt hatte in Dresden damit begonnen, daß er dem Publikum alte spanische Comödien vorführte. Der Versuch mißlang und der Dramaturg zog sich schmollend auf seine vier Wände zurück. Der Hof war damit einverstanden. Der berühmte Mann war von Krankheit geplagt und die Besoldung mit 600 Tha= lern war nicht der Rede werth. Tieck brauchte nichts anderes mehr zu leisten, als ab und zu der Direction ein Stück zu empfehlen, das dann gewiß nicht aufgeführt wurde, oder ein anderes zu wider= rathen, von welchem er dann bald darauf die Anzeige der stattgefun= denen Leseprobe erhielt. Das machte sich so in Folge der spanischen Tendenzen, die zwar Prinz Johann in der Theorie, aber Prinzessin Amalie in der Praxis nicht verfolgte. Hofrath Winkler, Theodor Hell genannt, war der Antagonist des alten Romantikers und nächste Berather des Intendanten, eines zur Excellenz erhobenen ehemaligen Jagdjunkers von Lüttichau. Eine eigenthümlich geartete Natur dieser Chef. Als Friedrich August I., derselbe, der von seinem Bündniß mit Napoleon nicht hatt: lassen wollen und darüber im Pariser Frieden halb Sachsen verlor, gefangen in die Räume des berliner

Schlosses überführt wurde, begleitete den starren unbeugsamen Herrn dieser Adolf von Lüttichau und bekam, als der Sequester Sachsens aufhörte, zum Lohn die Stelle eines Generaldirectors der Oper, Kirchenkapelle, des Schauspiels. Sei hier sogleich des Folgenden wegen vom Anfange dieses Regimentes erzählt, daß den artistischen Regierungsantritt einige strenge Maßregeln hatten bezeichnen sollen. Der Künstlerkreis, dem einige damals berühmte Namen angehörten, sah diese Neuerungen für eine Kränkung seiner Rechte an und trat, so erzählt man, zu einer „Verschwörung" zusammen. Es sollten nach und nach sich die Mitglieder in einem solchen Grade krank oder derartig verhindert stellen, daß der Intendant alle Augenblicke auf dem Trocknen sitzen und der königliche Hof, dessen weiblicher Theil dem Theater als fast ausschließlicher Unterhaltungsquelle zugewandt war, ja sogar für dasselbe mit Glück arbeitete, beim Anfahren der Wagen immer von Anschlagszetteln überrascht wurde: Wegen eingetretener Hindernisse bleibt heute das königliche Theater geschlossen. Ein solches Ereigniß, zwei- oder dreimal nacheinander in Scene gesetzt — und der beliebteste Günstling des Königs und vorzugsweise einer der ältern unverheiratheten Prinzessinnen würde an eine andere Stelle versetzt worden sein, vielleicht an die Spitze des Hausministeriums, womit die Aufsicht über die schönen Künste überhaupt verbunden war, eine Specialität, für welche ebenfalls das Jagdwesen eine passende Vorbereitung gewährt. Der Isolani in dieser Verschwörung war ein neuengagirter Schauspieler, der aus dem russischen Teutschland gekommene Karl Dittmarsch. Dieser näherte sich dem Ohr des Intendanten und klärte ihn über das bevorstehende Ungeheure auf. Sofort zeigte sich die Kraft des Menschen, die uns zu Gebote steht, wenn wir uns orientirt haben. Die Regisseure wurden sofort vom wuthentbrannten Chef, dem die Entrüstung Sr. Majestät beistand, suspendirt, einige Mitglieder ganz entlassen, Andern wurde gekündigt, Dittmarsch zum Regisseur erhoben. Von diesem Tage an, der noch in jene Zeit fiel, wo sich Tieck, der mit Lüttichau zugleich gekommen war, bemühte, dem dresdener Publikum Geschmack an Calderon's „Dame Kobold" beizubringen, war Dittmarsch von diesem Intendanten unzertrennlich. Grillparzer hätte nicht nach Ungarn zu greifen brauchen, um den

„Treuen Diener seines Herrn" zu schildern; ein deutsches Beispiel lag näher. Bankbanus war täglich auf der dresdener Sporergasse in der „Expedition" des Hoftheaters zu sehen, ein Herz und eine Seele mit seinem Intendanten. Daß sich beide auch noch freimaurerisch verbunden fühlten, daß der bescheidenste Respect, die gebührendste Hervorhebung der Excellenz noch an jedem Johannistage dem vertraulichen Du Platz machen konnte, das hat mir, der ich freimaurerisch Laie bin, eine offne Frage bleiben müssen. Thöricht ist jedenfalls die bei späteren Generationen des Personals und mit Zuhilfenahme der drastischen Ausdrucksweise der Schauspieler und der oben geschilderten leichten Mythologiebildung der Bühne zustande gekommene Erklärung dieser intimen Verbindung zwischen Lüttichau und Tittmarsch: Beide müssen sie einmal zusammen „einen Mord begangen" haben!

Mit Unmuth hatte der nun seit Jahren treu und redlich dienende Regisseur vor längerer Zeit, bei Anstellung Eduard Devrient's, das Wort seines Chefs vernommen: Tittmarsch, wir müssen nun wieder einen Ersatz für Tieck anschaffen! Die Geschichte geht nicht mit Ihnen allein! Ich schlage zwei Fliegen mit Einer Klappe! Ich bekomme einen guten Schauspieler und zugleich einen Oberregisseur! Sie werden sich mit diesem verständigen! Den Doppelgewinn rechnet mir der König hoch an! Die Tieck'schen 600 Thaler hätte ich einem Dramaturgen doch erhöhen müssen! Was aber für Eduard Devrient nicht genügt, das gebe ich ihm aus dem Gagenetat als Schauspieler hinzu —! Sprach's und Tittmarsch verzog keine Miene. Er war der Mann des stummen Gehorsams. Wenn gelehrte Männer sprachen, trat er noch mehr zurück, als nöthig. Er begnügte sich mit kleinen, wirksamen Rollen, Episoden. Er hatte, um jede Möglichkeit jener ominösen Zettel abzuschneiden, wie ein guter Koch immer ein kleines Souper möglich gemacht, das er wie aus dem Stegreif anrichtete, Stückchen, in denen er oder einige Treuverbundene allein spielten. Das „Landhaus an der Heerstraße", „List und Phlegma", „Mirandolina" gehörten dazu. Die Prinzessinnen des königlichen Hofes waren so gutmüthig, daß sie die verhältnißmäßig lästighäufige Wiederholung dieser veralteten Lückenbüßer nie rügten. Duldete doch der Hof sogar einen kleinen verwachsenen Mann mit einer Kinder-

stimme, einen Grotesktänzer im ernsten Schauspiel! Während meiner
Dramaturgenzeit hatte ich den Michael Beer'schen „Struensee"
in seinem musikalischen und dramatischen Theil bis auf's Jota
nach Berlins vielgerühmter Einstudierung herausgebracht. Jede
Rolle war mit Ueberlegung besetzt, ein Streit mit Eduard Devrient
über eine ihm zugewiesene Partie glücklich beseitigt, Emil Devrient
that das Mögliche für eine Rolle, die ihm unangenehm war, weil
jedesmal, wenn die Zuschauer ihre Theilnahme ausdrücken wollten,
die Musik einfiel; kurz die Vorstellung bot ein Bild, das dem
übervollen Hause, der Gegenwart des gesammten Hofes, aller
Hofchargen einen wahren Stolz auf die Leistungen des dresdener
Theaters einflößen konnte. Da im dritten Akte, plötzlich kommt
eine Scene bei der Königin, es ist der „Calumniationspunkt"
des Stückes, Alles spielt wie auf Teppichen, die Lüstres brennen, es
rauschen die Gewänder, Kammerherren gehen auf und ab. Ich sitze
mit Behagen, mich ausruhend von den anstrengenden vier bis fünf
Proben, im Amphitheater. Was geschieht mir? Es tritt ein Diener
ein und macht eine entscheidende Meldung. Der kleine verwachsene
bucklige Perenz quält mit sächsischer Kinderstimme: Herr Oberst von
Köller! Das ganze Haus bricht in Gelächter aus, der Hof schüttet
sich, die Hofchargen schütteln den Kopf. Welche Besetzung! Dieser
Dramaturg! Ich war außer mir und rannte auf die Bühne.
Was war es? Der Schauspieler, den ich grade bei jeder Probe
diese Meldung dreimal hatte ausrichten lassen, dem ich gesagt hatte:
Schreien Sie nicht! Mäßigen Sie Ihr schnarrendes Organ! Sagen
Sie fest und bestimmt, aber die Ohren der hohen Herrschaften, die
eben auf der Bühne sitzen — es ist eine Königin darunter —
schonend: Herr Oberst von Köller! Dieser mühsam von mir Ab=
gerichtete, aber richtig Gewählte, stattlich Aussehende war plötzlich
krank geworden. Die Noth war groß, der Regisseur griff ohne Um=
stände den Ersten Besten auf, der ihm zwischen den Coulissen unter die
Beine kam. Der kleine bucklige Grotesktänzer mußte sich ankleiden
und die Meldung als erster königlicher Kammerdiener der Majestät
von Dänemark in einer so entscheidenden Scene bringen! Mich
konnte nur trösten und beruhigen, daß ich annahm, dem gutmüthigen
Hofe sei bekannt, wie in einem Vorstadtswirthshause dieser kleine

Verwachſene alle vierzehn Tage eine Doublette von Emil Devrient war. Dort ſpielte ein Liebhabertheater, Töchter geringer Herkunft, kleine Angeſtellte, Handwerker. Hier war Perenz „der große Mime". Und in der That, ich habe die Vorſtellung meines „Werner" in dieſen dunkeln, niedern, von Menſchen überfüllten Räumen mit angeſehen und war von dem allmälig aus dem Dünnen, Unangenehmen, Quäkenden ſich herausentwickelnden ſeelenvollen, ernſten, ſittlich gediegenen Tone, von der richtigen Accentuirung bei ſeinen Gefühls= und Leidenſchaftsausbrüchen ſo überraſcht und erſchüttert, daß ich den kleinen Mann — unter Beweiſen der Rührung umarmen mußte.

Doch zurück zu jener Miene, die Iſolani machte, als nun auf der Bühne Latein und Griechiſch geſprochen werden ſollte. Denn die Muſen, die Eduard Devrient exercirt, müſſen gelehrte Vorleſungen beſucht haben. Das wußte der einfache Mann und er kannte die andere Schwierigkeit, daß es zwiſchen den beiden Brüdern Emil und Eduard keinen Frieden geben würde. Der Erſtere war von hoher ſchauſpieleriſcher Begabung, aber maßlos in ſeinen Anſprüchen, frauenzimmerlich verletzbar durch die geringfügigſten Dinge; der Andere, ein ehemaliger Kaufmann, Autodidakt, Stubengelehrter, beſtand in allem auf dem Punkt über'm J. Anfangs ſchien alles gut zu gehen. Wenigſtens machten die Zeitungen einen Lärm von noch nie geſehenen Vorſtellungen. Neue Stücke, die grade damals zahlreich geſchrieben wurden, kamen dem Oberregiſſeur zu Gute. Schließlich vertauſchte der neue artiſtiſche Leiter ſein berliner Heldenfach mit dem des Charakteriſtikers. Ich will Niemand vorgreifen, der ſich vielleicht veranlaßt ſehen ſollte, über das eigene Spiel des Hiſtorikers der deutſchen Schauſpielkunſt eingehender zu urtheilen. Nur das ſteht außer aller Debatte, daß auf dieſer Kampfeszene zwiſchen den beiden Brüdern keine Rivalität obwalten konnte. Der helle Krieg brach aus. Der ſogenannte „Virtuoſe" hatte auf der Scene andere Bedürfniſſe als der Regiſſeur.

Eduard Devrient trat zurück und es kam wieder ein Interregnum Tittmarſch. Es ähnelte jenem, wo einſt das Fauſtrecht herrſchte. Jeder nahm an Rollen, was ihm behagte. Tittmarſch ſelbſt war als Leiter des Ganzen an ſich ohne Ehrgeiz. Als Schauſpieler aber liebte er auch nicht immer die alten Kammerdiener und Pächter, sondern auch Kaiser und Könige zu spielen, die nicht viel zu sprechen haben, aber auf dem Zettel obenan stehen und seine Figur hoben. Wie sollte das nun werden? Tittmarsch sprach von einem Dramaturgen, Lüttichau schon von Laube oder mir, Emil Devrient, dessen Freundschaft sich für mich hätte regen sollen, rief aus: „Excellenz, ein Dramaturg! Wie werden wir einen solchen Mann wieder los!" Eine Aeußerung, die gewiß authentisch ist. Wenigstens habe ich sie von Lüttichau selbst.

Unter solchen Auspicien betrieb lediglich der gute Bürck mein Kommen und schon nach dem ersten Besuch bei Excellenz war das Geschäft erörtert und nach einem Diner beim Kaffee in einer Seitenlaube des Eßsaals abgemacht. Meinen Eifer, um auf dem Theater für die Leitung der Darstellungen, für eine ideale Belebung der deutschen Schauspielkunst Fuß zu fassen, war ich leider nicht im Stande zu verbergen. Ich muß mehr Begeisterung für die Bühne gehabt haben, als Derjenige, der die seinige später in drei Bänden versichert hat. Lüttichau erzählte mir, daß er den Verfasser der „Karlsschüler" schon lange zur Uebernahme jener Stelle aufgefordert, von ihm aber die Antwort erhalten hätte: „600 Thaler, die Sie geben wollen, verdiene ich, wenn ich in Leipzig den Buchhändlern Prospekte für ihre Unternehmungen schreibe." Mein Calcül konnte nur der sein, daß ich die Honorirung für den Dramaturgenposten als eine Ergänzung meines Budgets betrachtete und vielleicht die Nächte oder die erste Morgenfrühe zum Arbeiten nahm. Um die ausgeworfene Summe nicht gar zu gering erscheinen zu lassen, sagte endlich Excellenz: Ich will 800 Thaler riskiren! Aber ohne Vortrag beim König! Da fehlt mir jede Fürsprache des Hausministeriums! Um es möglich zu machen, daß noch 200 Thaler herauskommen, wollen wir diese auf den Honorar-Etat werfen und Ihre etwaigen neuen Stücke dafür bezahlt erklären!" Auf diese Art gab ich als Dramaturg dem Sächsischen Hoftheater meine Stücke umsonst.

Neben jenem Grundsatz: Wirf wohlgemuth deinen Ball in die Luft und sorge dann nur, daß du ihn, wenn auch durch Dornen und Gestrüpp, wiederfindest —! hatte ich mir ein anderes, ebenso gefährliches Axiom gebildet: Guter Wille, fortgesetzte Unbefangenheit und ehrlicher, offner Humor kommen durch alle Schwierigkeiten des Lebens hindurch! Die Menschen entwaffnet es zuletzt, selbst die bösesten, wenn sie sehen, daß wir es im Grunde ehrlich meinen!

Diesem Satze wird man zuweilen glückliche Erfolge verdanken. Man kann mit zwei Menschen zusammenkommen, die gegeneinander feindlich gesinnt sind; ignorirt man dann die Spannung, spottet derselben sogar, ironisirt sie, veranlaßt Erklärungen, so erreicht man zuweilen eine Versöhnung. Manche mürrische menschenfeindlich gestimmte Natur zieht der harmlose Lebensvirtuose in die Strömung seiner eigenen guten Laune herüber. Ebenso, allen Warnungen und düstern Prophezeiungen zum Trotz, berief auch ich mich auf mein unerschütterliches Vertrauen, es müsse sich hier bewähren, daß Begeisterung für die Sache und harmloser Sinn den etwaigen bösen Willen der Mitarbeiter beschäme. So kam ich über die mir ertheilte, vollständig ungenügende „Instruction" hinweg, die mir die Regisseure nur „co=", nicht „subordinirte". So ging ich harmlos auf die Lese= und Bühnenproben und legte meine wahre Absicht, Einfluß auf die deutsche Darstellungskunst, auf die Richtung der Repertoire, die Bildung des Publikums zu gewinnen, offen dar. Vollends glaubte ich, die immerhin subalterne Stelle eines sich nicht wie Tieck vornehm daheimhaltenden, sondern auf den Proben von 9 bis 2 Uhr und später noch im Büreau ausharrenden Dramaturgen dadurch heben zu können, daß ich die Regisseure für mich gewann, die Schauspieler von meiner Fachkenntniß überzeugte, auch wenn ich mich nicht in die Brust warf, auch wenn ich nicht den verstockten schweigsamen Beamten spielte, auch wenn ich nicht ständig menschenfeindliche Blicke, die Gegner musternd, um mich warf.

Ich hatte mich aber geirrt. Der Humor ist in der Schule nicht angebracht; die Jugend versteht keinen Spaß. Lacht der Lehrer, so hat die Masse Oberwasser und es dauert lange, bis die Nachwirkungen einer Störung des sich ständig geziemenden feierlichen Ernstes überwunden sind. Nicht minder verträgt das Theaterleben nicht den Humor. Der leichteste Scherz wird übelgenommen. Lange wird nach seinem „eigentlichen Sinne" gegrübelt. Die meisten Mitglieder

der Bühne halten ihre ursprüngliche Unbildung nur leidlich verborgen.
Das Wichtigthun, das Breitschlagen, das Vergrößern jedes kleinen
Ereignisses ist bei ihnen ständig. Die Rüge einer falschen Auffassung,
und um die Wirkung zu mildern scherzend vorgebracht, verletzt sie
doppelt. Im Interesse ihrer Rollen, ihrer Gagen, ihrer „Spiel=
honorare" (einer, beiläufig gesagt, wahrhaft verderblichen Einrichtung,
die überall die Theater ruinirt) schleichen sie alle, wenn auch mit behä=
bigem Embonpoint, wie Shakespeare's hagerer und finsterer Cassius
lauernd, alles Kommende, alles Drohende voraussehend. Die letzte
Rollenaustheilung, die Gerüchte über ein angenommenes Stück, über
eines, das neu besetzt werden soll, die Erneuerung der Contracte, ein
bevorstehendes Gastspiel — alles das hält sie an einem Drahtseile
fest und läßt sie dem „glühendsten Streben" ihres Lenkers steif und
todt und kalt gegenübertreten. Ja selbst bis zur „Teufelsfaust", von
welcher Goethe spricht, kann es kommen, wenn die verletzte Eitelkeit und
der unausrottbare Dünkel sich äußern, wie z. B. im fünften Bande seiner
Schauspielkunstgeschichte Eduard Devrient S. 118 schreibt: „Wenn
Gutzkow länger im Amte geblieben und zu mehr Autorität gelangt
wäre, würde er, trotz der anregenden Bewegung, welche er in die
künstlerische Thätigkeit brachte, doch dahin gewirkt haben: die Natur
in den Darstellungen der dresdner Kunstgenossenschaft, auf welche
Tieck und dessen Anhänger Eduard Devrient so dringend gehalten,
zu verfälschen und so der Kunstanstalt schädlich zu werden. Er
gewann darüber zunächst keinen rechten Boden im Vertrauen der
Kunstgenossenschaft und verlor den wenigen, als er sich nicht ent=
halten konnte, auch den alten Fehler zu begehen: Zeitungsartikel
über das Theater, das er leitete, zu schreiben."

So viel Sätze in diesem Citat, so viel Unwahrheiten.
Der Geschichtschreiber der deutschen Schauspielkunst darf sich rühmen,
daß mancher Aesthetiker und Literarhistoriker auf sein im Ganzen
laien= und dilettantenhaft geschriebenes Werk verwiesen hat. Aber vor
dem letzten fünften Bande, demselben, der erst, nach früherer Zeitungs=
notiz, nach dem Tode des Verfassers erscheinen sollte, muß ich jeden
Aesthetiker warnen. Nur der maßlose Dünkel eines theils durch
conventionelle Anerkennung einer bestimmten Clique verwöhnten, theils
durch persönliches Unterliegen im Wettkampf mit dem angebornen Genie

Andrer rachsüchtig gestimmten Gemüths hat diesen Abschluß des Werkes geschrieben, die Darstellung der Bühne unserer Zeit. Während alle Welt die errungene Theaterfreiheit, wenn sich diese erst geregelt und etwas beschränkt haben wird, und die endliche Zulassung der Volksmassen zum Genuß der Bühne als eine merkwürdige und hochinteressante Erscheinung im neuen Culturleben rühmt (siehe Faucher's Zeitschrift für Nationalökonomie 1872), während neue dramatische Talente mit bedeutenden Erfolgen aufgetreten sind, will uns dieser doktrinäre Besserwisser, dessen „Natur" auf der Bühne zu jeder Zeit nur die Studierlampe gewesen ist, glauben machen, das neuere Zeitalter sei das des „Virtuosenthums"! Er nennt vollständig die letzte Periode seit drei Jahrzehnten die der Virtuosen. Jedermann weiß, daß hier zunächst ein häßlicher Bruderzwist spricht. Der ehemalige Sänger, der nie eine Rolle vollkommen deckte, wenn nicht seine Stuben- und Schlafrocksnatur darin wiedergegeben wurde (wie ihm denn Benedix' „alter Magister" am natürlichsten stand), hat bei diesem Ausspruch zunächst besonders seinen Bruder Emil und dessen von den glänzendsten Erfolgen begleiteten Gastspielreisen im Auge gehabt. Dann hat ihn Seydelmann, sein College, gestört; zuletzt Dawison, der in Dresden sein Nachfolger war. Um diese drei Namen, welche vollkommen drei Namen der alten Schröder-Zeit, wo ebenfalls hin- undher gereist wurde, äquivalent sein würden, wird die Periode von heute die der Virtuosen getauft. Als wenn sich in dem häufigeren Gastiren da oder dort nicht eine natürliche Folge nur der Eisenbahnen gezeigt hätte, eine Folge der zunehmenden Lust am Theater, der zunehmenden Bildung, endlich jener Theaterfreiheit, die vorläufig mehr Gutes, als Schlimmes gebracht hat, alles Er- scheinungen, die ein Historiker des deutschen Schauspiels als Morgenroth zum Besserwerden, zur Emancipation von jener elenden Regisseurtyrannei der alten Hoftheater hätte begrüßen sollen! Und ist die Zahl der Virtuosen, die auf einige Rollen reisen, denn so groß? Hinterlassen sie mehr als eine Furche im Wellenspiegel, wenn der Dampfer auch noch so rauschend vorüberzog? Die tägliche Ordnung der Bühne, das Alltagsleben macht sich dem Personal sogleich wieder fühlbar. Mit hypochondrischem Jammer vermißt Eduard Devrient das „Ensemble". In seinem Munde heißt das die wechselseitige Garantie der Mittelmäßigkeit. Die dramatische

Production älterer Zeiten, ich erinnere an die von Schröder
verdeutschten englischen Lustspiele und an Kotzebue, beruhte auf
der Voraussetzung eines Ineinandergreifens aller handelnden
Personen. Die neuere Zeit verließ diesen gleichmäßigen Typus
der Dramen, diese mitredenden Bedienten, diese ihren beson=
dern Roman verfolgenden Kammerzofen, die Intriguenstücke, die
Stücke mit breitausgesponnenen Episoden. Die deutsche Bühne
hatte das Beispiel Shakespeare's anempfohlen bekommen, so daß es
nicht zu verwundern war, wenn ein langer Theaterzettel von wirk=
samen Rollen höchstens zwei brachte und die übrigen zu Statisten
machte. Das sind Literaturkrisen, worüber der Kenner mit ein=
gehender Beobachtung und theilnehmender Schärfe zu schreiben die
Verpflichtung hatte. Aber die Jeremiade, womit das Devrient'sche
Buch abschließt, hat lediglich ihren Grund in dem Gefühl, daß
der Verfasser damals, als seine Brüder glänzten, der „ewig seit=
wärts Stehende" war.

Aber ich muß der mich betreffenden Auslassung, dieser Kette
von Unwahrheiten, näher treten. Ich habe z. B. niemals eine
Recension als Dramaturg geschrieben!

Zu den Sätzen, die innerhalb des Bühnenlebens feststehen sollen,
gehört bei Eduard Devrient die durchgehende Behauptung, daß nur
der Schauspieler berufen sei zur Führung einer Schauspielertruppe,
kein anderer Stand, am wenigsten aber der dramatische Schrift=
steller. Eine förmlich leidenschaftliche Ablehnung des Begriffs eines
Dramaturgen beherrscht den verwöhnten Zögling einer Berliner
Gesellschaftsschicht durchweg. Seine Idiosynkrasie gegen Männer,
die studirt haben und sich mit der Bühne beschäftigen, falls sie nicht
grade Geheimrath geworden sind, beherrscht ihn so, daß er seiner
Ablehnung studirter Dramaturgen nicht etwa hinzufügt: Die
Directionen meinen es nicht ehrlich mit der Berufung eines solchen
Beiraths! Sie wollen nur ein Lamm haben, das die Sünden der
Verwaltung trägt! Der Dramaturg ist ein Deckmantel für ihre
Blößen! Er schreibt nicht: Als J. B. Baison bei Uebernahme des
Hamburger Stadttheaters den Effect der Zeitungsnachricht: „Professor
Prutz ist als Dramaturg berufen" hinter sich hatte und der Berufene
dann selbst auf der Scene erschien, da war er dem heißblutigen

Darsteller und Direktor — im Wege und dieser sagte ihm: Bester Herr
Professor Prutz, schreiben Sie Recensionen, worin Sie unsere Leistungen
beurtheilen! Nein, unserm Historiker ist der „Dramaturg" a priori
immer ein Rezensionenschreiber. Lessing war ja einer und sogar Tieck.
In Betreff meiner ist nun die Behauptung grundfalsch. Nach
Ablauf meines Contracts forderte mich die Brockhaus'sche
Allgemeine Zeitung auf, ein Theaterreferat für Dresden zu über=
nehmen, ein mühseliges Amt, das ich ein Jahr lang durchgeführt
habe, wie gesagt, nach meinem Austritt aus dem Amt. Vor dieser
Zeit aber, während meiner Amtirung, ist auch nicht eine Zeile nach=
zuweisen, die den Geschichtsschreiber zu seinem Verdict hätte berech=
tigen können. Im Gegentheil war ich nach baldiger Orientirung über
meine Lage beflissen, jeden meiner Freunde, von dem ich wußte, daß
er die Feder führte, dringend zu ersuchen, meiner in Betreff der
Theaterführung niemals Erwähnung zu thun, mich niemals zu rühmen,
mir nie Verdienste zuzuerkennen. Denn ich hatte bald die Natur
meines Chefs und der Menschen überhaupt erkannt, auf deren Ein=
flüsterung er hörte. Das Dämonische in meinem Vorgesetzten ging bis
zur Aehnlichkeit mit Don Philipp oder Alba. Zuweilen war er gut=
herzig. Dann plötzlich konnte er's bis in's Hämische treiben. Von
Theodor Hell (Hofrath Winkler) nur so ein beiläufig am Sessionstisch
zugeschobenes: „Lesen Sie nur, Excellenz! Jetzt soll ja alles nur
von dem Herrn Dramaturgen ausgegangen sein!" und das Journal
hingehalten, sofort würden in dem auf seine Alleinherrschaft eifer=
süchtigen Manne Rachegedanken aufgestiegen sein. Ich brachte ihm
das Opfer vollster Nichtwürdigung meiner Leistungen im Publikum.
Ich brachte es, um in den Conferenzen das Zusammenziehen dieser
schwarzen Augenbrauen des Unheimlichen, die emsige Geschäftigkeit
des obengenannten Theatersecretärs, die Beschwerde der Regisseure,
die üble Nachrede der „Kunstgenossenschaft", wenn sie getadelt
worden wäre, zu vermeiden. Wie edel solche „Kunstgenossenschaft"
zu denken und sich auszudrücken gewohnt ist, ersah ich sogleich
auf einer der ersten Proben, die ich hielt. Es handelte sich darum,
ob in Goethe's Iphigenie Arkas und Thoas gleich auf der Bühne
stehen oder auftreten sollten. Treten Sie auf! sagte ich. Es kommt
sogleich mehr Bewegung in die Sache! Einige Störungen ver=

hinderten den Anfang. Die Scene wurde wiederholt. Thoas stand. „Nein," sagte Arkas hämisch, „auftreten! Es kommt ja gleich mehr Bewegung in die Sache!" Da nun aufspringen und mir ein= für allemal Ungezogenheiten solcher Art verbitten, wäre rath= sam gewesen. Aber der hämische Mensch war Jahre lang ein alter guter Bekannter von mir. Als Schauspieler jedoch sah er in seinem Vorgesetzten einen geschwornen Feind und war auf der Scene nur mit dem Werth seiner Person beschäftigt. Die Unwahr= heit des „Schreibens über die Bühne" betreffend — was soll man vollends über eine solche Behauptung sagen, wenn auf deren Grund= losigkeit eine Verurtheilung begründet ist? Ich komme den andern Anschuldigungen um so mehr näher, als ich nie Gelegenheit genommen habe, die Geschichte meiner dreijährigen Dramaturgenschaft zu er= zählen. Hätte ich diese erzählt und dabei die Schauspieler und Schauspielerinnen, wenn auch mit einigen Ausnahmen, anerkannt und gewürdigt, so würde mein Wirken einen Klang gewonnen haben, der denn doch den hämischen Historiker der deutschen Bühne bestimmt hätte, die Segel ein wenig einzuziehen.

Mein „Uriel Acosta" war kurz vor Weihnachten 1846 gegeben worden und hatte einen stürmischen Erfolg gehabt, der vollends nach dem vierten Akte einer Demonstration gleichzukommen schien. Wenigstens faßte es so König Friedrich August auf, jener Unglückliche, der in Tyrol aus dem Wagen stürzte. Er erließ ein Schreiben an den Intendanten, worin er diesem anzeigte, daß er ihm künftig einen Censor setzen würde, wenn Stücke so aufregender Art wie die „Karls= schüler" — und nun dies neue gegeben werden würden. Acosta durfte nicht wiederholt werden. Als ich hievon Mittheilung erhielt, forderte ich meine Entlassung als Dramaturg, noch ehe ich mein Amt an= getreten hatte. „Bei Beginn meiner Thätigkeit so von oben her begrüßt," schrieb ich, „würde ich beim Personal kein Vertrauen finden." Die Gattin des Intendanten, eine geborene von Knobelsdorf, eine geistvolle, scharfblickende, ungemein wohlwollende Frau, die mich drei Jahre lang betrachtete, als befände ich mich im Wirkungskreise ihres Mannes in prosaischer, meiner nicht würdiger Gesellschaft, mahnte mich durch ein vertrauliches Billet, ja die persönliche Begegnung mit ihrem Manne für's Erste zu vermeiden. Das Königliche Billet hätte

ihn außer sich gebracht. Uebrigens wäre mein Entlassungsgesuch das
Richtige gewesen und hätte an hoher Stelle „imponirt". Prinz
Johann bekäme die Mission, das Stück im Terte durchzusehen und
daran den Censor zu machen. Es konnte immerhin einige Zeit
verstreichen, bis es an den Intendanten von dem noch in Weesen-
stein wohnenden Prinzen zurückgelangte. Nach einigen Tagen ver-
langte Philalethes nur, daß statt des Wortes „Priester" durchweg
„Rabbiner" gesagt werden sollte. Das Stück wurde freigegeben.
Wenn demnach die von Eduard Devrient an einer andern Stelle
bei Beurtheilung meines dramaturgischen Wirkens hervorgehobene
„Mißliebigkeit bei Hofe" da war, so hätte mir denn doch bei einem
Manne, der sich damals zu den mäßig Freigesinnten hielt und
sogar in den Clubbs ein Tonangeber sein wollte, dies eher zur
Ehre, nicht zur geringschätzigen Charakteristik meines „unsichern
Untergrundes" dienen sollen.

In meiner Ueberstürzung, richtiger in jenem von diesem Geschichtsschreiber des deutschen Theaters nirgends auch nur einigermaßen gewürdigten Enthusiasmus, der plötzlich die Julius Mosen,
Prutz, Stahr, Gall, Laube u. s. w. für eine Bühnenreform ergriffen
hatte, machte ich den Fehler, daß ich mich nur auf drei Jahre gebunden
hatte. Da wußte sofort Jeder, daß ich durch ein an richtiger Stelle
angebrachtes Verleumden, Verkleinern, Belächeln, Beachselzucken u. s. w.
mit der Zeit zu beseitigen war. Dennoch hatte noch nie zuvor die
Zahl neuer und neueinstudirter Stücke, namentlich auch neuer Rollen,
die von dem schwierigsten Mitgliede des Personals, Emil Devrient,
gelernt und wiederholt wurden, eine solche Höhe erreicht, wie in
der kurzen Zeit, die ich in dieser beengten, mich finanziell unter-
grabenden Situation ausgehalten habe. Heißt es keinen „Boden
gewinnen", wenn man der Reihe nach Vorstellungen selbst einleitete,
vorbereitete, in den Proben überwachte, bei welchen neben den
laufenden Novitäten (Eine Familie, der Vetter, König René's
Tochter, die Olympischen Flüchtlinge ¸die ich in Paris gesehen
hatte¹ u. s. f.) noch Iphigenie auf Tauris, Struensee, Werder's
Columbus, Ifflands Mündel, das Leben ein Traum, Romeo und
Julia, Kaufmann von Venedig, Wallenstein's Lager, Coriolan, König
Johann u. s. w. in durchaus neuer Einstudirung möglich wurden?

Alle diefe Bereicherungen des Repertoirs trugen Spuren meiner
Durchficht, meiner Wiederherftellung verdorbener Texte. Es ift
freilich fonderbar, was auch nur Jemand in unferer Zeit für die
Einrichtung eines ältern Bühnenwerfs gethan hat, hieß er nicht grade
Tief und faum, ich fage faum, Immermann, fo ift es bei diefem
Eduard Devrient fo gut wie in's Waffer gefallen. Die Weisheit
eines Andern anzuerfennen, dazu mußte diefer entweder für ihn fchon
hundert Jahre im Grabe modern oder auf irgend einer Station zu
feiner eignen oder feiner Kinder Carrière Poften ftehen und
das manus manum lavat geübt haben. Das Parfett feines
Theefalons, wo ein Theil der immer gelangweilten, alfo anregungs=
bedürftigen und in ftereotype Bewunderungszeichen ausbrechenden
Adelsgefellfchaft, größtentheils alte Damen, fich von ihm dramatifche
Vorlefungen halten ließen, ohne daß je ein Abend den Genuß einer
Tief'fchen Vorlefung gewährt hätte, war das der „Boden", den
ich hätte fuchen follen? Ich follte meine Zeit vergeuden mit dem
Anhören hohler Gebilde, wie mir doch die Heldenrollen des Mannes
aus Berlin fo gegenwärtig waren? Ein unangenehm hochliegendes
Organ, das weder hinauf, noch hinunter einer Modulation fähig
war, eine ftändig fchiefe Haltung des Kopfes, die Steifheit aller
Bewegungen hatte den Sinn des Publifums für das höhere Drama
1840 in Berlin ganz erfalten laffen. Jedermann beflagte die
unglüffliche Wendung, daß ein ehemaliger Sänger der Oper, vielleicht
durch Protection oder durch eine Claufel feines Contractes, jedenfalls
durch ein felbftbewußtes Auftreten vor Miniftern und Intendanten,
fich eine folche Stellung im Schaufpielperfonal hatte erwerben
fönnen. Getragen von jener obengefchilderten jüdifch = commerzien=
räthlichen Clique, die fich durch Mendelsfohn nach Leipzig, durch
einige Maler nach Dresden ausgebreitet hatte, verwechfelte der end=
lich, um herrfchen und anfbauen zu können, nach Dresden Ge=
gangene dort, wie fein ganzes Leben hindurch, Bildung mit Talent.
Zum Glüff befolgte er den Rath, den man ihm gab, er möchte
wenigftens in Dresden Rollen fpielen, die feinem Naturell entfprachen.
Der „alte Magifter", der Doftor Löwe im „Oheim", der
„Vetter" ließen fich, wenn man fich über die ftereotype Aehnlichfeit
diefer Gebilde, über den eigenthümlich fchwatzhaften Humor der

berliner Weißbierreſſource hinwegſetzte, anſehen. Aber höhere Cha=
rakterrollen, wie etwa Marinelli, Riccaut de la Marlinière, waren
bei ihm Grotesfiguren, ſteif, afademiſch durchgeführt, leblos wie von
Wachs oder Traganth. Etwa in einer Theaterafademie würde man
den Eleven dergleichen ſo vorgeſpielt haben, wie Eduard Devrient
ſolche Rollen gab. Völlig zu Kartenfigurenbildern herab ſanfen ſeine
Könige und Kaiſer, bei deren Eroberung er mit Dittmarſch in
Conflikt kam. In jener Coterie und in dem Theefreiſe, wo die
dramatiſchen Vorleſungen gehalten wurden, galt jedes Stück für
empfohlen, ja geſichert, wenn Eduard Devrient darin eine Rolle
hatte. Und im großen Publikum und der geſammten „Kunſt=
genoſſenſchaft" ſtand die Erfahrung feſt, daß ein jedes ſich dem
Idealen nähernde Stück, wenn dieſem Darſteller die Hauptparthie
darin zu Theil geworden, durch den hohlen, kraft= und ſaftloſen Ton
deſſelben dem Untergange geweiht war. Noch iſt eine ſeiner
ſtärkſten Unarten zu rügen. Der ſtrenge Kritiker der Nachläſſig=
keiten im Schauſpielerſtande, der Vorleſer von Abhandlungen über
richtige Betonung im engern Kreiſe ſeiner Berufsgenoſſen, der
Stifter von geſelligen Zuſammenkünften, wo ſich die Mitglieder
über die Weihe ihres Berufes unterhalten und belehren ſollten,
lernte in ſolchem Grade ſeine Rollen ſchlecht, daß ihm ein ſtetes
Umſchreiben des Textes zur andern Natur wurde. Wenn ein
Schauſpieler im vierten, fünften Akt etwas unſicher zu werden
anfängt, ſo wird man Nachſicht haben; aber Eduard Devrient
ſprach ſchon im Beginn ſeiner Rollen in der Regel, was ihm
beliebte. Als de Silva hatte er in meinem „Uriel Acoſta" gleich
in der erſten Scene zu ſagen:

> Denn jedes Volk, das ſelbſt erfahren hat,
> Wie weh die Knechtſchaft thut, wird Brüder nicht
> Aus einem blinden Vorurtheil verfolgen.
> Der Niederländer ſchuf aus ſeinen Ketten Schwerter
> Und aus den ſieggekrönten Schwertern wieder
> Für andre Dulder Sklavenketten ſchmieden,
> Das warlich thut kein edeldenkend Volk.
> Das ſind die zween Gründe. Und nicht wahr,
> Man pries Euch auswärts glücklich, als Ihr ſagtet,
> Ihr kehrtet heim zu uns nach Amſterdam?

Diese Stelle verwandelte Eduard Devrient, mit Beachtung der ihm wohlbewußten rhythmischen Anforderungen, ungefähr folgender- maßen:

> Denn jedes Volk, das selbst erfuhr,
> Wie wehe Knechtschaft thut, wird Brüder
> Aus einem blinden Vorurtheile nicht bedrängen.
> Der Niederländer schuf aus seinen Fesseln Schwerter —
> Und aus den siegbekränzten Fesseln dann
> Für andre Völker wieder Sklavenketten schmieden,
> Wahrhaftig nein, das thut kein Volk, das edel denkt!
> Das sind die beiden Gründe! Und nicht wahr,
> Man hat Euch auf der Reise Glück gewünscht, als Ihr gesagt,
> Ihr kehrtet wieder heim zu uns, gen Amsterdam?

In dieser Weise sprach ein „Prediger in der Wüste" des „gesunkenen" deutschen Theaters Schiller, Goethe, Shakespeare. Er verließ sich auf seine Geistesgegenwart und seine zum Extem- poriren geschickte Bildung.

Durch ein längeres Verbleiben im Amte soll durch mich „dem deutschen Theater die Gefahr gedroht haben, abzukommen von der Natur!" Das klingt wie die Quintessenz eines eingeforderten Gut- achtens oder einer nach einer verfehlten Rolle geschriebenen Immediat- eingabe an den König. Ich bin mir dessen noch bewußt, daß ich den Ohren dieses Mannes nur zweimal in meinem Leben eine Vorlesung, zwei Akte meines „Acosta" und einen Gesellschaftsscherz, „Fremdes Glück", zugemuthet habe. Letztres ganz außerhalb des Bühnenlebens. Meine Betonungen gingen im Salon auf den herz- haft erfaßten Sinn, im Lesezimmer der Bühne auf die richtige Charakterzeichnung. Die matte Betonung auf der Bühne schien mir entschieden aus dem schlechten Lernen der Schauspieler zu kommen. Schwimmen mit dem Souffleur — das macht freilich stutzen vor jedem Prallstein, wo die Funken stieben müssen, wenn die Rede aus dem Innern kommt. Für mich galt das Sprechen des Schauspielers als Reproduction des schaffenden Dichters. Diesen glaubte ich zu kennen. Ich vertrat Shakespeare, Calderon, Schiller. Wenn ich die Schauspieler auf der Leseprobe eine Rolle, deren Zusammen- hang mit dem Ganzen sie noch nicht kannten, die sie kaum durch- gelesen hatten, die noch von Schreibfehlern wimmelte, zum Ver-

zweifeln stockend und für die Hoffnung auf das neue Werk bedenk=
liche Hoffnungen gebend lesen fand, so ergriff mich eine innere
Berserkerwuth, für deren kunsthistorische Unterbringung Eduard
Devrient in seiner Geschichte der Schauspielkunst nur für Immer=
mann einigen Platz gefunden hat. Ich las die Rolle selbst, wie
sie im Ensemble gedacht war. Ich fürchtete, der Glaube an das
Stück hätte mir unter dem Buchstabiren leiden können. Ich bat
den Darsteller später, das „Buch" mit nach Hause zu nehmen und
seine Rolle darnach conform zu machen. Daß ich dann gar, wie
an einer andern Stelle jenes gewissenhaften Geschichtsbuchs zu lesen
steht, österreichischem Singsang, dem mit einem Fragezeichen statt
Punktes endenden Vortrage das Wort geredet hätte, ist reine Ver=
leumdung. Scharfe Accente habe ich geliebt. Wie man im Leben
die Dinge, auf die es ankommt, hervorhebt, warum nicht auf der
Bühne? Die Tonschwingung Emil Devrient's, wenn dieser als
Egmont Alba entgegenrief: „Fordert lieber unsre Häupter!" konnte
sein Bruder, obschon ein ehemaliger Sänger, niemals hervorbringen.
Die Note, in der Emil Devrient das Wort „Häupter" hielt,
eine der genialsten und zugleich wahrsten, natürlichsten Betonungen,
die nur in der Theatergeschichte existiren, lag nicht im Register
des brüderlichen Rivalen. „Von der Natur entfernt!" Ohne mich
durch spöttische Widerrede, die erwartet werden dürfte, beirren zu
lassen, behaupte ich, daß die gefeierte Maria Bayer erst von dem
Tage an, wo sie in meinem Sinne und nach meinem Vortrag die
Worte der Judith in Uriel Acosta:

Er wird geliebt, glaubt besseren Profeten!
gesprochen hat, eine Steigerung ihres Künstlerlebens zu bezeichnen
hat. Bei dem Erfolge dieses „Accentes", bei einem Beifall, der
nicht enden zu wollen schien, stand Eduard Devrient auf der Bühne.
Seine Geschichtschreiber=Weisheit notirte sich dabei, all' mein
Dichten und Trachten auf der Bühne „sei von je nur auf Hervor=
bringung von Effekten gerichtet gewesen". Hätte ich ihm meine
Stücke zum Ueberarbeiten, zum Einfügen des Holbein'schen Kittes
übergeben, so wäre ich vielleicht besser weggekommen.

Die schon bei Beginn meiner Thätigkeit durch das Billet
des Königs gereizte Empfindlichkeit des Intendanten zeigte sich gleich

in den ersten Tagen meines Wirkens bei einem Stück, das ich
gern in erster Reihe befördert hätte. Gustav Freytag war nach
Dresden gekommen und wollte das Schicksal seiner „Valentine"
erfahren. Der gewandte weltmännische Dialog des Stückes, die
geschickte Gipfelung der Spannung, der vorherrschende Salonton,
dem die Nachahmung einer gewissen englischen Sitte sogar einen
romantischen Hauch gab, ließen vergessen, daß sich hier ein junger
Freiheitsheld zum Maitre de plaisir eines fürstlichen Hofes machte
und sich die letzten Scenen zu sehr in Auseinandersetzungen ver=
lieren. Man konnte sich einen glänzenden Erfolg versprechen. Die
Rollen sind ausgeschrieben und nach Teplitz zum Signiren geschickt
worden! durfte ich dem siegesgewiß auftretenden Autor sagen. Der
Intendant hatte mitten im Winter, gichtischer Schmerzen wegen, die
ihn über den Acosta=Aerger befallen hatten, eine Badekur in Teplitz
begonnen. Das eigenhändige sogenannte „Signiren" der Rollen war
bei ihm wie der Vollzug eines Gesetzes durch königlichen Namenszug.
Ich selbst sprach dem Dichter nur einige Bedenklichkeiten über das
Fenstereinsteigen bei einer Hofdame aus und schlug vor, für den
jungen Fürsten lieber den Erbprinzen zu wählen. Wie verdroß mich
da die Nachricht, die plötzlich aus Teplitz kam! In einem langen
Briefe protestirte der Intendant auf's Entschiedenste gegen die Auf=
führung dieses Stücks. Es sei eines, schrieb er, das wieder den Hof
beleidigen und gradezu meine Stellung untergraben würde. „So
lange ich Intendant bin, wird dies unmoralische Stück nicht auf
dem Königlichen Theater aufgeführt werden" — waren seine eignen
Worte. Stärkere Ausdrücke lasse ich weg. Ob nun Fürst oder
Erbprinz, schrieb er, wie soll ich es vor dem Könige verantworten,
daß Prinz Johann, der seine Söhne in's Theater schickt, dergleichen
leichtfertige Sitten, Hofdamen dieser Art vorgeführt bekommt?
„So lange ich Intendant bin —!" Als ein Jahr darauf die ersten
Nachrichten von Louis Philippe's Flucht, vom Zusammenbruch des
Bundestags erschollen und ich selbst einen mir dringend nothwendig
gewordenen Erholungsurlaub angetreten hatte, war der erste Schreck des
Intendanten so groß, daß derselbe zur Concession an den gefürchteten
Zeitgeist der für mich stellvertretenden Regie ohne Weiteres gestattete,
jenes Stück einzustudiren und zu geben. Der Hof besuchte in dieser

Zeit nicht mehr das Theater. Nun sah es aus, als sei meine
Person das bisherige Hinderniß der Zulassung gewesen! Die
maßlos gehässige Sprache über mich, die in dem von Freytag
angekauften Organ: „Die Grenzboten", in vieljährigen Gebrauch
kam, schien darauf mir und Andern erklärt.

„Meinen Boden erschütterte" bei der Kunstgenossenschaft zunächst
gar nichts. Die Kunstgenossenschaft nahm willig und gern meine
Winke an. Sie freute sich des endlichen Kommens von Rollen,
des Ansetzens neuer Vorstellungen. Sie sah mich mit Dank an das
Grab einer Schauspielerin treten und dieser einen Nachruf sprechen,
von welchem Hunderte von Exemplaren in der Stadt verkauft
wurden. Und Lüttichau selbst schenkte mir nach seiner Rückkehr von
Teplitz unbedingtes Vertrauen. Klagte er doch über den Druck, den
ihm die Spaltungen im berathenden Personal machten. Bald
waren es die katholischen Mitglieder der Bühne, die sein streng=
lutherisches Gemüth in steten stillen Aerger versetzten, bald die
Kapellmeister, unter denen Richard Wagner der widerhaarigste, bald
die Matadore im darstellenden Personal. Alles hätte, sagte er,
Rückhalt an Beichtvätern oder am Hofe. Sein Grundsatz war der:
Was beim Theater zu erzielen ist, muß aus dem guten Willen der
Matadore (Emil Devrient, Schröder=Devrient, Räder, Tichatscheck)
gewonnen werden! Wollte Jemand von den Matadoren in dieser
oder jener Oper singen, gut, so hielt er das Singenwollen fest
und legte wenig Werth auf die Parthie, ob diese etwas einbrachte
oder nicht. Er will singen? Da kann eine Vorstellung heraus=
kommen. Nur kein Absagezettel! Der Schreck vor einem Anschlag:
„Eingetretener Hindernisse wegen —" war für immer in seinen
Nerven sitzen geblieben. Der Spott über das dennoch häufige
„Landhaus an der Heerstraße" und „Tanz=Divertissement" that
ihm nichts. Zu Zeiten ließ sich vortrefflich mit dem unheimlichen
Manne leben. Ich erfreute mich der Protektion seiner geist= und
gemüthvollen Gattin, wurde oft in deren Nähe gerufen und besaß die
Theilnahme des im Hause maßgebenden, sich sonst um die Jüngeren
in der Literatur wenig kümmernden Leibarztes des Königs, C. G.
Carus. Beide, Frau von Lüttichau und Carus, verbunden durch
ein magnetisches Band, dem leider physische Erkrankung und stete

ärztliche Beobachtung als Bindeglied dienen mußte, galten für die eigentlichen Schicksalsgötter der königlichen Bühne. Von diesen Beiden, glaubte man, hingen alle Maßregeln ab. Dem war jedoch nicht so. Man hatte wirklich dem Charakter des Intendanten nachzurühmen, daß er ein sozusagen religiöses Gewissen hatte und sich für jede Lage sagte: Sei gerecht! Höre auf jede Parthei! Ueberstürze nichts! Erkenne deine eigne Unwissenheit an und erst nach dem Hören andrer Meinung entscheide! Darum quälte es ihn, von Jemandes Rath allein abzuhängen. Wenn der ältre Kapellmeister gesprochen hatte, wollte er auch die jüngeren hören. Richard Wagner lebte in der Vorstadt, wie ein Exilirter. Er hatte mit dem Chef, vielleicht mit dem Hofe Differenzen gehabt. Sein Wiedererscheinen am Kapellmeistersitz und bei den Berathungen im Büreau schien von beiden Seiten an Bedingungen geknüpft, die ich nicht kannte. Der ältere Kapellmeister, C. G. Reissiger, hatte die ständige Miene des zärtlichen Vaters, des liebevollen Freundes, der für Jeden nur das ihm Wohlgefällige bedachte, und auch „für Richard Wagner alles gethan" haben würde, wenn nur grade Dies oder Jenes, z. B. für den noch nicht gegebenen „Lohengrin", der Besitz von drei ersten Altistinnen oder von acht Klappenhörnern oder sechs Bässen „in seiner Macht ge= legen" hätte. Die sächsische Kunst der Verstellung war es nicht allein, die sich in dem etwas pietistisch gezeichneten Manne mit Virtuosität offenbarte. Auch war es nicht ganz der Typus des „deutschen Kapellmeisters", der einige Opern von sich selbst hatte aufführen lassen, die keinen Erfolg erzielten und die ihn dann zum geschwornen Feinde aller andern Opern außer „klassischen" machte. Wenn von Marschner's Bitten die Rede war, endlich doch eine seit Jahren angenommene Oper herauszubringen, rief Reissiger im gemüthlichsten Tone und wie mit Thränen: „Aber, Excellenz, da fehlt uns ja der hohe Alt!" Oder: „Aber, Excellenz, ohne die Veltheim ist die Oper nicht möglich und die will doch Keiner mehr hören!" So lagen die Opern, seit Jahren angenommen, und kamen nicht heraus. Und am wenigsten dann noch durch Wagner! An Reissiger ist wirklich Eines zu bewundern: Nachfolger und Verehrer Webers, war er ein hochgebildeter Mann, vielseitiger,

strenger Theoretiker, Kirchencomponist, heimisch in Gluck, Mozart,
Haydn, Beethoven, wie Einer; und nun mußte er den ersten Anprall
dessen aushalten, was wir später als „Musik der Zukunft" mit ihren
Prätensionen haben kennen lernen! Das Chaos von Ideen, das jetzt
jene Bretter in Bayreuth aufschlägt, um die in Musiküberschwemmung
versetzten Lehrbücher der nordischen Mythologie genießbar zu machen,
stürmte in seinem ersten vulkanischen Brodeln und Sprühen unmittelbar auf diesen wackern, in seinen Formen immer liebenswürdigen
Biedermann ein! In seinem innersten Wesen haßte er, was er zu —
hassen um alles in der Welt nicht scheinen mochte! Denn er wollte
nicht neidisch erscheinen. Er wollte nicht zeigen, daß „der Schiffbruch
der Medusa", seine letzte Oper, für ihn dem „Taunhäuser" gleich-
kam. „Ich bewundere ja den Mann, ich schätze ja sein Talent,"
rief er oft in den Conferenzen aus und hob die schönen Stellen, das
Kunstvolle in manchem Wagner'schen Gesänge hervor. „Aber man
kann doch nicht mit dem Kopf gegen die Wand rennen!" Reissiger
ist der erste jener Märtyrer, die später vom Uebermuth der neuen
Schule aus dem Wege geworfen wurden.

Eines Tages kam der zürnende Achill von seinen Schiffen in
der Friedrichsstadt und nahm wieder an einer der Berathungssitzungen
Theil. Was ihn zum Kommen bewogen hatte, weiß ich nicht. Die
Sitzung ist mir unvergeßlich. Der Intendant war in der Regel
im Punkt der künstlerischen Beschäftigungen tabula rasa. Was vor
acht Tagen abgemacht war, war in acht Tagen vergessen. Dann
nahm er einen Kalender und orientirte sich. Er hatte sich ja notirt,
daß dort Gluck, dort Shakespeare, dort Bauernfeld standen und,
was ihm die Regisseure und Kapellmeister von Ostern auf Pfingsten,
von Pfingsten auf Himmelfahrt, von Himmelfahrt bis zum ersten
Advent als möglich und herauszubringen versprochen hatten, das
fixirte er sorgfältig. Er nannte das „das Netzmachen". Wir würden sagen: Das Abstecken einer Eisenbahn mit flatternden bunten
Fähnchen. Wenn er alle die Resultate vorführte, die innerhalb
dieser Vorzeichnungen standen, so schienen uns Opiumwolken zu
umnebeln, süße Träume von Erfüllung senkten sich nieder, wobei
auch regelmäßig der Sänger der „Lyratöne" und ehemalige Herausgeber der Abendzeitung, Theodor Hell, sanft zu entschlummern

318 Gluck und die Kriete.

begann, und nie anders, als mit einem „Jawohl, Excellenz!" wieder
erwachte. Richard Wagner sollte sich in jener Sitzung, wo wieder
der Kalender mit den schönsten Fata=Morganen bedeckt wurde,
über die Möglichkeit, in einer Oper von — jedenfalls einem
Andern als von ihm — eine Rolle zu transscribiren, aussprechen.
Das glückliche Gefühl: Nun sind wir wieder alle so fröhlich bei=
sammen! machte möglich, daß der Intendant dem Dichter=Componisten
gestattete, gleichsam seinem Urtheil die gesammten Hauptgedankengänge
seiner noch nicht erschienenen Schrift: „Oper und Drama" voran=
zuschicken. Ruhig hörte man zu. Wagner war im vollsten Fluß
seiner sächsischen Suada. „Meinen Sie also, daß Frau Kriete —"
unterbrach endlich mit leiser Ungeduld der Intendant, als Wagner noch
beim Aufziehen der Saiten auf die bekannte Schildkröte des Apollo
stand und den Unterschied zwischen Melodie und Rhythmus definirte. —
„Wie sich nun aber schon Gluck an die reineren Formen der Antike
angeschlossen hat —" fuhr Wagner unerschütterlich fort. „Glauben
Sie denn, daß die Kriete —" erhob sich der Chef schon dringlicher.
„Bitte! Bitte!" mahnte leiser der ältere College den begeisterten
Schöpfer des Tannhäuser, der sich nicht stören ließ, im Bewußtsein,
der neueren Zeit und dem Stimmregister der Frau Kriete schon näher
gekommen zu sein, seine Ideengänge zu verfolgen. „Ja, die
Transscription", rief endlich der Intendant, auf die Uhr sehend,
„würde denn diese für die Kriete —". — „Gluck hatte vor den
Piccinisten grade bei der Führung der Stimme den Vortheil voraus —".
„Aber, Herr Jesus, wir wollen ja nur blos wissen, ob die Kriete
die Parthie singen kann?" schrie der Intendant und unterbrach zuletzt
gewaltsam eine Wortverwicklung und einen Ideenreichthum, der ihn
in Verzweiflung versetzt hatte. Diesem ersten Wiedererscheinen des
„zweiten Kapellmeisters" bei den Directionsberathungen folgte kein
zweites. Wagner machte meiner ruhigeren Beobachtung den Eindruck,
als sei durch ihn die seltsamste psychologische Verbindung ermöglicht,
sozusagen eine Vernunftehe zwischen Verstand und Phantasie.

Uebrigens war mir der Abgott aller Unklarheiten unsrer Zeit
nicht abgeneigt. Der schon damals Vielgefeierte trat mich eines
Tages an und forderte mich auf, mit ihm die gleichen Bahnen zu
wandeln. Der zweite und vierte Akt meines „Uriel Acosta", sagte er,

bewiesen dazu meine Fähigkeit. Da hätte ich die Zusammenwirkung von
Oper und Drama gewiß nicht in Abrede gestellt. Nach einigen Worten
des Dankes zog ich mich auf meine Zweifel an einem dauernden Bunde
zwischen beiden Kunstgattungen zurück; jede Zwittergattung in der
Kunst, sagte ich, ginge mir wider den Strich. Oper müßte Oper,
Drama Drama bleiben. Letzteres hätte ja zugleich auf den Ver=
stand zu wirken, auf das Urtheil, nicht minder auf eine ganz be=
stimmte, ausdrücklich erzielte Erregung des Herzens; nicht wie die
Musik, die in ihrer Wirkung immer nur das Allgemeine, Unsichre
träfe, dämmernd sei und unklar bliebe. Auf die Phantasie hätten dann
allerdings beide Kunstgattungen zu wirken. Hätte ich die Ahnung
schon von Götterdämmerung und Rheingold und Ring der Nibelungen
und Bayreuther Theater gehabt, würde ich gesagt haben: Nur auf die
Phantasie zu arbeiten, ist nichts als Sinnlichkeit und verweichlicht
ein Volk! Da meine Erfahrungen im Musikalischen nicht ganz ober=
flächliche waren, weil mich das treffliche Klavierspiel meiner Frau,
einer Schülerin von Aloys Schmitt, täglich innerhalb musikalischer
Eindrücke erhielt, so sprach ich mich, wenn nicht zu Wagner, doch
zu Andern, offen aus, daß mir die Tannhäuser=Ouvertüre wie ein
angreifender und theilweise geschmackloser Kanon erschiene; ich verglich
sie mit jenem Shakespeare'schen Kanon, der Einem „die Seele aus
dem Leibe haspeln" könnte; die Sextolen in ihrer ewigen Wiederkehr
seien nervenerschütternd. Die charmante Polonaise ausgenommen,
schien mir der Tannhäuser langweilig. Dem Schöpfer selbst aber
sagte ich damals am Tippoldiswalder Platz: „Warum haben Sie
sich bei Ihrem Wartburgkrieg den Klingsohr entgehen lassen? Dieser
gehörte doch zum Text. Sie würden eine kräftige Baßparthie à la
Bertram im Robert dem Teufel mit ihm gewonnen haben und für die
Handlung einen Vertreter des Dämonischen, der in dramatischer Form
auf den Tannhäuser wirkt! Daß nun alles aus dem Tannhäuser
allein, aus seinen Reminiscenzen herauskommen soll, ist warlich nicht
dramatisch!" Nach dieser Offenherzigkeit fand keine Begegnung mehr
statt. Ich hörte nur noch bei jeder Vorstellung einer Wagner'schen
Oper (dem ersten Hervortreten des „Lohengrin" wohnte ich später in
Weimar bei) die outrirteste Beflissenheit des kundgegebenen Beifalls,
den Anfang dieser in ganz Deutschland organisirten Claque, die

Wagner, Liszt u. A. einst in der Geschichte der Kunst zu verantworten haben werden. Hinter mir im Theater raste förmlich mit demonstrativem Fanatismus eine deutsch-russische Familie, die im Wagnercultus das Unglaubliche leistete. Sie gab in Dresden für diese Schwärmerei den Ton an. Frauen der höheren Gesellschaft, sinnliche Naturen, Männer von weibischem Gepräge haben sich dann die Pflege der Wagner-Musik an andern Orten und in gleicher Weise zu ihrem besondern Geschäft gemacht.

Mit dem thüringer Sagenkreise gerathe ich zu meinem armen, damals schon recht leidenden August Bürck zurück, der sich nach einem Vierteljahr aus meinem treuesten Freunde — in meinen grimmigsten Feind verwandelt hatte! Was die Liebe nicht thut! Sein Dichten und Trachten gehörte nur noch jener Dame, die mir gegenüber ein Muster der Bescheidenheit und von einer, trotz Eduard Devrient, stets sinnig aufhorchenden Entgegennahme meiner Ansichten war. Regelmäßig schrieb der Anbetende einen Wochenbrief in den Nürnberger Correspondenten, die einzige Zeitung, die sich mit dem völlig isolirten, journalistisch mit Deutschland unverbundenen Elbflorenz beschäftigte. Plötzlich hieß es: Die Uhr des Contractes dieser unvergleichlichen Künstlerin ist abgelaufen! Sie hat für ihr Bleiben Bedingungen gestellt, die möglicherweise nicht erfüllt werden! Der neue Dramaturg hat gesagt, setzte man hinzu, es gäbe in Deutschland auch noch andere gute Schauspielerinnen! Und die letzte Aeußerung war — nicht unwahr. Denn hatte der Intendant einmal zu mir gesagt: Diesen zehnjährigen Contract mit so und so viel andern „Chikanen", Pension; Urlaub, Spielhonorar, bewillige ich nicht! so mußte ihm ja sein Rathgeber behülflich sein, über die daraus erwachsenen Schwierigkeiten hinwegzukommen. Der verwiesene Coriolan tröstet sich mit dem Wort: „Auch anderswo giebt's eine Welt!" Nun, wenn irgendwo, so hat man sich auf dem Directionsbüreau einer Bühne diesen Spruch aus Shakespeare über die Thüre zu schreiben. Pochen Mitglieder trotzig auf und halten sich für unentbehrlich, so sollte der Intendant nur auf jenen Spruch verweisen. Talente giebt's, die auch andre Städte entzücken! Ein unglücklicher Zufall wollte, daß nicht nur dieser,

sondern mehre Contracte im Ablaufen begriffen waren. Die Per=
sonen, denen meine Stellung für ihre Wünsche störend erschien,
trugen nun natürlich alles dazu bei, die Meinung zu verbreiten,
daß ich dem Intendanten zum Ausharren im Widerstande gerathen
hätte. Ja, es entsprach sogar dem Charakter des genannten Cavaliers,
daß dieser schon im Stillen die Offerten bewilligt hatte, sich aber an
dem Odium weidete, das ich dafür erntete, ihn ermuthigt zu haben,
es nicht zu thun. Das waren so jene jeweiligen Anwandlungen der
Teufelei des sonst so frommen sonntäglichen Besuchers der Sophien=
kirche. Seine Gattin kannte diese und bemitleidete mich. Die geist=
volle Frau sagte öfter zu mir: „Sie leben für mich in zwei Welten!"
„Auch in Ihrer Produktion!" fügte sie hinzu.

Für August Bürck wäre die Versetzung nach München oder Stutt=
gart, entfernt von dem gewohnten Nahrungsstoff seines in Einem fort
lodernden Enthusiasmus, seines steten cholerischen Für oder Wider, seines
Hin und Her auf den Straßen Dresdens, ein Schicksalsschlag ge=
wesen, selbst im Besitz einer errungenen so „hohen Braut"; er
schwärmte für Dresden. Nun sollte der von ihm Herbeigerufene
selbst die grause That haben verüben wollen, ihn nach München
oder Stuttgart zu schicken, wohin die Dame seines Herzens Anträge
hatte! Da blieb nichts übrig als überall zu sagen: Man hat sich
in dem neuen Dramaturgen geirrt! So lautete von jetzt ab die
Parole des ewig Herumstreifenden an alle Kaffeehäuser, an alle
Bier= und Weinstuben, an die Zeitungsredaktionen im Orte und nach
auswärts. Ich verstünde nichts vom Theater — rief derjenige aus,
der mich gerufen hatte. Von der Feldgasse bei Eduard Devrient an
bis zum Linke'schen Bade sollten das jetzt die Spatzen auf den Dächern
zwitschern! Ich sagte dem gradezu zum Narren Gewordenen seine
Felonie auf den Kopf zu und brach mit ihm. Mein Grimm gegen
Virtuosenregierung mußte wachsen. Mein Glaube, daß es auch noch
auswärts Kräfte gäbe, die man dem bon plaisir dieser oder jener
Mitglieder entgegenstellen könnte, trotz der Perfidie meines Intendanten,
der mich im Stiche gelassen hatte und Allen Alles bewilligte, war
unerschütterlich. Nachdem die heftigsten Conflicte mit dem Treulosen
durch seine Gattin wieder beschwichtigt waren und sein stetes
Jammern um die Anmaßung der Mitglieder doch wieder anfing,

kam ich auf den Gedanken, für jeden der, Matadore einen Doppel=
gänger zu suchen, einen Rivalen, der dem Anspruchvollen einigermaßen
gewachsen wäre und ihm die Stange halten konnte.

Ruhig hätte ich, wenn auch durch Disteln und Dornen, wenn
auch angefeindet in der Lokalpresse bei jeder neuen Vorstellung,
meinen Weg fortwandeln können — denn das Repertoir war immer
belebt, die Zahl der Novitäten größer denn je, die Darstellung
musterhaft — wenn ich mir nicht durch einen unglücklichen Miß=
griff die Gunst des Einzigen, der mich würde gehalten haben über
dem Brausen aller noch so hoch geschwollenen Gewässer, verscherzt
hätte. Jener biedre Angeber der Verschwörung, jener Complice
Lüttichau's bei irgend einer gemeinschaftlichen „dunklen That", Karl
Dittmarsch, mochte am wenigsten die Rückkehr des in der Ferne
meisternden und beobachtenden Theaterprofessors Eduard Devrient,
der, nebenbei gesagt, so die deutsche Bühne liebte, daß der=
selbe das Theater fast niemals besuchte, außer wenn er spielte.
Doch — seltsame Fügung der Gestirne! Obschon die von Eduard
Devrient gespielten Könige und Kaiser nicht weit ab von den
Dittmarsch'schen standen, so hatte mich doch mein Geschick bestimmt,
bei einer neuen Einstudierung des lange nicht gewesenen „Käthchen
von Heilbronn" und bei durchweg neuer Besetzung desselben die
Rolle des Kaisers an Eduard Devrient austheilen zu lassen, an
Dittmarsch aber den alten Friedeborn, eine Rolle, die ja an sich
nicht übel war und in sein Fach gehörte. Motiv: Der Kaiser kommt
zuletzt! Eine gewisse Steigerung ist denn doch da, wenn die
„Calumniation" durch einen Mann wie Eduard Devrient getragen
wurde. Er wird zwar, sagte ich mir, die Rolle als Text zu freien
Variationen benutzen und von einem seelenvollen, herzigen, aus
tiefstem Gemüth quillenden Ton, wie dieser etwa bei „Vater Anschütz"
in Wien stattgefunden hätte, war ja keine Spur im Tonregister
dieses Schauspielers vorauszusetzen, der z. B. auch aus dem so
bedeutungsvollen, innerlich bewegten, die Orakel fürchtenden König im
„Leben ein Traum" eine reine Marionette gemacht hatte, aber besser
denn doch, als daß Dittmarsch das anwesende Publikum auf die
Uhr sehen läßt mit dem Gefühl: Es wird Schlafenszeit —!

Die Rollen sind signirt und ausgetheilt. Am Abend, hinter

der Scene, ruft mich Dittmarsch in den dunkeln stillen Musikproben=
saal. „Sie haben mir den Kaiser im „Käthchen von Heilbronn"
genommen." — „Ja, Eduard Devrient wird ihn spielen!" —
„Warum thaten Sie das?" — „Sie spielen Friedeborn. Gewiß eine
Rolle, die Ihnen stehen wird." — „Die ich aber erst lernen muß!"
— Pause, in der ich Zeit hatte, über eine neue Thatsache im
dramaturgischen Leben nachzudenken. Man will von alten Rollen nur
diejenigen spielen, die man seit Jahr und Tag schon kennt. — „Auch
den Kaiser, lieber Dittmarsch, haben Sie gewiß längst vergessen."
— „O nein, diesen Kaiser spiele ich seit Jahren und spiele über=
haupt in solchen Stücken alle Kaiser. Jetzt thun Sie mir diesen
Kummer, diese Kränkung an —!" — „Lieber Dittmarsch, Sie
sprechen wie von einer Entthronung. Ist denn der Gegenstand so
viel werth?" — „Mir gewiß! Mein Ansehen ist gekränkt! Für
den Friedeborn war Fischer da." — „Fischer ist Chordirector und
dankt Gott, wenn er von Rollen verschont bleibt." — „Das sagt
er nur so! Sie haben auch ihn so gut gekränkt, wie mich." —
„Dann verstellt er sich, wie Ihr Alle, Dittmarsch", wandte ich mich,
meinen Aerger und meine Verlegenheit bekämpfend. „Spielen Sie",
wandte ich mich ihm wieder zu, „spielen Sie den alten Friedeborn!
Es ist eine gemüthliche Rolle!" — „Der Kaiser ist meine Parthie
und Sie haben mir einen Stoß für meine künstlerische Stellung
gegeben." — „Aber, Herr Dittmarsch —" hier lächelte oder lachte
ich entweder wirklich, weil ich nach dem bekannten Alterniren
der Nerventhätigkeiten und unsrer Sinne eigentlich statt zu lachen —
gerührt war. Mein Verfahren that mir leid. Ich hatte bis=
her nur Gutes, Freundliches, ja Zuvorkommendes von Dittmarsch
erfahren. Mein Reformeifer hätte sich erst unterrichten sollen, ob
dem schwachen, aber ehrgeizigen Schauspieler an einem solchen Kaiser
mehr oder weniger gelegen sein konnte. Das Unglück war nun ein=
mal geschehen. Ohne Aufsehen war die Sache nicht rückgängig zu
machen. Da sollte nun mein „Humor" helfen! Ja, schöner Humor!
Mein hamletsches halbweinendes, halblachendes Auge sehend, rief
der Mann zornig aus: „Sie lachen noch? Sie lachen über
mich alten Mann? Das will ich Ihnen gedenken!" Stürzt ab
und hat es mir gedacht, langsam, aber sicher. Eine Schwierigkeit

kam nach der andern. Die Excellenz hörte dies und hörte das.
Bis zu den höchsten Stellen hinauf bahnte sich der freimaurerische
Regisseur den Weg. Das ist's allein, du wahrheitsliebender Geschicht=
schreiber der deutschen Schauspielkunst, was mir den „Boden" in
deiner „Kunstgenossenschaft" „verringert" hat!

Es kamen nun, nach früherer Intimität und der stillschweigenden,
aber ersichtlichen Befriedigung des Intendanten durch ein selten so reich
gewesenes Repertoir, plötzliche Conflicte mit ihm. Der erste war der,
daß er ein Versehen von mir im Ausdruck eines Briefes, den ich an
einen Schauspieler, der gastiren sollte, geschrieben, nicht als einen
zu entschuldigenden hingehen ließ. Der Schauspieler verlangte das
genannte Honorar für vier Rollen, die er gespielt hatte, während
sich diese nur auf drei Abende vertheilten. Ich hatte ihm aus
Versehen geschrieben: „Sie erhalten für die Rolle 30 Thaler!" statt
daß ich hätte schreiben sollen „für den Abend." Das Ganze war ein
Gegenstand von 30 Thalern. Nach dem ersten Ausbruch des bureau=
und aristokratischen Uebergewichts, das mich hier der Chef fühlen ließ,
ging ich aus dem Zimmer und in die gegenüberliegende Kasse, um
jene 30 Thaler zu bezahlen, die ich zufällig im Portefeuille hatte.
Diese Entschiedenheit wurde mir noch übler gedeutet, als mein
Versehen. „Er ist leidenschaftlich!" Das war der größte Fehler, den
der Intendant an Jemand entdecken konnte, mit dem er verkehrte.
Menschen, die etwa plötzlich ihre Ruhe verloren, die Stimme erhoben,
„die Maske abwarfen" und „eine Scene machten", wie etwa Seydel=
mann zu seinem Intendanten in Stuttgart gesagt haben soll: „Herr,
ich habe mit Ihnen gespielt, wie die Katze mit der Maus!" das war
dem selbst so brüsken Manne entsetzlich. Noch kurz zuvor gab es
Schauspieler, die im Theaterleben nicht hatten vergessen können, daß
sie ehemals (der Befreiungskrieg hatte bedeutenden Einfluß auf die
Bühne) Offiziere gewesen, wie ein Vorgänger Emil Devrient's, der sich
„Julius" nannte und ein Adliger war. Diese plötzlichen Mißachter
der üblichen Formen, diese Brauseköpfe, bei denen der Intendant
immerfort die Hand am Klingelzuge halten mußte, hielt er
für die Abkürzer seines ihm von der Parze gegönnten Lebens=
fadens. Der Aerger und die Furcht vor Extremen verursachten
ihm Rückschläge auf sein Befinden. Gewöhnlich war es der

sogenannte „Hexenschuß", der ihn dann auf mehrere Tage ins Bett jagte.

Seine von Dittmarsch geschürte Revanche für die Unmöglichkeit, nun von mir eine „Nachlässigkeit" mit 30 Thalern zu buchen, war die, daß er mir überhaupt die Zahl der Gastspiele vorwarf. Obgleich nicht mehr als dreißig Thaler für den Abend an Schauspieler gezahlt wurden, so behauptete er doch plötzlich, ich hätte der Kasse mit den Gastspielen geschadet. Wenn meine Antworten bei den Akten liegen, so muß man einen Brief finden, der ihm bewiesen hat, daß alle von mir allein vorgeschlagenen Gastspiele zu wirklichem Engagement geführt hatten, die vergeblich gewesenen aber auf Rechnung andrer Rathgeber kamen. Vergeblich war bei ihm das Gastspiel oft der Talentvollsten. Jener auf seine vier Rollen Bestehende war der Hamburger Väterspieler H e s s e, der seines starken Embonpoints wegen vom Intendanten geradezu und herzlos ins Gesicht ausgelacht wurde, als er sich ihm vorstellte, während der gebildete, über solche Rohheit stutzende Mann (als Bühnenschriftsteller „Wages" genannt) vortrefflich spielte und ein Ersatz für den Veteranen Burmeister hätte werden können, der sich nicht minder vor Fettleibigkeit, die jedoch Wassersucht war, fortschleppen konnte. Als Aloys A n d e r am 7. Mai 1847 auf Engagement den Sever in Lucrezia Borgia jugendlich schön und mit hinreißendem Schmelz gesungen hatte, glaubte ich der Excellenz Glück wünschen zu können, endlich einen Tenor gefunden zu haben, der ihn von Tichatscheks Launen befreite. Was war geschehen? Schon hatte ihn eine intriguante Clique, die ich nicht näher bezeichnen will, in der Bearbeitung gehabt und ich wurde angefahren: „Seine zwei Rollen, die er noch singen sollte, sind ihm ausbezahlt! Nein, nein, Gaumen= tenor! Abreisen! Nicht zu brauchen!"

Die Aufreizung durch meinen neuen Gegner Dittmarsch dauerte fort. Der Satz: Was am Theater zu erreichen ist, ist nur durch den guten Willen der Hauptmitglieder möglich! war ebenfalls der seinige. Dies Axiom, verbunden mit dem Spielhonorar, führte nur zur Kassenleere. Denn wenn „Repertoir" gemacht wurde, so hatte wol der Chef den Ehrgeiz, es dem Hofe, dem König, den alten Prinzessinnen, dem Publikum als ein würdiges vorzulegen. Mit

Wohlgefallen betrachtete er sich die Signaturen: Hamlet, Euryanthe, Oheim, Gottsched und Gellert, Freischütz, die Braut aus der Residenz, Hugenotten, der Weltumsegler u. s. w. Jeder bekam da etwas für seinen Geschmack. Und alle diese Ansätze fanden sogar statt nach vorausgegangener Rücksprache mit den Matadoren. Diese hatten zugesagt, die betreffenden Rollen spielen zu wollen. Rückte dann aber der Tag heran, sollte zu Hamlet, der lange nicht gewesen, eine Probe stattfinden, so wurde sie abgesagt. Emil Devrient meldete einfach: Nicht Hamlet, sondern — Memoiren des Teufels! Oder Tichatscheck: Nicht Euryanthe, aber — Stradella! Mit andern Worten: Die Kasse nahm statt 800 Thalern nur 200 und weniger ein. Nun hätte ich gern gesagt: Wenn Emil Devrient erklärt: „Aber Memoiren des Teufels!“ so erwiedre der Intendant: „Quod non!“ und setze dafür mit einem zweiten interessanten Darsteller, den ich wirklich endlich in Liedtke gefunden hatte, eine Vorstellung an, die vielleicht etwas mehr einbringt als jene 200 Thaler. Neben der so ausgezeichneten und in dieser Weise nie störenden Maria Bayer bot Antonie Wilhelmi einige Hoffnung, sich behaupten zu können. Dittmarsch aber begünstigte das Ansetzen von Lückenbüßern. Ihm war die Collegenschaft das erste Prinzip! Den Collegen mußte das Spielhonorar gesichert bleiben. Das Spielhonorar war der geheime Apparat, der den höheren Aufflug immer wieder in den Strich der Gewöhnlichkeit zog.

Der einzige „Boden“ in der „Kunstgenossenschaft“, den ein richtiger Dramaturg allein erstreben kann, ist das Podium der Bühne, das Directionsbureau, sein eignes Zimmer. In letzterm besuchte mich eines Tages Graf Luckner, ein Schwiegersohn des vorletzten Kurfürsten von Hessen. Er brachte mir die Uebersetzung eines Stückes, das der gebildete Mann als Legationssecretär in Lissabon kennen gelernt hatte. Es rührte von dem portugiesischen Minister Almeida-Garrett her. „Manuel de Souza“ lautete der Titel. Das Stück war zu geben, nur mußte es gekürzt und in mancher Motivirung geschärft werden, vor allem war die Diction sprechbarer zu machen. Der Graf überließ mir diese Arbeit und war mit meiner Einrichtung zufrieden. Ich hatte Eile mit der Einstudirung, weil ich im März 1848

einen contractlichen Urlaub von 12 Wochen anzutreten wünschte.
Sechs Wochen hatte ich zu Gute vom Jahre zuvor. Um daher
die Sache des Grafen zu betreiben, ließ ich die Rollen von
meinem eignen Secretär copiren. Wußte ich doch, wie langsam
dies auf dem gewöhnlichen Wege gegangen sein würde. Auch war
es noch nicht entschieden, ob überhaupt die Aufführung genehmigt
wurde. Immer noch gab es geheime Instanzen, von deren Urtheil das meinige controlirt wurde. Das leichtfertige, schnöde, aus
Unwahrheiten zusammengesetzte Urtheil Eduard Devrients über meine
Thätigkeit als Dresdener Dramaturg läßt vermuthen, daß ihm die
Sicherheit desselben wahrscheinlich durch die ständige Untreue des ungebildeten Intendanten gekommen, der dem in der Ferne beobachtenden
Allesbesserwisser nicht unmöglich jede Arbeit, die ich empfohlen hatte,
erst zu lesen gab. Manchmal wurde auch Carus gefragt, zuweilen
sogar Prinz Johann.

Indessen wurde der „Pilger", so hatte ich den Namen des
Stückes verändert, angenommen. Einen Tag vor meinem Urlaub
kam es zum Besetzen der Rollen. Ich hatte die Besetzung, wie
ich diese wünschte, schon im Buche angegeben. Siehe da! Der Chef
zog einen Zettel aus der Tasche und hatte eine andere Besetzung.
„Manuel de Souza", der Held, so hatte ich vorgeschrieben, mußte
Eduard Winger sein, dieselbe stattliche Erscheinung, die „Wallenstein",
Thoas, Chorführer Cajetan u. s. w. zu spielen gewohnt war. Ein aus
dem gelobten Lande zurückkehrender todtgeglaubter erster Gatte der
Donna Magdalena war Eduard Devrient. Aber was höre ich?
Caprice oder welcher Umstand es war, die Liste der Dramaturgen-
besetzung war gerade verkehrt: Eduard Devrient sollte den stolzen,
ernsten, aufrechtgehenden Helden, der kräftige Winger dagegen den von
Mühseligkeiten gebeugten Pilger übernehmen. Es wurde darüber hin-
und hergestritten und ich gestehe, ich wurde gereizt. Ich hatte
häusliches Leid. Meine Gattin lag noch kurz zuvor auf den Tod.
Eine Erkältung im Circus Renz hatte ihr ein zu frühes Wochen-
bett gebracht. Die Reise nach Berlin, in den Schooß meiner dort
lebenden Angehörigen, sollte zu ihrer Erkräftigung dienen. Möglich
auch, daß schon eine Kunde von den Vorgängen in Frankreich da
war, die mich erregte. Kurz, der Intendant bestritt mir das

Recht, für ein Stück, das ich selbst eingereicht hatte und auf dessen
Titel ich als Bearbeiter ausdrücklich genannt wurde, die Besetzung
vorzuschreiben. „Nun denn, so unterlassen wir das Signiren",
schloß ich, als die Ausdrücke zu heftig wurden, (Dittmarsch verzog
keine Miene) „es ist ja auch nicht nothwendig, daß Sie meine
Bearbeitung aufführen. Nehmen Excellenz die Uebersetzung des
Grafen Luckner wie sie ist und lassen Sie dann alles ganz nach
Ihren Wünschen gehen!" Damit raffte ich die Rollen zusammen
und wollte mich entfernen. „Halt! Die Rollen bleiben hier!"
rief der Intendant. „Erlauben, Excellenz, die Rollen sind die
meinigen!" sagte ich. „Ich hatte die Absicht, sie mir später von
der Kasse bezahlen zu lassen! Sie müssen ja auch jetzt ohnehin
andre haben!" Damit hatte ich mein Packet beisammen, verließ
das Sessionszimmer und schlug vielleicht etwas unsanft die Thür zu.

Einige Wochen darauf trat das Stück mit den Trägern der
Rollen, die wahrscheinlich die adlige Damenthee-Coterie, die Vorlesungs-
horcherinnen in der Feldgasse, gewünscht hatten, hervor und fiel
durch. Es war eines der Stücke mehr, die, wenn die Hauptkraft
derselben auf die Schultern Eduard Devrient's gelegt wurde, für
verloren gelten konnten.

V.

Die Zeit, wo der Mensch geflissentlich die Eindrücke des Lebens wahrnimmt, um darnach seinen Charakter zu modeln, war für den Erzähler vorüber.

Eine einzelne neue psychologische Entdeckung konnte noch nutzenbringend gemacht werden; aber im Wesentlichen war der Mensch fertig.

Ich sah ein, daß ich mir sagen mußte: Du bist eine contemplative Natur, Sinnpflanze sogar, die bei jeder Berührung mit der Außenwelt leidet! Willst du dich in der Außenwelt halten und bewähren, so mußt du herrschen können! Das Parlamentiren mit dem Unverstand verringert deinen Werth!

Bei alledem war ich entschlossen, auszuharren auf dem Boden, dem Boden des Dünkels und der Doppelzüngigkeit. Ich fühlte wohl, ich war ein fünftes Rad am Wagen. Ich konnte meine Inspirationen nicht so rasch, wie meinem Naturell entsprach, in's Leben rufen. Schleichen und Diplomatisiren, Bitten und Betteln um die Machthaber am Theater herum widerstand mir. Aber für die Zukunft hatte ich immer noch Hoffnung.

Von einer Ueberzeugung zu lassen, kostete mich die größte, schmerzlichste Ueberwindung auf jedem Gebiete. Ein Fehltritt vollends erzeugte eine Reue, die mich auf Wochen einem Schatten gleich machte. Der kategorische Imperativ hat mich nie, selbst nicht bei einer Verirrung der Phantasie, verlassen. Leider kann ich nicht vom Augenblick sagen, daß er mein Unterthan war, aber über die Stunde war ich Herr. Regelmäßigkeit in den Anforderungen der Welt an mich erschien mir eine Schuld, die ich schon allein der bürgerlichen Stellung der Literatur zu Ehren abzutragen hatte. Der Hausstand, die Wurzeln und Aeste der Existenz hatten sich nie über mich zu beklagen.

Beziehungen zur großen Welt hatte ich in Paris so viele gehabt, daß ich diese nicht mehr suchte. In Dresden gebot es dem Neuangestellten der Anstand, der literarischen Collegin, Prinzessin Amalie, die Aufwartung zu machen. Sie betrachtete mich durch die Brille ihres literarischen Agenten Theodor Hell, dem ich in meiner früheren kritischen Wirksamkeit wenig Gutes erwiesen hatte. Daß ich auch sie selbst getadelt hatte, deßhalb, bei vielem Lobe, getadelt, weil sie ihre Stücke regelmäßig auf den Sieg des Unscheinbaren, auf den Triumph des sich prosaisch Anlassenden, des scheinbar Gewöhnlichen anlegte, wußte sie wol kaum, oder es war möglich, daß ihr die Zuträgerei diese Rüge im vergrößerten Maßstabe vorgeführt hatte. Ich fand die Dame schwunglos. Die hohe Aristokratie Dresdens begegnete mir oft. Auch in Berlin, wohin ich zuweilen reisen mußte, hatte ich Anknüpfungen genug, sogar solche, die mich wieder mit den Pulsschlägen der Zeit, mit andrer Literatur, als dramatischer, in Verbindung brachten. Wie steht die geniale Frau, die Schwester des Malers Wach, Henriette Paalzow, so, ich möchte sagen, wie auf Goldgrund gemalt, in meiner Erinnerung! Welch ein Gegensatz gegen die frostige fürstliche Dame in Dresden! Die Verfasserin von „Godwie Castle" wohnte in einem neugebauten Thurm, Monbijou gegenüber, in elegantester Einrichtung. Sie war von Geschenken, von Aufmerksamkeiten des Hofes umringt. Der König, alle Prinzessinnen, in erster Reihe die Mutter unsrer Convertitin von Hohenschwangau, huldigten nicht nur ihrem Talent, sondern auch ihrer Weltbildung, ihrer ausnehmenden Kunst, Herzensgüte und treffendes Urtheil zu vereinigen. Es waren Weihestunden, die ich bei dieser klugen Geist= und Herzprüferin zubrachte. Auch Alfred Reumont sah ich, der damals eine hohe Stellung bei Hofe einnahm und Radowitz sowol wie Humboldt zu ersetzen, richtiger wohl, zu ergänzen bestimmt schien. Sein immenses Wissen galt grade einer Sphäre, wo Humboldt wenig heimisch war. Gegen diesen gerieth ich Ende November 1846 sogar in eine aggressive Stellung, die ich des Gegenstandes wegen erwähne.

Bekannt ist jenes beliebte Buch von Wilhelm von Humboldt, „Briefe an eine Freundin". Der Einsiedler vom Schloß

Tegel, der ehemalige Staatsminister, der gefeierte Sprachforscher,
hatte diese an eine vor Jahren schön gewesene, stattliche junge Frau
geschrieben, die er für drei Tage in Pyrmont hatte kennen lernen,
Charlotte Diede. Die Befreundung muß eine sehr nahe
gewesen sein; denn jährlich einigemal schickte ihr der Verehrer ein
Geldgeschenk mit einem Begleitbriefe, der die Absicht gehabt zu haben
scheint, eine unruhige Persönlichkeit zur Ergebung, zum Nehmen der
Dinge, wie sie sind, zu ermuntern. Die Mutter meiner in Hamburg
lebenden Freundin hatte diese in Kassel wohnende, damals für exaltirt
geltende Frau, eine geschiedene Doktorsgattin, kennen gelernt und ihr
eine jährliche Pension von hundert Thalern gewährt. Der wohlthuende Sinn verband sich hier mit den Mitteln der damaligen
russischen Gesandtin am westfälischen Hofe. Als die Mutter, eine
geborne Gräfin Oechsle, starb, übernahm die Tochter diesen Liebes-
dienst und erhielt dafür das Versprechen, wenn Charlotte Diede
stürbe, so würde sie den Schatz der Wilhelm von Humboldt'schen
Briefe der jungen Freundin vermachen. Nun starb Wilhelm von
Humboldt 1835. Er starb, ohne seiner kasseler Freundin gedacht
zu haben! Die sich jährlich auf etwa hundert Thaler be-
laufende Unterstützung fiel auf fernere Zeit weg! Wohin verirrte
sich da die liebevolle Sorge weicher und schwacher Gemüther?
Statt einer weit unter Humboldt's Auszeichnung stehenden, aber
sehr determinirten und in Vieles hineinredenden Frau einfach zu
sagen: Finde dich in dein Loos! fingirte man einen „letzten Gedanken",
der in Tegel noch stattgefunden hätte, einen an die Diede. Frau
von Bacheracht schickte zu ihren hundert Thalern, die sie schon statt
ihrer Mutter zahlte, noch jährlich hundert Thaler, „als von
Wilhelm von Humboldt für sie ausgesetzt". Zuletzt durchschaute die
Empfängerin doch den liebevollen Betrug, und bei alledem —
war sie im Stande, ihr Wort zu brechen und testamentarisch zu
verfügen, daß die Briefe ihres vor Jahren verstorbenen Wohlthäters
nicht an die liebevolle Frau in Hamburg, sondern — (das Motiv war
Eitelkeit) an Alexander von Humboldt ausgeliefert werden sollten!

Als ich in jenem November wieder einmal meine Vaterstadt
besuchte — Herr von Küstner zuckte die Achseln über die Zulassung
meines „Uriel Acosta" — hatte Alexander von Humboldt, dem

die Verstorbene die Briefe hatte zukommen lassen, im Einver=
ständniß mit den Hinterlassenen Wilhelm von Humboldt's beschlossen,
die Briefe ganz zu unterdrücken. Schon hatte sich das weiche Ge=
müth der Frau, die hier, wenn auch nicht gradezu auf den Erwerb
dieses Eigenthums, doch mit einer Hoffnung auf billigen Ersatz
durch Dankbarkeit und Treue, einige tausend Thaler geopfert hatte,
in Ruhe ergeben, als ich sie aufstachelte, mit dem großen Mann in
Potsdam einen Krieg zu eröffnen. Ich dictirte ihr die Briefe,
die der Kammerherr von Sanssouci über den Betrug der eitlen
Frau in Kassel zu lesen bekam. Ich stellte drohende Eventualitäten
in Aussicht, die bei Gutheißung einer so offenbaren Ungerechtigkeit
eintreten würden. Dadurch wurde denn auch Humboldt bewogen,
auf den Einspruch der Familie seines Bruders nicht zu hören. Er
war Eigenthümer der Briefe und konnte sie cediren, wem er wollte.
Er erkannte die Berechtigung seiner Correspondentin an und machte
für die Veröffentlichung der Briefe nur die Bedingung, daß sein
Freund Varnhagen das Ganze durchsähe und von etwa anstößigen
Dingen reinigte.

Inzwischen war „das Jahr 48“ angebrochen. Kaum waren
die Mittel beizutreiben, die Reise nach Berlin zu bewerkstelligen.
Bankier Kaskel zuckte zu österreichischen Papieren die Achseln.
Ich wollte sie ihm als Unterpfand für ein Darlehn geben. Meine
Frau ließ die Kinder in der Obhut ihrer aus Frankfurt ge=
kommenen Mutter. Das Wetter war unfreundlich. In Leipzig gab
es Schnee und Regen. Aber die Welt war aus den Fugen.
Auf jeder Station gab es eine Errungenschaft mehr, die von den
Zeitungen ausgerufen wurde. Nur in Berlin war noch alles ruhig.
Wieder schien hier, wie 1830, die Woge am Militär, an den
Gensdarmen sich brechen zu sollen. Ich bezog das Hotel de Russie,
meine Frau wohnte bei meiner Schwester. Ich fand es so still, so
friedlich, so patriarchalisch in Berlin, daß ich sogar daran dachte, mich
nach 15 Monaten der angestrengtesten praktischen Thätigkeit am
Schreibtisch zu erholen. Ich begann die Verwandlung einer meiner
Novellen: „die Selbsttaufe“ in ein Drama: „Ottfried“.

Aber die Lüfte der Zeit ließen sich nicht mehr absperren.
Es kam der Abend des 13. März. Düster lag der feucht=

warme Frühlingshimmel über den Straßen. Der Abendnebel löste
sich in sanften Regen auf. Aus den Kaffeehäusern erschollen die
Stimmen der Vorleser, die bis jetzt nur noch berichten konnten
von Louis Philippe, Lamartine, Ledru-Rollin, vom Bundestage
und dessen flehentlicher Bitte, Deutschland möchte doch ja nur
recht vertrauensvoll zu seinem alten Freunde sein, von der
neugewährten Preßfreiheit, von Robert Blums friedlicher Revolution
in Sachsen. Noch wußte man nichts von Wien. Noch glaubte
man an Alles, nur nicht an eine Erschütterung auch des preußischen
Staates. Auch für Preußen stand Preßfreiheit in Aussicht. Dem
Ausschuß des Vereinigten Landtags, der eben über ein Strafgesetzbuch berieth, schien es das größte Zugeständniß der königlichen
Majestät, daß ihm durch Bodelschwingh eine Aussicht auf Periodi-
cität eröffnet wurde. Nach einem glänzenden Diner trennten sich
diese Herren, unter denen Vincke am freimüthigsten gesprochen hatte,
in der Erwartung, es würde ihnen von der Souveränetät eine
Conzession nach der andern — zuträpfeln.

Aber das soziale Element der Pariser Umwälzung bahnte sich
den Weg nicht durch die Ständekammern und Kaffeehäuser, sondern
durch die Herbergen, von Werkstatt zu Werkstatt. Man las an
den Straßenecken Aufforderungen zu Volksversammlungen. Eine
solche sollte am 13. Abends in den Zelten stattfinden. Eine Volksversammlung in Berlin! Welche Aenderung des preußischen Staates!
Menschen, die keine Soldaten waren, sollten sich öffentlich versammeln! Es erschien den noch immer regierenden Gewalten, Thiele,
Eichhorn, Bodelschwingh, dem militärischen und höfischen Anhang des
Königs noch unerhört. So wurden denn auch um 7 Uhr aus ihrer
friedlichen Lectüre die Kaffeehausleser durch eine unruhige Bewegung
in den Straßen aufgestört. Eine Schwadron Uhlanen sprengte an
das Brandenburger Thor. Hinter ihnen her schallt in der Ferne der
Geschwindschritt der zu nächtlichem Bivouac und förmlichem Angriff
gerüsteten Bataillone. Die Stimmung über diese Herausforderung
eines Confliktes war gedrückt. Darüber waren alle einig, daß es
die Zeit verkennen hieß, wenn man noch in alter Weise eine fern
von der Stadt im Freien gehaltene Volksversammlung auseinander-
sprengen wollte. Noch in Jedermanns Ohr klang das letzte Wort,

das der König bei Entlassung des Ständeausschusses gesprochen hatte:
„Während es überall gährt und siedet, kann Berlin und Preußen
nicht auf dem Gefrierpunkt stehen." Nun stieg der Thermometer.
Dennoch wollte man zeigen, daß man in Berlin mit Volksbewegungen
anders umzugehen wisse. Und so geschah es denn auch, die Massen
an den Zelten liefen auseinander.

Doch hatte die Truppenentwicklung die Stadt aus ihrem alten
Vegetationsschlafe geschreckt. Die Hegelianer würden sagen, der Bruch
war dem Philisterium gegenständlich geworden und das Philisterium
fing an, darüber zu reflektiren. Weil man keinen rechten Feind sah,
weil dieser nur in den geheimen Drohbriefen, die vielleicht die Polizei
empfing, existirte, so verlor selbst der loyale Bürger die Geduld über
diese militärische Alarmirung der Straßen, die sich jeden Abend
wiederholte und immer mehr Truppen in Thätigkeit brachte. Nun
kam auch die Kunde, daß hie und da ein Stein Jemand an den Kopf
geflogen, ein Säbelhieb tödtlich gewesen; der ruhige Beobachter über=
zeugte sich bald, daß die Soldaten, dieser nächtlichen Promenaden
überdrüssig, erbittert, von ihren Führern fanatisirt zu werden an=
fingen. Wenn einige fünf oder sechs Menschen, die sich eine neue
Nachricht mittheilten, beisammenstanden, so sprengte ein Dutzend
Cavalleristen heran und trennte sie mit einer Heftigkeit, die
eine immer mehr zunehmende Kampflust dieser Leute verrieth.
Auf ein Spottwort, einen einzigen aus einem Menschenhaufen
fliegenden Stein, ließ man Pelotonfeuer geben. Stob dann der
Haufe (da man wol blind schoß) auseinander, floh durch die
Straßen, schrie Rache! so kann man sagen, daß die militärischen
Evolutionen die Revolution hervorgerufen haben. Der Telegraph
auf der alten Sternwarte unterhielt sich am Tage aufs vertrau=
lichste mit den Provinzen, berichtete nach Köln die Gewährung alles
dessen, was man nur verlangte, aber Deputationen kamen und
stellten bei alledem neue Gefahren in Aussicht.

Die tägliche Aufstellung des zum Kampf bereiten Militärs
weckte bei dem ohnehin necksüchtigen Charakter der berliner Bevölkerung
den Kitzel des Widerstandes. Man versuchte auf dem Petriplatz
eine Barrikade zu errichten, so hieß es in den polizeilichen Berichten
über die neuen Plänkeleien am Mittwoch und Donnerstag. Ich sah

diesen unschuldigen ersten Versuch in der modernsten aller Gattungen
der Baukunst! Es war eine von der Umzäunung des Petrikirchbaues
abgerissene Bretterlatte, die mit ein paar Sandkarren und einigen
Mauersteinen garnirt war. Die löbliche Straßenjugend hatte ihre
Freude daran, daß die ihr nachsetzenden Uhlanen an dieser Stelle
immer erst einen Satz machen mußten. Aber der Charakter der
Berliner ist gelehrig. Sie zeigten am Dönhofsplatz Fortschritte in
diesem Bauwesen und hörten aufmerksam zu, wenn an den Straßen-
ecken zuweilen eine heisre vansenartige Stimme vorübergehend krächzte:
„Dumme Jungen, Ihr habt doch keine Courage!“ Waren das die
Emissäre, von denen man später berichtete? Ich glaube nicht.
Die Furcht vor der Revolution machte die Revolution. Der Zustand
Berlins wurde darüber unerträglich. Abends sein Haus zu finden,
war mit Gefahr verbunden. Man konnte einer ergrimmt in voller
Breite der Straße anrückenden Truppencolonne begegnen und fand,
wenn man sich bergen wollte, nach polizeilicher Vorschrift alle
Hausthüren verschlossen. Wem noch möglich wurde, sich an die
Häuserwand zu drücken, der konnte froh sein, mit einem barschen:
„Scheeren Sie sich nach Hause!“ davonzukommen.

Schon gab es Verwundungen und einige Todte, als die Nachricht von den wiener Vorgängen und Metternichs Sturz alles elektrisirte. Metternich gestürzt und wir können noch Bodelschwingh
behalten! Die Massen träumten jetzt nur noch von „ordentlichen“
Barrikaden. Am achtzehnten März kam die in ihren Anfängen
dünn gestreute, dann aber gewaltige Mine zum Ausbruch. Von
jenem Moment des sogenannten „Mißverständnisses“ bin ich Zeuge
gewesen. Es war am Sonnabend Mittag um halb drei Uhr. Der
schönste Frühlingssonnenschein lag auf dem Schloßplatz. Herüber
vom verschlossenen Königsschloß vernimmt man schon das Rufen
eines nicht übergroßen Menschenhaufens: Militär weg! Militär weg!
Der König hatte soeben jene bedeutenden Zugeständnisse des 18. März
gegeben. Die Deputationen vom Rhein und von Breslau hatten,
jene von einer Losreißung, diese von einer Republik gesprochen. Die
neuen Lappen auf das alte Kleid genügten nicht mehr. Bodelschwingh
trat ab, die Grundsätze einer offnen und ehrlichen constitutionellen
Monarchie wurden vom Balkon des Schlosses versprochen. Graf

Arnim=Boytzenburg, dem Kundigen längst als eine wenig Vertrauen
erweckende ehemalige Größe bekannt, doch der Masse ein veränderter
Name, stand dem König zur Seite, als er dem neuen Geist seiner
Regierung auch seine beredte Zunge als erster Herold lieh.
Shakespeare würde gesagt haben:

> Der König, Wappenherold seiner selbst
> Und seines Willens eigene Drommete!

Dies Schauspiel war vorüber. Das Volk jubelte, capricirte sich
aber immer wieder auf den Ruf: Entfernung der Soldaten! Keine
fernere Reizung, keine Provocation mehr! Die Soldaten standen
am Königs= und am Staatsrathsportal, man muß gestehen, mit
rührender Geduld. Sie standen wie jene Ungarn, die in Italien
die Empörungsrufe kaum verstanden. Man verlangte das Zu=
geständniß, daß die Stütze auf Militär und Polizei nunmehr
überflüssig sei, und hatte dabei die Verwundeten und Todten der
letzten Tage im Sinne. Es waren nicht mehr als etwa zwanzig,
aber anständig gekleidete Menschen, die den Ruf unausgesetzt
wiederholten, offenbar Bürger, die diesen Wunsch aus loyaler An=
hänglichkeit an die Ordnung und das königliche Haus und zwar mit
einer sich wie unglücklich fühlenden, verzweifelnden Dringlichkeit aus=
sprachen. Da zog das Erscheinen einiger Magistratsmitglieder die
Aufmerksamkeit der Masse, die sich zu zerstreuen anfing, hinüber
nach der alten Stechbahn. Eine zu gleicher Zeit von dort heran=
rückende Infanteriecolonne hatte ohne Zweifel nur die Absicht, das
Manöver einer Säuberung des Platzes und der Befreiung des
Portals von den Rufern auszuführen. Die Entschlossenheit dieser
Bewegung, das laute Commando, der nun schon seit acht Tagen
panisch gewordene Schreck über solche Evolutionen trieb die Men=
schenmasse, die am zweiten Portal im Allgemeinen ruhig stand und
sich nur neugierig um die Magistratsherren drängte, in wilder Flucht
nach der breiten Straße hinüber. Und hier sollen jene zwei Schüsse
des Mißverständnisses gefallen sein. Ich muß gestehen, daß ich sie
nicht gehört habe. Ich füge aber hinzu, daß die, welche sie gehört
zu haben versicherten, (die Akustik dieses Platzes ist durch die ein=
mündenden Straßen gebrochen) nicht wie Emissäre aussahen. Ein
Bursche von sechszehn Jahren in blauer Blouse mit einem Topf

voll Anschlagzettelkleister vor der Brust, schrie neben mir mit halb zorniger, halb weinender Stimme: „Ich bin dem Magistrat sein Zettelankleber! Ich soll die Proclamationen ankleben und sie schießen auf mir!"

Ohne Zweifel hatte ein Mißverständniß stattgefunden. Aber die Menschen waren seit Montag gereizt, sie wollten sich nichts mehr aus=, nichts einreden lassen. Was war ihnen Graf Arnim? Was sollte der Masse die Preßfreiheit und die künftige constitutionelle Verfassung? Das Herz dieser Leute war voll Kummer. All die ver= haltenen langjährigen Empfindungen der Unterdrückung kamen zum Ausbruch. Sie hörten von Freiheit, gestürzten Königen, fallenden Ministern und doch hörte die alte bekannte Brutalität der ausübenden Gewalt, der Gensdarmen, der Hochmuth der Offiziere, die blind zufahrende Rohheit der in Uniform gesteckten Bauernjungen nicht auf. Das Gedruckte war den Leuten papierner Kram, die eigne Haut war nicht sicher, „der Stern des Auges in seiner Höhle!" Wie ich Gesellen, Kleinbürger, Frauen so rennen, mit zornglühenden Mienen gen Himmel um Rache schreien hörte, wie ich sah, daß sich den Menschen das Weiße im Auge verkehrte und ihr Geschrei: Waffen! Waffen! Man verräth uns! vernahm, da fühlte ich, wenn hier ein äußeres Mißverständniß stattfand, ein inneres gab es nicht. Es sollte zusammenbrechen diese alte Herrschaft des rothen Kragens, eine Bevölkerung sollte aus ihrer faselnden und nur witzelnden Unbedeutendheit, aus ihrer anerzogenen Knechtschaft und Polizeifurcht sich erheben. Die alte Frau, die in der breiten Straße den Fliehen= den zurief: „Feiglinge, steht!" Der junge, glühend exaltirte Gesell, der an der Brücke bei der Neumannsgasse aus einer Trödelbude mit einem alten Säbel gerannt kam und mit bloßem Kopf durch die Straßen lief und zum Kampf aufrief, der kleine Hand= werker, der vor mir her lief und mit starrem Auge wie geistes= abwesend, immer mit Zähneknirschen vor sich hinmurmelte: „Nun muß Er dran!" alle diese Menschen waren weder Emissäre, noch Wühler, noch irgend etwas anderes, als Sklaven ihres Tempera= ments und beim ersten Anblick geradezu Opfer des Todes, dem sie sich selbst zu weihen entschlossen schienen. Es war das einfache ver= letzte Menschenrecht, das beleidigte Kleinbürgergefühl, das sie zu

Politikern machte. Und so floh und rannte denn Alles, wie die Möven vorm Sturme.

Ein grauenvoller Anblick diese plötzliche Entleerung der Straßen! Alle Läden schlossen sich. Am hellen Tage! Die Häuser wurden verriegelt. Gleich nachdem die erste fliegende Militärcolonne vom Schlosse durch die Jägerstraße an der Bank vorüber war, erhob sich zauberhaft schnell, wie von selbst, die erste Barrikade, die den Namen einer solchen verdiente. Das Rollen der Fässer, das Aufheben der Kanaldielen hallte weithin durch die Straßen. Hier befand sich die „Zeitungshalle", ein Institut des Dr. Julius, eines ungewöhnlichen Charakters, mit dem ich studiert hatte. Julius, ehemaliger Theolog, getaufter Jude, fand sich in die Rolle eines Armand Carrel hinein, die man ihm beinahe oktroyirte. Er wurde Redacteur des ersten Blattes, das die Preßfreiheit mit Energie benutzte, der „Zeitungshalle".

Um drei Uhr rasselte die Artillerie über die Schloßbrücke. Um vier sah ich von meinem Hotel den Rector und die Professoren der Universität in ihren langen, schweren Sammetmänteln, die Friedrich Wilhelm IV. aus Oxford mitgebracht hatte, zum König eilen. Sie wollten ihm den Wunsch vortragen, ob sich nicht die Studenten bewaffnen dürften. Diese wollten zum größern Theile die Gelegenheit benutzen, theatralische Polizeikomödie auf der Straße aufzuführen, wie sie dies später am 20. April am Alexanderplatz thaten. Stipendiaten, Freitischler, junge über den Liberalismus erhabene studierende Junker und Geheimrathssöhne haben die berliner Studentenschaft weit hinter die in der deutschen akademischen Welt sonst so wenig anerkannt gewesene österreichische Aula in den Schatten gestellt. Doch um halb fünf Uhr krachten die ersten Pelotonsalven. Man muß an sein Vaterland und die nächste engere Heimath einer Vaterstadt so mit Banden des Gemüths und der Knabenerinnerung gefesselt sein, wie ich, um den Schmerz zu verstehen, der mich bei diesen Erschütterungen der Luft ergriff. Als gar die Kanonen erdröhnten, gestehe ich, daß mir Thränen kamen. Doch mußte ich mich ermannen, an mein Unterkommen vom Spargnapani'schen Kaffeehause aus zu denken; alle Straßen füllten sich mit Soldaten. Man sagte, daß man sich in der breiten Straße vertheidigte. Das Knechtsgewand schien abgeworfen.

Die Beamtenwelt, die am Morgen des 19. März alle Ge-
fängniſſe der Monarchie ſchon überfüllt ſah, erſchrak nicht wenig, als
die Stellung des Schlachtfeldes, das ſich ergeben hatte, ſo lautete:
„Die Barrikade am Alexanderplatz wird von der Schützengilde ver-
theidigt. Die Regimenter Kaiſer Alexander und Franz wollen ſich
nicht mehr ſchlagen. General Möllendorff iſt gefangen.“ Dieſer
Umſchwung der Poſitionen, dies Billetin entſchied das moraliſche
Urtheil über den Kampf. Die ohne allen Zweifel ſiegreich vor-
gedrungenen Soldaten hatten moraliſch eine Niederlage erlitten;
denn ſtatt eines Pöbelhaufens, der nach ihrem Glauben ihnen
gegenüber ſtehen ſollte, zeigte der aufgehende Morgen das Geſicht
der nächtlichen Kämpfer, jener aus wohlhabenden Bürgern Berlins
beſtehenden Genoſſenſchaft der „Schützen“. Das Feldgeſchrei lautete
nicht etwa revolutionär, ſondern nur, wie der Schwur der
Schweizer: „Wir ſtehn für unſre Häuſer, unſre Weiber, unſre
Kinder!“

Man hat die Frage aufgeworfen, ob eine Fortſetzung des
Kampfes am Sonntag möglich geweſen wäre. Mit den ſchon im
Gefecht geweſenen Truppen, die ſeit acht Tagen faſt immer im
Freien bivouakirt hatten, ſich von Munition und Proviant entblößt
ſahen, war es kaum möglich. Die Wirkung, die das Herumtragen
der gefallenen Leichen hervorbrachte, ſteigerte die Vorbereitungen zum
Widerſtand bei den Bürgern. Der König durfte nichts anders thun,
als den faktiſchen Vortheil ſeiner Stellung aufgeben. Wagte er doch
Alles, Krone, ja Leben. Die Folgen der Bloßgebung des Schloſſes
ſah ich ſelbſt. Zwanzig entſchloſſene Menſchen hätten den Treppen-
aufgang vollſtändig freigefunden, dem Könige ein Abdankungsdekret
vorlegen und die Republik proclamiren können. Es hätte eine Sache
der bloßen Anregung eines Einzelnen ſein können. Das Schloß
war nur gedeckt von größtentheils ſchlafenden, völlig apathiſch
gewordenen Kriegern. Die Ariſtokratie war entflohen oder hielt
ſich verborgen. Nicht eine einzige Thatſache ſchien übrig, die
Gemüther zu beruhigen, den Brand in irgend etwas Gemein-
ſamem und Friedlichem zu erſticken. In den Stunden am Sonntag
von 11 Uhr Vormittags bis 2 Uhr Nachmittags gab es in
Preußen weder Thron noch Regierung. Jede Geſtaltung war

möglich. An einer blutigen Bahre unter den Fenstern des Schlosses hätte nur eine Anrede an die vor Wuth weinenden Menschen gefehlt, ein Gedanke der Sühne oder der Rache feurig ausgesprochen werden dürfen und „alles war vorbei". Wie lächerlich war das, als Fürst Lichnowski vom Schlosse heruntergelaufen kam und rief: „Kinder! Graf Schwerin ist Minister!" Guter Gott, diese Blousenmenschen, jetzt zu allem fähig, sollten sich freuen, daß Graf Schwerin Minister war! Wer war ihnen Graf Schwerin? Was will dieser Mann? Kann der Todte auferwecken? Graf Schwerin, ich sah ihn selbst, ging, sinnend und grübelnd, langsam die Treppe hinauf, die ihn zum König führte, der ihn als einen ehemaligen Oppositionsmann empfangen mußte. Schleiermacher's Schwiegersohn schien sich den Schritt zu überlegen, den er that.

Wieder kam Fürst Lichnowski vom König herunter, ließ sich wieder emporheben und rief: „Kinder, ich gebe Euch mein fürstliches Ehrenwort, ich werde auf dem Vereinigten Landtage für Eure Rechte sprechen! Glaubt mir's, ich spreche für Euch, mein fürstliches Ehrenwort darauf!" Und die Leute fragten: „Wer ist denn nur das? Sein fürstliches Ehrenwort?" Fürst Lichnowski war ein alter Bekannter von mir. Schon von Frankfurt her. Einmal wollte er mich sogar auf die Mensur fordern, weil in meinem „Ein weißes Blatt" ein humoristischer Oekonomierath von spanischen Schafen, die er verschrieb, ausrief: „Sind sie angekommen, die Carlisten?" Wir verständigten uns, lachten noch öfters zusammen und hatten uns erst vor Kurzem bei Fürstin Hatzfeldt in Dresden wiedergesehen. „Ein neuer Gedanke muß in diese Leute geschleudert werden!" rief ich, selbst genug erregt. „Ich habe an den König geschrieben. Hier ist der Brief! Der König soll die allgemeine Volksbewaffnung, die Bürgergarde dekretiren!" — „Her damit!" Lichnowski riß den Brief, den ich nach der ersten Nachricht vom Stand der Dinge geschrieben, an sich und gab ihn dem Polizeipräsidenten Minutoli, der eben zum König wollte. — „Volksbewaffnung?" erscholl eine heisere Stimme hinter mir. „Was denken Sie sich denn unter Volksbewaffnung?" Es war Graf Arnim, der mich mit einem kalten, spitzen Polizeiblick musterte. „Gegen wen soll sich das Volk be= waffnen? Für wen? Warum soll überhaupt bewaffnet werden?

Wir haben jetzt nur Eines nöthig, hier die Menschen vom Schloß wegzubringen! Können Sie das machen? Das ist das größte Verdienst, das sich jetzt hier Einer erwerben kann!" Ein neuer Leichenzug, den man brachte, unterbrach diese Erörterung, die in dem Tumult kaum fortgesetzt werden konnte. Alle Hüte mußten abgenommen werden, selbst die Helme der Soldaten — der Leiche zu Ehren. Fürst Lichnowski, der Fürst vom Ehrenwort, der nimmer Ruhende, nie Verlegene, der damals in Berlin im besten Zuge war, ein Volksmann zu werden, und der vielleicht den Mirabeau jener Zeit gespielt hätte, wenn der später so Unglückliche nicht an den Consequenzen seines polnischen Charakters gelitten hätte, benutzte die Pause und flüsterte mir zu: „Reden Sie in Gottes Namen von der Volksbewaffnung! Das ist etwas, was packt; sie kommt auch noch!" Und schon hatten mich auf seinen Wink zwei kräftige Blousenmänner ergriffen und hielten mich in die Höhe. Da sprach ich denn: „Mitbürger! Berliner! Wir haben große, ereignißreiche Tage erlebt! Die leider blutig ausgefallene Saat wird aufgehen, wird Früchte tragen für unser Aller Wohl! Der Bau der neuen Freiheit soll sich vollenden durch die Volksbewaffnung! Seid heute Nachmittag am brandenburger Thor! Dort werden Euch die Waffen zum Schutz der errungenen Freiheit ausgeliefert werden! Bis dahin lebt wohl!" — „Daß sie uns da wieder im Freien besser treffen!" rief wol ein Zweifelnder laut. Aber der Haufe zerstreute sich doch. Die berlinische Phantasie war auf ein Gaudium angeregt. Waffen austheilen —? Am Brandenburger Thor —? Kurz, meine Worte beruhigten. Sie wurden dicht unter dem vergoldeten Gitter des Königsbalkons gesprochen.

Dem Fürsten Lichnowski mußte ich Vorwürfe machen über sein vorschnelles Handeln. Die Situation, in die er mich gebracht hatte, war für einen sächsischen Hofbeamten bedenklich. Aber, einmal ergriffen von vier kräftigen Fäusten, mit den Beinen mich wehren und schreien: Laßt mich aus! das hätte mir schon selbst einen zu komischen Effekt gemacht. Genug, es war geschehen und gelungen. Aber der bewegliche Pole war längst verschwunden. Nicht un= möglich, daß er sich das Ministerium der auswärtigen Angelegenheiten zutraute. Conservativ oder liberal, das schien ihm gleich, wenn nur

seine Schulden bezahlt wurden. Am Nachmittage wurde in der
That das Zeughaus geöffnet und jene Bürgerwehr organisirt, die —
leider den Erwartungen so wenig entsprochen hat.

Die Gemüther verlangten an jedem Tage eine neue Anregung.
Die Geschäfte gingen nicht nur schlecht, sondern gar nicht. Man
las den ganzen Tag Zeitungen. Abends mußte es irgend eine
Discussion, am liebsten einen Zusammenstoß geben. Schon sprachen
die conservativ und reactionär Gesinnten von Versöhnung. Die
Todten vom Civil sollten mit den Todten vom Militär unter der=
selben Feierlichkeit beerdigt werden. Das Hotel de Russie, meine
Wohnung, bot einen bequemen Saal zur Berathung der vielen
Comité's, die jetzt auftauchten. Hier war auch Max von Gagern
erschienen, um mit einer Anzahl „Vertrauensmännern", zu denen
auch ich eingeladen wurde, die künftige Verfassung Deutschlands zu
berathen. Mancher der Versammelten saß wie vor einem köstlichen
Baumkuchen, den man nicht zuerst anzuschneiden wagt. Bei jener
Begräbnißdebatte wählte man Dr. B. G. Oppenheim und mich, um
eine Erklärung gegen die zu zeitig ausgesprochene Versöhnung nieder=
zuschreiben und sie dann in Gemeinschaft mit Dr. Klein, dem damals
vielgenannten Dramatiker, spätern Geschichtsschreiber des Drama's,
Minutoli zu überreichen. Der Polizeipräsident kam uns schon wieder
mit der Erklärung entgegen, daß von obenher die Trennung des
Begräbnisses bereits entschieden sei. Man regierte also schon nach
dem Wort des Deputirten Mevissen: „Der Politiker muß den
Ereignissen immer um einen Schritt zuvor sein."

Nun erst illuminirte Berlin. Als die Lichter ausgelöscht waren,
alles still und dunkel geworden war, hieß es plötzlich: Der Prinz von
Preußen käme mit dem Militär von Spandau zurück! Die aus
dem Schlafe geschreckte Bevölkerung, die alarmirte neue Bürgerwehr
nahm eine Haltung an, die Berlin in ein neues Saragossa ver=
wandeln zu wollen schien, wenn man diesen Ueberfall und Kampf
hätte wagen wollen. Der König schien entschlossen, sich auch
nichts mehr von Potsdam oder Spandau aufdrängen zu lassen.
Er unterhielt sich mit den Bürgern, die jetzt das Schloß bewachten.
Patrioten, Hofmaler, Hoftapezierer präsentirten das Gewehr, wenn er
vorüber ging. So loyal sich bewacht zu sehen, so gemüthlich reden,

so sich verständigen zu können, das that ihm wohl und am Montag, den 21. März, setzte er sich zu Roß und hielt jenen bekannten Um= ritt durch die Straßen, bei welchem die deutschen Farben aufgesteckt wurden und mit ihnen offen der Gedanke ausgesprochen: Preußen müsse in Deutschland aufgehen. Wenn man diesen Umritt und die Verheißungen desselben später so maßlos außerhalb Preußens an= gegriffen hat, so begeht man die Ungerechtigkeit, gewisse Mittelglieder und jene bindenden Uebergänge nicht zu beachten, die zwischen dieser neuen Gesinnung und den verflossenen Tagen in der Mitte lagen. Es war ungerecht, daß man dasjenige im egoistischen Sinne deutete, was nur im nationalen gemeint war, im Interesse Preußens und Deutschlands zugleich, im Sinne unserer gegenwärtigen, wenigstens urkundlich verbürgten Reichseinheit.

Alle folgenden Stunden boten allerdings wieder eine Reihe von Demüthigungen für die Monarchie. Die Polen wurden aus dem Gefängniß entlassen und auf einem zum Triumphwagen umgeschaffe= nen Fiaker unter die Portale des Schlosses gezogen. Der König hatte auch diesen, wie gestern den Leichen, die Honneurs zu machen. Ich beobachtete mit dem schärfsten Augenglase, in welchen Kampf und Zwiespalt ihn diese Scene versetzte. Die kurze und ungeduldige Art, die in seinen Mienen lag, war ohne Zweifel die Abneigung gegen ein so gefeiertes, mit Blumen bekränztes Polenthum. Aber der letzte Kelch der Demüthigung stand noch bevor. Das Begräb= niß der Gefallenen. Ein Fürst, der das Bewußtsein des Sieges gehabt hätte, würde eine solche Verherrlichung des Aufstandes weder geduldet, noch weniger ihr beigewohnt haben. Aber der Bedauerns= werthe trank auch diesen Kelch bis auf die Neige.

Mir persönlich wurde dieser Tag verhängnißvoll. Meine Frau, angegriffen schon von Dresden gekommen, war durch die Revolution in lebhafteste Aufregung versetzt. Sie wollte dem Leichenzuge zusehen. Einige Fenster wurden freundlich in der Königsstraße gewährt. Man sah das Betrübendste. Die Todten hatte man nicht etwa in Bausch und Bogen genommen und auf einige Wägen gestellt, die man mit Traueremblemen geziert hätte. Nein, man stellte dem gedemüthigten Fürsten hundert und neunzig einzelne Särge vor, jeden mit den Zeichen der Liebe geschmückt, jeden auf

sechs rüstigen Schultern getragen. Erschütternd war dies Nicht=
endenwollen, diese Bestätigung eines Faktums, das zu denen gehörte,
die sonst so leicht übertrieben werden. Oft wurde die Reihe der
Särge durch die Fahnen der Gewerke und das eigene zahlreiche
Erscheinen der letzteren unterbrochen. Man glaubte dann, die Todten=
reihe sei beendigt. Da bog aber um die Ecke wieder ein neuer
Zug. Es währte stundenlang, die Luft war rauh, meine Frau ging
erkältet nach Hause. Schon am Abend trat Fieber ein.

Von jetzt ab war mein Herz auf's schmerzlichste getheilt. Im
Hotel die stete Aufregung durch Clubbs und neue Zumuthungen zur
Theilnahme am allgemeinen Aufschwunge; in den engen Wohnräumen
der Schwester die immer mehr erkrankende Gattin. Bei alledem
ließ ich, um der sich so außerordentlich beschränkt äußernden politischen
Urtheilskraft des Berliners, der so lange Jahre in systematischer
Verachtung des Constitutionalismus erzogen worden war, dann dem
geringen Antheil am allgemeinen Schicksal Deutschlands, dem kalten
Anstarren und Nichtverstehen der schwarz=roth=goldnen Fahne in etwas
zu steuern, bei Robert Springer eine „Ansprache an die Berliner"
drucken und kämpfte dabei jede Einrede: Was wagst du für deine
Rückkehr nach Dresden! mit Gleichmuth über die Folgen nieder.
Schon schrieb man mir von dort, daß die Worte, die ich am
Schloß doch nur zur Beschwichtigung gesprochen, als aufwiegelnde
gedeutet worden seien! Aber das Geschick selbst trat mir
hemmend genug in den Weg. Ich mußte fehlen bei dieser Be=
rathung, bei jenem Beschluß; der Zustand meiner Frau verschlim=
merte sich zum Hoffnungslosen. Kaum konnte ich mich noch von
ihrem Lager entfernen. Ich mußte die Welt toben, die nächtlichen
Alarmirungen der Bürgerwehr rasen lassen. Wenn ich nur Ruhe in
nächster Nähe hätte schaffen können! Einem Typhuskranken ist schon
das geringste Geräusch wie Donnerton. Schon um fünf Uhr
Morgens breitete ich Stroh über die Straße aus, um wenigstens
das Wagenrollen in einer der belebtesten Straßen abzudämpfen.
Zwei Aerzte, Koner und Barez, umstanden das Lager, wo die
Kranke in Phantasieen lebte, die, ein leidiger Trost, nur glückliche
gewesen schienen. Der Typhus ergriff in denselben Räumen auch
den Sohn meiner Schwester. Ich harrte aus bis zur letztlichen

Entscheidung, die in der Nacht vom Gründonnerstag auf Charfreitag erfolgte.

Traurige Ostern! Einen Priester in diesen wilden Tagen zur Osterzeit an einen frischaufgeworfenen Hügel entbieten zu können, war nicht möglich. Das stille Gebet der Leidtragenden, der schnell herbeigerufenen Kinder, faßte zusammen, worin zumeist das frühe Ende einer edlen harmlosen Natur so rührend und tragisch war. Wer dem Leben, das hier dem Schooß der im Frühlingsgewande aufgegangenen Erde übergeben wurde, ferngestanden, konnte die Katastrophe, die hier stattgefunden, nicht ganz verstehen. Dem Trost, den mir ein geistvoller rabbinischer Gelehrter, der uns befreundete Dr. Zunz, gab: „Der Mensch hilft sich durch das allgemeine Gattungsgefühl!" mußte ich lange nachdenken. Der Selbsterhaltungs= trieb, die Abwechselung von Raum und Zeit waren gemeint; doch wollte für's Erste der Trost nicht anschlagen.

In dem wüstgewordenen, jeden Tag neue, unangenehme Ueber= raschungen bringenden Berlin mochte ich nicht länger weilen. Die Kinder nahm die Mutter der Dahingegangenen in ihre Obhut. Ich wollte den Rest meines Urlaubs irgendwo in einem stillen Badeorte zubringen und wählte Warmbrunn, wo ich die in Berlin begonnene dramatische Arbeit beendete. Die zauberische Umgebung Warmbrunns, das Riesengebirge mit seinen Wasserfällen und Waldgründen, der Kynast mit seinem Waldecho und dem Blick bald in die Tiefe, wo Hermsdorf von blühendem Hollunder durchzogen lag, bald in die Ferne, wo malerisch gruppirte Kirchthürme im sonnigen Nebel glänzten, Ausflüge nach Hirschberg, Erdmannsdorf, Schloß Fischbach beförderten die Genesung des an einem hier nicht zu schildernden besonderen Leid kranken Gemüths. Das Allgemeine, das Schicksal der Gattung sprach mir aus dem abendlichen Geflüster des jungen Laubes der Gebüsche Trostreiches über Unsterblichkeit. Geisterhaft umgab mich die entschwundene Erscheinung; oft glaubte ich in abendlicher Stille des Zimmers mit ihr sprechen zu müssen. Die später in meinen Roman „Die Ritter vom Geiste" aufgenommenen Gedichte stammen aus diesen Tagen. Manches drängte sich zum Trost auf, was ich zu diesem Zweck nicht gesucht hatte

Dem nun plötzlich Witwer gewordenen Dramaturgen kamen in

Dresden Condolationen und in der That keine Vorwürfe über seine politische Haltung entgegen. Giengen doch auch in Sachsen die politischen Wogen hoch genug! Die Vereine waren maßgebend geworden. Sachsen hatte Märzminister bekommen, wie fast alle Bundesstaaten. Von der Pfordten schien ein ehrlich liberaler Minister werden zu wollen. Die Vorstellungen im Theater, klagte mir mein Chef, würden nicht mehr besucht. Aber sie wurden es überall nicht. Da war gut „Boden gewinnen“, Herr Eduard Devrient! Man konnte die Vorstellungen noch so anziehend zu machen versuchen, die Clubb's, die Verstimmung der höheren Klassen, des Militärs ließ sie das Theater vermeiden. Ich waltete mit Ruhe meines Amtes, mischte mich nicht in die Lokalpolitik, wofür ich mich zu wenig in die sächsischen Voraussetzungen hatte vertiefen können, behielt aber die große deutsche Bewegung im Auge. Im Herbst 1848 ließ ich ein Botum hinausgehen: „Deutschland am Vorabend seines Falles oder seiner Größe“. Ich führte darin die schärfste Sprache. Denn immer düsterer wurde der Horizont. Die Parlamentsaufgabe schien verpfuscht. Der Reichsverweser escamotirte mit seinem klugen Schmerling alle Hoffnungen auf die Realisation des königlichen Umritts von Berlin. Mit Oesterreichs Macht buhlten Männer, von denen man sich den kurzsichtigen politischen Blick am wenigsten erwartet hätte. Das Parlament hatte Zeit zum Ausbrüten aller möglichen Theorieen. Denn nach außen war Alles still, wenigstens bedrohte uns Niemand außer, in der Phantasie des Volkes, Rußland. Oesterreich war vielleicht in Wahrheit zu fürchten. Ich konnte damals schreiben: „Lamartine's Manifeste haben den Völkern den Frieden angekündigt! Also endlich scheint der Mensch wieder erlöst von den drückenden Verpflichtungen des Bürgers! In Lamartine's Ankündigung der französischen Republik kommt uns die Erde wieder vor wie ein Spielplatz des Glücks! Alle Güter derselben scheinen uns dargeboten und das Elend ist verbannt! Als der Dichter sein Programm schrieb, da sah die Arbeit sich nicht nur vom Erfolge gekrönt, sondern auch gefeiert, mit Kränzen umwunden. Die Republik war in Lamartine's Auslegung ein Zauberwort. Ledrü Rollin gab dieser Auslegung einen Schein von Wahrheit. Er baute das Gerüst, das Lamartine mit Blumen schmückte. Louis Blanc

predigte, daß auf diese Blumen Früchte folgen würden. Allerdings
griff er der Natur durch das Treibhaus vor und wollte für die
Sonne den Ofen setzen —" u. s. f. Frankreich hatte vollauf mit sich
selbst zu thun. Nur Oesterreich und Rußland schienen Deutschlands
Verfall, nicht dessen Größe zu wünschen. Der Dresdener Dramaturg
wagte zu schreiben: „Italien, du armes, reiches Land! Land der Wun=
der und der Alltäglichkeit! Gewohnt, unter zerschlagenen Trümmern
zu leben, nur aus deinen Myrthen= und Oleanderbüschen von dem
gebrochenen Auge einer schöneren Vergangenheit begrüßt zu werden,
hast du dich seit Jahrhunderten gewöhnt, fremden Herren zu ge=
horchen! Aber sollten die Elemente eines einigen und würdigen
Nationallebens nicht auch auf deinem Boden vorhanden sein können?
Mag sich in die Bewegung des Kirchenstaates Theatralisches ge=
mischt, mag die mit bunten Lappen ausgezierte Phrase Harlekinaden
aufgeführt haben, kein Volk kann gegen seine Natur. Der Süden
schreit nun einmal und lärmt und die Komödien, die bei uns in
Bierstuben, bei Tabaksqualm und dem parlamentarischen Formel=
wesen der Vereine stattfinden, führt man in Italien ungezwungen,
am offnen Tage, unter blauem Himmel und Sternenschein auf.
Das naive Verhältniß des Papstes zu allen diesen Bewegungen ist
ebenso charakteristisch, wie wenn sich Kaiser Nicolaus in Petersburg
den Batuschka des Vaterlandes nennen und in den Straßen die
Zipfel seiner Kleider küssen läßt. Und nun geht nach Mailand,
Verona, Venedig, Padua, Pavia und fragt, ob es Oesterreich ver=
standen hat, in Italien ein Volk wie das deutsche zu vertreten?
Nein, wir erkennen uns selbst nicht wieder in Metternichs Regierungs=
methode" u. s. w. Diese schilderte ich. Ich schilderte Oesterreichs
Vergangenheit als die ewige Störerin der Hoffnungen auf Deutsch=
lands Einheit. Ich erklärte eine deutsche Einheit mit Oesterreichs
Eintritt nur für möglich, wenn Oesterreich nicht als Kaiserthum,
sondern mit geringerer Würde, lediglich für seine 6 Millionen Deutsche
einträte. Dem Wirrsal über die zu erhoffende Reichsverfassung
gegenüber schlug ich vor: Deutschland sei in seiner Totalität, in
seiner Centralgewalt Republik, in seinen Bestandtheilen Monarchie!
Ein aus dem Parlament und Fürstenrath hervorgegangener Reichs=
kanzler regiere die Einheit von sechs Königreichen, Preußen, Deutsch=

Österreich, Bayern, Würtemberg, Hannover, Sachsen. Die letztern Staaten sollten die kleineren Fürstenthümer in sich aufnehmen. Die Dinge waren im Fluß. Es war ein Vorschlag wie so viele andere auch. Ob das Buch beachtet wurde, ich konnte es nicht verfolgen. Mich riefen die Pflichten des Amtes in die Werkstatt der Musen zurück. Draußen in der Welt verschlang eine Erscheinung die andere.

Meinen „Ottfried" konnte nicht einmal das selbstgeleitete Theater spielen! Es fehlte eine Darstellerin des Salons, die mit Maria Bayer einen harmonischen Wettkampf auf der Bühne wiedergegeben hätte. Eine Antonie Lebrün hatte sich ein wunderlicher Engländer, Mister Don, vom Theater weggenommen. Einmal hatte dieser das Polizeivergehen abzusitzen, daß er Eau de Cologne-Flaschen in die Briefkästen entleerte, um den Verläumdungen der Correspondenzen zu steuern. Ein mit wärmster Hingebung an die Sache geschriebenes Trauerspiel „Wullenweber" konnte vor Ueberfülle des Stoffes nicht zu nachhaltiger Wirkung gelangen. Die Geschichte hatte hier den Rahmen zuweit gespannt. Schweden, Kopenhagen, Lübeck, Hamburg, Braunschweig ließen sich in der Phantasie des Zuschauers nicht vereinigen.

Nachtheilige Rückwirkungen meines nach allen Seiten hin rücksichtslosen politischen Buches (ich hatte gesagt, wenn sich die Hohenzollern nicht endlich offen und ehrlich dem Zeitgeist fügten, würden sie das Schicksal der Bourbonen erleben) auf meine amtliche Stellung erfuhr ich nicht. Wenigstens nicht sichtbare. Im Gegentheil, von der Pfordten, mit dem ich gelegentlich zusammenkam, forderte mich auf, ihm, dem Hausminister, dem das Theater mit seinen enormen Kosten für das Königliche Haus, richtiger für die Stände, untergeben war, ein Memoire über die Mängel des Königlichen Theaters zu schreiben. Ich that dies ohne alle Scheu vor Verhältnissen oder Personen und that es um so mehr, als sich auch Eduard Devrient mit seinen Auffassungen über Bühnenwesen, seinen Reformplänen hervordrängte und eine Schrift über ein neuzubildendes Nationaltheater hatte erscheinen lassen, das ihn schon damals zum Don Quixote einer vergangenen Auffassung des Theaters machte. Ich schrieb an von der Pfordten: „Man

setzt, z. B. in Herrn Devrient's neuster Schrift, so ohne Weiteres
voraus, daß der Staat die Bühne in Obhut und Pflege zu nehmen
habe, während unsre Zeit grade das Bestreben hat, jeder moralischen
Thätigkeit nur Freiheit und Bewegung zu garantiren und im Uebrigen
ihr zu sagen: Hilf dir selbst! Ich weiß wahrlich Kunstliebe zu
schätzen, wenn Fürsten oder Stände Opfer bringen wollen. Aber
so ohne Weiteres die Bedürfnisse der Bühne und deren Deckung
durch den Staat als sich von selbst verstehend hinzunehmen, wie dies
in der Schrift des Herrn Devrient geschieht, heißt sich nur in der
langjährigen Gewöhnung eines Hofschauspielers sicher und behaglich
fühlen. Der Schauspieler ist in diesem Devrient'schen National=
theater Alles. Aber im Gegentheil ist das Theater immer nur der
Durchgang und die Vermittelung dritter Interessen gewesen, der
Interessen der Bildung, des Zeitgeistes, vor allem der Literatur,
Interessen, die Herr Eduard Devrient als obere Reglerin und
berufene Lenkerin der Bühne zu wenig anerkennt." Diese Sprache
drückte die Verurtheilung des Devrient'schen Systems, seines auf=
gepäppelten Ensembleschauspiels aus. Ungeheure Summen vom
Staate ziehen wollen für ein mittelmäßiges Komödiespielen oder mit
Verachtung und Umgehung der zeitgenössischen Literatur dramaturgische
Alfanzereien treiben, das ist nicht mehr die Losung der Zeit. In
Betreff Dresdens gingen meine Vorschläge auf eine Trennung des
katholischen Kirchendienstes vom Theaterdienst, auf die Wahl der
Regisseure aus dem Schooße der Schauspieler selbst, auf größere
Machtvollkommenheit des Dramaturgen. Von der Pfordten schrieb
mir: „Ich theile Ihre Ansichten und würde im Sinne derselben
gewirkt haben, wenn ich in den Geschäften geblieben wäre." Nach
Robert Blum's Erschießung trat er von seinem Posten zurück.

Die Verkürzung der Hülfsmittel zur Existenz war plötzlich
eine so allgemeine, die Theaterlust in ganz Deutschland eine so
geringe geworden, daß ich alles am Hoftheater zahm geworden fand
und bei Wiederaufnahme meiner Thätigkeit kaum andre Schwierig=
keiten zu überwinden hatte, als die gewöhnlichen, an denen jeder
Dramaturg, der nicht die Hand auf dem Ausgabeetat mitliegen hat,
scheitern muß. Nur dann gehorcht die „Kunstgenossenschaft" drama=
turgischen Weisungen, wenn sie in Erfahrung gebracht hat, daß ihr

Wohl und Wehe, die Verlängerung ihrer Contracte von ihrem Ver=
halten gegen den Mann abhängig ist, der ihnen zumuthet, eine Scene
auf der Probe dreimal zu wiederholen. Auf mein immer noch nicht
versiegtes Gefühl, daß ja allen Mitgliedern mein guter Wille bekannt
sein müsse, auf die Voraussetzung, man wisse meinen durchaus ab=
wesenden Zweck, irgend Jemand kränken zu wollen, machte ich bei
den Proben meine Bemerkungen in flagranti. Ich rief in ein
falsches, gedankenlos an wichtigen Stellen vorüberschlüpfendes Spiel
sofort ein Bitte! hinein, äußerte meine Ansicht und verfuhr allerdings
darin anders, als Herr Eduard Devrient. Dieser hatte als Regisseur
die Autorität, die Probe als solche zu sistiren, den grade sprechenden
Schauspieler beiseite zu nehmen und ihm einen dramaturgischen Leit=
artikel zu flüstern, wie sich solche mein Widersacher noch später erlaubte,
wo derselbe nicht mehr Regisseur war, nur noch Vater einer Tochter,
die durchaus ein Bühnentalent sein sollte. Die übrigen Mitglieder
sahen dann dem Unterricht, der zweckmäßiger zu Hause gegeben werden
konnte, verzweifelnd zu, zogen die Uhr, seufzten und verwünschten
ein System, das sie erst um zwei Uhr zum Mittagessen kommen
ließ. Eine solche Behandlung der Proben stand mir kaum zu.
Sollte ich aber darum nach jeder confusen Scene, nach jedem kopflos
gespielten Moment eines eingebildeten Matadors hinter ihm herlaufen
und hinter den Coulissen mit ihm flüstern, während mir draußen auf
der Bühne eine effectvolle Scene ohne meine Gegenwart abrollte und
die Schauspieler, denen ich von der gestrigen Probe her noch etwas
zu sagen hatte, sich schon wieder in alle Winkel des Theaters zerstreut
hatten? Die größte Fahrlässigkeit einer neuengagirten Anfängerin
wäre auf diese Art, wenn mein stiller Verderber, Dittmarsch, die
Regie führte, ungerügt vorübergegangen. Nach der zweiten Scene
hatte er schon die erste vergessen. Nein, man muß das materielle
Schicksal der Schauspieler in Händen haben, wenn man ihnen
künstlerisch etwas abgewinnen will. Nur einem solchen gestatten sie
eine offene Belehrung auf der Probe und unterlassen es, ihm
durch fingirte Schwierigkeiten über Rechts und Links, Kommen
oder Gehen, durch eine Chicane nach der andern, ein Bein zu stellen.
Letzterem kam ich durch die sorgsamste Vorbereitung auf meine Proben
zuvor. Ich hatte zu gründlich die französischen Mises´-en-Scène

studiert, um zu wissen, wie oft sich die Stellungen verändern und
wie man dem Geschrei des Spielers vorbeugen müsse, wenn er ruft:
Ich soll das der Königin heimlich sagen und die steht ja drüben!
Meine Behandlung der Volksscenen beruhte theils auf Eintheilung
in mehrere Gruppen, die Verschiedenes zu sprechen hatten, nicht, wie
gewöhnlich vorgeschrieben, Allgemeinheiten, sondern ausdrückliche Worte,
theils auf Verhinderung des Vorrennens von 20—30 Leuten bis
in die Mitte. Ich brachte in meiner Einrichtung von Coriolan,
von Julius Cäsar, die Vorstellung eines rauschenden Gewühls
im Forum dadurch hervor, daß ich die Schreier in den Seiten=
coulissen zurückbehielt und so die Phantasie der Zuschauer anregte, sich
diese sichtbaren Lärmer als die Spitze eines wogenden Gewühls hinter
der Bühne zu denken. Meine Einstudierung des „König Johann"
suchte ihres Gleichen an Präcision. Das Ensemble von sieben handeln=
den Personen auf der Bühne am Schlusse des zweiten Aktes kam
dem besteinstudierten Opernfinale gleich. Mein System war, nach
und nach vorzügliche klassische Stücke in neuer Bearbeitung und mit
der Inspiration des in mir (ich sage es offen) „latenten Schauspielers"
herauszubringen, dazwischen die laufende Produktion zu ermuthigen,
ja ihr meine Erfahrung, meinen Rath, meine Aenderungsvorschläge
anzubieten. Emil Devrient hat nie eine Rolle von mir anders ge=
spielt, als wenn ich sie ihm vorgelesen hatte, sie bis tief in die Nächte
mit ihm durchgegangen war. Doch ich breche ein Thema ab, auf
das sich bei Betrachtungen über die deutsche Bühne an anderer
Stelle zurückkommen läßt.

Nur um ein Bild zu geben, wie eine Thätigkeit, für deren An=
erkennung ich noch nie die Feder angesetzt habe (ich hätte, wie gesagt,
in einer dramaturgischen Selbstschau nur die Darsteller anerkennend
zu würdigen brauchen und die kurze Zeit meines Wirkens würde
sich auch ihnen gegen spätere Zeit werthvoll abgehoben haben),
doch vollständig die Muße eines Lebens in Anspruch nehmen
konnte, ohne daß mir auch nur annähernd ein entsprechender Lohn
dafür verschafft wurde, so stelle ich aus Aufzeichnungen nur ein
paar Wochen der dramaturgischen Thätigkeit der letzten drei
Monate meines Amtes her. Februar 1849. — „Moderne Freund=
schaft" von Scribe. Gelesen und theilweise geändert. Angenommen.

„Salzdirector" gelesen. Unbrauchbar. „Der Pardon" gelesen, theilweise geändert. Empfohlen. „Rafael Sanzio" von Wollheim. Drei Proben und ein lebendes Bild zu stellen. Otto Ludwig reicht eine Dramatisirung der E. T. A. Hoffmann'schen Novelle „Das Fräulein von Scudery" ein. Ich schreibe dem Autor ausführlich meinen Eindruck. Ein Stück von Behn-Eschenburg in Dresden macht eine mündliche Verhandlung mit dem Verfasser nöthig. Gustav Mosen, ein Bruder Julius Mosens, schickt einen „Sohn der Heide." Mündliche Motivirung der Unbrauchbarkeit. Ein Brief nach Stutt= gart über zwei unbrauchbare gelesene Dramen von Hartmann. Der Oberlieutenant Naundorf greift mich über die Kürzungen, die ich in den Piccolomini's gemacht, brieflich an. Briefwechsel mit ihm. Lese= probe von Cinq Mars von C. May. Räder bringt eine neue Posse. Lüttichau wünscht das und das geändert. Zwei Briefe wegen Engagements. Die „Quälgeister" gelesen und etwas modernisirt. Fünf Stücke gelesen und abgelehnt. Vom 14. an vier Theaterproben von May's Cinq Mars. Emil Devrient wird immer reizbarer. Einschlagende Novitäten giebt es nicht. Briefe geschrieben an Schau= spieler und Dichter. Frau Pauline Stolte, ein Talent, doch ohne stundenlanges Einexerciren nicht auf die Bühne zu lassen. Ein Probespiel. Otto Ludwig anerkennt meine Beurtheilung seines „Cardillac", will aber keine Veränderungen machen, sondern die ganze Arbeit aufgeben. Studien über die Möglichkeit einer Auf= führung des zweiten Theils von „Goethe's Faust — —" Doch bei diesem Thema, wo ich etwas leistete, das dem ganzen Theaterleben un= bekannt geblieben zu sein scheint, breche ich lieber ab. Wollte ich die Einzelnheiten ausführen, so hätte ich aus zwei Jahren 4 Monaten, so lange dauerte mein Amt, Material zu drei Großoktavbänden einer selbst für die Fachleute — langweiligen Theatergeschichtschreibung gehabt.

Es war der dresdener Maiaufstand ausgebrochen. In den ersten Tagen kündigte sich derselbe so schreckhaft an, daß die Inten= danz, ohnehin von den Zeitumständen bedrängt, von einem Para= graphen der sämmtlichen Contracte Gebrauch machte und den nicht lebenslänglich Angestellten kündigte. Das dresdener Hoftheater hörte auf. Es wurden sogar Tichatscheck, Johanna Wagner, Frau Bayer=

Bürck, Räder und Andere ihrer Fesseln los und ledig und konnten andere Verbindungen eingehen. Die „Kunstgenossenschaft" stob auseinander. Wo sich so viele Verhältnisse lösten, so viele der Mitglieder in Verzweiflung geriethen, konnte der Luxusartikel eines Dramaturgen nicht aufrecht erhalten bleiben. Auch diese Ersparniß der achthundert Thaler mußte gemacht werden. Niemand war froher, als ich, der ich mich endlich wieder mein eigner Herr, Herr meiner Zeit und Muße, Herr meiner Meinungen und Selbstentwicklung, meiner Zukunft nennen konnte. Denn das Wirken für die Bühne gleicht dem Schöpfen in ein Sieb. Das kaum Gestaltete zerrinnt unter den Händen. Was sich für einen Abend mühsam Leben gewonnen hat, das zerstört schon beim Nachhausegehen der Anschlagzettel für den folgenden Abend. Diese Tragik kann man auf die Länge liebgewinnen, man kann sie als Ersatz für die Halbheiten des Lebens hinnehmen, ja sogar den Glauben hegen, es summire sich doch zuletzt Stunde auf Stunde und selbst bei dem scheinbaren ewigen Kritzeln in fließendes Wasser komme am Ende doch noch ein Resultat heraus und sei es nur die Anerkennung der treufleißigen Arbeit und des hoffnungsseligen Glaubens —! Dann aber müssen, um einen solchen, für Andre nicht spannenden „Roman meines Lebens" abzurunden, andere Bedingungen hinzutreten. Garantieen materiellen und moralischen Gewinnes müssen solchem „Wirken auf den Tag" geboten sein.

Die Maitage, mit wundervollem Wetter hereinbrechend, waren bei mir der vollständige Gegensatz zu den Märztagen. Hatten mich diese bis zur Leidenschaft aufgeregt, so ließen mich jene kalt, kalt bis zur Ironie trotz Kanonendonners und Spitzkugelpfeifens. Ich besaß keine besondre Sympathie für das durch die Reichsverfassung Errungene. Die lokale Form, die den Widerstand des Königs gegen die neue Reichsverfassung brechen wollte, bot mir nicht, wie den gebornen Sachsen, Richard Wagner u. A., gemüthliche Anknüpfungen. Meine Gesinnung hatte ich offen genug ausgesprochen; aber dem Wirken der Vereine entnahm ich nur zu bald, daß sie bestimmt waren, einzelne Namen auf den Schild zu heben, Namen, mit denen ich, um ihrer Vorzüge oder ihrer Mängel willen, nicht wetteifern mochte. Der Eine hatte stärkere Lungen als ich, der Andre eine schärfere

juristische Unterscheidung. Es brach auch darin eine neue Zeit an,
daß der politische Matador, der wählbare Wähler, der Clubbredner,
der Parlamentsredner das Quantum von Oeffentlichkeit in Anspruch
nahm und ausfüllte, das überhaupt das Publikum vertragen kann.
Nirgends war das Schaffen solcher homines novi mehr im Gange
als in Berlin.

Au meinem Fenster zischten die Kugeln vorüber. Glücklicher
Weise war die dem Gebirge zugewandte Seite Dresdens von
Gefahren frei. Das schrille Pfeifen der vom Gewandhause aus unsrer
Gegend zugedachten Geschosse machte sich namentlich bei nächtlicher
Stille unheimlich. Ein armer Polizeidiener, der sich sicher glaubte,
brach unmittelbar in meiner Nähe, am Café français, von einer
Spitzkugel getroffen, zusammen. Carus, Rietschel, auch der zweite
Leibarzt des Königs, von Ammon, Letzterer eine wohlthuende, immer
liebevoll auf mich eingehende Persönlichkeit, viele andere Bekannte
trafen sich auf kugelsichern Stellen der Stadt und tauschten ihr
Wissen um das Bevorstehende oder schon Zurückgelegte in dem un=
glücklichen Kampfe aus. Unser Chef Lüttichau, den ich beim ersten
Sturm aufsuchte und ihm anzeigte: „Eben wird vom Rathhaus die
provisorische Regierung angekündigt!" antwortete mit vergeblichem
Ringen nach Fassung: „Anschlagezettel! Königliches Theater aufge=
hört! Alle Mitglieder entlassen!" Er sann nur, wie er es anstellen
sollte, nach Pillnitz zu kommen und seine dortige schöne Villa „vor
Plünderung" zu sichern.

Einen Spaßmacher hatte ich in diesen trüben Tagen für meine
Kinder festgehalten, einen unfreiwilligen Komiker, einen sogenannten
„Wiener Flüchtling" in Schnurjacke, hohen Lederstiefeln und Ungarmütze.
Während nirgend Lebensmittel zu haben waren, ließ ich den Narren,
der sich Literat nannte, an meinem Tisch essen. Meine Kinder
lachten über seine Aufschneidereien. Auch wanderten wir zusammen
in den Plauenschen Grund, wo ich im Anblick der Zuzüge, der
fanatischen Stimmung des Volkes, beim Anhören des Kanonen=
donners, zuweilen doch mit Schmerz ein Wort ausstieß, das ich
mir in Sachsen, sächsische Sprechweise aus Scherz nachahmend,
angewöhnt hatte: Jessus! Jessus! Hat dieser Hanswurst später in
einem Buche sich die edle Freiheit genommen, zu erzählen, ich hätte

bei jedem Kanonenschuß einen Angstruf: Herr Jesus! ausgestoßen! Und woher diese Lüge elender Undankbarkeit? Der eingebildete Geck befolgte nicht meine Warnung, seine auffallende Kleidung zu tragen. Einer Dame wegen, der er den Hof zu machen behauptete, wollte er noch Abends in die Neustadt hinüber. Dies hoffte er vom Linke'schen Bade aus ermöglichen zu können. Er wurde gefangen genommen und in eines der vielen schnell improvisirten Gefängnisse geführt. In dem erwähnten Buche spricht er das Verlangen aus, ich hätte alle eisernen Colonnen der siegreichen Regimenter durchbrechen und in allen Kasernen, wo jedem Civilisten nicht eben sanft begegnet wurde, nach meinem Mann mit der Ungarmütze fragen und mich für seine unschädliche Gesinnung verbürgen sollen. Und das in einer Zeit und unter Umständen, wo schon bei der nächsten Straßenecke uns eine Schildwacht anfuhr: Wo ist Ihr Passierschein? Ich hatte für den Fall, daß der knabenhafte Geck endlich frei würde und sich wieder in meiner Wohnung melden sollte, meiner Wirthschaftsführerin für ihn eine Summe Geldes zurückgelassen.

Erlöst von einem Verhältniß, das ich mit Begeisterung angetreten hatte, das ich aber den Mächten, die einmal unser deutsches Theater regieren, von Herzen allein überließ, sagte ich auch der noch lange unter Trümmern herrlicher Gebäude rauchenden Stadt für einige Zeit Lebewohl und suchte mich im Kreise der nächsten Angehörigen meiner so früh dahingegangenen Gattin in Frankfurt am Main zu stärken und zu erheben.

Der badische Aufstand, die Auflösung des Parlaments boten freilich neue erschütternde Eindrücke. Ich gieng darüber wie in der Irre. Nur die Vertiefung in geistige Aufgaben konnte dem zu schmerzlich bedrückten Gemüthe Befreiung geben. Mein Intendant schrieb mir, König Friedrich August wünschte, daß ich das von mir eingereichte Programm zur hundertjährigen Geburtsfeier Goethe's noch ausführte. So wurden denn im August des traurigen Reaktionsjahres von mir noch in Scene gesetzt: Zum Vorabend am 27. Torquato Tasso, in welchem die beiden Brüder Emil und Eduard Devrient als Tasso und Antonio dem Publikum den besondern Genuß boten, die Privatempfindungen derselben, den gegenseitigen Haß, in den leidenschaftlichen Scenen mit unverstellter Natürlichkeit

ausbrechen zu lassen. Den Abend des 28. leitete ein Gedicht
Theodor Hell's ein, von Frau Bayer-Bürck mit gewohnter Innigkeit gesprochen. Dann folgte das kleine Schäferspiel Goethe's:
„Die Laune des Verliebten", hierauf eine Anzahl von mir ausge-
suchter lebender Bilder nach bedeutenden Meistern und zum Schluß
der oben angedeutete Versuch, theatralisch Brauchbares aus dem
Zweiten Theil des Faust festzuhalten und wiederzugeben. Es paßte
für das zweiaktige Ganze, das ohne besondern Zwang entstand,
der Titel: „Der Raub der Helena." Nur mußte die Musik stark
eingreifen und sowohl die Lücken und Uebergänge verdecken als die
starken Anmuthungen an märchenhafte Voraussetzungen unterstützen.
C. G. Reissiger, der Biedermann, leistete mit seiner Composition so
Werthvolles, daß man beklagen muß, wie die Sitte der großen
Bühnen, Nichts von einander anzunehmen, eine vollständige Nicht-
berücksichtigung meines Versuches im Gefolge hatte. Denn die
ausgezeichnet gelungene Reissiger'sche Musik schon allein hätte den
Versuch der Uebertragung lohnen können. Theodor Liedtke spielte
den an sich unerquicklich, ich möchte sagen, zu goethisch gewordenen
Faust, der sich mit dem Zaubergebilde der Helena, das ihm Mephisto
gestellt hat, vermählt, wodurch gewissermaßen Goethe's Doppelnatur,
die deutschvaterländische und die griechischkünstlerische, erklärt werden
soll. Die Scene am Hofe, des Dichters zahmer Spott auf weimar'sche
Zustände fand besondern Anklang. Leider blieb Liedtke bei der dritten
Vorstellung auf seiner Luftfahrt, die er aus den Armen der sich in
Wolken auflösenden Helena machte, in dem Tauwerk der Maschinerie
hängen und glaubte so sehr sein Leben in Gefahr, daß er
mit den Schnürbodenarbeitern vor allem Publikum menschlich zu
zetern anfing. Seitdem war die Wiederholung unmöglich. Für
den dritten Tag der Feier hatte ich ein dramatisches Bild
aus Goethe's Jugendleben: „Der Königslieutnant" versprochen,
das denn auch unter erschwerenden Umständen gegeben wurde.
Denn die Darstellerin des Wolfgang konnte zu wenig französisch,
um kräftig und mit Sicherheit ihren Part herauszubringen, und
Eduard Devrient, der den Thorane spielte und sich als Refügié
gewissermaßen doch in seiner Familiensphäre bewegte, war entweder
vor lauter Bestreben, „das Ensemble zu fördern und nicht aus dem

Rahmen zu fallen", oder in Folge der ihm angebornen absoluten
Uninteressantheit seiner Erscheinung auf der Bühne so langweilig,
daß genanntes, bekanntlich noch heute lebende Gelegenheitsstück für
immer begraben gewesen wäre, hätte das Schicksal des Stückes
durch diese Vorstellung entschieden werden müssen. Ein neuer
Beweis für die Thatsache, daß, so oft Eduard Devrient in seinen
Büchern gegen die „Virtuosen" eifert, sich der Kunstrichter, der diese
so sicher auftretenden Auslassungen liest, unter einer so verpönten
Gattung von Schauspielern in der Regel Darsteller von Interesse
und Genie zu denken hat, Darsteller, die zu fesseln, hinzureißen ver=
stehen, Darsteller, welche die von Andern „umgebrachten" Rollen wieder
zum frischen Leben auferstehen lassen. Die Klage um die Störung
des „Ensemble" ist der Vorwand der Mittelmäßigkeit, deren
Repräsentant Eduard Devrient in allen seinen Unternehmungen
gewesen. Später begab er sich, in der Erkenntniß, daß Dresden
auch für ihn keinen „Boden" hergab, nach Carlsruhe. Warme,
theilnahmvolle Wünsche rief ich ihm damals in längerer, gebundener
Rede vor den ersten Notabilitäten Dresdens zu. Sein Dank für
mein jahrelanges freundliches Entgegenkommen ist die hämische
Herabsetzung meines kurzen, von den mißlichsten Zeitumständen ge=
störten Wirkens, der Ueberfall, den er mir und Andern „nach seinem
Tode" zugedacht hatte. Von Carlsruhe ist nichts von dem Manne
bekannt geworden, als ein Gewebe von Cliquen= und Protektions=
wesen, letzteres sogar angewandt auf seinen eignen Sohn.

Die Erfahrung, daß man in der Welt abhängig ist von Im=
pulsen, über deren Kommen und Gehen man nicht gebieten kann;
die Erfahrung, daß man Sklave der Umstände ist, die unserm Leben
und Streben eine Richtung geben, die wir einschlagen, obschon wir
ahnen, daß sie ein Irrweg sei; die Erfahrung endlich, daß unser bestes
Wollen und Können nicht nur durch den schroffen Widerstand feind=
seliger Mächte, sondern auch durch uns selbst und sei es durch die
Mäßigung, die man sich da vorschreibt, wo der Arm weit lieber zum
wuchtigen Schwerthiebe ausholen sollte, gehemmt wird: alle diese
Prüfungen sollten noch für die fernere Zeit nicht ausbleiben, vollends
nicht die Erfahrung für ein deutsches Schriftsteller= und Dichterleben,
daß ein solches seine Belohnung nur in sich selbst finden muß.

Doch ich breche für jetzt ab und gestehe nur noch, daß mir in einem nach fünfvierteljähriger Trauer neugeschlossenen Ehebunde mit einer nächsten Verwandten meiner abgeschiedenen Frau und in dem innerhalb eines einzigen Winters von 1849 auf 1850 geschriebenen Roman: „Die Ritter vom Geiste" eine Befreiung und Erlösung gewonnen wurde vom Mißmuth theils über so manche tief im Herzen verschlossene Erfahrung, theils aber auch über die sich damals immer mehr verdüsternde Lage des Vaterlandes.

Mein „Boden" war indessen in Dresden doch stark genug, um noch fernere zwölf Jahre daselbst zu verweilen.

Pierer'sche Hofbuchdruckerei. Stephan Geibel & Co. in Altenburg.